KB230774

근·세·중·국·의
국가경영과 재정

근·세·중·국·의

국가경영과 재정

이민호 지음

명대의 국가 경영에서 중요한 위치를 차지하고 있으면서도 그동안 상대적으로 소홀히 다루어졌던 상세를 중심으로 명대 재정 문제에 접근하고자 한다.

KSI 한국학술정보[주]

책을 펴내면서

한 국가의 재정 운영은 그 국가의 운명을 바꿀 수도 있다는 점에서 매우 중요하다. 특히 중국사에서 재정 문제는 '재정국가적' 성격이 농후해진 송대 이후 왕조의 흥망성쇠에 결정적인 영향을 주었다. 이 책에서 다루고자 하는 명나라(1368－1644)도 원나라 말기 교초의 남발로 시작된 재정 위기를 틈타 농민기의를 통해 몽고족 정권을 대신해 한족의 왕조를 부활시켰다. 하지만, 명조 역시 방만한 재정 운영과 소위 '만력 3대정'으로 불리는 전쟁비용 등으로 인한 재정 문제를 극복하지 못하고, 만주족이 세운 청에 정권을 내주고 말았다. 이처럼 근세 중국사는 재정 운영을 잘못하여 왕조 교체로 이어졌다는 점에서 특별한 의미를 지닌다.

명대사에서 재정 문제는 국가운영상 중요한 위치를 차지하고 있고, 따라서 이에 관한 연구 또한 적지 않다. 하지만 명대 재정사 연구는 재정 담당기관이 번잡하고, 재정 수지와 관련되는 자료가 많은 반면 정확한 통계 자료가 많지 않기 때문에 깊이 있게 다루지는 못하였다. 또한 국가재정에서 가장 큰 부분을 차지하는 전부에 대해서는 토지제도 혹은 요역제도와 관련하여 연구가 이루어졌지만, 상세에 관한 선행연구는 많지 않다. 따라서 이 책에서는 명대의 국가 경영에서 중요한 위치를 차지하고 있으면서도 그동안 상대적으로 소홀히 다루어졌던 상세를 중심으로 명대 재정 문제에 접근하고자 한다.

이 책은 서론과 결론, 그리고 3편 7장으로 구성되어 있다. 각 편과 장에서 다루고자 하는 내용을 소개하면 다음과 같다. 우선 서론은 필자의 문제의식과 선행연구에 대한 간단한 소개, 그리고 이 책에서 다루고자 하는 내용을 간단히 제시하였다.

제Ⅰ편(1장, 2장)은 명 전기의 재정 운영과 화폐·통화정책의 연관성 문제를 다루었다. 제1장은 이민족 지배에서 벗어나 새로운 한족 왕조를 연 명초의 상세 정책의 수립 및 운영에 대해 서술하였다. 명대의 중요한 상세징수기관인 세과사·국과 관점·탑방의 설치 과정과 기능을 알아보고, 제도적인 측면에서 상공물료의 조달방법과 매판제도, 그리고 상세 징수의 법적 관리에 대해 살펴보았다.

제2장은 경제적인 측면에서 명대 국가 경영의 근간이 되는 화폐 및 통화정책과 상세와의 관계를 조명하였다. 명조의 법정화폐였던 대명보초의 유통을 도모하기 위해 행한 각종 정책과 상세 징수의 상관관계를 분석하였다. 토지세인 전부의 은납화에 비해 상세의 은납화가 지연되게 된 배경과 중기 이후 은경제의 확산에 따른 상세 은납화의 전개 과정에 대해 알아보았다.

제Ⅱ편(3장, 4장)은 명 중기의 사회·경제 변화와 상세 문제를 다루었다. 제3장에서는 명 중기 이후 시작된 재정위기의 실태와 원인을 분석하고 이를 극복하기 위한 명조의 상세 증수 정책을 고찰하였다. 전부의 수입 감소와 군사비 지출의 확대에 따른 조세 징수의 부족분을 상세의 증수를 통해 만회하고자 했던 명조 정부의 정책 변화를 점검하였다. 명조의 정책 변화는 상업의 활성화와 사회 전반에 걸친 상업에 대한 인식의 전환과도 밀접한 관련이 있다.

제4장은 도시화의 진전에 따른 상세 징수 방법의 변화를 고찰하였다. 명말 상품경제의 발달에 따른 도시화의 전개 과정을 살펴보고,

명초 상세징수기관으로 설치되었던 세과사·국의 폐지·합병과 상세 징수청부의 문제 등을 검토하였다.

제Ⅲ편(5장, 6장, 7장)은 명말·청초의 재정정책과 제 정치세력의 역학관계를 다루었다. 제5장에서는 만력 초 10년간 내각수보로서 개혁정치를 단행했던 장거정의 재정정책을 고찰하였다. 장거정이 재정 위기를 극복하기 위해 행했던 제반 정책의 내용과 그것이 갖는 의미 등을 살펴볼 것이다.

제6장은 명말 환관의 상세 징수 업무에 간여와 그것이 끼친 영향을 다룰 것이다. 지방에 파견된 환관과 무뢰와의 결탁, 환관 세력과 지방 관료의 대립, 환관 수탈에 저항해 나타난 민중운동을 알아본다. 더불어 환관 파견을 둘러싼 제 정치세력의 역학관계도 조명하고자 한다.

제7장은 청초의 국가재정운영을 살펴보는데 특히 순치 친정기의 재정 위기 상황과 이를 극복하기 위한 각종 재정정책의 시행 과정을 검토하였다. 순치제는 섭정인 도르곤이 사망한 이후 종래 재정 방면에서 만주 왕조시대의 제도를 과감하게 폐지하고 명의 제도를 본받아 바꾸었다. 더불어 안정적인 재정 확보를 위해 주소제도의 시행과 고성법의 강화 등의 정책을 시행하였는데 그 과정에서 다양한 정치세력의 저항을 받기도 하였다.

이상의 논의를 통해 근세 중국의 국가 경영상에서 재정이 차지하는 위치, 특히 상세가 갖는 의미를 조명할 수 있을 것으로 기대한다.

목 차

제Ⅱ편 명 중기의 사회·경제변화와 상세

序 論

이민족인 몽고족의 통치에서 벗어나 漢族의 제국을 부활시킨 明朝는 300년 가까이 찬란한 문화를 꽃피웠으나, 또 다른 정복왕조인 清에 의해 종말을 고하였다. 왕조 순환의 역사가 지속적으로 반복되었던 중국사에서 명조는 앞선 한족 왕조(漢, 唐)처럼 환관의 정치개입이 중요한 단서를 제공하였지만, 財政政策의 실패가 왕조 멸망을 재촉하였다. 중기 이후 만성적인 재정적자에 시달렸던 명조는 황실이 중심이 되어 宦官을 각지로 파견하여 문제 해결을 도모하였지만, 이들의 가혹한 징세는 오히려 농민기의를 유발하였고, 결국 만주지역에서 일어난 清朝에 권력을 넘겨주고 말았다. 따라서 명대사의 전반적인 흐름과 사회변동 및 국가권력의 구조를 파악하기 위해서는 財政史 연구가 필수적이다.

그런데 재정사 연구는 貨幣制度[1]와 관련하여 문제에 접근해야 한다. 近代 이전의 사회에서는 현물경제가 차지하는 비중이 크지만, 국가를 운영하는데 정부에서 발행한 화폐가 차지하는 비중을 무시할 수 없다. '자본주의 맹아'의 출현과 함께 점차 화폐경제의 비중이 증가하는 명대사를 연구할 때에는 더욱 그러하다. 다음 田制・糧政・稅

---

1) 彭信威, 『中國貨幣史』, 上海人民出版社, 1958; 葉世昌, 『中國貨幣理論史』, 中國金融出版社, 1986; 加藤 繁, 『中國貨幣史研究』, 東洋文庫, 1991 등 참조.

政·鹽政·馬政 등 각종 財政制度의 시행과정에 대한 검토가 필요하다. 財政制度는 통치계급의 입장에서 국가정책과 관련하여 국가권력이 어떠한 의도를 가지고 정책을 수립하였는가를 살펴볼 수 있다. 중국사에서 어느 특정한 시기의 재정정책은 특정 理財家의 재정사상을 반영한 경우가 많으므로 財政思想에 대한 연구도 필요하다.[2)]

명대의 稅制는 시기에 따라 변화하기도 하고, 가혹한 징세에 따라 문란해지기도 했지만, 賦稅의 중추인 田賦를 중심으로 鹽課·商稅 등이 중요한 위치를 차지하고 있었다. 田賦는 재산세이고 나머지는 대부분 소비세이다. 稅收는 중앙에 보내져 국가경비 및 황실경비에 충당되거나, 지방에 存留시켜 지방경비로 사용되었다. 明代의 稅制를 현대의 財政學 계통으로 분류하면 다음과 같다(진하게 표시한 부분이 이 책에서 다루고자 하는 넓은 의미의 상세에 포함된다.).[3)]

〈표 1 명대 부세계통〉

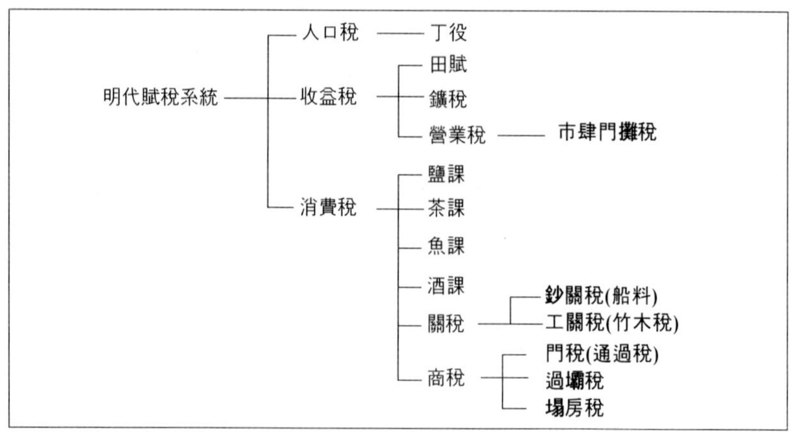

2) 周伯棣, 『中國財政思想史稿』, 福建人民出版社, 1984; 項斌 外, 『中國古代財政思想史稿』, 中國財政經濟出版社, 1993 등 참조.

3) 吳兆華, 『中國稅制史』, 商務印書館, 1965, pp.130－131; 陳秀夔, 『中國財政史』, 正中書局, 1970, p.457 참조.

명대사에서 재정정책이 국가운영상 매우 중요한 위치를 차지하고 있었기 때문에 이에 관한 선행연구 또한 적지 않다. 하지만 기존 연구들은 중국 재정사의 전반적인 흐름 속에서 개설적으로 다룬 것들이 대부분이다.[4] 명대 재정사 연구가 이러한 한계를 보이는 가장 중요한 이유는 이 시기의 재정 담당기관이 번잡하고, 재정 수지와 관련되는 자료가 방대한 반면 정확한 통계 자료가 많지 않기 때문이다. 물론 國家財政에서 가장 큰 비중을 차지하는 田賦는 土地制度, 徭役制度와 관련하여 상당한 정도 연구 성과가 있었지만[5] 상세에 대한 접근은 상대적으로 소홀했던 것도 사실이다. 따라서 본고에서는 재정의 한 축으로 중요한 역할을 담당했던 상세 문제를 중심으로 명대의 재정 문제에 접근하려 한다.

명대 商稅[6]의 항목에는 稅課司·局 및 府·州·縣에서 징수했던 좁은 의미의 商稅(通過稅) 및 門攤稅, 抽分竹木局(工部鈔關)의 竹木

4) 中國의 財政史 전반에 관해서는 吳兆華, 『中國稅制史』, 商務印書館, 1965; 周伯棣, 『中國財政史』, 上海人民出版社, 1981; 陳秀夔, 『中國財政史』, 正中書局, 1970 등 참조.

5) 唐文基, 『明代賦役制度史』, 中國社會科學出版社, 1991; 樊樹志, 『中國封建土地關係發展史』, 人民出版社, 1988; 山根幸夫, 『明代徭役制度の展開』, 東京女子大學學會, 1966; 山根幸夫, 『明代土地制度史研究』, 東京, 大安, 1968; 西嶋定生, 『中國經濟史研究』, 東京大學出版會, 1966; 川勝 守, 『中國封建國家の支配構造－明淸賦役制度史の硏究』, 東京大學出版會, 1980; 淸水泰次, 『明代土地制度史研究』, 東京, 大安, 1968; Ray, Huang(黃仁宇), Taxation and Governmental Fiance in Sixteenth－Century Ming China. Cambridge Univ. Press. 1974 등 참조.

6) 商稅는 古代에는 '關市之征'이라고 칭하였으니 '關'은 販運商品이 통과하는 세관 또는 관문을 의미하고, '市'는 상품을 교역하는 시집을 가리킨다. 그러므로 상세는 국가가 상품의 운송 및 교역에 부과하는 세금이라고 할 수 있다. 명대의 商稅는 넓은 의미에서의 商稅(營業稅로서의 市肆門攤稅와 關稅, 좁은 의미의 商稅를 포함)와 좁은 의미에서의 商稅(소비세의 일종으로 門稅·過壩稅·塌房稅만을 의미)로 구분하기도 하는데, 본고에서는 넓은 의미에서의 상세를 연구 대상으로 삼았다.

稅, 戶部鈔關에서 징수했던 船料 등이 포함된다. 이처럼 상세에는 많은 세목이 있지만 일반적으로 '課程' 혹은 '稅課'라고 통칭된다.7)

명대는 '資本主義 萌芽'8)가 나타날 정도로 상업과 수공업이 크게 발달하였다. 이런 가운데 이전 시대와는 달리 중앙정부에서 직접 상세징수를 위한 기관을 설치·운영하였고, 국가의 재정수입 중에서 商稅가 차지하는 비중이 점차 증대되고 있다는 점에서 상세의 중요성을 엿볼 수 있다. 명대 상세 관련 선행연구를 정리하면 다음과 같다. 첫째 제도사적 측면에서의 상세징수 및 관리에 관한 연구,9) 둘

---

7) 正德『松江府志』卷 8,「田賦」, "稅課"에 보이는 府內 稅課司·局의 永樂 15年(1417)의 통계를 예로 들면 그 내역은 商稅鈔(72.8%), 門攤鈔(14.1%), 酒醋鈔(8.3%), 魚課鈔(2.7%), 房屋賃鈔(1.8%), 果木租鈔(0.3%), 契本工墨鈔(0.0%)로 나뉜다. 또 弘治元年(1488)의 경우에는 商稅鈔(90.8%), 門攤鈔(1.4%), 酒醋鈔(4.5%), 魚課鈔(2.0%), 房屋賃鈔(1.1%), 果木租鈔(0.2%), 契本工墨鈔(0.0%)로 되어 있다.

8) 中國에서 '資本主義 萌芽' 논쟁은 1950~60년대에는 萌芽가 존재한다는 전제하에 개별적인 테마를 주된 연구 대상으로 삼은 데 비해 70년대 후반부터 80년대에 걸친 연구는 萌芽 그 자체의 존재보다 오히려 장기간에 걸친 봉건제가 존속했던 원인추구에 역점을 두고 있다. 尙鉞,「中國資本主義生産因素的萌芽及其增長」,『歷史硏究』1955-3; 汪槐齡,「明萬曆年間的市民運動」,『歷史敎學』1955-6; 劉炎,「明末城市經濟發展下的初期市民運動」,『歷史硏究』1955-6; 齊功民,「明末市民的反封建鬪爭」,『文史哲』1957-2; 尹進,「關于中國農業中資本主義萌芽問題」,『歷史硏究』1980-2; 田居儉,「中國封建社會長期延續原因討論撮述」,『歷史硏究』1982-1; 劉重日, 左雲鵬,「明代東林黨爭的社會背景及其與市民運動的關係」,『中國資本主義萌芽問題討論集屬編』, 臺北, 谷風, 1987 등 참조.

9) 吳兆華,『中國稅制史』, 商務印書館, 1965; 周伯棣,『中國財政史』, 上海人民出版社, 1981; 陳秀夔,『中國財政史』, 正中書局, 1970; 唐文基,「明朝對行商的管理和征稅」,『中國史硏究』1982-3; 姜曉萍,「明代商稅的征收與管理」,『西南師範大學學報』1994-4;(→復印報刊『經濟史』, 中國人民大學書報資料中心, 1994-6) 姜曉萍,「明中後期對商稅官的監察和管理」,『中國史硏究』1996-3; 姜曉萍,「明代的商稅及其特色」,『明史論文集-第六屆中國明史國際學術討論會論文集』, 黃山書社, 1997; 佐久間重男,「明代の商稅制度」,『社會經濟史學』13-3, 1943 등 참조.

째 개별적인 상세징수기관, 예를 들면 鈔關이나 官店·塌房 등의 역할과 기능에 관한 연구,[10] 셋째 명대 상세액의 징수추이와 상업 및 상품경제의 발전 혹은 '資本主義 萌芽'와 연계시킨 연구,[11] 넷째 상세와 도시상업과의 관계에 관한 연구,[12] 다섯째 상세와 국가재정과의 관계에 관한 연구[13] 등이다. 이 중 중국에서는 명 중기 이후 국가의 재정수입 가운데 상세의 비중이 점차 증가하는 것과 관련하여 상업의 활성화 혹은 '資本主義 萌芽' 문제와 관련시키거나, 明代 後期 '封建王朝'의 가혹한 수탈에 의해 상세제도가 파괴되었음을 강조하기도 하였다.

하지만 명대 상세문제를 단순히 제도사적 연구 혹은 상업의 발달이나 '資本主義 萌芽' 문제와 관련한 연구에만 한정해서는 그 실체를 정확히 파악할 수 없다. 따라서 貨幣 및 通貨政策과 관련하여 鈔經濟에서 銀經濟로 전환하는 과정에서 나타나는 商稅政策의 변화, 都市化의 진전에 따른 상세징수방법의 변화, 광세사 파견과 그를 둘러싼 제 정치세력의 역학 관계 등을 종합적으로 연구해야 한다

10) 魏林, 「明鈔關的設置與管理制度」, 『鄭州大學學報(哲社版)』 1986－1; 魏林, 「明鈔關制度對商人資本發展的阻礙作用」, 『鄭州大學學報(哲社版)』 1989－1; 李龍潛, 「明代鈔關制度述評－明代商稅研究之一」, 『明史研究』 4, 1994; 林葳, 「明代鈔關稅收的變化與商品流通」, 『中國社會科學院研究生院學報』 1990－3;(→ 復印報刊『經濟史』, 中國人民大學書報資料中心, 1990－6) 何本方, 「明代鈔關與明代經濟」, 『第二屆明清史國際學術討論會論文集』, 天津, 人民出版社, 1993; 佐久間重男, 「明代の倉庫業に就いて」, 『東洋學報』 31－4, 1948; 新宮(佐藤) 學, 「明代前期北京の官店塌房と商稅」, 『東洋史研究』 49－1, 1990 등 참조.

11) 林麗月, 「商稅與晚明的商業發展」, 『國立臺灣師範大學歷史學報』 16, 1988; 林葳, 「明代鈔關稅收的變化與商品流通」, 『中國社會科學院研究生院學報』 1990－3(→ 復印報刊『經濟史』, 中國人民大學書報資料中心, 1990－6) 등 참조.

12) 佐久間重男, 「明代の門攤稅と都市商業との關係」, 『中山八郎教授頌壽記念 明淸史論叢』.(燎原, 1977)

13) 佐久間重男, 「明代における商稅と財政との關係」(一)·(二), 『史學雜誌』 65－1·2, 1956.

고 생각한다.

이러한 문제의식하에 이 책에서는 다음 몇 가지 사항을 다루고자 한다. 우선 明初 설치된 상세징수기관과 법적·제도적 체제의 정비과정에 대해 다루어보고자 한다. 상세징수기관의 설치과정과 그 목적 등을 살펴봄으로써 明朝가 商人과 商稅를 어떻게 인식하고 있었고, 이전시대의 상세제도와 비교해서 다른 점은 무엇인가를 파악할 수 있을 것이다. 또 상세징수와 관련하여 明朝의 對商人政策과 상인에 의한 買辦制度[14]도 검토하고자 한다. 명대의 매판제도는 단순히 상인들이 국가의 필요물품을 조달하는 역으로서뿐 아니라 재정적 측면에서도 중요한 의미를 가지고 있다.

다음 명대의 商稅문제는 국가의 通貨政策, 특히 鈔의 유통정책으로부터 商稅銀納化로의 전환과정에 대한 고찰이 중요하다. 그것은 명대사에서 상업과 상품화폐경제가 차지하는 비중이 높고, 정부의 경제정책상에서 화폐유통의 중요성을 무시할 수 없기 때문이다. 명대의 법정화폐인 大明寶鈔는 低額의 銅錢과는 별도로 국가에 의해 적극적인 유통이 시도되었으나, 15세기 初 이래 鈔의 가치가 하락하면서 점차 자취를 감추었다. 鈔의 실질적인 유통기간이 매우 짧았기 때문에 그 중요성이 간과되는 경향이 있으나, 명조정권의 성격과 명대 전기의 사회를 이해하기 위해서는 鈔와 관련한 재정정책과 상세

---

14) 明代 商人의 役 및 買辦制度에 관해서는 金弘吉, 「明代 北京의 買辦과 "短價"」, 『明淸史硏究』 5, 1996; 唐文基, 「明朝對行商的管理和征稅」, 『中國史硏究』 1982－3; 許敏, 「明代嘉靖·萬曆年間召商買辦初探」, 『明史硏究論叢』 1, 1982; 佐佐木榮一, 「商役の成立について ― 明代兩京における買辦體制の進展 ―」, 『歷史』 15, 1957; 新宮(佐藤) 學, 「明末京師の商役優免問題について」, 『集刊東洋學』 44, 1980; 新宮(佐藤) 學, 「明代北京における鋪戶の役とその銀納化 ― 都市商工業者の實態と把握をめぐって ―」, 『歷史』 62, 1984; 新宮(佐藤) 學, 「明代南京における鋪戶の役とその改革－行をめぐる諸問題」, 『國士館大學人文學會紀要』 17, 1985 등 참조.

문제 등을 깊이 있게 검토할 필요가 있다.

洪熙·宣德年間의 鈔流通政策의 실시배경과 商稅와의 관계, 鈔流通政策의 실패와 그것이 가지는 경제사적인 의미, 그리고 은경제로의 전환이 갖는 역사적 의의에 대해서도 살펴볼 필요가 있다. 田賦에 비해 상세의 은납화가 지연된 원인과 商稅銀納化의 전개과정에서 나타나는 문제점에 대해서도 살펴봐야 할 것이다.

명조는 중기 이후 급속한 사회변화를 경험하면서 국가의 경제체제에도 새로운 변화가 나타나기 시작했다. 중국사에서 15C 중엽~16C 초까지 약 1세기 동안은 唐 中葉부터 淸末에 이르는 장기간에 걸친 역사 과정 중에서 중요한 하나의 단락이 되는 시기이다. 당시는 환관과 내각의 대립이 시작되고, 변방이 점차 약화되면서 明朝에 큰 부담으로 작용하였으며, 明代 心學이 탄생하는 시기이기도 하다. 또한 이갑제가 이완되고, 농상업과 도시가 발전하며, 교육이 확대되고, 향촌사회에서는 새로운 지배세력으로써 신사층이 대두하였다.

그런데 이러한 변화는 명초 이래 중앙집권화 정책의 일환으로 시행한 일련의 정치·경제정책이 실패하면서 시작되었다고 할 수 있다. 즉 토지제도로서의 官田制度,[15] 향촌지배체제로서의 里甲制度, 재정정책으로서의 鈔流通政策 등이 점차 이완되면서 정국운영에 상당한 부담을 안게 되었다. 더욱이 永樂年間에 수도를 북경으로 옮긴

15) 明代의 田土는 크게 民田(私有地)과 官田(國有地)으로 나뉘고, 官田은 다시 一般官田과 特殊官田으로 나뉘는데, 一般官田은 宋·元 이래의 高額官田과 還官田(莊田이 반환된 것)·沒官田(범죄자의 사유지를 관에서 몰수한 것)·斷入官田(소유자가 없거나 불명확한 것을 국유에 편입시킨 것) 등이 있으며, 特殊官田으로는 學田·皇莊·牧馬草場과 각종의 屯田이 있었다.(『明史』 卷 77, 「食貨」 1, p.1881) 明代 官田에 관해서는 森 正夫, 『明代江南土地制度の研究』, 同朋舍, 1988; 林金樹, 「明代中後期江南的土地兼併」, 復印報刊『明淸史』, 中國北京人民大學書報資料中心, 1987-9 등 참조.

이후 새로운 궁전의 조영비와 5차례에 걸친 몽고족을 토벌하기 위한 영락제의 親征 결과 국가재정에 어려움을 가져왔으며, 이러한 국가재정문제는 곧 사회문제로 나타나 향촌지배질서와 수취체제의 변화를 가져왔다. 특히 수도를 北京으로 천도함으로써 나타난 원거리 수송 문제는 기존의 세량징수체계에도 영향을 미쳐[16] 田賦의 銀納化를 초래하였고, 상인들의 상업 활동이 활발해졌으며, 그에 수반하여 국가 財政上에서 상세의 비중도 증가하게 되었다.

더욱이 중기[17] 이후 대지주들의 土地兼併에 따른 稅源의 감소와 막대한 군사비 지출, 통치 집단의 소비증가 등으로 인해 재정상황이 매우 악화되었다. 이러한 문제를 해결하기 위해 명조는 세원의 다양화와 문란해진 수취체제의 변화를 도모하였다. 상품화폐경제가 발전하면서 상세에 대한 관심도 높아졌다. 그런데 종래 상업이 활성화되고, 국가 재정에서 상세의 비중이 점차 증가하고 있다는 것에 대해서는 어느 정도 동의하면서도 구체적인 징수방안에 대해서는 크게 주목하지 않았다. 田賦收入의 감소를 극복하기 위한 방안으로 제기된 商稅의 增收에 대해 검토할 필요가 있다.

상세은납화 이후 도시화의 전개과정에서 나타나기 시작한 상세징수 방법의 변화도 주목의 대상이다. 은납화에 수반하여 稅課司·局의 폐지·합병 경향이 두드러지게 나타났는데,[18] 상업이 활성화되고 있

16) 金鐘博, 「明代 賦役制度의 變遷過程」, 『明清史硏究會會報』 1, 1992, p.3.

17) 본고에서는 明 中期를 宣德(1425-1435) 이후 萬曆(1572-1620) 時 張居正 改革 이전까지의 시기로 규정하는데 이 시기는 明王朝가 그 전성기를 지나 점차 쇠퇴기로 접어들기 시작한 때이다.(唐文基, 『明代賦役制度史』, 中國社會科學出版社, 1991, p.111)

18) 이 문제에 대해서는 종래 몇 가지 측면에서 검토가 이루어져 왔다. 佐久間重男 씨는 만력년간의 稅課司·局의 감소는 상세의 징수를 府·州·縣 각 아문에서 함께 관리토록 하거나, 관리를 도태시켜 다른 稅課司·局에 합병하거나 혹은 감독지위에 있는 稅課局을 정리하여 경비를 절감하고 상세의 증수를 도모했던 것이라고 서술하여 이 시기의 稅課司·

던 당시에 이처럼 상세징수기관을 축소할 수밖에 없었던 원인을 규명해야 할 것이다. 그리고 稅課司·局이 폐지·합병된 후 府·州·縣城 및 강남 지역을 중심으로 발달하기 시작한 市鎭에서 상세가 어떻게 징수되었는가를 검토할 필요가 있다. 이와 함께 鋪戶와 牙行[19]에 의한 상세징수청부에 대해서도 검토해 보고자 한다.

局 삭감의 요인이 경비절감이라고 하는 稅課司·局 운영상의 문제에 있다고 하는 가설을 제출하였으며,(佐久間重男, 「明代の商稅制度」, 『社會經濟史學』 13－3, 1943.) 新宮(佐藤) 學 씨도 이러한 가설에 전적으로 동의하였다.(新宮(佐藤) 學, 「明代後半期江南諸都市の商稅改革と門攤銀」, 『東洋學』 60, 東北大學 中國文史哲硏究會, 1988.) 반면 川勝 守 씨는 명말·청초 시기 江南의 市鎭의 행정적 위치에 관한 고찰을 통해 松江府나 蘇州府에 보이는 市鎭의 증가나 경제발전 중에서 그곳에 설치된 상세징수나 치안경찰 등의 행정적 시설로서의 稅課局이나 巡檢司의 폐지·축소경향에 주목했다. 그는 종래 市鎭의 稅課局뿐만 아니라 순검사도 중기 이후 규모를 축소하거나 폐지하는 경향을 통해 명조가 市鎭의 행정적 지위를 저하시키고, 府城이나 州·縣城의 기능을 강화시키고자 하는 움직임이 보인다고 하였다.(川勝 守, 「中國近世都市の社會構造－明末清初江南都市について」, 『史潮』 新6, 1979.) 그러나 그는 그 뒤 明末 이래 강남델타 鎭市에서의 순검사 등 행정기관의 축소가 보이지만 그것은 반드시 진의 행정적 지위의 저하를 의미하는 것은 아니라고 하여 약간의 수정을 가하였다.(川勝 守, 「明代鎭市の水柵と巡檢司制度」, 『東方學』 74, 1987.) 이에 대해 夫馬 進 씨는 '鎭市의 행정적 지위저하'설의 전제가 되는 사실 자체를 검토하였다. 그는 첫째 稅課司·局에 대해서는 명대 중기 이래의 稅課司·局의 폐지·합병경향의 존재를 인정한 위에 이 경향은 鎭市에 한정한 것이 아니라 府·州·縣城 내외에 설치되었던 것을 포함한 일반적 경향이었다고 하였으며, 둘째 순검사에 대해서는 송강부를 예로 명대와 청대를 대비하여 그 폐지·축소 경향을 거부했다.(夫馬 進, 「明末の都市改革と杭州民變」, 『東方學報』 49, 1978.)

19) 李允碩, 「明淸時代 江南에서의 商品流通과 牙行」, 『서울대 동양사학과 논집』 19, 1995; 左雲鵬·劉重日, 「對 "牙人", "牙行"的初步探討」, 『文史哲』 1957－8; 韓大成, 「明代牙行淺論」, 『社會科學戰線』 1986－2; 汪士信, 「試論牙行」, 『中國社會科學經濟硏究所集刊』 8, 1986; 陳忠平, 「明淸時期江南市鎭的牙人與牙行」, 『中國經濟史硏究』 1987－2; 楊其民, 「賣買中間商 "牙人", "牙行"的歷史演變－兼釋新發現的『嘉靖牙帖』」, 『史林』

다음 만력 초 10년간 내각 수보로써 전권을 장악하였던 장거정의 재정정책도 검토할 필요가 있다. 장거정이 활동하던 시기는 상업이 발달하고 전국적인 유통망을 가진 대상인집단이 출현하여 국정에도 영향을 주었다. 이런 시기에 장거정이 산서상인 가문 출신들을 중용하여 재정정책을 운영하였다. 장거정과 산서상인 가문 출신 관료와의 결합관계 및 장거정 권력하에서 그들의 역할 등을 분석해 보겠다. 장거정이 내각 수보가 되어 정권을 장악한 후 고성법을 통해 세입체계를 정비하고 재정의 중앙집권화를 이룩하는 과정도 살펴볼 것이다.

다음으로 明 後期 宦官의 상세징수개입과 그에 따른 몇 가지 문제점을 검토할 필요성이 있다. 明代는 淸代의 史學者인 趙翼이 "東漢 및 唐・明의 3代에 환관의 폐해가 가장 컸다"[20]고 기술한 것처럼 환관들이 국가의 정치・경제・재정 등 거의 모든 국정사무에 간여했으며,[21] 명조멸망의 결정적인 단서를 제공하였다. 따라서 명말의 전반적인 위기상황과 그에 수반한 民變[22]을 이해하기 위해서도 宦

1994-4; 新宮(佐藤) 學, 「明代の牙行について-商稅との關係を中心に」, 『山根幸夫教授退休記念明代史論叢』, 東京, 汲古書院, 1990; 山本 進, 「淸代江南の牙行」, 『東洋學報』 74-1・2, 1993 등 참조.

20) 趙翼, 『二十二史箚記』 卷 5, 「宦官之害民」.

21) 명대 宦官이 經濟事務에 간여한 사례는 采辦・督造・鑛稅・鹽政・倉儲・庫藏・市舶・茶馬貿易 등 매우 많다.(王春瑜, 杜婉言, 『明代宦官與經濟史料初探』, 中國社會科學出版社, 1986, 참조.)

22) 巫仁恕, 『明淸城市民變硏究—傳統中國城市群聚集體行動之分析—』, 臺灣大學博士學位論文, 1996; 傅衣凌, 「明代蘇州織工・江西陶工反封建鬪爭史料類輯」, 『中國資本主義萌芽問題討論集』, 1957; 傅衣凌, 「明代後期江南城鎭下層士民的反封建運動」, 『明代江南市民經濟試探』, 1957; 劉炎, 「明末城市經濟發展下的初期市民運動」, 『中國資本主義萌芽問題討論集』, 1957; 齊功民, 「明末市民反封建鬪爭」, 『文史哲』 1957-2; 左雲鵬・劉重日, 「明代東林黨爭的社會背景及其與市民運動的關係」, 『中國資本主義萌芽問題討論集』(續編), 1960; 宮崎市定, 「明代蘇松地方の士大夫と民衆-明代史素描の試み」, 『史林』 37-3, 1954.(『アジア史硏究』 卷 4, 1964에 收錄); 橫山 英, 「中國における商工業勞動者の發展と役割」, 『歷

官의 지방파견과 그들의 지역사회에서의 활동내용을 정확히 파악하는 것이 중요하다.

명말에는 농촌에서의 농민기의와 더불어 도시에서는 食糧暴動, 罷工 및 反地方官運動 및 정부의 貨幣·賦稅·徭役을 포괄하는 財稅政令에 대한 반대운동이 폭넓게 전개되었다.[23] 이들 도시에서의 民變의 주체는 당시 도시민을 구성하고 있던 상인과 수공업자가 중심이 되었고, 특히 반환관운동이 거세게 일어났다. 따라서 명말의 反錢法, 反鋪行 및 反徭役에 대한 기존의 연구는 주로 만력년간의 반환관운동에 집중되어 있으며, '資本主義 萌芽' 혹은 상품경제 발전의 문제와 관련해서 다룬 것이 많다.

중국에서는 명말 '자본주의 맹아'의 출현으로 새로운 생산관계가 출현하였으며, 특히 城鎭 중에는 소위 '市民階級'이 일어났다고 하였다. 萬曆年間 鑛監稅使의 파견은 전제주의적 통치자의 사치와 부패가 원인이며, 그에 대항하여 대규모의 '시민운동'이 일어났다고 파악하였다. 하지만 이러한 반환관운동에 좀 더 가까이 접근하기 위해서

史學研究』 160, 1962; 佐伯有一, 「明末織工暴動史料類輯」, 『清水博士追悼記念明代史論叢』, 1962; 佐伯有一, 「1601年織傭の變をめぐる諸問題－その一」, 『東京大學東洋文化研究所紀要』 45, 1968; 田中正俊, 「民變·抗租奴變」, 『世界の歷史 11－ゆらぐ中華帝國』, 筑摩書房, 1961; 酒井忠夫 著, 『中國善書の研究』, 弘文堂, 1960 등 참조.

23) 明代 城市에서의 反徭役運動에 대한 연구는 주로 杭州民變에 집중되어 있는데, 그 대표적인 연구 성과로는 栗林宣夫, 「萬曆10年の杭州民變について」, 『木村正雄博士退官記念東洋史論集』;(同編輯委員會, 1976) 夫馬 進, 「明末の都市改革と杭州民變」, 『東方學報』 49, 1978; 陳學文, 「萬曆杭州民變考索」, 『明清社會經濟史研究』, 臺北, 稻禾出版社, 1991 등을 들 수 있다. 또한 反鋪行制度에 관해서는 新宮(佐藤) 學, 「明代南京における鋪戶の役とその改革－行をめぐる諸問題」, 『國士館大學人文學會紀要』 17, 1985; Richard Von Glahn, "Municipal Reform and Urban Social Conflict in Late Ming Jiangnan", Journal of Asian Studies, Vol.50, No2, May, 1991이 있고, 反錢法에 관계되는 것으로는 濱口福壽, 「隆慶萬曆期の錢法の展開」, 『東洋史研究』 31－3, 1972 등 참조.

는 환관들이 각 지방에 파견되어 세금징수 과정에 어떻게 관여하였는가를 파악하는 것이 중요하다. 이에 이 책에서는 이들의 전국 각지로의 파견과 지역에서의 활동상황, 특히 지방 無賴[24]와의 결합관계 및 이들의 가혹한 징세가 국가재정에 미친 영향 등을 종합적으로 다루어보고자 한다.

끝으로 명말의 연속으로 청초 순치 친정기의 재정 운영을 살펴볼 필요가 있다. 1644년 清朝의 북경 진입은 비교적 용이하게 이루어졌다. 그것은 명말 농민반란의 영수인 李自成이 북경을 점령한 이후 山海關을 지키고 있던 吳三桂에게 투항을 권유하였지만 吳三桂가 이를 거절하고, 오히려 청조와 연합하여 李自成軍을 격파함으로써 山海關을 넘어 北京을 장악하게 되었던 것이다. 그러나 북경에 입성한 이후 청조는 각지의 農民軍, 土寇, 그리고 완강한 漢人의 저항에 부딪히게 되었다.[25] 이러한 상황에서 청조 정부가 전 중국에 대한 지배권을 확립하기 위하여 반드시 필요한 작업 중의 하나는 안정적으로 재정을 확보하는 것이었다. 각지에서 反清運動을 전개하고 있

24) 無賴는 士・農・工・商으로 표현되는 중국의 전통적인 職業에 따른 正業에 종사하지 않고, 폭력을 수단으로 생활하는 자를 가리킨다. 특히 明清時代의 無賴는 胥吏・衙役 등 지방행정의 말단과 결합하여 지역사회에서 영향력을 행사하기도 하였으며, 민변에서 중요한 역할을 수행하기도 하였다. 明清시기 無賴에 대해서는 陳寶良, 「明代無賴階層的社會活動及其影響」, 『齊魯學刊』 1992－2;(→復印報刊『明清史』 1993－3) 森 正夫, 「1645年太倉州沙溪鎭における烏龍會反亂について」, 『中山八郎教授頌壽記念明清史論叢』, 東京, 燎原, 1977; 川勝 守, 「明末清初の訟師について－舊中國社會における無賴知識人の一形態」, 『九州大學東洋史論集』 9, 1981; 川勝 守, 「明末清初における打行と訪行－舊中國社會における無賴の諸史料」, 『史淵』 119, 1982; 上田 信, 「明末清初江南都市の無賴をめぐる社會關係－打行と脚夫」, 『史學雜誌』 90－11, 1981; 安野省三, 「中國の異端と無賴」, 『中世史講座』 7, 學生社, 1985 등 참조.

25) 金斗鉉, 「清朝權力의 成立과 發展」, 『講座中國史Ⅳ－帝國秩序의 完成－』, 지식산업사, 1989, p.159.

는 상황에서 이들을 진압하기 위해서라도 재정확보는 필수적인 것이었다. 하지만 明末·淸初의 동란기를 거치면서 일반 민중의 삶이 피로하고, 청조의 지배력이 아직 확고하게 정비되지 않은 상황에서 세금 징수는 용이한 작업이 아니었다.

淸初에 이러한 財政問題가 특히 심하게 대두되었던 시기는 順治親政期(1651~1660)[26]라 할 수 있다. 따라서 그동안 順治 親政期를 포함한 淸初의 재정문제는 학계에서도 상당한 주목을 받아 왔다. 종래 이 분야에 관한 연구는 크게 ① 淸代의 奏銷制度를 포함한 財政管理制度에 대한 문제,[27] ② 청조의 吏治와 錢糧의 缺損 문제,[28] ③ 淸前期의 榷關과 그 管理制度에 관한 문제,[29] ④ 중앙재정과 지

---

26) 順治 親政期는 順治 7年(1650) 도르곤 攝政王이 수렵여행 도중 사망한 이후 시작되었는데, 이 시기는 明朝의 皇帝를 모범으로 삼아 漢人 지배계층에게 관대하게 대하여 한족 중심의 지배 형태로 나아갔다고 평가되고 있다.(吳金成, 「예친왕 섭정기의 청조의 신사정책」, 『한우근박사정년기념사학논총』, 1981, 참조.)

27) 佐伯富, 「淸代における奏銷制度」, 『東洋史硏究』 22-3, 1963 : 陳鋒, 「淸代前期奏銷制度與政策演變」, 『歷史硏究』 2000-2 : 何平, 「論淸代賦稅征收工具及其變遷」, 『淸史硏究』, 1998-1 : 彭澤益, 「淸代財政管理體制與收支結構」, 『明淸史』, 1990-6 : 黎民, 「淸代財政制度概觀」, 『荊門大學學報』, 1992-2 등 참조.

28) 陳鋒, 「淸代的錢粮征解與吏治」, 『社會科學集刊』, 沈陽, 1997-3 : 賈允河, 「淸朝錢粮亏空的財政制度根源初探」, 『西北師大學報(社科版)』, 蘭州, 1998-1 : 賈允河, 「淸朝吏治與錢粮虧空」, 『河北師範大學學報』, 1998-2 등 참조.

29) 吳建雍, 「淸前期榷關及其管理制度」, 『中國史硏究』, 1984-1 : 何本方, 「淸代戶部諸關初探」, 『南開學報』, 1984-3 : 馬永山, 「論淸初榷關定額報解制度的改革」, 『內蒙古民族學院學報』, 1993-3 : 袁一堂, 「淸初財政問題初探」, 『中州學刊』, 1991-2 : 彭澤益, 「淸代財政管理體制與收支結構」, 『明淸史』, 1990-6 : 松浦 章, 「淸初の榷關について」, 小野 和子 編, 『明末淸初の社會と文化』, 京都大學人文科學硏究所, 1996 : 何本方, 「乾隆年間榷關的免稅措施」, 『歷史檔案』, 1987-4 : (日)香坂昌紀, 「論淸朝年間的國家財政與關稅收入」, 『社會科學輯刊』, 1993-3 : 何本方, 「淸代的榷關與內務部」,

방재정의 운영 문제,[30] ⑤ 淸代 賦稅制度의 定額化 문제[31] 등으로 정리할 수 있겠다. 또한 順治 親政期로 시기를 한정하여 이 시기의 재정정책에 관한 연구도 상당히 진행되었다.[32] 그러나 이 시기 재정정책의 성격이 무엇인가에 대해서는 여러 가지 견해가 있어 왔다. 특히 소위 '江南奏銷案'의 성격에 관한 평가는 강남의 신사층 문제와 관련하여 다양한 의견들이 있었다.[33] 또한 이 시기의 일반 민에

『故宮博物院院刊』, 1985-2 : 瀧野正二郎, 「淸代常關における包攬について」, 『山口大學文學會志』 39, 1988 : 魯子健, 「淸代四川的榷關」, 『中國社會經濟史硏究』, 1987-3 : 何本方, 「淮安榷關簡論」, 『明淸史』, 1989-4 : 魯子健, 「淸代關榷與四川地區商貿興衰考察」, 『淸史硏究通訊』, 1989-2 彭澤益, 「淸初四榷關地点和貿易量的考察」, 『社會科學戰線』, 1984-3 : 香坂昌紀, 「淸代滸墅關の硏究-滸墅關と物貨流通- Ⅰ, Ⅱ, Ⅲ, Ⅳ」, 『東北學院大學論集(歷史學, 地理學)』 3, 5, 13, 14號, 1972, 75, 83, 84 : 香坂昌紀, 「淸代における大運河の物資流通-乾隆年間淮安關を中心にして」, 『東北學院大學論集(歷史學, 地理學)』 15號, 1985 : 香坂昌紀, 「淸代の北新關と杭州」, 『東北學院大學論集(歷史學, 地理學)』 22, 1990 : 香坂昌紀, 「淸代中期の杭州と商品流通-北新關を中心として-」, 『東洋史硏究』 50-1, 1991 : 瀧野正二郎, 「淸代淮安關の構成とその功能について」, 『九州大學 東洋史論集』 14, 1985 : 瀧野正二郎, 「淸代の鳳陽縣をめぐる物流流通について」, 『和田博德敎授古稀記念明淸時代の法と社會』, 汲古書院, 1993 등 참조.

30) 陳鋒, 「淸代中央財政與地方財政的調整」, 『歷史硏究』, 1997-5.

31) 何平, 「論淸代前期的賦稅調整」, 『淸史硏究』, 1996-1 : 何平, 「論淸代賦役制度的定額化特點」, 『北京社會科學』, 1997-2 : 楊濤, 「試論淸初賦稅的沉重」, 『雲南師大學報』, 1991-2 등 참조.

32) 陳鋒, 「論淸順治朝的鹽稅政策」, 『社會科學輯刊』, 1987-6 : 陳鋒, 「淸初"輕徭薄賦"政策考論」, 『武漢大學學報(哲社版)』, 1999-2 : 袁一堂, 「淸初財政問題初探」, 『中州學刊』, 1991-2 : 陳鋒, 「順治朝的軍費支出與田賦預徵」, 『中國社會經濟史硏究』, 1992-1 : 袁一堂, 「淸順治末年的財政危機及其緩解措施」, 『河北學刊』, 1992-4 : 楊濤, 「淸初順治朝的財政危機與斂賦措施」, 『雲南師大學報』, 1990-3 등 참조.

33) 지금까지 奏銷案을 언급한 거의 모든 연구가 청조의 財政壓迫 문제를 거론하고 있는데, ① 漢人紳士에 대한 思想彈壓 내지 紳士彈壓面을 보다 강조한 것과 ② 재정문제와 결부시켜 江南 紳士 彈壓說 및 ③ 財政問題에 보다 비중을 둔 연구 등으로 나누어 정리

대한 賦役이 가벼웠는가 아니면 무거웠는가에 대해서도 이견이 존재하고 있다.

따라서 順治年間 특히 親政期를 중심으로 하여 清朝 初期의 국가 재정정책의 성격을 규명하고자 한다. 이를 위해 먼저 順治 親政期의 재정위기 상황과 그 원인을 찾아보고자 한다. 당시 재정악화의 주요인이었던 군사비 지출의 확대와 세원의 감소 상황과 그에 따른 문제점 등을 검토하고자 한다. 다음으로 順治 親政期에 시행했던 재정문제를 해결하기 위한 정책과 제도의 정비과정을 살펴보고자 한다. 順治帝는 攝政인 도르곤이 사망한 이후 친정하면서부터 종래 만주왕조 시대의 제도를 과감하게 폐지하여 明의 제도를 본받아 행정제도를 개혁하였다.[34] 또한 그는 안정적인 재정확보를 위해 주소제도의 시행과 고성법의 강화, 그리고 각관의 관리제도 정비와 같은 정책적인 노력도 기울였던 것이다.

필자는 이러한 상세징수과정에서 나타난 제반 문제에 대한 검토를 통해 다음의 몇 가지 측면에서 명대사 이해에 도움을 주고자 한다. 첫째 명대사에서 국가재정과 관련하여 商稅가 차지하는 위치를 규명하고자 한다. 둘째 명조의 貨幣 및 通貨政策과 관련하여 상세의 징수문제를 이해하고자 한다. 셋째 명 중기 이후 銀經濟體制下에서 국가재정위기를 극복하기 위한 방편으로서의 商稅對策과 상세징수 방법의 변화를 검토하고자 한다. 넷째 명말 국가재정의 어려움을 극복하기 위해 宦官을 파견한 것이 결과적으로 明朝에 어떠한 영향을

할 수 있겠다. 이 문제와 관련한 이전의 연구성과에 관해서는 吳金成, 「順治親政期의 清朝權力과 江南紳士」, 『역사학보』 122, 1989, p.99, 주)144 참조.

34) 예를 들면 宦官衙門인 13衙門의 설치, 漢人官僚의 중용, 入關前 만주왕조 시대의 제도인 內三院을 폐지하는 대신 內閣과 翰林院을 설치하는 등 明의 제도를 상당한 정도 답습하였던 것이다.(吳金成, 1989, p.68.)

주었는지를 규명한다. 다섯째 명을 이어 중원을 차지한 청조 초기의 재정정책을 살펴봄으로써 왕조 교체와 재정 운영의 연속성을 조명할 수 있을 것으로 생각한다.

제 I 편

명 전기의 재정 운영과 통화정책

第 1 章

한족 왕조의 부활과 상세정책의 수립 및 운영

1. 왕조 초기 국민생활의 안정 도모와 면세 조치

명태조 주원장은 전국을 통일하기 이전부터 원만한 재정 확보를 위해 각지에 상세를 포함한 각종 조세 징수기관을 설치·운영하였다. 元 至正18年(1358) 12월 婺州(金華府)를 점령하고 절동 지주집단과 접촉을 모색하던 朱元璋은 그곳에 寧越稅課司를 설치하였다. 이어서 至正20年(1360) 12月에는 酒醋課, 다음해 2月에는 鹽課·茶課를 설치하고, 至正22年(1362) 10월에는 關市制, 즉 商稅制度를 시행하기에 이르렀다.[1] 물론 이러한 조치들은 군사비 조달을 위한 재원확보책의 일환으로 취해졌으며,[2] 세금은 銅錢으로(때로는 현물로) 징수하였다.

---

1) 당시 상세제도의 시행 동기에 대해서『明太祖實錄』壬寅(至正22年) 10月 辛卯條에 "時四方戰爭, 財用不足, 群臣議以爲, 來遠人在乎修政, 裕國用貴乎通財. 今各處每遇外境商旅販鬻物貨, 或爲兵民留滯. 請置關市設官領之, 專通物貨."라 하여 점령 지역 바깥에서부터 온 객상들에게 外境 連接지역에 關市制를 시행하여 일정액의 상세를 징수함으로써 재정을 보충하고, 아울러 상품유통을 원활하게 하고자 하였다.
2) 佐久間重男, 1956, p.3; 新宮(佐藤) 學,「明代後半期江南諸都市の商稅改革と門攤銀」,『東洋學』60, 東北大學 中國文史哲研究會, 1988, p.98.

몽고족을 만리장성 바깥으로 물리친 후 한족 왕조를 부활시킨 明太祖는 국내를 통일한 후 민생안정과 농업생산력의 향상을 위해 권농정책[3]을 추진하는 한편 상업의 활성화를 도모하였다. 洪武年間 商稅의 稅率은 비교적 낮았으며,[4] 사사로이 상세를 징수하는 지방관을 엄징하도록 하였다.[5]

이와 함께 명초에는 상업 활동을 보호하고 민중의 생활을 안정시키기 위한 방편으로 商稅에 대한 면세정책을 취하였다. 洪武元年(1368) 서적·농구 등에 면세를 실시하였는데,[6] 이는 明太祖가 천하를 통일한 후 人文의 보급과 농민생활의 안정, 농업의 장려를 위해 취해졌다.[7] 洪武10年代부터 상세 징수액이 감소하는 稅課司·局을 혁파하고, 대신 府·州·縣 관청에서 징수하는 경우가 상당수 나타나고 있다.[8]

그 결과 명초 국가에서 징수하는 상세는 감소하는 경향을 보인다. 상세 징수의 감소는 전란으로 인한 객상의 상업 활동이 부진했기 때문이기도 하지만 그보다는 오히려 상세징수기관 자체의 문제, 즉 상

---

3) 山根幸夫, 「元末の反亂と明朝支配の確立」, 『世界歷史』 12, 岩波書店, 1971, p.38.

4) 太祖의 起兵 時 商稅의 세율은 鹽貨는 1 / 10, 物貨는 1 / 15이었는데, 당시 이처럼 高率이었던 것은 군비조달을 목적으로 하였기 때문이었다. 그러다가 점차 인하하여 1 / 20로 하였으며, 太祖가 江南을 평정한 후 吳王을 칭했던 1363년에는 1 / 30로 통일하였다.(佐久間重男, 「明代における商稅と財政との關係」(一)·(二), 『史學雜誌』 65－1·2, 1956, p.3.)

5) 예를 들면 洪武7年, 彰德府稅課司에서 일반 서민의 차와 음식 등에까지 세금을 부과한다는 사실을 듣고 "옛날의 聚斂之臣이 盜賊보다 심하다고 한 것은 바로 이들 관리들을 가리킨다."고 하면서 해당 稅課司 관리를 下獄시키도록 명하였다.(姜曉萍, 「明代商稅的征收與管理」, 『西南師範大學學報』 1994－4,(→復印報刊『經濟史』, 中國人民大學書報資料中心, 1994－6) p.22.)

6) 『明太祖實錄』 洪武元年 8月 己卯條; 『明史』 卷 81, 「食貨」 5, p.1974.

7) 佐久間重男, 1956, p.4.

8) 『明太祖實錄』 洪武10年 3月 甲申條; 同 洪武13年 正月 辛酉條.

세징수를 담당하는 官攢·巡欄 등의 부정행위가 객상의 활동을 방해하는 경우가 많았기 때문이다.[9)] 따라서 이들 하급서리들의 苛斂誅求를 금하는 조치가 계속 취해지기도 하였다. 이와 더불어 민중 생활의 안정과 상업 활성화를 위해 명태조는 거듭 면세정책을 시행하였다. 그리하여 洪武13年에는 軍民聚嫁喪祭之物 및 舟車糸布之類에 대한 면세를 단행하였고,[10)] 이러한 정책은 永樂帝 시기에도 계속되었다.[11)]

2. 명초 商稅徵收機關의 設置와 運營

1) 명대 세무기관으로서의 稅課司·局

명초의 소위 '關市之征', 즉 商稅에 관한 규정은 宋·元에 비해 상당히 간략한 편이었다.[12)] 세율은 1 / 30이었으며, 세무기관으로는 戶部管轄의 稅課司·局[13)]과 工部管轄의 抽分竹木局 등이 설치되었다. 명초 상세징수기관이 설치되었던 지역은 수도인 南京을 비롯해 南直隸·浙江·江西·湖廣 등 주로 양자강 중하류 지역이었으나,

---

9) 佐久間重男, 1956, p.4.

10) 『明太祖實錄』 洪武13年 6月 戊寅條.

11) 즉 永樂元年(1403) 軍民嫁聚喪祭之物·時節追送禮物·染練自織布帛·買已稅之物·船隻車輛運自己物貨·農用之器·各處小民挑担蔬菜各處谿河小民貨賣雜魚·民間家園池塘採用雜果非興販者·民間常用竹木蒲草器物·常用雜物·銅錫器物日用食物에 대한 면세를 시행하였다.(正德『明會典』, 卷 32「戶部」, "課程" 참조.)

12) 『明史』 卷 81,「食貨」 5, p.1974.

13) 府에는 주로 稅課司가, 州縣에는 稅課局이 설치되었으며, 南京應天府와 北京順天府의 兩 京에는 都稅司가, 그리고 그 近郊에는 宣課司가 설치되었다.(佐久間重男,「明代の商稅制度」,『社會經濟史學』 13-3, 1943, p.35.)

洪武6年경부터는 상업 활동이 활성화되면서 점차 확대되었다.[14] 稅課司·局은 주로 京城諸門[15] 및 각 府·州·縣의 市集에 설치되었으며, 명초에는 약 400여 곳에 달하였다.[16](萬曆『明會典』에는 다음 표와 같이 381곳으로 되어 있다.)

〈표 2〉 萬曆『明會典』에 나타난 明初 稅課司·局의 지역적 분포[17]

省　名	都稅司	宣課司	稅課司	稅課局	分司	小計
順天府	1	3	1	9	2	16
北直隷			5	6		11
應天府	1	3	2	7	1	14
南直隷			10	58		68
浙　江			12	46	2	60
江　西			13	19		32
湖　廣			12	14		26
福　建			8	15		23
山　東			8	36		44
山　西			4	7		11
河　南			8	8		16
陝　西			10	16		26

14) 洪武6年 6月에는 北平等府·永淸等縣에 稅課司·局 108곳을 설치하였으며,(『明太祖實錄』 洪武6年 6月 乙酉條) 同年 11月에는 四川의 成都 등의 府·縣에 稅課司·局 16곳을 설치하였고,(『明太祖實錄』 洪武6年 11月 庚戌條) 동14年에는 遼東에도 稅課司가 설치되었다.(『明太祖實錄』 洪武14年 3月 乙巳條.)

15) 北京順天府의 崇文門·德勝門·安定門·正陽門 등과 南京應天府의 聚寶門·朝陽門·太平門 등을 가리킨다.

16) 明初 稅課司·局의 총수가 400여 곳이라고 한 것은 『明史』 卷 81, 「食貨」 5, p.1974에 의한 것이지만, 『明太宗實錄』 永樂6年 6月 己丑條에 "交阯를 평정하고 그 지역에 92개의 稅課司·局을 설치하였다"는 기사가 있기 때문에 실제의 수는 이보다 훨씬 많다고 봐야 할 것이다. 물론 永樂帝의 사후에는 이 지역의 稅課司·局도 폐지되었다.

省　名	都稅司	宣課司	稅課司	稅課局	分司	小計
四　川			4	6		10
廣　東			4	1		5
廣　西			4	1		5
雲　南			8	2		10
貴　州			1	3		4
合　計	2	6	114	254	5	381

그런데 명초 상세징수기관의 수가 宋代의 1837~1993곳이나, 金代의 1616곳에 비해 축소된 것처럼 보이는 것은 하급세무기관인 分司·分局이 稅課司·局에 통합되고, 또 夏稅秋糧의 징세기관인 府·州·縣에서도 상세를 징수했기 때문이다. 稅課司·局에서 근무했던 官員으로는 稅收를 총괄하는 大使·副使와 이들 아래에서 실제의 징수사무를 담당했던 攢典·巡欄 등이 있었는데, 특히 巡欄의 역할이 중요시되었다.[18] 明初 稅課司·局의 大使·副使에는 주로 儒士가 임명되었으나, 永樂年間부터는 官僚·勛戚의 家人이 임명되기도 하였다.

稅課司·局에서는 ① 상품의 교역세를 징수하고, 商品納稅細則을 제정하며, ② 민간의 田宅 매매 시 증권의 공증을 취급하고, ③ 市肆門攤稅를 징수하며, ④ 관할구역 내 상인의 성명과 상품 수를 등기·장악하는 등의 기능을 수행하였다.[19]

---

17) 萬曆『明會典』 卷 35, 「戶部」 22, "商稅".

18) 林麗月, 「商稅與晚明的商業發展」, 『國立臺灣師範大學歷史學報』 16, 1988, p.40.

19) 『明史』 卷 75, 「職官」 4, p.1852; 姜曉萍, 「明中後期對市場貿易的法律管理」, 『明史硏究』 3,(中國明史學會, 1993) p.22; 同氏, 「明代商稅的征收與管理」, 『西南師範大學學報』 1994－4,(→ 復印報刊『經濟史』, 中國人民大學書報資料中心, 1994－6) p.24.

이러한 稅課司·局에서 징수한 상세는 明初의 경우 實錄이나 會典뿐만 아니라 지방지 등에도 기록되어 있는 것이 얼마 되지 않기 때문에 국가 전체의 액수를 정확히 파악하기는 곤란하다. 다만 상세액을 기록하고 있는 지방지 자료를 통해 몇몇 지역의 상세액과 그 징수 추이를 파악할 수 있다. 明初의 실록 중에 "天下 稅課司·局의 1년 稅收額이 米 5百石에 미치지 못하는 364곳은 府·州·縣 관청에서 대신 징수한다."[20]는 기사를 통해 볼 때 당시 경제가 발달한 양자강 중하류 지역의 소위 '江南 地方'의 몇몇 도시를 제외하면, 그 액수가 그다지 많지 않았을 것으로 보인다.

明初 江南 地方의 상세 징수상황을 보면 蘇州府의 경우 國初에 蘇州府城 및 吳縣·長洲·吳江·崑山·常熟·嘉定·同里·崇明 諸縣의 각 稅課司·局에서의 세수총액은 銅錢 24,239萬 文이었다.[21] 이 액수는 洪武10年경으로 추정되는데, 鈔로 환산하면 24만여 관으로 소주부만 하더라도 상당한 액수였음을 알 수 있다. 吳江縣에서는 洪武10年 銅錢 21,882貫文, 洪武24年에는 鈔 7,738錠 5貫, 永樂10年에는 鈔 8,339錠 2貫으로 기록되어 있는 것을 통해 洪武~永樂年間에 걸쳐 점차 증대하고 있음을 알 수 있다.[22]

松江府의 경우에는 永樂15年 本府 稅課司에서 鈔 22,289錠 3貫, 華亭縣 稅課局에서 鈔 28,466錠, 上海縣 稅課局에서 鈔 17,493錠 3貫이었으나, 天順·成化年間에는 本府의 鈔 24,088錠, 華亭縣의 鈔 41,842錠 4貫, 上海縣의 鈔 33,124錠 3貫으로 현저히 증가하였다.[23]

---

20) 『明太祖實錄』 洪武13年 正月 辛酉條.

21) 正德『姑蘇志』 卷 15, 「稅課」.

22) 蘇州府의 이러한 증가추세는 弘治年間에 이르면 더욱 두드러지게 나타나는데, 弘治16年에는 蘇州府 管下의 商稅는 太倉州稅課局을 더하면 鈔 80,357錠, 銅錢 802,500文에 이르고, 弘治『太倉州志』 卷 3에 의한 太倉州의 商稅額 鈔 4,380錠 1貫, 銅錢 43,792文을 제외하더라도 國初에 비해 대단한 증가세를 보이고 있다.(佐久間重男, 1956, p.53. 참조.)

常州府는 洪武10年 本府 稅課司의 銅錢 20,266貫文, 無錫縣 稅課局의 錢 24,640貫文, 宜興縣 稅課局의 錢 12,098貫文, 江陰縣 稅課局의 13,515貫文에서 永樂10年에는 각각 鈔 16,106錠 4貫, 鈔 18,208錠, 鈔 15,514錠 3貫, 鈔 19,683錠 3貫으로 되었다.[24]

한편 상세의 일종인 門攤稅는 諸文獻에서 商稅額 내에 포함시켜 기재하고 있기 때문에 門攤稅額만을 파악하기는 곤란하다. 다만 몇몇 지방지 중에 상세액과 별도로 門攤稅額을 싣고 있는 것도 있어서 일부나마 지역에 따라 門攤稅額을 파악하는 것이 가능하다.[25] 명대 도시들 가운데 문탄세액이 비교적 많은 곳은 南·北 兩 京을 비롯해 蘇州·松江·華亭·上海·宜興·鎭江·漢口·紹興 등이었다.[26]

이와 같이 江南 地方의 商稅額은 명초부터 점차적으로 증가하는 양상을 보이고 있다. 이는 洪武·永樂年間의 일상생활용품에 대한 면세조치와 같은 휼상 방침에 의해 상업 활동이 활성화되면서 자연 증가한 측면도 있지만, 永樂·宣德年間을 지나면서 국가의 초유통정책과 맞물려 民間의 舊鈔를 회수하기 위한 門攤稅 등 상세증액정책에 따라 나타난 현상으로 풀이할 수도 있겠다.

2) 官店·塌房

稅課司·局과 더불어 明初부터 설치된 상세징수기관으로는 官店과 塌房이 있다. 본래 민간 창고업의 수익성에 착안하여 국가가 설치했던 명대의 관업창고인 官店·塌房은 명초 상세관청이 아직 정

---

23) 崇禎『松江府志』卷 15「稅課」.

24) 萬曆『常州府志』卷 7,「錢穀志」, “征榷”.

25) 佐久間重男,「明代の門攤稅と都市商業との關係」,『中山八郎教授頌壽記念 明淸史論叢』,(燎原, 1977) pp.293~298 표 참조.

26) 佐久間重男, 1977, p.299.

비되지 않은 상태에서 상세징수사무를 함께 행하였다.[27)]

官店[28)]은 朱元璋이 명조를 건국하기 이전 강남의 지배영역에 설치했던 것으로 그 시기는 아마 당면 군사비를 염출하기 위해 群臣의 제안에 기초하여 關市批驗所官을 개설한 元 至正22年(1362) 10月경으로 생각된다.[29)] 이어서 至正24年 正月에는 官店錢의 징수액을 경감해주었으며, 同年 4月에는 종래의 1 / 20의 상세율을 1 / 30로 인하함과 동시에 南京의 官店을 宣課司로, 府 · 州 · 縣의 것은 通課司로 바꾸어 상세징수기관으로 정비하였다.[30)] 이와 같이 明初의 官店은 전란으로 황폐화된 도시에서 官 중심으로 倉庫業을 경영함으로써 객상의 물자를 보관하고, 그 사용료로서 官店錢을 징수했던[31)] 일종의 관영 상업용 시설물이자 상세징수기관이었다.[32)] 즉 官店錢은 실질적으로는 관업창고의 보관료이지만, 후에는 店稅로 칭해졌고, 넓은 의미에서 官의 收入을 의미하는 것이기 때문에 상세로 규정할 수 있겠다.[33)]

明代의 유명한 官店으로는 北京의 和遠 · 寶和 · 順寧 · 福德 · 福吉 · 寶延店의 6官店이 있었다. 그 밖에 북경에는 普安 · 福順 · 寶源 · 吉慶 등의 관점이 있었고, 臨淸의 廣安店, 徐州의 寶寧店 등이 있었다. 그리고 正德 이후에는 皇室 소유의 '皇店'도 나타나고 있다. 官店 · 皇店은 관부 혹은 황실이 出資하여 교역할 뿐만 아니라 행상

---

27) 佐久間重男, 「明代の倉庫業に就いて」, 『東洋學報』 31－4, 1948, 참조.
28) '官店'이라는 용어가 명대의 문헌에 보이기 시작하는 것은 『明太祖實錄』 至正24年(1364) 正月 丁卯條로써 "命減收官店錢, 先是, 設官店以征商, 上以其稅太多病民, 故命減之"라는 기사가 실려 있다.
29) 『明太祖實錄』, 至正22年 10月 辛卯條.
30) 『明太祖實錄』 至正24年 3月 己酉條.
31) 『明太祖實錄』 至正24年 正月 丁卯條.
32) 李龍潛, 『明淸經濟史』, 廣東高等敎育出版社, 1988, p.89.
33) 佐久間重男, 1948, p.105 참조.

을 압박하여 창고에 화물을 보관토록 한 후 세금을 징수하고, 화물을 팔았던 것으로 실제 행상의 상업 활동을 통제하기 위한 수단이 되기도 하였다.[34]

한편 洪武年間에는 행상들이 화물을 가지고 남경으로 들어와 客店에 머물지만 그들의 화물을 보관할 곳이 없어 船上이나 성 바깥의 민가에 보관하는 경우가 많았다. 이에 牙人들이 매점매석함으로써 상인과 소비자 양자에게 피해를 주자 이를 방지하기 위한 목적으로 塌房을 설치토록 하였다.[35] 塌房은 원래 하천이나 운하 등 교통 요충지에 설치되었던 창고를 의미한다. 南宋代의 탑방이 주로 민간에 의해 부설된 것이 많은 데 비해 明初의 塌房은 국가주도로 설치되었다.[36] 물론 명초의 민간에서도 창고업이나 중간도매업을 위해 소규모로 창고를 개설하는 경우가 있었지만, 官營塌房에 비해 영세한 편이었다.[37]

明初 行商이 塌房에 화물을 보관하는 것은 강제성을 띠기도 하였지만,[38] 행상의 입장에서는 탑방에 화물을 보관함으로써 관부의 보호를 받을 수 있고, 牙行의 착취로부터 벗어날 수 있었기 때문에 이를 이용하는 경우도 있었다. 당시 탑방에 물건을 보관한 행상들은 塌房錢과 화물세 외에도 免牙錢을 납부해야만 했다.[39] 결국 탑방의 설치는 단순히 상업시설의 정비에 그치는 것이 아니고, 국가의 재정 수입의 증가를 도모했던 것으로 생각된다.[40] 그 후 塌房은 永樂年間

---

34) 唐文基, 「明朝對行商的管理和征稅」, 『中國史研究』 1982－3, pp.20－21.
35) 『明太祖實錄』 洪武24年 8月 辛巳條.
36) 新宮(佐藤) 學, 「明代前期北京の官店塌房と商稅」, 『東洋史研究』 49－1, 1990, p.57.
37) 新宮(佐藤) 學, 1990, p.71
38) 唐文基, 1982－3, p.20.
39) 林麗月, 1988, p.38; 唐文基, 1982－3, p.20.
40) 佐久間重男, 1948, p.101.

북경에도 설치되었으며,[41] 선덕 이후에는 兩 京 외의 중요한 城鎭에도 설치되었다.[42]

그런데 명대 사람들은 塌房을 관점과 함께 '塌店'이라고 부르기도 하였으므로 관점과 탑방은 두 가지로 나누어지는 개념이라기보다는 동일 실체, 즉 창고를 포함하는 상업시설로 이해해야 할 것이다.[43] 그것은 正德『明會典』의 景泰2年 기사에 "大興・宛平二縣于和遠店等塌房……"[44]라고 하여 和遠店을 탑방이라고 칭하였는데, 和遠店은 明代의 유명한 6官店 중의 하나이다.

이러한 官店・塌房을 정식 상세징수기관으로 제도화한 것은 永樂7年의 일인데 이는 다음 기사를 통해 알 수 있다.

> "京城의 官店・塌房은 (南京)三山門外 塌房의 例에 따라 稅錢 1分은 宣課分司에서 징수하고, 免牙(중개수수료)・塌房錢(창고보관료) 2分은 看守人이 징수하여 사용토록 하라"[45]

명조가 이처럼 官店・塌房을 제도화한 목적은 전국 각지의 객상에 대해 상품의 일시보관과 거래를 보증하는 등의 편리를 도모하기 위한 측면도 있지만, 그보다는 상세징수라는 재정상 필요에 의한 측

---

41) 永樂帝는 燕王時代 이래 북경에 근거를 두었고, 따라서 북경은 천도 이후 남경과 함께 정치・경제의 중심지를 이루었다. 북경이 각지의 객상이 왕래하는 중심지로 부상하자, 永樂7年(1409) 북경에도 탑방을 설치하고, 그 보관료는 남경의 예에 따라 징수토록 하였다.(正德『明會典』 卷 32, 「戶部・庫藏」, "課程" 참조.)

42) 예를 들면 『明宣宗實錄』 宣德6年 2月 辛酉條에 "官民之家多有塌房店舍, 居停商貨"라고 기술한 데에서도 알 수 있듯이 宣德年間에는 남북을 잇는 교통의 요충지에 위치하고 있는 臨淸에도 塌房이 설치되어 있었다.

43) 新宮(佐藤) 學, 1990, p.58.

44) 正德『明會典』 卷 35, 「商稅」.

45) 正德『明會典』 卷 32, 「戶部・庫藏」, "課程".

면이 강하게 작용하였다. 이러한 국가에 의해 설치된 官店・塌房의 운영은 소위 '看守人'이 담당하였고, 그 아래에는 상품의 운송 업무에 종사하는 '小脚'이 이를 보조하였다.[46] 看守人은 탑방마다 2~4명의 '殷實大戶'로 충당되었다. 이때 殷實大戶는 구체적으로 '廂長'[47]을 가리킨다. 廂長이 도시의 상업 활동 실정을 가장 잘 알고 있었기 때문에 실제경영을 담당하도록 했던 것이다.[48]

官店・塌房에서의 상세징수에 대한 감독은 都稅司 이하 상세관청의 官員이나 批驗茶引所大使가 맡았다. 또한 그 운영은 巡視塌房御史가 감독하였는데, 이들은 특히 官店・塌房에서 징수하는 收稅則例의 결정에도 참여하였다.[49] 이 밖에 御史는 官店・塌房에서 행해지는 객상과 도시상인 사이의 거래보증도 관장하였다.

北京의 官店은 설립 이래 崇文門宣課分司를 비롯한 상세관청과 밀접한 관계를 가지고 있었으며, 북경을 둘러싼 상품유통과 상세징수에까지 관여하였다.[50] 이 문제에 접근하기 위해 먼저 최초로 북경에 반입되었던 상품에 대해 어떻게 과세되었는가를 고찰해 보자. 北京으로 들어온 상품은 전국 각지의 특산물 시장에서 주로 객상들에 의해 운반되어 온 상품과 주변의 근교농촌에서 소생산자에 의해 생산되어 그들이 직접 운반해 온 농산물 및 부업제품으로 나눌 수 있다. 물론 여기에서 문제가 되는 것은 전자의 특산품이다. 특산품 중에는 대운하를 통해 北上한 東南의 물자와 長城 바깥의 西北의 물

---

46) 正德『明會典』 卷 32, 「戶部・庫藏」, "課程".

47) 明朝는 농촌이나 도시를 불문하고 110호를 단위로 里甲制를 시행하였다. 그런데 里甲丁役으로서의 '廂長'은 도시주변부의 里長의 역으로써 특히 농촌의 里長이나 도시내부의 坊長과 구별할 경우에 사용되었다. (新宮(佐藤) 學, 1990, p.63.)

48) 佐久間重男, 1948, p.99.

49) 正德『明會典』 卷 32, 「戶部・庫藏」, "課程".

50) 新宮(佐藤) 學, 1990, p.56

자가 중심을 이루고 있는데, 수량은 전자가 후자를 크게 압도하고 있다.

그런데 명조는 북경천도에 앞서 상세관청을 신설·정비했던 永樂6年부터 이러한 상품의 반입루트를 상정하여 張家灣宣課司와 盧溝橋宣課司를 설치함으로써 이들 상품에 대한 과세 움직임을 표면화했다.[51] 이 점은 이들 宣課司가 盧溝橋抽分竹木局과 通州抽分竹木局에서 얼마 되지 않은 지점에 설치되었다는 것과 이곳의 상세징수 업무를 위해 大使 1명, 副使 4명을 파견함으로써 북경 주위의 상세관청 중에서는 가장 많은 관원을 배치하고 있는 것에서도 알 수 있다.

대운하를 북상하여 동남 지방의 특산품을 가져올 경우 일반적으로는 通州 혹은 張家灣에서 船荷를 옮겨 싣고 육로 혹은 通惠河를 거쳐 북경성에 도달하였다. 후에는 通州·張家灣에 도달하기 이전에 楊村이나 河西務에서 車馬에 실어 육로를 취하는 루트도 이용되었다. 어느 경우이든 이들 상품은 도중의 稅課司나 鈔關 등의 상세관청에서 이미 어느 정도 상품의 검사와 과세가 행해졌을 것이다.

상품을 원거리에서 가져온 객상은 원칙적으로 北京城의 9門을 통과하여[52] 가장 가까운 상세관청에 상세를 납입하도록 되어 있었다. 北京城內의 상세관청 중에서는 正陽門宣課司의 分司인 崇文門宣課分司가 가장 중요하였다. 그러나 객상이 대량의 상품을 가져올 경우에는 宣課司 등 상세관청에서 상세액 전부를 징수할 수는 없었다. 이것은 객상 자신이 상품을 북경으로 반입할 때 상세액에 상당하는 현금을 가지고 있지 못하는 경우가 많았기 때문이다.

51) 『明太宗實錄』 永樂6年 10月 癸巳條.

52) 9門을 통과할 때에도 九門稅鈔가 징수되었는데, 이것 역시 宣德4年의 鈔流通政策과 밀접한 관련을 가지면서 창설되었다.

(景泰)5年 正陽門 등 선과사의 모든 雜貨는 도착 순서대로 條由 內에 적은 普安店 등 三店에서 卸賣시킨다. 그 밖에 관에서 給賜한 福順店 등에서도 예에 따라 店마다 大戶 2명이 감시토록 하고, 계절마다 교체시킨다.53)

위의 기사에서처럼 正陽門宣課司에서는 객상에게 普安店 등 지정한 3개의 官店을 기입한 '條由'를 직접 전했을 뿐이다. 객상은 북경성 내외의 이들 官店이나 이들 외에 관료에게 사여된 福順店 등에 상품을 일시 보관 혹은 卸賣(도매)하는 사이에 상품의 검사와 남은 상세납입을 마칠 수 있었다. 이것은 官店・塌房에서 殷實大戶가 상품의 품목이나 수량의 검사와 보관 업무를 행하는 한편으로 批驗茶引所官의 지휘 아래 상세의 징수가 행해지고 內官이나 錦衣衛의 관이 수시로 파견되어 거기에서 징수가 행해졌기 때문이다.54)

명초에는 대량의 상품을 취급하는 객상이 官店을 이용하는 것이 거의 강제적이었다고 할 수 있다. 물론 객상은 官店을 이용함으로써 崇文門宣課分司를 비롯한 상세관청에서의 검사나 상세납입에 수반한 번잡한 수속을 생략하는 것이 가능했다. 더욱이 牙行 등 중개업자의 손을 거치지 않고 상품을 도매하는 것이 가능했다고 하는 장점도 지니고 있었다. 물론 이 과정에서도 다양한 수탈이 존재하고 있지만 官府가 상인에게 상세납입의 편의를 제공하고, 상업거래를 보증하는 측면도 존재하고 있다.

따라서 官店・塌房은 단순한 관영의 창고업뿐만 아니라 상세징수와 중간도매업무를 겸비했다고 말할 수 있다.55) 그것은 南京에서 永

53) 正德『明會典』 卷 32, 「戶部・庫藏」, "課程".

54) 『明英宗實錄』 正統3年 5月 乙酉條; "監察御史鄭顒奏, 張家灣宣課司・崇文門分司, 每遇商貨販到積至數多, 方差內官・錦衣衛官抽盤, 不無停滯損壞".

55) 景泰2年의 收稅則例가 商稅鈔・牙錢鈔・塌房鈔의 3자로 구성되어 있

樂6年 塌房課鈔를 江東宣課司에서 대신 징수하고 있는데,[56] 塌房課鈔는 塌房稅·塌房錢 등과 마찬가지로 보관료를 가리키는 것이다. 그런데 창고보관료인 塌房課鈔를 세무관청인 江東宣課司에서 商稅 등과 함께 進納하는 것을 통해서 볼 때 단순히 창고의 보관료로만 한정시킬 수는 없다고 생각한다.

또한 永樂10年에는 응천부도세사에게 관리를 파견하여 삼산문외의 탑방을 감독하게 하고, 과초를 징수하도록 하였다.[57] 이를 통해 상세징수기관인 都稅司·宣課司 등이 탑방과 밀접한 관련을 지니고 있었다는 것을 알 수 있다. 또한 塌房에서는 객상이 상품을 탑방에 보관할 때 그 보관료(보관료도 관수입의 일종으로 생각할 수 있지만)를 징수할 뿐만 아니라 통과세 등의 징수에도 간여하고 있었다.[58] 이 밖에 塌房이 상세징수기관의 성질을 가지고 있다는 것은 塌房鈔가 창고사용기간의 장단을 불문하고 일률적으로 상품의 시장가격의 1/30을 징수하고 있는 것에서도 알 수 있다.

3. 明代 商人의 存在樣態와 그들의 役

1) 명대의 상인 관리와 호적문제

명대의 상인은 크게 장거리 운송 및 판매를 담당하는 行商과 城鎭에서 점포를 개설하여 상업 활동을 하는 鋪戶(坐賈)로 나눌 수 있

고, 그 합계가 관부에 지불된 '店稅'로 인식되었던 것은 이 때문이다. (新宮(佐藤) 學, 1990, p.71 참조.)

56) 佐久間重男, 1948, p.102.

57) 『明太宗實錄』 永樂10年 3月 丙申條.

58) 佐久間重男, 1948, p.103.

다. 明朝는 이들을 국가의 중요한 세원으로 파악하여 효율적으로 관리하기 위해 명초부터 제도를 정비하였다. 우선 행상이 시장에 진입하기 위해서는 반드시 관부에서 발급해 주는 증명서인 '關券'이 있어야만 했다.[59] '關券'은 상인이 稅課司 · 局에 가서 상세를 납입하면, 稅課司 · 局에서는 영수증으로써 교부하였던 것이다. 이 '關券'은 '公引' · '文引' · '關引' 혹은 단순히 '引'이라고도 불린다. '關券'에는 상인의 화물을 점검하여 그 화물의 數目을 기술했던 것으로 생각된다. 그리고 稅課司 · 局에서 관권을 받은 상인이 다른 稅課司 · 局을 통과할 때에는 전에 받은 관권을 제시한 뒤에 그곳 稅課司 · 局에 다시 상세를 납부한 후에 새로운 관권을 지급받아야만 했다.[60] 만약 關券을 소유하지 않은 채로 시장에 진입할 경우에는 '匿稅'의 罪[61]와 동일하게 처벌하였다.

또한 明初부터 수도인 南京을 비롯한 주요 도시에서 시장이 번성함에 따라[62] 명조는 鋪戶에 대한 세금징수와 시장관리에도 심혈을 기울였다. 城鎭에서 점포를 개설하여 영업하고자 하는 鋪戶는 정부에 '店籍'을 신청하고, 일정액의 '店籍錢'을 납부해야만 되었다.[63] 만약 鋪戶가 허가를 취득하지 않았을 경우에는 '無籍之徒'로 간주되

59) 丘濬, 『大學衍義補』 卷 30, 「制國用」, "征榷之稅".

60) 佐久間重男, 「明代の商稅制度」, 『社會經濟史學』 13－3, 1943, p.38.

61) 『大明律集解附例』(光緒 重刊本, 이하 『大明律』로 약칭함) 卷 8, 「課程」, "匿稅", 참조.

62) 명초 수도인 남경에는 500여 포호가 있었고, 항주는 송원 이래 360행이 있었으며, 소주에는 吳閶에서 楓橋에 이르는 20리에 시장이 섰다고 할 정도로 시장이 번성하였다. 이후 영락년간에 북경으로 수도를 옮긴 이후에는 북경이 점차 전국 최대의 상업도시로 되었으며, 포호의 수 또한 가장 많았다.(唐文基, 「明代的鋪戶及其買辦制度」, 『歷史硏究』 1982－5, p.140.)

63) 姜曉萍, 「明代商稅的征收與管理」, 『西南師範大學學報』 1994－4,(→復印報刊『經濟史』, 中國人民大學書報資料中心, 1994－6) p.23.

어 영업하기가 매우 곤란하였다.

明代 鋪戶의 호적문제는 매우 복잡하였다. 明末의 談遷이나 淸代 查愼行 등은 모두 명대에 商籍이 있었다고 하였다.[64] 그러나 洪武年間에 제정된 『大明律』에는 "軍·民·驛·竈·醫·卜·工·樂諸色人戶"[65]라 하여 商戶는 들어 있지 않았다. 이것은 명초의 城鎭(특히 南京·北京)에서 점포를 개설한 사람 중에는 외부로부터 이주해 온 사람이 많았고, 더욱이 農民·工人·軍人도 포함되어 있었기 때문이다.[66] 이들은 原住地에 籍이 있거나 본래 匠籍이나 軍籍에 속해 있어서 부득이 更籍해야 하는 사람도 있었다.

이들은 행정관리상 기타 民戶와 분리되어 단독으로 排甲에 편성되는 동시에 자기 호적상에서는 종사하는 직업을 기록하여 기타 民戶와 구별하였다. 그러나 鋪戶가 排甲에 편입되어 있다고 하더라도 원래의 호적은 취소되지 않는다. 이 때문에 명대의 鋪戶는 二重籍을 가지고 있다고 할 수 있다.[67]

明代에는 외부로부터 이주해 온 鋪戶가 많았기 때문에[68] 이들의

64) 談遷은 『棗林雜俎』에서 "民籍에는 竈·軍·匠 외에 儒籍·商籍·官籍·先賢籍이 있다"고 하였고, 查愼行의 『人海記』에서도 "戶占籍者는 軍·匠·民·竈·商 외에 儒籍·官籍·御醫籍·先賢籍이 있다"고 하였다.

65) 『大明律』 卷 4, 「戶役」, "人戶以籍爲定".

66) 唐文基, 「明代的鋪戶及其買辦制度」, 『歷史硏究』 1983－5, p.141.

67) 예를 들면 北京 鋪戶의 경우 "歲糧方辦, 而里長頻催; 均徭未完, 而驛傳接踵. 供軍貼匠, 歲無寧日. ……貨物抽矣, 行銀又從而征之"(沈榜, 『宛署雜記』 卷 13, 「鋪行」)라 하여 포호에게 '行銀'을 징수하고 있다는 것은 일반 民戶와 다르다는 것을 설명해 주고 있는 반면 里甲·均徭·驛傳을 부담하고 供軍貼匠해야 한다는 사실은 그들이 여전히 원래의 民籍에 속해 있음을 반영한다고 할 수 있다. 또 錦衣衛官校를 예로 들면 그들은 본래 軍籍에 속하지만, 그중 적지 않은 사람들이 점포를 개설하여 상업 활동을 하고 있으므로 이들 역시 양쪽 모두에 籍을 가지고 있었다.(唐文基, 1983－5, p.142.)

68) 이러한 현상은 北京과 南京이 심하여 沈榜은 "京城鋪戶, 多非土著"(沈榜, 『宛署雜記』 卷 13, 「鋪行」)라 하였고, 특히 南京의 경우 "凡出利之孔,

거주문제를 해결하기 위해 洪武·榮樂年間 계속해서 南京과 北京에 많은 건물(廊房)을 짓고, 房鈔를 징수하였다. 南京 上新河 일대에는 廊房이 200戶 이상 존재했으며, 北京의 廊房은 성안의 4곳에 분포해 있었다.[69] 城鎭의 상인들 또한 개인이 지은 건물을 빌려 점포를 개설하기도 하였다.

2) 포호의 역 - 매판과 상공물료의 조달

明代의 鋪戶는 국가에 대해 몇 가지 특수한 徭役[70]에 종사하는 것 외에도 정부의 각종 필수품에 대한 買辦[71]을 담당해야만 되었다. 명대의 上供物料는 궁정이나 중앙정부에서 필요로 하는 물자를 지방인민에게 할당하여 부담·상납시키는 것으로 그 품목은 매우 다양하다. 그런데 명조는 당초부터 조세수입뿐만 아니라 관료와 군대의 급여 등의 재정지출도 米·麥·絹·布 등 현물로 이루어지는 현물주의의 재정정책을 취했기 때문에 물자의 조달도 구입보다는 현물로

拱手以授外土之客居者. 如典當鋪在正德前, 皆本京人開, 今與紬緞鋪·鹽店, 皆爲外省富民所据矣"(顧起元, 『客座贅語』 卷 2, 「民利」)라 하였다.

69) 唐文基, 1983－5, p.140.

70) 軍商이나 匠商을 제외한 城鎭의 일반 포호는 坊廂里甲에 편입되어 있으므로 이갑의 요역을 담당했다. 明 中期 이후에는 각지에서 점차 "均徭" 역법을 시행하여 "市民商賈家殷足而無田產者, 聽自占以銀佐差"(『明史』 卷 78, 「食貨志」)라 하여 鋪戶가 銀을 납부하고 이갑의 力差를 면제받을 수 있게 되었다. 鋪戶는 또한 里甲의 力差 외에도 內府의 각 監局에서 服役해야만 했다. 예를 들면 內府의 承運庫·甲字庫·乙字庫·丙字庫·丁字庫의 庫夫로서 庫藏物品의 看守·運搬 등을 담당하였다. 永樂 19年의 규정에 의하면 각 庫에서 季마다 쓰는 庫夫 중에서 포호의 수는 承運庫 3명, 甲字庫 4명, 乙字庫 3명, 丙字庫 2명, 丁字庫 4명이었다.

71) 鋪戶에 의한 買辦制度는 宋代부터 존재했던 것으로 궁실이나 관부에서 필요한 물품을 국가가 그 지역에 점포를 개설하고 있는 상인인 鋪戶를 강박하여 물품을 관부에 賣給하는 것이다.

조달하는 것이 많았다.72) 가공품 역시 원재료를 조달하여 가공 자체는 각종 관영공장에서 행해졌던 것이 많았다. 그 원재료 중에서도 일부는 조정에서 자체 생산하는 것이 있지만 대부분은 각 지방에 할당하였다.73) 이처럼 명초에는 궁실이나 중앙정부에서 필요한 소요물자인 上供物料를 民의 현물납부에 의지하였지만, 15세기 전반기 이래 銀 유통의 활성화와 더불어 상품·화폐경제가 발달하면서 上供物料 역시 현물납부 방식으로부터 구매를 통하여 구입하는 방식으로 바뀌게 되었다.74)

買辦은 원래 官(國家)과 상인의 대가지불을 전제로 한 상업행위로써 그 자체가 요역은 아니다. 그렇지만 이를 강제적인 요역으로 파악할 수 있는 것은 실질적 의미에서 물료매판을 둘러싼 대가지불의 지연이나 부당한 지불이 계속해서 일어나고, 국가의 상공업자에 대한 강제부담으로써의 성격이 강하였기 때문이다.75) 이것은 鋪戶의 應役忌避와 優免特權의 適用76) 및 銀納化의 과정에서도 여실히 나타난다.

관청필요물품에 대한 買辦은 화폐경제가 현저히 진전되는 명 중기 이후 府·州·縣城 정도의 지방도시에서도 항상적으로 행해졌다.

---

72) 岩見 宏,『明代徭役制度の研究』, 同朋舍, 1986, p.27.

73) 明初 정부가 物料를 조달하는 구체적인 방법에는 ① 본래의 생산자로 하여금 정부에 직접 납입토록 하거나, ② 정부가 인민을 사역시켜 채취하거나, ③ 稅糧의 일부를 代納의 형식으로 인민에게 부과시키거나, ④ 抽分의 형태로 商人들로부터 現物로 징수하거나, ⑤ 민간으로부터 매상하는 등 5가지가 있었다.(岩見 宏, 1986, p.34.)

74) 金弘吉,「明代 北京의 買辦과 "短價"」,『明淸史硏究』5, 1996, p.75.

75) 許敏 역시「明代嘉靖·萬曆年間召商買辦初探」,『明史硏究論叢』1, 1982, p.189에서 실질상의 '封建的 徭役'으로 파악하였다.

76) 徭役優免特權에 대해서는 和田正廣,「徭役優免條例の展開と明末擧人の法的地位」,『東洋學報』60-1·2, 1978 참조. 商役의 優免特權 및 商人에 대한 鋪行銀 徵收의 優免 적용을 둘러싼 論議에 대해서는 新宮(佐藤) 學,「明末京師の商役優免問題について」,『集刊東洋學』44, 1980 참조.

그런데 명대의 이러한 買辦制度는 北京과 南京 지역 鋪戶의 役과 관련하여 끊임없이 문제점을 양산하기도 하였으니, 대가의 부당한 평가와 支拂의 遲延 및 서리의 誅求 등이 그것이다.[77] 특히 鋪戶가 조달 납입했던 물품에 대한 관청의 지불(관가)은 시장가격에 비해 3~4할에도 미치지 못한 경우가 많았다.[78]

鋪行買辦이 언제부터 실시되었는가에 대해서는 아직 논란이 많이 있지만 대체로 永樂年間부터 시작되었다고 보고 있으며, 洪武年間까지 거슬러 올라갈 수 있을 것으로 보인다.[79] 그러나 洪武年間에는 상공물료의 대부분이 현물로 조달되었고, 부족한 부분만을 매판을 통해 보충하였으며, 그것도 民이 직접 官府에 납부하는 것이 주류를 이루었기 때문에 鋪行買辦이 차지하는 비중은 그리 크지 않았을 것으로 생각된다.[80] 그러다가 永樂13年(1415) 買辦과정에서 軍戶籍·民戶籍을 불문하고 점포를 개설한 모두에게 부과함으로써[81] 강제성

77) 新宮(佐藤) 學, 「明代北京における鋪戶の役とその銀納化－都市商工業者の實態と把握をめぐって」, 『歷史』 62, 1984; 新宮(佐藤) 學, 「明代南京における鋪戶の役とその改革－行をめぐる諸問題」, 『國士館大學人文學會紀要』 17, 1985.

78) 新宮(佐藤) 學, 「明末淸初一地方都市における同業組織と公權力－蘇州府常熟縣『當官』碑刻を素材に」, 『史學雜誌』 96－9, 1987, p.63.

79) 佐佐木榮一 씨는 王圻의 『續文獻通考』의 기사를 근거로 하여 포행매판이 정통년간부터 시작되었다고 하고 있는 데 비해,(佐佐木榮一, 「商役の成立について ―明代兩京における買辦體制の進展―」, 『歷史』 15, 1957, pp.16－17) 新宮 學 씨는 영락년간에는 확실히 있었던 것 같고 홍무년간까지 올라갈 수 있으리라 추정하고 있으며,(新宮(佐藤) 學, 「明代北京における鋪戶の役とその銀納化－都市商工業者の實態と把握をめぐって」, 『歷史』 62, 1984, pp.51－52.) 김홍길 씨도 이에 동의하고 있다.(金弘吉, 1996, pp.77－78.)

80) 金弘吉, 1996, p.78.

81) 汪應軫, 「恤民隱均偏累以安根本重地疏」, 『明經世文編』 卷 191. "着應天府知道, 今後若有買辦, 但是開鋪面之家, 不分軍民人家一體着他買辦, 敢有違了的, 拿來不饒".

을 띠게 되었다.

명조는 鋪戶가 買辦을 담당하지 않을 수 없도록 하기 위해 포호에 대한 정기적인 '審行'을 실시하였다. 審行은 정부에서 관리를 파견하여 시장에서 점포를 개설하여 영업하고 있는 상인들의 자본을 조사하고 실태를 파악함으로써 매판 시 자료로 사용하기 위해 실시한 것이다. 審行制度는 永樂年間에 처음으로 시작되어 10년에 한 번씩 이루어졌는데,[82] 특히 北京 鋪戶에 대한 '審行'은 永樂17年 북경성 궁궐을 짓던 시기에 시작되었다.[83]

'審行'의 목적은 우선 鋪戶를 黃冊에 등기시킴으로써 관부에서 포호를 장악하는 데 있고, 다음으로 각 포호자본의 消長상황을 조사·확인하여 보유하고 있는 자본의 多寡에 따라 等則을 정하고, 그 等則에 의해 買辦時 할당하기 위해서이다. 또한 명조는 각 衙門에서 필요로 하는 물자가 다른 점을 감안하여 鋪行을 나누어 각 衙門에 예속시켰다.[84]

4. 商稅徵收의 法的 管理

明朝는 상인에 대한 관리와 함께 洪武年間부터 계속해서 상세징

---

82) 萬曆7年 吏科給事 中 鄭秉厚 등은 "臣等查得鋪行淸審, 十年一次, 自成祖皇帝以來, 則已然矣"(沈榜, 『宛署雜記』 卷 13, 「鋪行」)라 하였다.

83) 한편 南京 鋪戶에 대한 審行 역시 10년에 한 번씩 실시되었으나, 萬曆6·7年 이후부터는 兩 京 鋪戶에 대해서는 5年 1審으로 바뀌었다.(唐文基, 1982－5, p.144.)

84) 예를 들면 중앙 光祿寺에 속한 鋪行에는 油行·面行·乳行·餅行·茶果行·牲口行·酒醋行과 器皿行 등이 있었고, 戶部에 예속된 것으로는 草商行 등이 있었으며, 工部에 속한 것으로는 竹木商行 등이 있었고, 惜薪司에 속한 것으로는 柴炭行 등이 있었다.(唐文基, 1983－5, p.144, 참조.)

수에 관한 법령과 법규를 반포하였다.85) 그 내용은 ① 세금종류의 개설과 징수정지, ② 세목의 증감, ③ 세율의 조정, ④ 납세액의 확정, ⑤ 徵稅細則의 제정, ⑥ 세무관리 등에 미치고 있다. 이처럼 명조가 상세징수에 관한 법률규정을 강화했던 이유는 탈세를 방지하고 안정적으로 세수를 확보하기 위해서이다.

특히 명대에는 기본 법률인 『大明律』, 『問刑條例』, 『明會典』 등에서 「匿稅律」을 만들어 상세징수를 방해하는 행위를 엄징하였으니 상인이 세금을 기피할 경우 법적으로 그에 따른 형벌을 내리고 있다.

> 객상으로 세금을 은닉한 자와 술이나 식초를 판매하는 집에서 물품 판매세를 납부하지 아니한 자는 笞 五十의 형벌에 처하고, 물화와 酒醋는 관에서 절반을 몰수한다. 관에서 몰수한 물건은 3할을 고발인에게 상으로 나누어주되, 해당 관리가 스스로 포획한 것은 상으로 주지 않는다. 관문에 들어오면서 판매면허증을 문에 걸지 않으면 세를 은닉하는 자와 같이 처벌한다. 그러나 酒醋를 가정에서 사용하기 위해 만든 경우는 예외로 한다.86)

宣德4年에는 "금후 鈔를 납부해야 할 기간이 지났는데도 납부하지 아니한 자는 순천부병마사에게 명하여 독촉하게 하고, 사사로이 화물을 隱匿하는 자에게는 鈔 1千 貫을 추징토록 하라"87)고 명하였으니, 이는 명조가 법률을 이용하여 상인들이 자진해서 稅課司・局에 상세를 납부하도록 유도함으로써 脫稅를 방지하기 위함이었다.

85) 예를 들면 洪武年間의 除書籍田器稅令, 永樂年間의 官房・塌房稅令, 洪熙年間의 市肆門攤稅令, 宣德年間의 鈔關稅令, 正統年間의 納稅細則, 正德年間의 京城九門稅令 등이 있다.(姜曉萍, 「明代商稅的征收與管理」, 『西南師範大學學報』 1994-4,(→ 復印報刊『經濟史』, 中國人民大學書報資料中心, 1994-6) p.25.)

86) 『大明律』 卷 8, 「課程」, "匿稅".

87) 『明宣宗實錄』 宣德4年 7月 乙卯條.

명조는 초기부터 시장경제가 차지하는 비중이 증대하자 이를 전문적으로 관리하기 위한 기구를 설립하였다. 洪武元年(1368) 洪武帝는 본래 城市의 治安을 관리하고 있던 兵馬指揮使로 하여금 市肆를 함께 관할토록 하였으며, 在外 府·州 各 省 兵馬使도 市肆를 함께 관리토록 하였다.[88]

또한 明朝는 度量衡을 통일하여 시장의 공평한 교역을 보장하고자 하였다. 시장에서 사용되는 도량형은 반드시 관에서 정한 표준과 같아야 하며, 관부에서 정한 烙印을 받은 후에 합법적인 교역에 사용할 수 있도록 하였다.[89] 이와 함께 가짜 도량형이 민간에서 유행하는 것을 방지하기 위해 명조는 兵馬使로 하여금 3일에 한 번씩 시장에서 사용되는 휘·말·저울·자 등을 교감토록 하였다.[90]

그 밖에 시장물가를 관리하기 위해 약간의 법규를 제정하였다. 즉 奸商이 물가를 올려 정상적인 교역을 혼란시키는 것을 방지하기 위해 『大明律』에는 "만약 타인이 매매하는 것을 옆에서 보고 있다가 값이 비싸거니 싸거니 하며 농간을 부려 현혹시켜 利를 취한 자는 笞 四十의 형에 처한다"[91]고 하였다. 또 시장에서 교역하는 상품의 질·양 또한 법률로써 규정하였다.

---

88) 시장에서 兵馬指揮使는 도량형의 校勘과 시장가격의 결정, 牙行 활동의 통제 등의 역할을 담당하였으니, 顧炎武, 『日知錄之餘』 卷 4, 「校勘斛斗秤尺」에서는 "(洪武帝)命在京兵馬指揮使幷管市司, 每三日一次校勘街市斛·斗·秤·尺, 稽考牙儈姓名, 時其物價"라 하였다.

89) 『大明律』에서는 "사사로이 휘(斛)·말(斗)·저울(秤)·자(尺) 등을 제조하여 부정하게 시장에서 사용한 자와 관에서 제작한 휘·말·저울·자 등을 가지고 그 중량·대소·장단 등을 증감하여 作弊한 자는 杖 六十의 형에 처한다. 工匠도 같이 치죄한다." 또 "시장에서 사용하는 휘·말·저울·자가 공평한 것일지라도 관부의 검사 낙인을 받지 아니한 자는 笞 四十의 형에 처한다."(이상 『大明律』 卷 10, 「市廛」, "私造斛斗秤尺")고 하였다.

90) 顧炎武, 『日知錄之餘』 卷 4, 「校勘斛斗秤尺」.

91) 『大明律』 卷 10, 「市廛」, "把持行市".

> 器物을 만드는 데 진실로 견고하지 않거나 견직물·포목 등의 천이 나쁘거나, 얇거나, 짧거나, 좁게 만들어 판 자는 각각 笞 五十의 刑에 처하며, 그 물품은 관에서 몰수한다.[92)]

이와 함께 명조는 감찰제도의 정비를 통해 세무기관과 세관에 대한 엄밀한 감찰을 실시하였다. 상세징수와 관련된 감찰에는 납세인에 대한 督察과 稅官에 대한 監察이 있었다. 상인의 납세에 대한 감찰은 세무등기와 납세신고의 두 가지 방식을 채택하였다. 세무등기란 행상의 販運活動과 坐賈의 영업상황에 대한 등기관리를 진행하는 것으로 상인의 收支狀況을 파악하여 稅源을 통제하고 탈세를 방지하고자 시행한 것이다.

명초부터 각 城鎭에는 行商을 대상으로 숙박기관인 官·私 客店이 있었는데, 특히 洪武年間의 南京에는 많은 상인들이 들어와 성황을 이루기도 했다.[93)] 客店에는 관부에서 발급해 준 '店歷'이 있어 객상의 성명, 인원 수, 떠나는 날짜 등을 기입하고, 매월 말에 官府의 검사를 받도록 하였다.[94)] 명조는 이러한 '店歷'을 통해서 객상의 소재확인과 판매상황 및 그들의 탈세은닉을 방지하고자 했던 것이다.[95)] 永樂10年에는 "각 巡按御史 및 按察使에게 명하여 課程의 징수를 세심히 살피도록 하여 부당하게 징수하거나 생활필수품에까지 세금을 착취하는 자가 있으면 중죄로 다스리라"[96)]고 하였다. 물론 당시에 이러한 조치를 취한 목적은 稅官의 苛斂誅求를 방지하기 위

92) 『大明律』 卷 10, 「市廛」, "器用布絹不如法".

93) 唐文基, 「明朝對行商的管理和征稅」, 『中國史硏究』 1982－3, p.19.

94) 『明史』 卷 81, 「食貨」 5, p.1974.

95) 唐文基, 1982－3, p.19; 和田 清 編, 『明史食貨志譯註』, 東京, 東洋文庫, 1957, p.844; 姜曉萍, 「明代商稅的征收與管理」, 『西南師範大學學報』 1994－4,(→復印報刊『經濟史』, 中國人民大學書報資料中心, 1994－6) p.25.

96) 『古今圖書集成』 卷 223, 「食貨典」.

해서였다.

한편 각지의 稅課司官 역시 관할구역 내의 상인을 문서에 기록하여 징세의 근거로 삼았다.[97] 즉 각 稅課司・局에서는 布政司로부터 교부받은 印信文簿[98]를 牙人에게 지급하여 매매하는 쌍방 상인의 籍貫・姓名・路引・字號 및 交易의 商品數目 등을 기록하도록 하였다.[99] 稅課司・局에서는 牙人의 등기를 근거로 매매하는 쌍방의 교역액과 상인의 자산상황을 파악하여 세수자료로 사용하였다. 즉 印信文簿에는 商稅元額에 비추어 存留額과 起運額이 명백하게 분기되어 있기 때문에 각 稅課司・局에서는 매년 말에 印信文簿 및 課稅物件을 所管의 州・縣에 보내고, 州・縣에서는 그것을 다시 府로 보내면, 府에서는 다시 布政司로 보내게 된다. 布政司에서는 과세물건과 印信文簿의 記載와의 相異가 없는지를 조사한 후 存留額은 布政司 창고에 저장하여 지방경비에 사용하고, 起運額은 年例額에 비추어 委官을 시켜 戶部로 보내도록 하였다.[100]

이와 함께 명조는 객상이 화물을 가져와 창고에 저장할 때 자발적으로 소재지 稅課司에 상품의 수량을 신고하도록 하고 세액을 납부토록 규정하였다. 私營 店鋪・塌房・門攤 역시 매월 자발적으로 경영상황을 신고하고 세액을 납부토록 하였으며, 객상이 화물을 운반하여 鈔關・城門을 통과할 때에도 선박・차량 종류, 적재화물상황

97) 景泰2年 兵科都給事 中 葉盛은 "將在京官店・塌房盡數勘實, 籍記在官, 按季收鈔, 以資軍餉"(『明英宗實錄』 景泰附錄 卷 21, 景泰2年 4月 辛巳條)할 것을 건의하였다.

98) 이 印信文簿는 단순히 印信文이라고도 불리며 印信簿籍, 通知文簿 등으로도 칭해진다.(佐久間重男, 1943, p.37.)

99) 萬曆『明會典』 卷 35, 「商稅」, "收稅".

100) 中央戶部로의 起運期日은 萬曆『明會典』 卷 35, 「戶部・商稅」에 의하면 直隸 府・州・縣의 경우 다음해 正月 이내에, 지방 布政司의 경우에는 다음해 3월까지 戶部에 도착할 수 있도록 하였다.

을 신고하고 세금을 납부토록 하였다.[101]

명조가 이처럼 시장무역질서 · 상품질량 · 가격 등을 규범화한 것은 시장 환경을 정돈하고, 상품교환의 정상적인 진행을 보장함으로써 상품경제의 발전과 시장관리에 유리한 조건을 만들기 위함이었다. 법률은 통치계급 의지의 표현으로 이를 이용하여 중앙집권을 유지하기 위한 경제적인 기초를 강화하기도 하였다.[102]

5. 소 결

明朝는 稅源을 확보하고 商業을 국가의 통제 아래에 두기 위해 초기부터 상세징수기관을 설치 · 운영하였다. 우선 府 · 州 · 縣城 및 각 도시의 市集에는 稅課司 · 局을 설치하여 상품의 교역세와 각종 점포를 열어 영업하는 鋪戶를 대상으로 하는 門攤稅를 징수하였다. 이러한 稅課司 · 局에서 징수한 商稅額의 징수추이를 살펴보면 명초부터 점차 증가세를 보이고 있다. 이것은 명초 이래 휼상 정책으로 인한 상업의 활성화에 기인한 면도 있지만, 永樂年間부터 鈔法을 유지시키기 위한 대책으로 商稅增收策이 취해졌기 때문이기도 하다.

한편 상세관청이 아직 정비되지 않은 상황에서 민간 창고업의 수익성에 창안하여 국가가 직접 창고를 짓고 객상의 물품보관과 상세징수의 업무를 맡아보도록 하였다. 官店 · 塌房은 牙行 등 중간도매상의 착취를 방지하여 국가가 객상의 활동을 보호하는 한편, 그들을 국가의 통제 아래에 두기 위해 설치한 기구였다. 官店 · 塌房은 상세징수기관과 밀접한 관계를 가지고 있었으며, 실질적으로 상세징수의

---

101) 姜曉萍, 1994, p.25.
102) 姜曉萍, 1994, p.27.

기능까지 갖추고 있었다.

명조는 다양한 상세징수기관을 이용하여 商品販運·市肆營業·集市交易·商品貯藏에 이르기까지 광범위하게 상세를 징수하였다. 명조가 초기부터 상세를 국가의 중요한 稅源으로 파악하여 그 관리와 통제에 노력하였던 것은 상업의 번영정도가 국운의 흥망에 중요하게 작용한다는 것을 인식했기 때문이다. 그리하여 명초부터 중앙정부에서 직접 관리를 파견하여 상세징수 업무를 담당케 하는 등 이전시대에 비해 상세징수체제의 정비를 강화하였다. 행상에 대한 통제를 강화하기 위해 關券을 발행하여, 이들이 시장에 진입할 때에는 반드시 이를 제시토록 하였으며, 鋪戶가 시장에서 점포를 개설할 때에도 국가에 일정액의 세금을 납부하도록 하였다.

이와 함께 鋪戶로 하여금 上供物料의 조달을 위한 買辦를 담당하도록 하였다. 買辦은 본래 국가와 상인 사이의 대가지불을 전제로 한 상업행위이지만 명대에는 일종의 徭役으로 전화하였다. 明代 鋪戶가 담당했던 매판의 특징은 ① 里甲正役 외의 雜役의 하나로써, ② 軍戶籍과 民戶籍을 불문하고 京師의 시가지에 점포를 개설한 포호에게 부담시켰던 都市商人에 대한 徭役의 성격을 가지며, ③ 永樂年間부터는 국가재정의 궁핍과 상품경제의 발전에 수반하여 점차 그 비중을 증대하고 있는 점을 들 수 있다.

명조는 국가경제 중에서 시장경제가 차지하는 비중이 증대하자 본래 城市의 治安을 담당하고 있던 兵馬指揮使로 하여금 市肆를 함께 관리하도록 하였다. 그리고 상세징수의 법령을 제정하여 상세징수를 방해하는 행위나 탈세를 방지하고자 하였다. 이를 위해 세무감찰제도를 정비함으로써 각각의 세무기관에 대한 엄밀한 감찰을 시행하였다.

第 2 章

명 전기의 通貨政策과 상세

1. 鈔의 價値下落과 그 對策

1) 鈔法의 制定과 대명보초의 발행

明朝는 초기부터 商稅制度를 정비하는 한편 錢法과 鈔法을 제정하여 화폐제도를 정비하였다. 元 至正21年(1361)에는 寶源局[103]을 설치하여 「大中通寶」[104]를 주조한 데 이어 洪武元年(1368) 3월 錢法을 새롭게 제정하고, 「洪武通寶」를 주조하였다. 「洪武通寶」는 小錢(1文錢)에서 當十錢(10文錢)까지 대소 5종류가 있었고[105](當二 이상의 大錢은 洪武4年에 폐지[106]), 종래의 동전과 함께 사용되었다.

---

103) 寶源局에서는 주로 화폐의 주조에 관한 사무를 맡아보았으며, 明初期에는 南京應天府에 寶源局을 설치하고, 각 성에는 寶泉局을 설치하여 사무를 관장토록 하였다.

104) 元 末의 동란기에 동전을 주조한 것은 왕조수립의 의지를 표명한 것으로 해석할 수 있는데,(檀上 寛, 『明朝專制支配の史的構造』, 汲古書院, 1995, p.125.) 당시의 군웅들 중에서는 朱元璋 이외에도 張士誠이 天佑通寶, 韓林兒가 龍鳳通寶, 徐壽輝가 天啓通寶・天定通寶, 陳友諒이 大義通寶 등을 주조하였다.(檀上 寛, 1995, p.143, 주) 11 참조.) 「大中通寶」는 본래 宋 眞宗 때에 주조되었던 동전이며, 明太祖 朱元璋이 아직 明이라는 국호를 정하기 전에 주조하면서 국호를 大中으로 하기 위해 「大中通寶」라 하였다고 한다.

105) 『明太祖實錄』, 洪武元年 3月 辛未朔條.

洪武元年에는 약 8,900萬 文이 주조되고, 그 후 8년까지 매년 약 2億 文 전후가 주조되었다.[107)]

이러한 동전의 수치는 북송시기와 비교하면 매우 저조한 것이어서 당시의 수요를 만족시킬 수 없었다. 이에 관료들 중에서는 동전의 순도를 떨어뜨려 발행액의 증가를 도모해야 한다는 의견도 나오고 있다.[108)] 동전이 부족하게 된 원인으로는 우선 銅錢의 재료인 銅의 부족을 들 수 있다. 원래 銅의 산출이 적은 중국에서는 송대에 성행한 동전주조에 의해서 銅의 절대량이 감소했다. 주조된 동전도 다량으로 해외에 유출되었고, 南宋代에는 산출액도 격감하였다. 따라서 元代을 지나 明初에 銅 부족은 매우 심각한 상태에 직면하였다.[109)]

새로운 왕조의 탄생과 함께 동전의 수요는 매년 증가하였지만 그에 부응할 만큼 산출이 뒤따르지 못했던 것이다. 부득이 민간에서 銅을 거출하였는데, 이는 民에게 큰 부담으로 작용하였다.[110)] 또한 銅錢의 절대량이 부족해지면서 민간에서는 純度가 떨어지는 私鑄錢이 횡행하는 등의 부작용이 나타났다.[111)]

더욱이 원말의 격동기를 지나 국내질서가 점차 회복되면서, 상공업도 이전보다 활황을 보이고 있었다. 상인의 활동이 활발해짐에 따라 거래액도 많아졌지만, 동전은 중량이 무거운 데 비해 상대적으로 그 가치가 낮았기 때문에 수량이 비교적 많은 교역에 불편하였고, 장거리 무역을 하는 상인들이 운반하기에도 매우 불편하였다.[112)] 따

106) 『明太祖實錄』, 洪武4年 2月 丁卯條.
107) 檀上 寬, 1995, p.119.
108) 『明太祖實錄』, 洪武7年 正月 庚午條.
109) 檀上 寬, 1995, p.119.
110) 『明太祖實錄』 洪武8年 3月 辛酉朔條. "詔造大明寶鈔. 時中書省及在外各行省, 皆置局以鼓鑄銅錢. 有司責民出銅, 民間皆毁器物以輸官."
111) 『明太祖實錄』 洪武8年 3月 辛酉朔條; "鼓鑄甚勞, 而姦民復多盜鑄者."
112) 李龍潛 著, 『明淸經濟史』,(廣東高等敎育出版社, 1988) p.92.

라서 동전을 보조하거나 대신할 새로운 화폐의 필요성이 대두되었다. 이에 洪武7年(1374), 寶鈔提擧司[113]를 설치하고, 다음해부터 「大明通行寶鈔(大明寶鈔)」라는 지폐를 발행하기 시작하였다.[114] 명조는 우선 대명보초를 다른 동전과 함께 사용토록 하는 한편, 민간에서의 매매와 상세 등의 세금을 초로 징수토록 하였다. 다음의 『大明律』에 나타난 鈔法에 관한 기사는 이를 잘 나타내 주고 있다.

> 무릇 인쇄한 紙幣와 洪武通寶·大中通寶 및 역대의 銅錢은 서로 병용한다. 민간의 각종 매매와 茶·鹽·商稅 및 諸色 課程에 모두 받아들이는 것을 허락한다. 위반한 자는 杖 一百의 형에 처한다.[115]

위 기사에 이어서 『大明律』에는 만약 지폐를 가지고 糧穀收納場이나 창고사무소에서 각종 課程을 折納하거나 鹽貨를 中買하거나 각 아문에서 몰수한 장물과 벌과금을 발송할 때에는 반드시 지폐의 배면에 납입자의 성명을 기록하여 참고할 수 있도록 하였으며, 만약 위조지폐나 다른 여러 조각을 모아 붙인 지폐를 받았을 경우에는 해당 관원에게 杖 一百의 형에 처하고 납입된 지폐액의 배액을 추징하도록 하였다.[116]

그러면 초법제정과 관련 있는 당시의 『실록』 기사를 통해 대명보

---

113) 寶鈔提擧司는 戶部에 속한 기관으로 鈔紙를 만드는 抄紙局과 鈔를 인쇄하는 印鈔局, 그리고 行用庫로 구성되어 있었는데, 발행업무는 抄紙局과 印鈔局에서 담당했다.(永江信枝, 「明代鈔法の變遷 — その崩壞の原因を中心として —」, 『史論』 9, 1961, p.619.)

114) 중국에서 寶鈔制度는 宋代부터 시작되었는데, 元 世祖 때에는 中統寶鈔를 만들어 11文에서 2貫까지 10등으로 나누어 諸路에 通行하여 賦稅 및 收受에 사용토록 하였다.

115) 『大明律』 卷 7, 「倉庫」, "鈔法".

116) 『大明律』 卷 7, 「倉庫」, "鈔法".

초의 종류 및 발행목적 등을 구체적으로 살펴보도록 하자.

> 上以宋有交會法, 而元時亦嘗造交鈔及中統·至元寶鈔, 其法省便, 易於流轉, 可以去鼓鑄之害. 遂詔中書省造之. …… ㉠ 每鈔一貫準銅錢一千·銀一兩. 其餘皆以是爲差. ㉡ 其等凡六等. 曰一貫, 曰五百文, 四百文, 三百文, 二百文, 一百文. ㉢ 禁民間不得以金銀物貨交易. 違者治其罪. 有告發者, 就以其物給之. …… ㉣ 凡商稅課程, 錢鈔兼收, 錢什三, 鈔什七, 一百文以下, 則止用銅錢.[117]

명조는 동전사용의 국한성과 폐단을 극복하기 위해 법정 화폐로써 大明寶鈔를 사용토록 하였다. 대명보초의 재료는 뽕나무를 이용하였으며, 청색 바탕에 횡으로 "大明通行寶鈔"가 새겨져 있고, 네 모서리에는 龍紋花欄이 있는데, 花紋欄 내의 양변에는 각각 "大明寶鈔, 天下通行"이라는 글귀가 새겨져 있다.[118] 大明寶鈔의 제조는 처음에는 中書省에서 관장하였으나,[119] 洪武13年 중서성이 폐지됨에 따라 이후에는 戶部에서 관장하였다. 그 종류는 ㉡에서와 같이 100文에서 500文까지의 5가지와 1貫(1,000文의 가치에 해당)의 모두 6가지가 있었다. 그리고 당시의 鈔·錢·銀의 비가를 ㉠에서처럼 鈔 1貫＝銅錢 1,000文＝銀 1兩으로 결정하였다.

洪武8年 大明寶鈔를 발행한 이후 상세는 錢과 鈔로 징수하였기 때문에 鈔와 錢을 '本色'이라 하였다. 그러다가 洪武27年 錢의 사용을 금지함으로써 상세의 본색은 鈔로 한정되었다. 물론 홍무년간에는 米·布·帛 등으로도 상세를 납부할 수 있었다.[120] 또한 정부는

---

117) 『明太祖實錄』 洪武8年 3月 辛酉朔條.

118) 彭信威, 『中國貨幣史』,(上海 人民出版社, 1958) p.633; 李龍潛, 1988, p.93.

119) 『明太祖實錄』 洪武8年 3月 辛酉朔條.

120) 상세를 쌀이나 포백(특히 쌀)과 같은 실물로 징수하는 것이 洪武年間 계속 보이는데, 예를 들면 洪武10年 太平府 繁昌縣狄港의 경우 1년 동

鈔의 유통과 회수를 원활히 하기 위하여 ㉢과 같이 민간에서의 금은에 의한 교역을 금지시켰으며,[121] ㉣처럼 상세는 錢과 鈔를 3 : 7의 비율로 징수하였다. 최저액이 100文이기 때문에 그 이하는 동전을 사용토록 하였다. 초의 발행과 더불어 南京 寶源局에서의 동전주조를 금지시키고,[122] 다음해인 洪武9年에는 각 行省 寶泉局에서의 주조도 정지시켰다.[123] 물론 이러한 조치가 동전의 사용을 금지하는 것은 아니고, 동전주조의 부담을 경감시키기 위한 것이었다.

洪武9年에는 「倒鈔法」을 제정하여[124] 鈔法의 운영상의 충실을 도모하였다. 倒鈔란 이전에 사용했던 鈔(昏鈔)와 新鈔를 교환한다는 당시의 용어로 각지에 「行用庫」를 두고 거기에서 昏鈔와 新鈔의 교환이 이루어졌으며, 昏鈔 1貫(1,000文)을 교환할 경우 工墨費(手數料)로 30文, 500文 이하일 경우에는 점차 줄여 징수한다는 것도 결정되었다.[125]

안의 商稅額이 米 890餘 石이라 하였다.(『明太祖實錄』 卷 115) 또한 洪武13年 正月의 "세과사국에 명하여 額이 미 500석을 넘지 않을 경우 그 세는 有司에게 납부토록 하라"(『明史』 卷 81, 「食貨」 5, p.1975)는 기사를 통해서도 알 수 있다. 즉 당시에는 세액의 다과정도에 따라 稅課司·局의 혁파가 결정되었고, 상세를 쌀로도 징수했던 것이다. 그리고 洪武26年 편찬된 『諸司職掌』의 규정에는 각 지방 과정 중 "所辦錢鈔金銀布帛等物"(『諸司職掌』, 「戶部·金科」)이라 한 것을 통해 당시의 상세가 포백으로도 징수되었음을 알 수 있다.

121) 洪武年間부터 鈔의 원활한 유통을 위해 金銀에 의한 교역에 대해서는 재차 금령을 내리고 있지만 실제에는 잘 지켜지지 않았고, 정부에서도 "其道里險遠難致者, 許易金銀以進. 每金一兩, 價鈔六錠, 銀一兩, 價鈔一錠"(『續文獻通考』 卷 18, 「征榷考」)이라 하여 원거리 유통에 종사하는 자들에게는 金銀에 의한 교역을 허락하고 있으며, 그 비가도 정해졌다. 이는 몇몇 지역에서 商稅를 銀으로 징수할 수 있는 법적인 근거를 제공했던 것이다.

122) 『明太祖實錄』 洪武8年 3月 辛巳條.

123) 『明太祖實錄』 洪武9年 6月 己酉條.

124) 『明太祖實錄』 洪武9年 7月 甲子條; "立倒鈔法. 中書省奏, 國家行鈔日久. 豈無昏爛. 宜設法收換, 以便行使".

明朝가 元 末 지폐인플레에 따른 폐해를 인식하고 있었음에도 불구하고 通貨政策으로 지폐 발행을 고집한 이유는 무엇 때문일까? 民間에서는 大明寶鈔만을 사용토록 하는 한편 金銀에 의한 교역을 금지시킨 것은 鎖國政策과도 관계가 있다. 金이나 銀을 화폐로 사용하는 것은 수요가 많은 데 비해 산출액이 적은 중국으로서는 외부세계로부터 수입해야 하는 부담이 있는 반면 寶鈔는 중국 국내에서만 통용되는 것이기 때문에 해외로 유출될 염려도 없고, 외국과의 교역도 자연히 어려워진다.[126]

결국 大明寶鈔를 발행하여 유통경제의 활성화를 도모하였는데, 실질가치가 높은 銀이 유통될 경우 大明寶鈔의 유통을 방해할 우려가 있기 때문에 민간에서 은의 사용을 억제하고자 했던 것이다. 당시 정부는 화폐제도의 근간이 되는 大明寶鈔의 유통을 원활히 하기 위해 상세를 이용하였던 것이다.

2) 金銀交易禁止와 戶口食鹽法의 施行

大明寶鈔의 가치는 발행 후 얼마 지나지 않아서부터 하락하기 시작하였다. 洪武23年(1390) 民間에서는 鈔 1貫에 銅錢 250文으로 거래가 되었는데, 이는 鈔法 制定 당시의 鈔 1貫＝銅錢 1,000文과 비교하면 鈔의 가치가 1/4로 하락했음을 의미한다. 이러한 민간에서의 실정에도 불구하고 明朝는 계속해서 최초의 比價를 견지하여 鈔 1貫＝錢 1,000文을 유지하였다.[127] 그러나 洪武27年, 鈔價는 더욱 하락하여 鈔 1貫에 錢 160文의 가치밖에 유지할 수 없었다.[128]

---

125) 彭信威, 1958, p.633.; 李龍潛, 1988, p.93; 檀上 寛, 1995, p.120.
126) 宮崎市定, 「近世中國銀問題略說」, 『アシア史硏究』 3, p.240.
127) 『明太祖實錄』 洪武23年 10月 戊辰條.
128) 『明太祖實錄』 洪武27年 8月 丙戌條.

이처럼 민간에서 鈔와 銀의 比價에 큰 차이가 발생한 것은 원대의 지폐인플레에 따른 폐해의 심각성을 이미 알고 있는 상태에서 그 유통을 원치 않았기 때문이다.129) 그리고 大明寶鈔가 처음부터 불환지폐로 발행되었다는 점, 즉 국가의 보증만으로 유통되었다는 것도 한 원인으로 작용하였다.130) 관리통화제도에 의해서 鈔法을 운영하고자 했지만 성공할 수 없었던 것이다.

이에 해결책으로 洪武27年 銅錢의 사용을 금지하여 鈔의 유통을 촉진시키고자 했다.131) 하지만 민간에서는 鈔보다 錢을 중요시하였기 때문에 鈔의 가치는 상승하지 않고, 오히려 하락하였다. 永樂5年(1407)에는 鈔와 米의 批價가 국초의 1 / 30, 銀과의 比價는 1 / 80까지 하락하고 있다.132) 明朝의 의도와는 달리 鈔의 가치는 전처럼 회복할 수 없게 되었다.133) 더욱이 永樂年間부터 『明實錄』 중에는 '鈔法不通'이라는 말이 자주 나타나고 있다.(표 3 참조)

〈표 3〉『明實錄』에 나타난 鈔의 流通에 관한 記事

時 期	記 事	時 期	記 事	時 期	記 事
洪武27年,8月,丙戌	不行	宣德4年,6月,壬寅	不行	正統12年,3月,乙酉	鈔法可謂通矣
永樂元年,4月,丙寅	不通	宣德5年,正月,丙寅	阻滯	正統12年,9月,乙未	流通
永樂2年,3月,乙酉	不通	宣德6年,3月,丁卯	少通	正統13年,5月,庚寅	通行
永樂2年,8月,庚寅	不通	宣德7年,正月,癸未	不通	正統14年,2月,壬申	鈔貴

129) 吳兆華, 『中國稅制史』,(商務印書館, 1965) p.128.

130) 檀上 寬, 1995, p.121.

131) 『明太祖實錄』 洪武27年 8月 丙戌條.

132) 萬曆『大明會典』 卷 31, 「戶部」 18, "鈔法"

133) 永江信枝 씨는 鈔法의 崩壞 原因으로 ① 제도상의 결함, ② 銅錢이나 金·銀에 비해 낮은 실질가치, ③ 稅糧의 折鈔와 그의 문제점, ④ 官吏·軍士의 俸糧의 折鈔와 그의 문제점, ⑤ 기타 관리와 상인이 鈔를 사용하여 부당한 이익을 취하고 있는 점 등을 들고 있다.(永江信枝, 「明代鈔法の變遷 — その崩壞の原因を中心として —」, 『史論』 9, 1961, pp.622-627.)

時　期	記　事	時　期	記　事	時　期	記　事
永樂20年,9月,己巳	否通	宣德7年,3月,庚申	頗通	正統14年,8月,壬戌	鈔法已通矣
永樂22年,9月,癸酉	不通	宣德7年,5月,乙未	不通	景泰元年,10月,戊寅	不行
永樂22年,11月,庚辰	久滯	宣s德8年,3月,庚辰	愈滯	景泰3年,5月,壬寅	不通
永樂22年,11月,辛卯	不通	宣德8年,7月,乙酉	頗通	景泰3年,7月,丙申	不通
永樂22年,12月,辛亥	不通	正統元年,3月,戊子	鈔法之壞 莫甚於此	景泰4年,6月,丁未	鈔價騰貴
洪熙元年,正月,庚寅	不通	正統元年,潤6月,戊寅	愈滯	景泰5年,2月,壬辰	鈔賤
宣德元年,3月,丁巳	阻滯	正統3年,8月,丁巳	旣通	景泰5年,7月,戊辰	阻滯
宣德元年,6月,辛巳	不通	正統3年,10月,丁巳	流通	景泰5年,7月,乙酉	不通
宣德元年,7月,癸巳	不行	正統4年,潤2月,丁酉	流通	景泰5年,7月,乙酉	不行
宣德元年,10月,乙亥	阻滯	正統4年,8月,乙卯	鈔經物重	成化2年,3月,辛亥	不行
宣德3年,6月,癸卯	阻滯	正統8年,7月,壬午	通行	成化7年,9月,庚午	不通
宣德3年,6月,己酉	不通	正統10年,9月,戊戌	鈔貴	成化7年,10月,丁丑	不行
宣德3年,11月,乙丑	阻滯	正統11年,正月,辛巳	流通	成化13年,正月,壬戌	不行
宣德4年,正月,乙丑	不通	正統11年,6月,癸丑	鈔價騰貴	弘治元年,12月,壬申	不行
宣德4年,6月,庚子	不通	正統11年,9月,癸巳	鈔貴	弘治4年,正月,乙未	不行

국가의 법정화폐인 대명보초의 유통이 잘 이루어지지 않은 원인으로 당시에는 다음 두 가지를 들고 있다. 첫째 동전의 사용금지 후 민간에서는 鈔보다 銀의 가치가 높고,[134] 둘째 鈔가 무제한적으로 발행되었는데도[135] 회수하지 않아 민간에 남아돌게 되고 그 때문에 가치가 하락하게 되었다는 것이다.[136] 이에 대한 대책으로 첫 번째 원인에 대해서는 민간에서의 金銀에 의한 교역을 금지하는 법령이

134) 『明太宗實錄』 永樂2年 3月 庚戌條.

135) 洪武18年의 경우를 예로 들면 2월 25일부터 12월까지 발행된 大明寶鈔는 모두 6,946,599錠으로, 이는 每錠 5貫으로 환산하면, 약 34,732,995관인데, 이를 다시 每貫 銀 1兩으로 환산하면 약 3,000여 냥이 된다. 이러한 수치는 당시 명조의 매년 수입이 수만 냥에 지나지 않았던 것과 비교하면 당시의 발행액이 銀 수입의 약 1,000배에 해당함을 알 수 있다.(李龍潛, 1988, p.94.)

136) 『明太宗實錄』 永樂2年 8月 庚寅條.

大明寶鈔를 처음으로 발행했던 洪武8年부터 내려졌다.[137] 그러면서도 洪武9年에는 田賦를 錢・鈔・絹과 더불어 銀으로의 折納하는 것은 허락하였다.[138] 이것은 민간에서 銀의 사용을 금지시키면서 정부가 발행한 화폐인 大明寶鈔를 유통시키고, 銀을 세량으로 절납케 하여 정부가 소유하기 위한 수단으로 취해진 조치였다.[139] 즉 민간에서 유통되고 있는 銀의 사용을 금지시키는 대신 절납케 하여 정부에서 회수하면 鈔를 좀 더 원활하게 유통시킬 수 있다고 생각하였던 것이다. 이러한 금은교역 금지령은 이후에도 洪武30年, 永樂元年・17年, 洪熙元年, 宣德元年・3年 등 모두 6회에 걸쳐 내려지고 있다.[140] 그런데 금은 교역 금지령을 이처럼 계속 내리고 있는 것은 역으로 그만큼 민간 교역에서 금은의 사용이 빈번했다는 것을 의미하기도 한다.

明朝는 국초부터 정책적으로 민간에서의 銀에 의한 교역금지조치를 취하는 한편, 정부가 나서서 은광을 개발하고 銀課를 부과하였다. 明代 은의 산출 지역으로는 北直隸・南直隸・河南・陝西・湖廣・四川・江西・廣東・光緒 등이 있었지만, 특히 중요한 產地로는 浙江省 南部와 福建省 北部의 산간 지역이었다.[141] 洪武年間부터 福建・浙江 지방에 각각 매년 2,670餘 兩과 2,870餘 兩의 歲課銀을

137) 『明太祖實錄』 洪武8年 3月 辛酉朔條.

138) 『明太祖實錄』 洪武9年 4月 己丑條.

139) 金鍾博, 「明代 田賦의 銀納化 過程에 관한 고찰」, 『史叢』 19, 1975, p.54.

140) 『明太祖實錄』 洪武30年 3月 甲子條; 『明太宗實錄』 永樂元年 4月 丙寅條; 同 17年 4月 壬寅條; 『明仁宗實錄』 洪熙元年 正月 庚寅條; 『明宣宗實錄』 宣德元年 7月 癸巳條; 同 3年 11月 乙丑條.

141) 浙江省에서는 處州府의 麗水・青田・慶元縣 등이 유명하고, 福建省에서는 福州府의 寧德・福安縣, 建寧府의 浦城・松溪縣, 汀州府의 寧化・長汀縣, 延平府의 南平・將樂・尤溪・沙縣이 유명하였는데, 특히 寧德縣의 寶豊銀鑛과 尤溪縣의 銀屛山이 손꼽혔다.(『明史』 卷 81, 「食貨」 5, "坑冶" 및 『明英宗實錄』 正統7年 9月 丙子條 참조.)

부과하였고 徵稅銀은 布政司를 통해 北京의 內承運庫로 보내졌다. 이후 稅課銀의 부과액이 점차 증가하여 永樂年間에는 福建에 33,800餘 兩, 浙江에는 82,070餘 兩이 부과되었고, 宣德年間에는 각각 40,270餘 兩과 94,040餘 兩이 부과되었다.[142] 이처럼 永樂~宣德年間에 稅課銀이 급격히 증가하고 있는 것은 그만큼 明朝가 銀을 정부로 흡수함으로써 鈔의 유통을 도모했음을 알 수 있다.

두 번째에 대한 해결 방안으로는 鈔를 적극적으로 회수하는 정책이 추진되었는데, 그 구체적인 예의 하나가 바로 '戶口食鹽法'이다.[143] 戶口食鹽法은 洪武3年 9月 河南 지방에서부터 시작되었다.[144] 처음에는 염장부근에서 실시하여 私鹽의 유통을 방지하고자 했던 것으로 永樂2年 이후 전국적으로 행해졌다.[145] 이것은 원래 일반 민중에게 강제로 食鹽을 배급하고 그 대가로서 鈔를 납부토록 한 것이었다.[146] 그러나 실제로 鹽을 급여한 것은 産地 地方과 南・北 兩 京의 주변 지역뿐으로 기타 지방에서는 당초부터 鹽의 지급과는 무관하게 納鈔 혹은 納米의 조세의 성질을 띠고 실시되었다.[147] 즉 産鹽地에서 멀리 떨어져 鹽의 운반이 곤란한 지역에서는 일반 민에게 식염을 지급할 수 없음에도 불구하고 鹽鈔・鹽糧으로

---

142) 百瀨 弘, 『明淸社會經濟史硏究』, 東京, 硏文出版社, 1980, p.30.

143) 藤井 宏, 「明代の戶口食鹽法に就いて」, 『社會經濟史學』 13-3, 1943; 徐泓, 「明代前期的食鹽運銷制度」, 『文史哲學報』 23; 徐泓, 「明代中期食鹽運銷制度的變遷」, 中國文化復興運動追行委員會 主編, 『中國史學論文選集』 2, 1977 등 참조.

144) 『明太祖實錄』 洪武3年 9月 丙申條; "河南府州縣, 今歲旣蠲其租, 而歲用糧餉, 艱於轉輸, 其民間食鹽, 商販者少. 宜令民人於河南開封・陝州・潼關輸米, 以佐軍食, 官給鹽償之. 每戶・大口月一斤, 小口減其半, 其鹽視地遠近, 輸米有差, 詔悉從之."

145) 徐泓, 「明代中期食鹽運銷制度的變遷」, 中國文化復興運動追行委員會 主編, 『中國史學論文選集』 2, 1977, p.749.

146) 『明太宗實錄』 永樂2年 8月 庚寅條.

147) 藤井 宏, 1943, p.29.

정액이 정해져 있었으며, 징수액 가운데 절반은 本地에 存留시키고, 나머지 절반은 京師에 起運시키도록 하였다.[148)]

江西의 瑞州府·高安縣 등의 府·縣은 원래 兩淮鹽의 銷區에 속해 있어서 戶口食鹽은 반드시 揚州의 兩淮運司에서 받도록 되어 있었으나, 길이 너무 멀어 宣德9年(1434) 鹽이 지급되지 않은데도 예전처럼 鈔를 징수하였다고 한다.[149)] 이러한 상황은 正統年間에 이르면 점차 보편화되어 正統4年(1439) 전국 각지에서 "民은 鹽鈔를 예전처럼 납부하는데도 鹽課司에서는 10년 혹은 5년 동안 鹽을 지급하지 않는"[150)] 상황이 나타나고 있다.

戶口食鹽法은 본래 사염의 유통을 방지하기 위한 목적에서 시작되었지만, 점차 鈔의 流通을 원활히 하고 가치를 제고시키기 위해 취해진 일련의 鈔回收策과 밀접한 관계를 가지면서 운영되었다. 그렇기 때문에 民에게 鹽이 지급되지도 않음에도 불구하고 鈔를 징수하는 등의 폐해가 나타났던 것이다.

이처럼 洪武 末~永樂年間에 걸쳐 鈔法을 보호·유통시키기 위해서 동전의 사용을 금하거나 혹은 金銀에 의한 민간교역을 엄금하고, 戶口食鹽法을 시행하는 등 각종 조치를 취하였지만 그 효과는 용이하지 않았다. 따라서 통화정책상에서 鈔의 회수에 의한 鈔價의 유지는 洪熙·宣德年間을 지나면서 중요한 과제가 되었다.

---

148) 徐泓, 1977, pp.749－750.
149)『明宣宗實錄』宣德9年 12月 癸亥條.
150)『明英宗實錄』正統4年 6月 戊戌條.

2. 洪熙·宣德年間의 鈔流通政策과 商稅

1) 門攤稅의 增收

초의 가치는 洪武 末부터 하락하기 시작해 永樂-宣德年間에 폭락하기 시작한다. 米價와 비교하면 국초에 비해 1/40에서 1/70까지 떨어졌다.[151] 다음 표는 課程鈔 1貫에 대한 折銀率의 변화추이를 나타낸 것이다.

〈표 4〉 課程鈔 1貫의 折銀率 推移[152]

年 次	折銀率(兩)	對 象	典 據
洪武8年(1375)	1.000	公定價格	正德『明會典』 卷 32, 「鈔法」
永樂5年(1407)	0.0125	稅糧·課程	同 上
宣德4年(1424)	0.01	課程·鈔關	正德『明會典』 卷 32, 「課程」
成化16年(1480)	0.005	鈔關(臨時)	『明憲宗實錄』 成化16年 正月 庚戌條
弘治元年(1488)	0.003	課程·鈔關	正德『明會典』 卷 32, 「課程」
嘉靖4年(1525)	0.003	課程	萬曆『常州府志』 卷 7, 「征榷」
嘉靖6年(1527)	0.0011	戶口食鹽鈔	萬曆『鎭江府志』 卷 6, 「鹽鈔」
隆慶元年(1567)	0.0006	課程	萬曆『江寧縣志』 卷 3, 「雜賦」
萬曆6年(1578)	0.002	課程	萬曆『杭州府志』 卷 30, 「課程」

이러한 상황에서 永樂 末부터 洪熙·宣德年間에 걸쳐 鈔의 유통을 위한 정책을 적극적으로 전개하였다. 明代史 전체 흐름에서 봤을 때 洪熙·宣德年間은 永樂年間의 완성된 체제를 배경으로 가장 안정된 시기였다. 그렇지만 안정기라고 할 수 있는 이 시기부터 명조

151) 『明仁宗實錄』 洪熙元年 閏7月 癸亥條.
152) 新宮(佐藤) 學, 「明代後半期江南諸都市の商稅改革と門攤銀」, 『東洋學』 60,(東北大學 中國文史哲硏究會, 1988) p.99 참조.

통치체제의 이완도 시작되었다.[153] 통화와 재정 방면의 위기를 돌파하기 위해 洪熙·宣德年間에는 鈔의 적극적인 유통을 도모하였다.

洪熙年間에는 우선 민간에 나돌고 있는 鈔를 적극적으로 회수하는 정책을 취하였다. 洪熙元年(1425) 戶部上書 夏原吉은 鈔法不通의 원인으로 '散多斂少', 즉 초를 발행하는 양에 비해 회수되는 양이 적다는 것을 지적하면서 門攤稅를 鈔로 징수할 것을 건의하였다.[154] 門攤稅는 北京·南京을 비롯하여 南北直隸·各 省의 府·州·縣城 및 鄉村의 鎭市 등 대소 도시의 점포에 부과했던 세금으로 영업자본 혹은 자산을 기준으로 징수한 영업세의 일종이었다. 門攤稅는 그 연원이 이미 元代부터 보이고 있지만 성격은 다르다.[155] 『明史』, 「食貨志」의 다음 기사를 검토해 보자.

㉠ 關市之徵……又有門攤課鈔

㉡ 洪熙元年, 增市肆門攤課鈔

㉢ 宣德四年 以鈔法不通, 由商居貨不稅, 由是, 於京省商賈湊集地, 市鎭占肆門攤稅課, 增舊凡五倍

153) 이와 관련하여 森 正大 씨는 이 시기에 이미 明朝는 농민을 직접 지배하는 국초 이래의 체제가 長江 下流域의 太湖周邊 지역에서 半壞 상태가 되었기 때문에 국가권력의 개입에 의해서 농민지배의 재편성이 행해졌다고 하였다.(森 正夫, 『明代江南土地制度の硏究』, 同朋舍, 1988, 참조.)

154) 『明仁宗實錄』 洪熙元年 正月 庚寅條; 『明史』 卷 81, 「食貨」 5, p.1976.

155) 즉 원대의 門攤課는 湖廣 지역을 중심으로 夏稅를 대신했던 것으로 농가를 주요한 대상으로 부과되었던 것으로, 額外課로써 일정한 稅額도 없고, 臨時措置로 징수되었던 것이라고 할 수 있다. 따라서 門攤課라는 명칭은 元代를 답습했지만, 店鋪를 대상으로 하는 明代의 門攤稅와는 본질적으로 다른 것이다. 명대에는 토지를 소유하는 농가는 兩稅法, 店鋪를 개업한 좌고에게는 門攤稅, 객상의 활동에는 물품에 대한 商稅 등이 부과되어 각각 일정한 세액이 있었다.(佐久間重男, 「明代の門攤稅と都市商業との關係」, 『中山八郎敎授頌壽記念 明淸史論叢』, 燎原, 1977, p.282.)

㉣ 正統初, 詔凡課程門攤, 俱遵洪武舊額, 不得的口鈔法妄增

이 중 ㉠은 상세의 종류를 들고 있는데, 門攤稅도 포함되어 있다. 그리고 ㉡에서 洪熙元年에 市肆의 門攤課鈔를 늘린다는 것을 통해서 이미 그 이전부터 존재하고 있었음을 알 수 있다. 이러한 사실은 『明英宗實錄』의 다음 두 기사를 보면 좀 더 명확히 알 수 있다.

ⓐ 天下의 課程 및 門攤 等의 項은 모두 洪武年間의 舊額에 비추어 징수한다.[156)]

ⓑ 戶部에서 상주하기를 근래 詔書를 받들어 內外의 門攤稅·商稅의 課程은 洪武年間의 舊額에 의거하여 징수하되, 京城의 都稅 等 司는 永樂年間부터 설치되었으므로 처음에 洪武 中의 例가 없다면 正統年間의 例에 의거하여 징수한다.[157)]

위의 실록기사는 모두 황제즉위의 詔로써 洪武年間의 舊額에 의해 징수할 것을 허락하고 있다. 이를 통해서 洪武年間부터 이미 門攤稅가 징수되었음을 알 수 있다. 다만 北京의 都稅司 등은 永樂6年에 설치되어[158)] 洪武의 舊額이 없기 때문에 正統年間(正統7年의 收稅則例라고 생각됨)의 예에 따라 징수하도록 하였다.[159)]

㉡은 「市肆門攤課」를 늘려 징수하자는 것이고, ㉢ 역시 「市鎭店肆門攤稅課」를 늘리자는 것으로써 大明寶鈔의 유통을 위해 정부가 鈔의 회수를 적극적으로 추진하면서 나타난 조치였다. 宣德4年(1429) 명조는 南京戶部의 奏請에 의해 北京順天府·南京應天府의 兩 京을 필두로 당시의 중요한 도시인 南直隸의 蘇州·松江·鎭江

156) 『明英宗實錄』, 宣德10年 正月 壬午條.
157) 『明英宗實錄』, 景泰元年 閏正月 乙卯條.
158) 『明太宗實錄』, 永樂6年 10月 癸巳條.
159) 佐久間重男, 1977, p.280.

·淮安·常州·揚州·儀眞, 浙江의 杭州·嘉興·湖州, 福建의 福州·建寧, 湖廣의 武昌·荊州, 江西의 南昌·吉安·臨江·淸江鎭, 廣東의 廣州, 河南의 開封, 山東의 濟南·淸寧·德州·臨淸, 廣西의 桂林, 山西의 太原·平湯·蒲州, 四川의 成都·重慶·瀘州 등 33개 府·州·縣의 점포에 대해 門攤課鈔는 舊額보다 5배 늘려서 징수토록 하였다.[160)]

㉣은 課程·門攤의 諸稅를 洪武의 舊額에 따라 함부로 증징해서는 안 된다는 詔를 내린 것으로 이는 鈔法이 사실상 붕괴된 상황에서 취해진 조치였다. 鈔의 유통을 위한 일종의 목적세[161)]인 門攤稅를 이용하여 민간의 鈔를 회수하고자 했던 것은 鈔의 수량이 감소하면 그만큼 가치가 상승하여 鈔의 유통을 원활하게 할 수 있을 것이라는 「통화수량설」의 입장에 섰던 것이다.

다음으로 민간에서의 金銀交易 금지를 재차 내리고 있다. 이전에도 몇 번 금령이 내려졌지만 사실상 큰 성과를 보지는 못했다. 따라서 다시금 금령을 내려 鈔의 유통을 재촉했던 것이다. 이와 같이 洪熙年間의 鈔流通政策은 明代 鈔法의 근간이 되는 불환지폐의 성격과 관련해서는 어떠한 개혁도 이루어지지 않았다. 다만 鈔의 회수와 金銀의 사용을 금지하는 형태로 추진시켰을 뿐이었다.

洪熙年間에 이어서 宣德年間에는 門攤稅 등을 이용한 鈔의 회수정책이 한층 강화되고 있다. 宣德3年에는 민간에서 銀으로 교역하다가 관에 적발될 경우 벌금을 부과하는[162)] 한편, 鈔의 제조를 정지시

---

160) 『明宣宗實錄』, 宣德4年 春正月 乙丑條.

161) 본래 鈔法維持를 위한 일종의 목적세인 門攤稅는 鈔法이 소통되면 폐지한다는 조건으로 시행되었지만, 鈔法이 일시 소통된 이후에도 國用不足을 이유로 폐지되지 않았다.(吳兆華, 1965, p.180.)

162) 『明宣宗實錄』 宣德3年 11月 乙丑條에서는 "銀 1錢을 교역하는 자에게는 鈔 1천 관, 1兩을 매매하는 자에게는 鈔 1萬 貫의 벌금을 부과하였다.(凡交易銀一錢者, 買者賣者皆罰鈔一千 貫, 一兩者罰鈔一萬 貫)"

키고 있다.[163] 이것은 鈔 회수의 효과를 더욱 높이기 위해 취해진 조치였으며, 이후 일련의 정책을 통해 鈔를 회수하였다. 그리고 그 대책이 商稅에 가장 크게 작용하였던 것도 사실이다.

예를 들면 驢騾 등 馬車 운반업자에 대해서는 그 실은 짐의 경우 출입할 때에 성문에서 一輛에 2百 貫을 징수하고, 이어서 牛車·小車에도 적용되었다. 또한 앞서 洪武·永樂年間부터 南京·北京 등에 국가주도의 塌房이 설치되었다는 것을 언급했지만, 이 시기에는 民間業者 사이에서도 塌房·庫房·店舍 등의 창고업을 경영하는 사람이 많아졌다. 이에 같은 해(宣德4年) 이들에게도 매월 鈔를 납부토록 하였다. 그리고 채소밭이나 과수원을 경영하는 사람들에게까지 초를 납부토록 하였는데 다음 기사는 이러한 상황을 뒷받침해 준다.

> 兩 京의 軍民官員 등의 菜園·果園 및 塌房·車(庫?)房·店舍의 객상의 화물을 停塌하는 자는 給賜와 自置를 불문하고 菜地는 每 畝당 달마다 舊鈔 300貫을 납입하고, 果樹는 每 10株당 해마다 鈔 100貫을 납입하고, 房舍는 每 칸당 달마다 鈔 500貫을 납입하고, 본부관원 1명과 함께 어사를 파견하여 매월 조사하여 징수를 독촉하고 창고에 보낸다. 만약 은닉하여 보고하지 않거나 초를 납입하지 않는 자가 있다면 地畝·樹株·房舍는 관에서 몰수하고 범인은 치죄한다.[164]

宣德4年의 이 榜諭[165]는 鈔法維持를 도모하기 위해 취해진 것으

고 하였다.

163) 『明宣宗實錄』 宣德3年 6月 己酉條.

164) 『明史』 卷 81, 「食貨」 5, p.1964; 正德『明會典』 卷 34, 「戶部·庫藏」, “鈔法”.

165) 榜諭가 나오게 된 경위를 전하고 있는 것이 『明宣宗實錄』 宣德4年 6月 壬寅條인데, 소채·과수원과 塌房을 포함한 부동산을 소유하고 있는 자로서 南·北 兩 京의 公·侯·駙馬·伯·都督·尙書·侍郞·都

로 33府·州·縣 市鎭 점포의 문탄과초를 5배로 증세했던 직후에 시행되었다.[166] 이 榜諭에서 과세의 대상이 된 塌房·庫房·店舍는 객상의 상품을 '停塌'하는, 즉 창고·중간 매매 업무를 수행하고 있었는데, 그 이윤이 많기 때문에 1칸마다 每月 舊鈔 500貫을 납입하도록 하였다.(표 5 참조) 위의 기사에서는 또한 명초 주로 국가주도로 설치되었던 塌房 등이 점차 사유화되고 있으며, 그것은 황제에 의한 사여와 '自置'를 계기로 형성되었음을 알 수 있다.

〈표 5〉 宣德4年의 門攤課稅額

種　類	課稅 單位	課稅額
油房·磨房	每　月	鈔 500貫
堆賣木植·燒造磚瓦	每　月	鈔 400貫
表背鋪	每　月	鈔 30貫
車院店	每　月	鈔 20貫
店房(每 間)	每　月	鈔 500貫
菜園(每 畝)	每　月	鈔 300貫
果園(每 十株)	每　月	鈔 100貫
車店·驢騾車	每　輛	鈔 200貫
牛　車	每　輛	鈔 50貫
小　車	每　輛	鈔 10貫

이처럼 明朝는 시장에 남아도는 鈔를 회수하기 위해 각 鋪戶에게 매월 세무관청에 門攤課鈔를 납부토록 하였다. 그리고 세무관청에서는 由帖(세의 납부서)을 각 포호에 교부하고 납세를 완료하면 수령

御史 및 內官·內使가 거론되고 있다. 이들 특권 계층은 황제의 은총과 특권적 지위를 기반으로 사적 축적을 계속하였는데, 그 대상으로 전토와 함께 탑방 등 상업물건이 거론되고 있는 점에 주목할 필요가 있다.

166) 『明宣宗實錄』 宣德4年 正月 乙丑條.

증을 부여하였으며, 매월 한차례씩 점검하였다.[167] 세무관청이 설치되어 있지 않거나 그 후 폐지되었던 곳은 州·縣 관청에서 사무를 대행했다.

2) 鈔關稅의 新設

宣德4年에는 門攤稅의 增收政策과 함께 鈔關을 설치하여 선박에 대해서도 과세하기 시작되었다.[168] 상품경제의 발전과 더불어 객상들의 왕래가 잦은 수륙교통의 요지에 설치된[169] 명대의 鈔關은 크게 戶部鈔關과 工部鈔關으로 나눌 수 있다.[170]

鈔關의 건축은 매우 장엄하였고, 기를 걸어서 표시하였다고 한다.[171] 鈔關의 長官은 일상의 행정사무 처리와 船料鈔의 監收, 抽分竹木 등 課稅의 책임을 지고 있었다. 鈔關에서 활동한 吏役人員은 嘉靖年間의 滸墅鈔關을 예로 들면 委官(1)·府吏(1)·縣吏(4)·老人(8)·陰陽生(8)·庫夫(4)·門子(2)·皂隷(8)·館夫(1)·水夫(18)·民快(30)·弓兵(3)·總甲(6)·舍人(5)·銀匠·鑿字匠(6)·船埠頭(1) 등

---

167) 正德『明會典』 卷 34, 「庫藏」, “鈔法”.

168) 『明史』 卷 81, 「食貨」 5, p.1976.

169) (明)徐復祥, 『花當閣叢談』 卷 1, 「鈔關」 “河西務入京門戶, 杭州出閔廣總道, 金沙州出雲貴總道”.

170) 洪武年間에 설립된 抽分竹木場·局은 工部에 속해 있다가, 宣德年間에 鈔關으로 개칭되었으며, 기타 鈔關은 호부에 속해 있었다.(李龍潛, 「明代鈔關制度述評－明代商稅研究之一」, 『明史研究』 4, 1994, p.26.)

171) 예를 들면 蘇州府 長州縣 滸墅鎮에 세워진 滸墅鈔關은 내부의 國計堂·正堂의 집무소에는 榜文이 걸려 있었는데, 그 내용은 “將酌定收稅名目·銀數, 騰列榜示, 俾商賈行旅咸同周知”이다. 正堂 左右 기둥 옆에는 큰 은궤짝이 각각 하나씩 있고, 오른쪽 기둥에는 항상 筆墨·文卷簿籍·船戶報單의 세 개의 큰 궤짝이 있었다. 堂前에는 牌枋(게시판)이 하나 있었고, 旗의 한 면에 “國課” 두 글자가 쓰여 있는 큰 깃대를 매일 辰時(7시－9시)에 내걸었다.(李龍潛, 1994, p.28.)

모두 106명이었다.[172] 그러나 萬曆年間에는 大委官(1)·小委官(1)·庫夫(1)·給箚書辦(9)·下房吏(1)·援例吏(2)·舍人(6)造辦稽考奏冊書手(2)·寫單鋪家(19)·門子(2)·皂隷(8)·快手(12)·委官員下書手(1) 등 65명으로 감소하였는데,[173] 이는 당시 관료기구의 축소경향과 관련이 있다고 생각된다. 그럼에도 불구하고 嘉靖年間에는 존재하지 않았던 造辦稽考奏冊書手가 2명 보이는데, 이는 戶部에서 鈔關에 대한 관리를 강화하기 위해 시행한 簿籍制度와 관련이 있는 것으로 보인다. 이들은 府 혹은 縣에서 파견되었거나, 均徭法에 의해 모집된 요역담당자[174]로서 ① 關口의 開放, ② 船舶의 丈量, ③ 簿冊의 登錄, ④ 鈔銀의 兌換, ⑤ 餉銀의 解送 등의 업무를 처리하였다.[175]

鈔關의 경비에는 판공비와 役員의 급료와 식량 등의 항목이 포함되는데, 특히 筆墨 등 판공용품은 가격과 용량 등의 규정이 있었다.[176] 이들 경비는 贓罰銀으로 충당했으며, 부족한 것은 징세 수입 중에서 지출하였는데, 매년 말에 한 권의 책으로 만들어 호부에 보고하였다.

工部鈔關, 즉 抽分竹木場·局의 장관에는 盧溝橋·通州·白河의 경우 大使(正九品)와 副使(從九品)가 각각 1명씩 임명되었다.[177] 그리고 장관 아래에서 활동한 吏役人員은 弘治3年 白河抽分竹木局의 경우 官攢軍士 42명이 있었고,[178] 嘉靖年間의 杭州抽分竹木의 南關

---

172) 道光『滸墅關志』 卷 7,「委官人役」.

173) 道光『滸墅關志』 卷 7,「委官人役」.

174) 道光『滸墅關志』 卷 7,「委官人役」 참조.

175) 李龍潛, 1994, p.28.

176) 예를 들면 嘉靖年間 滸墅鈔關의 경우 "每日用呈文紙二百張, 價銀四錢, 刷票裝簿紙二千五百張, 價銀一兩五錢, 毛邊紙二十張, 價銀一錢……鑿銀錠字匠工食銀一錢, 共解銀三兩九分八釐, 一年十二月, 共解銀三十九兩五錢七分六釐"라 하였다.

177) 『明史』 卷 72,「職官志」 1, p.1760.

178) 『明孝宗實錄』 弘治3年 9月 乙丑條.

에는 그 아래에 平水·鳳山 등 11개의 分關口가 설치되어 있었는데, 그중 어떤 關口에는 노인 한 사람이 세를 징수하는 곳도 있었다.[179] 萬曆年間의 蕪湖에는 省察官吏, 冊房書手·直堂書手·算書·門子·承舍·陰陽生·買辦·皂隷·巡兵·廠夫·座船水手·丈量水手·聽差船戶·保家·小甲·表背匠·刻字匠·刷印匠·鋪兵·機兵 등 271명이 있었는데, 이들은 장관의 지도 아래 책임의 소재가 명확히 나누어져 있었다.[180]

工部鈔關(抽分竹木局)은 洪武 初에 설치되었지만 洪武13年 일시 폐지되기도 하였다. 그러다가 洪武26年 南京의 龍江·大勝港에, 그리고 永樂6年에는 北京의 通州·白河·盧溝·通籍·廣積에 설치되었다. 이어서 正統~成化年間에 걸쳐 眞定·淮安·保定·蕪湖·沙市·杭州 등에도 설치되었다.[181] 工部鈔關에서는 竹木 및 그 완성품·반성품을 세금으로 징수하였는데, 상품의 영업세와 죽목의 완성품 혹은 반성품을 실은 선박에 대한 통과세의 형태로 징수하였다. 稅率은 明初에는 1/30을 징수토록 하였으나, 점차 상품의 종류가 많아지고 지역차가 생기면서 달라졌다.[182]

戶部鈔關에서는 주로 船鈔(船料), 즉 화물을 실은 선박의 통과세를 징수하였지만, 몇몇 鈔關에서는 협의의 상세를 함께 징수하기도 하였다.[183] 宣德4年 北京에서 南京에 이르는 운하의 요충지점에 있

179) 『嘉靖仁和縣志』 卷 14, 「紀遺」, p.45.

180) 李龍潛, 1994, p.29.

181) 『明史』 卷 81, 「食貨」 5, p.1974; 唐文基, 「明朝對行商的管理和征稅」, 『中國史研究』 1982−3, pp.23−24 참조.

182) 예를 들면 洪武年間 南京 龍江 大勝港의 抽分竹木局의 규정에 의하면 松木·杉板·水竹·竹交椅 등은 2/10, 杉木·白藤 등은 1/30, 蘆柴·茅草 등은 1/3을 취하도록 하였고, 永樂13年 通州·白河 등의 抽分局은 松木·杉木板·水竹 등 6/30, 蒿柴·豆楷 등 3/30, 杉木·白藤 등 2/30, 茅草·稻草 1/30, 蘆葦는 5/30를 취하도록 하였다.(王圻, 『續文獻通考』 卷 18, 「征権考」 참조.)

는 漷縣·臨淸·濟寧·徐州·淮安·揚州·上新河에 鈔關을 신설하였다.[184] 이후 鈔關의 개설이 점차 증가하여 景泰元年(1450)에는 蘇州 滸墅鈔關, 江西 九江鈔關, 湖廣 武昌縣 金沙洲鈔關, 杭州 北新鈔關이 설립되었다. 그리고 成化8年에는 壽州 正陽鈔關, 弘治 6年에는 廣東 南雄太平橋梅關 등이 설립되었다. 이들 중 설치기간이 오래되고 유명한 것으로는 北新·九江·滸墅·揚州·臨淸·淮安·河西務 등 7개의 초관을 들 수 있다.

鈔關이 설치된 지역은 대체로 양자강과 대운하의 연변에 위치한 도시들로 이는 永樂19年(1421) 북경천도와 밀접한 관련이 있다. 천도 이후 대운하를 정비하고, 강남 지역의 물자수송이 활발하게 전개되면서 객상들의 왕래가 많은 지역을 중심으로 鈔關을 설치하였던 것이다. 鈔關을 설치하여 과세하면서 나타난 효과로는 ① 재정확보를 위한 방편이기도 하고, ② 상인을 통제하기 위한 수단이 되기도 하였으며, ③ 稅를 鈔로 징수함으로써 鈔의 流通을 원활하게 하였다는 점 등을 들 수 있다.

鈔關稅額은 南京－淮安間, 淮安－徐州間, 徐州－濟寧間, 濟寧－臨淸間, 臨淸－通州間의 선박에는 각각 每 船 100料[185]에 100貫을 부과하고, 北京에서 南京에 직통하는 선박은 통합하여 鈔 500貫을 부과하고, 역항로의 경우도 같았지만, 공선의 경우는 면세되었다.[186]

183) 北新과 臨淸鈔關에서는 (좁은 의미에서의)商稅를 함께 징수하였지만, (『明史』 卷 81, 「食貨志」, p.1976) 기타 초관에서는 상세징수를 할 수 없도록 하였다. 그러나 실제상 엄격한 집행이 이루어지지 않아 예를 들면 滸墅鈔關과 같은 곳에서는 稅課司·局 9곳을 관할하면서 상세를 징수하기도 하였다.(李龍潛, 1994, p.30.)

184) 『明會典』 卷 35, 「戶部」 22, “課程” 4 ‘鈔關’.

185) 每 船 1百 料라고 하는 것은 積載量 1百 斛, 즉 百 石을 실을 수 있는 배를 가리킨다.

186) 『明宣宗實錄』 宣德4年 6月 壬寅條.

鈔關에 대한 관리강화를 위해 중앙에서 御史 및 戶部主事를 파견하여 船料鈔를 監收시켰으며, 여기에서 징수한 船料는 중앙 정부의 수입으로 하였다.[187]

鈔關에서의 선박 및 화물에 대한 과세는 화물의 수량·용량·길이·면적 등을 기초로 세율을 정하는 從量稅를 주로 하되 상품의 가격을 기초로 세율을 정하는 從價稅를 채택하는 경우도 있었다.[188] 그리고 正統2年 淮安鈔關에 "軍民舟車非遠行載貨者悉蠲其稅"[189]라 하여 장거리 유통에 종사하는 행상 및 그 화물에 대해서만 과세토록 하였으나, 실제에는 장거리 및 단거리 운반화물에 대해 모두 과세하였다. 물론 세율에는 큰 차이가 있었으니 후자가 전자에 비해 비교적 낮았다.[190]

이러한 明代의 鈔關制度는 이전시대와 비교해 볼 때 몇 가지 특징적인 점이 있다. 첫째, 明代 이전에도 국내의 商稅制度가 비록 過稅와 坐稅로 나뉘어 있었지만 모두 지방정부가 통합 징수하였던 것에 비해 명대에는 중앙정부에서 직접 징수하는 체제가 성립하였다는 점이다.[191] 재정수입을 보충하고, 특히 鈔의 유통을 원활히 하기 위해 설립되었기 때문에 중앙정부가 직접 관할하여 戶·工 兩部에 예속시켰으며 그 分司를 두었다. 동시에 鈔關稅收에 대한 관리를 강화하기 위해 관리제도상에서 稽考文簿와 挂號簿籍制度를 실시하였다.

둘째, 중기 이후에는 통과세뿐만 아니라 상세까지 징수하였으며, 工部鈔關에서도 竹木稅와 더불어 상세를 함께 징수하였다.[192] 심지

187) 吳兆華, 1965, p.129 및 173.

188) 何本方, 「明代鈔關與明代經濟」, 『第二屆明淸史國際學術討論會論文集』, (天津人民出版社, 1993) p.657.

189) 『明英宗實錄』 正統2年 6月 甲戌條.

190) 林葳, 「明代鈔關稅收的變化與商品流通」, 『中國社會科學院硏究生院學報』 1990-3,(→復印報刊『經濟史』, 中國人民大學書報資料中心, 1990-6) p.73.

191) 李龍潛, 1994, p.41.

어 鈔關에 예속되어 있는 순찰기구인 순검사도 船料를 징수하였다.[193] 이 때문에 稅收體系에 혼란이 발생하고 職權의 한계가 불명확하게 되었다. 동시에 각 鈔關마다 통일적인 표준이 없어서 지역마다 세율이 통일되지 못하였다.

셋째, 明代鈔關은 개폐가 반복되기도 하였는데, 그 원인은 크게 두 가지 측면에서 살펴볼 수 있다. ① 기구를 간단히 하기 위해 하나로 합병하거나, ② 선초를 징수하여 국고를 보충하기 위해 폐쇄된 초관을 다시 설치하는 경우이다.[194]

한편 明代에는 이들 鈔關에 定額을 확정하여 재정수입의 안정적인 확보를 도모하였는데, 각 鈔關의 정액을 표로 작성하면 다음과 같다.

〈표 6〉 明代 各 鈔關의 定額[195]

鈔關名	定　額	典　據
河西務鈔關	鈔 119萬餘 貫 船鋪牙行稅銀約 4,000餘 兩 商稅正餘銀 4,000餘 兩 船二稅銀 14,900餘 兩	『萬曆會計錄』卷 42, 「鈔關」, "船料商稅"
臨淸鈔關	本色鈔 1,260萬餘 貫 錢 2,520萬餘 文 折色船料商稅正餘銀 83,800餘 兩	〃
淮安鈔關	本色鈔 300萬餘 貫 錢 600萬餘 文 折色船料正餘銀 22,700餘 兩	〃

192) 예를 들면 正德6年 淮安抽分廠에서 상세징수를 시작하였으며(顧炎武, 『天下君國利病書』 原編第11冊, 「淮徐」), 嘉靖26年 九江抽分廠에서도 商稅를 징수하였다(孫承澤, 『天府廣記』 卷 21, 「工部」 참조.)

193) 成化6年 南京 江東巡檢司에서 商船의 船料를 징수하였고(『明憲宗實錄』 成化6年 11月 壬辰條), 萬曆6年 江東瓜埠巡檢司에서도 船料鈔 12萬 1,524貫을 징수하였다.(萬曆『明會典』 卷 35, 「商稅」)

194) 李龍潛, 1994, p.27.

195) 何本方, 1993, pp.656－657 참조.

鈔關名	定 額	典 據
揚州鈔關	本色鈔 169萬餘 貫 錢 1,173萬餘 文 折色船料正餘銀 39,900餘 兩	〃
滸墅鈔關	本色鈔 586萬餘 貫 錢 1,173萬餘 文 折色船料正餘銀 39,900餘 兩	〃
北新鈔關	本色鈔 190萬餘 貫 錢 381萬餘 文 折色船料商稅正餘銀 36,800餘 兩	〃
九江鈔關	本色鈔 293萬餘 貫 錢 689萬餘 文 折色船料正餘銀 15,000餘 兩	〃
崇文門宣課分司	約解商稅正餘銀 16,662兩 銅錢 18,877,716文 猪牙稅銀 2,429兩	『春明夢餘錄』 卷 31, 「戶部一」, "鈔關"

<표 6> 8鈔關[196]의 정액은 萬曆 이전의 것으로 本色과 折色을 모두 銀으로 환산할 경우 합계 335,500餘 兩이었다. 鈔關稅는 宣德年間에 창설될 당시에는 鈔의 회수를 목적으로 하였기 때문에 상당히 고율이었다. 그러나 이후 점차 경감되어 宣德8年에는 60관으로, 다시 正統4年에는 40貫으로, 正統12年에는 20貫으로, 그리고 景泰元年에는 15貫으로 인하하였다.[197] 이와 같이 鈔關稅率을 인하한 것은 宣德4年(1429)부터 景泰元年(1450)까지 약 20여 년 동안 각종의 세수, 예를 들면 戶口食鹽鈔, 門攤課鈔, 杖罰 및 鈔關 등에서 鈔를 회수하여 공급과 수요를 조절함으로써 일시적으로 鈔의 가치를 제고하는

196) 明代에는 7鈔關과 崇文門 宣課分司를 합쳐 8鈔關이라 하였는데, 이들 8鈔關은 萬曆年間부터는 戶部貴州司에 예속되었다.(『明史』 卷 71, 「職官志」 1, p.1743. 참조.)

197) 『明會典』 卷 35, 「戶部」 22, "課程 4・鈔關".

데 성공한 것도 한 원인으로 작용하였다.[198] 당시의 『實錄』에는 鈔法이 통하므로 鈔貫을 감수시켰다는 것을 기술하고 있다.[199] 그리고 실제로 正統年間에는 각종 세수가 내리거나 심지어는 감면해 주는 경우도 있었다.[200]

물론 鈔法이 소통됨에 따라 鈔의 가치가 다시 상승하여 실제상 세율의 인하가 많지 않으며, 심지어 전혀 인하되지 않았던 것으로도 풀이할 수도 있다. 그러나 이 시기 鈔關稅額을 인하했던 보다 근본적인 원인은 高額의 船料를 징수함에 따라 상품유통량의 감소를 초래하였고, 이는 京師 일대의 供應에 영향을 주었을 뿐만 아니라 인민의 불만을 일으켰기 때문에 통치자들은 부득이 이렇게 할 수밖에 없었다고 생각된다.[201] 그리고 당시의 『實錄』 기사 중에 鈔法의 소통과 불통이 반복되다가 景泰5年 이후로는 鈔法이 통한다고 하는 기사가 보이지 않고 있다.(표 3 참조) 이것은 결국 당시 유통되었던 지역에서도 시간적·공간적으로 일과성에 지나지 않는 것으로 파악할 수 있다.[202]

---

198) 李龍潛, 1994, p.32.

199) 『明宣宗實錄』 宣德8年 6月 己酉條; "今內外鈔法頗通, 所收舟車等項課鈔, 除舊額與先次減免外, 其增加之數, 悉減一分".

200) 예를 들면 正統3年 10月 順天府尹 姜濤가 전에 鈔法이 통하지 않아 경성 각 문을 출입하는 화물을 실은 대소 차량에 대해 모두 鈔를 징수하였다가 후에는 비록 감면이 되었다고는 하나 驢騾(버새; 암나귀에 수말을 교배한 노새의 일종)車에는 초 81관, 牛車는 20관, 小車는 4관을 징수하고 있는데, 이제 鈔法이 유통되므로 소차에 대한 징수를 면제해 줄 것을 요청하였다.(李龍潛, 1994, p.32.)

201) 林葳, 1990, p.76.

202) 이와 관련하여 足立啓二 씨는, 宣德-景泰年間에 보이는 '鈔法通行' 또는 '鈔法頗通'이라는 기사는 시장에서의 유통과는 달리 국가적 지불상에서 안정적인 회수와 지출의 실현에 관한 표현으로 볼 수 있는 것으로 鈔가 유통되었다고 평가할 수는 없다고 하였다.(足立啓二, 「明代中期における京師の錢法」, 『熊本大學文學部論叢』 29, 1989 참조.)

이처럼 명조는 門攤稅 및 鈔關稅 등 신설 혹은 增徵에 의한 적극적인 증세정책을 단행하여 鈔의 보호·유통에 노력하였지만, 이러한 조치가 민간상인에게는 오히려 큰 타격을 주기도 하였다. 즉 收稅官吏는 각지의 실정을 이해하지 못한 채 다만 納鈔에만 급급하여 국가권력을 배경으로 가렴주구하거나, 사복을 채우는 자도 있었다. 그 때문에 '납입해야 할 稅鈔가 없어서 妻子를 팔아 鈔로 바꾸거나, 납세할 능력이 없어서 도망하는 자가 나타나기도 하고 혹은 점포를 닫아 폐업하는' 현상도 출현하였다.[203)]

이리하여 본래 增稅에 의해서 鈔를 회수하여 인플레를 방지함으로써 경제계의 안정을 도모하고자 했던 본래의 의도와는 달리 일시적이긴 하지만 인심의 불안, 상업의 침체, 물자교류의 지체 등을 야기하였다. 이에 정부도 종래의 증세대책을 완화하지 않을 수 없었다.

3. 商稅銀納化의 遲延과 그 原因

宣德 末부터 변화의 조짐을 보이기 시작한 鈔流通政策은 正統年間이 되면서 새로운 국면으로 접어들게 된다. 즉 正統年間에는 減稅 등 對商緩和策을 시행하는 한편,[204)] 계속해서 상세징수기관의 附設增置에 의한 增收를 꾀하고,[205)] 商稅의 減收를 보충할 대책도 취해

---

203) 佐久間重男, 「明代における商稅と財政との關係」(一)·(二), 『史學雜誌』 65-1·2, 1956, p.9; 檀上 寬, 1995, p.138.

204) 『明史』 卷 81, 「食貨」 5, p.1976 참조.

205) 예를 들면, 正統11年에는 戶部尙書 王佐의 건의로 裁革된 稅課司·局이 다시 설치되고, 府州縣治에서 멀리 떨어져 있는 市鎭으로 歲鈔가 1萬 5千 貫을 넘는 곳에도 증설되었다.(『明英宗實錄』, 正統11年 7月 癸酉條 참조.)

지고 있다. 그것은 대외적으로 西北蒙古에서 발흥했던 오이라트부의 北邊 침략에 따른 군사비의 증대, 이어서 正統14年의 소위 '土木의 變'을 계기로 對蒙古邊費 賞賜의 증액 등에 의해 國用이 점차 부족해졌기 때문이다.

한편 민간의 상업 활동에서는 가치변동이 뚜렷한 鈔의 사용이 줄어든 반면 錢과 銀의 사용이 점차 늘어나고 있었다. 鈔의 원활한 流通을 위해 金銀의 사용을 계속해서 금지하는 법령을 내리고 있는데, 이것은 역으로 그만큼 민간에서 金銀(특히 銀)의 유통량이 많다는 것을 반증하는 것이기도 하다. 그런데 宣德3年을 최후로 金銀 사용의 禁令을 발견할 수 없다. 이는 민간에서의 金銀 사용이 일반화되어 정부에서도 더 이상 이를 강제로 금할 수 없게 되었음을 인식하고 내린 결정이었다고 생각된다.[206]

이러한 현상을 단적으로 보여주는 것이 宣德8年(1433) 江南巡撫 周忱에 의해서 徐州・松江・鎭江・常州에서 실시되었던 金花銀[207] 일 것이다. 金花銀은 米價의 변동에 의한 經濟的 불안정성을 해소하기 위해 米 4石=銀 1兩의 비율로 田賦의 銀納을 허락한 것으로 周忱이 강남의 관전 지대에서 행했던 농민구제책의 일환으로 채택했던 것이다.[208] 농민의 편의를 도모했기 때문에 관전의 중세를 현물에서 銀으로 대납시켰던 것은 강남사회가 이미 은경제체제로 편입되었다는 것을 나타낸다.

---

206) 『明宣宗實錄』 宣德10年 12月 戊午條.

207) 金鍾博, 「明代田賦의 銀納化 過程에 관한 考察」, 『史叢』 19, 1975; 淸水泰次, 「明代における租稅銀納の發達」, 『東洋學報』 22-3, 1934; 堀井一雄, 「金花銀の展開」, 『東洋史硏究』 5-2, 1940; 星 斌夫, 「金花銀考」, 『山形大學紀要』 9-1, 1978; 足立啓二, 「初期銀財政の歲出入構造」, 『山根幸夫敎授退休記念明代史論叢』(東京, 汲古書院, 1990) 등 참조.

208) 星 斌夫, 『明淸時代社會經濟史の硏究』;(國書刊行會, 1989) 森 正夫, 1988, 참조.

더욱이 正統元年, 少保兼戶部尙書 黃福의 건의로 政府는 官銀을 방출해서 民間에 있는 舊鈔를 회수하는 정책을 강구하게 되었는데,[209] 이것은 민간에서 은의 사용을 허락하는 것을 의미한다. 이로써 銀은 官·民 모두에게 중요한 유통수단이 되어 거액의 거래에 많이 사용되었고, 소액의 거래에는 주로 동전이 사용되었다.[210] 그러나 정부로서는 鈔의 유통을 완전히 단념한 것은 아니고, 민간의 실정을 감안한 가운데 鈔의 유지책에 힘쓰면서 그 대책으로 우선 銅錢과 鈔를 함께 사용토록 하였다.[211] 그러나 초법제정 당시의 鈔 1貫 = 銀 1兩 = 銅錢 1,000文과 비교할 때 鈔價는 1 / 250 내지 1 / 500로 폭락하여 초는 다만 이름뿐인 존재가 되었다.

이와 같이 鈔의 가치가 하락하면서 銀經濟가 점차 보급되고, 더욱이 田賦銀納化가 시행된 이후에도 정부에서는 30~40년 이상 商稅만큼은 鈔로 징수하였는데 그 이유는 어디에 있을까? 우선은 당시 시중에서 유통되고 있던 銀의 양이 유통경제 전체를 포괄할 만큼 충분하지 못했다는 사실을 지적해야 할 것 같다. 그렇다면 鈔의 실질가치가 계속 하락하고, 시중에 銀이 충분치 못한 상황에서 銀 이외에 어떤 화폐가 사용되었을까? 당시 은을 보조하는 수단으로 유통되었을 가능성이 있는 것으로는 布帛을 들 수 있다.

布帛은 고대부터 어느 정도 화폐의 기능을 수행하고 있었는데,[212] 명대에도 그랬을 가능성은 충분하다. 布帛은 명초부터 조세를 납부할 때 현물을 대신하여 절납할 수 있었고, 특히 鈔의 가격이 점점

---

209) 『明英宗實錄』 正統元年 3月 戊子條.

210) 足立啓二, 「專制國家と財政・貨幣」, 中國史硏究會 編, 『中國思想の再構成Ⅱ－中國專制國家と社會統合』,(文理閣, 1990) pp.119－148 참조.

211) 王圻, 『續文獻通考』 卷 18, 「征榷考」 "商稅課程錢鈔中半兼收, 每鈔一貫折錢四文"

212) 朴東憲, 「漢代 農家의 副業生産物과 그 流通에 관한 硏究－小農家庭의 紡織을 中心으로」, 경희대학교 박사학위논문, 1995 참조.

하락하는 가운데 은의 절대량이 부족하고 조세의 銀納化가 완전히 실현되지 않았던 宣德·正統 初에는 유통되었을 가능성이 매우 높다. 전국적인 銀經濟로의 전환은 일조편법의 시행과 더불어 中南美 지역에서 銀이 유입되기 시작한 이후라고 보아야 할 것이다.

이러한 상황은 소위 徽州文書라고 불리는 土地賣契帳簿를 통해서도 살펴볼 수 있다. 명대의 徽州府는 南直隷 소속으로 歙·休寧·績溪·婺源·黟·祁門의 6縣으로 구성되어 있었다. 이 지역은 北西쪽으로는 黃山山脈, 南쪽으로는 天目山·率山山脈으로 둘러싸여 있는 '山間谷地'이고, 錢塘江의 水源인 新安江을 통해서 상업 중심지인 杭州에 연결되어 있다. 可耕 面積이 적고, 그나마 기름지지 못하기 때문에 商業을 생업으로 하는 사람들이 많이 나타났다. 이들이 소위 '新安商人'이며, 명대 중엽부터 본격적으로 흥성하기 시작했다.

徽州土地賣契帳簿 중 그 대다수를 차지하고 있는 것은 休寧과 祁門縣의 2현인데, 여기에서는 休寧縣을 중심으로 明代 初·中期의 貨幣流通 상황을 알아보기로 하겠다. 우선 이 지역의 土地賣契 상황을 표로 작성하면 다음과 같다.

〈표 7〉 休寧·祁門縣의 土地賣契狀況[213]
(괄호 밖의 수치는 休寧縣의 계약상황이고, 괄호 안의 수치는 祁門縣의 계약상황임)

	鈔	稻 穀	綿·絹·苧	銀	其 他	總 數
1365~1369				1(1)		1(1)
1370~1374	(1)			(2)		(3)
1375~1379	(2)			(1)		(3)
1380~1384	(7)					0(7)
1385~1389	2(4)					2(4)
1390~1394	5(8)		(1)			5(8)

213) 大田由紀夫, 「元末明初期における徽州府下の貨幣動向」, 『史林』 76-4,

	鈔	稻 穀	綿·絹·苧	銀	其 他	總 數
1395~1399	4(5)	7		1		12(5)
1400~1404	4(7)	11	(2)	9	1	23(8)
1405~1409	4(7)		1			5(7)
1410~1414	2(21)		1		1	4(21)
1415~1419	3(17)	1	(1)	1		5(18)
1420~1424	4(26)	1	3(2)			8(28)
1425~1429	(13)	5	8(3)			13(16)
1430~1434	(1)	3(2)	5(4)	1	(1)	9(8)
1435~1439	(1)	4(2)	4(10)	4(3)		11(15)
1440~1444	(1)	1(1)	(7)	9(11)		10(20)
1445~1449		2	1(4)	8(11)		9(15)
1450~1454		(5)	(2)	5(8)		5(12)
1455~1456		1		9(5)		10(5)
합 계	28(126)	36(10)	23(36)	48(42)	2(1)	132(204)

休寧縣의 경우 洪武年間(1368－1398)에는 大明寶鈔의 발행 이전인 洪武2年(1369)에 일시적으로 銀이 사용되고 있는 것을 제외하면 대체로 鈔가 우세하다. 다만 洪武 末~建文年間(1395－1402)에는 稻穀과 銀이 鈔를 압도하고 있다. 이러한 경향은 永樂 初까지 계속되지만, 그 이후는 다시 鈔의 유통이 많아지고 있다. 이후 鈔는 永樂末年인 1420년경부터 다시 동요하기 시작하여 洪熙(1425)·宣德(1426－1435)年間에 들어서면 완전히 稻穀과 布帛으로 대치되고, 이후 鈔에 의한 토지매매는 완전히 자취를 감추고 있다. 그리고 최종적으로 正統4年(1439) 무렵이 되면 稻穀·布帛은 銀으로 전환하고 있음을 알 수 있다.

祁門縣은 洪武初年에 銀이 3건, 鈔가 1건 보인다. 洪武8年 寶鈔

1993, p.7·9 表 1·2 참조.

의 발행 직후부터 建文年間(1399-1402)까지는 대부분 鈔가 사용되고 있다. 이러한 경향은 宣德 初까지 계속되고, 宣德3年(1428) 이후 布帛이 우세하게 되었다. 祁門縣에서 銀이 사용되기 시작한 것은 正統6年부터이고, 이후 布帛·稻穀이 어느 정도 포함되지만 점차 銀이 주요한 교환수단이 되고 있다.

休寧·祁門 兩 縣을 비교하면 우선 祁門縣에서는 鈔를 선호하는 경향이 특히 강하다는 것을 지적할 수 있다. 祁門縣에서는 寶鈔의 발행 직후부터 거의 일관해서 鈔가 사용되고 있다. 반면 休寧縣에서는 洪武 末~永樂 初까지는 稻穀·銀이 우세하고 鈔는 일시 후퇴한다. 또 永樂末年에는 休寧縣에서 이미 鈔로부터 稻穀·布帛으로의 전환이 이루어지고 있는 데 비해 祁門縣에서는 宣德 初까지 鈔가 사용되고 있다.

이러한 차이점에도 불구하고 양 지역의 유통체계는 대체로 일치한다고 할 수 있다. 休縣寧에서는 鈔가 일단 단절되지만 永樂 末까지 지속되고, 祁門縣에서는 宣德 初까지 鈔가 사용되고 있다. 이어서 鈔가 토지매매 계약상에서 자취를 감추고 銀이 우세하게 되기까지는 위의 표에 의하면 兩 縣에서는 주로 布帛이 사용되고 있다. 그리고 正統年間의 중반부터 銀으로 전환하고 있다.

물론 이러한 분석방법에 문제가 전혀 없는 것은 아니다. 분석 대상이 徽州라고 하는 특정 지역의, 더욱이 「土地賣契」에 한정되어 있는데, 이것은 귀중한 자료의 제공은 되어도 그것으로 중국 전체를 논하기엔 무리가 있다. 그러므로 민간에서의 화폐유통을 鈔→布帛→銀의 경로로 단순 도식화할 수는 없다고 생각한다. 특히 宣德年間에 布帛이 銀을 완전히 압도했으리라고는 생각되지 않는다. 즉 江南 지방에서는 明初부터 상인이 金銀으로 교역을 행하고 있다고 하는 『實錄』의 기사나,[214] 거듭되는 金銀交易의 禁令은 銀유통이 매우 진전되었음을 충분히 예측할 수 있을 것이다.

그러나 布帛이 이 시기에 토지거래상에서 많이 사용되고 있는 이유는 鈔의 가치가 계속 떨어지고 있는 상황에서 금이나 은은 국가에서 강제로 교역을 금지할 뿐만 아니라 당시의 수요를 충당할 만큼 충분히 유통되고 있지 못했기 때문으로 생각된다. 즉 조세 은납화가 확실히 시행되지 않은 시점에서 布帛과 銀이 함께 유통되다가 점차 銀으로 통합되었을 것으로 보인다.

4. 銀經濟의 進展과 商稅銀納化

1) 明 中期 銀經濟의 普及

중국사에서 明 中期 이후 나타난 경제상의 변화 가운데 가장 두드러진 현상은 銀經濟의 보급과 발전이다. 이는 明朝의 경제가 현물경제에서 화폐경제로 전환하였음을 의미한다. 즉 이 시기부터 清末까지 중국은 銀과 錢의 두 가지의 화폐(특히 銀이 그 중심이 됨)를 중심으로 움직이게 된다.[215] 明 中期에 은경제체제로 진입하기 시작한 것은 正統元年(1436)의 田賦折銀令이 계기가 되었다.[216]

田賦折銀令은 풍년으로 米價가 하락하자, 상대적으로 가치가 상승하고 있던 銀으로 봉급을 지불해 줄 것을 요구하면서 시작되었다. 이러한 관료들의 요구에 응해서 浙江·江西·南直隷·湖廣 지역에

214) 『明太祖實錄』 洪武30年 3月 甲子條.
215) 黑田明伸 著, 『中華帝國の構造と世界經濟』,(名古屋大學出版會, 1994) 참조.
216) 『明史』 卷 81, 「食貨」 5, p.1964.

서 田賦를 銀으로 징수하기 시작했다.[217] 또한 당시 수도는 북경이었지만 세량창고는 남경에 있었으므로 북경에 거주하고 있는 관리들이 봉록을 수령하기가 불편하였기 때문에 周銓과 趙新 등 관료들이 은으로의 지불을 요구하였다.[218]

이로써 초법유지를 위해 민간에서 은의 사용을 금지했던 조치는 사실상 폐지되었다. 이러한 은경제로의 전환은 상업교역과 상품생산을 촉진하였으며, 사람들의 사상관념에도 변화를 가져왔는데, 명중후기에는 拜金風潮가 출현하기도 하였다.[219]

白銀이 화폐로써 유통된 예는 唐·宋代에도 이미 보이고 있지만, 당시에는 동전을 보조하는 지위에 머물러 있었고, 유통 영역에서 차지하는 비중도 그다지 높지 않았다. 그러나 명 중기 이후 사회경제적 발전과 농산품과 수공업상품의 생산이 증가함에 따라 상품교역이 활기를 띠면서 유통수단과 가치척도에 안정성과 통일성을 갖춘 화폐가 필요해졌다.

그런데 銅錢은 가치가 낮고 중량이 무거워 효용가치가 떨어졌기 때문에 상품경제가 비교적 발전된 시대에는 화폐로서 사회적 요구를 충족시킬 수가 없었다. 더욱이 明 中期로 접어들면서부터는 銅錢의 가치도 점차 하락하였다. 隆慶年間의 高拱은 "전법은 아침에 논의한 것이 저녁에 바뀌니, 小民들은 오늘 얻은 錢이 내일 쓸모없게 될까 두려워한다."[220]고 하였다. 이처럼 동전의 가치가 급락한 것은 嘉靖年間의 무분별한 銅錢 鑄造가 하나의 원인으로 작용하였다.[221]

---

217) 『明英宗實錄』 正統元年 8月 庚辰條.

218) 『明史』 卷 78, 「食貨」 2, p.1895.

219) 蕭放, 「白銀貨幣的周流與明帝國的命運」, 『史學月刊』 1989－6,(→ 復印報刊『經濟史』, 中國人民大學書報資料中心, 1990－3) p.52.

220) 『明史』 卷 81, 「食貨」 5, p.1967.

221) 특히 嘉靖32年(1553)에는 嘉靖錢 1千萬 錠을 주조하였는데, 이는 약 500億 文의 가치에 해당한다.(『明史』 卷 81, 「食貨」 5, p.1965. 참조.)

그런데 이 시기 시장에서 유통되고 있던 銅錢은 嘉靖年間에 주조한 것 외에도 洪武·永樂·宣德·弘治年間에 주조한 것과 明 以前의 역대동전이 함께 사용되었고, 민간에서 盜鑄가 성행하였다. 따라서 錢價는 계속해서 하락하였고, 대량의 상업교역에도 불편하였기 때문에 嘉靖年間에 비록 많은 동전이 주조되었다고 하더라도 화폐문제를 근본적으로 해결할 수 없었다.[222)]

이에 비해 白銀은 재질이 균등하고, 분할이 쉬우며, 체적은 적지만 가치가 크고, 휴대와 보존이 쉬울 뿐만 아니라 마모와 손상이 쉽지 않는 등 장점을 가지고 있었다.[223)] 그리하여 正統元年 "조정과 민간에서 모두 銀을 사용하되, 소액의 경우에는 銅錢을 사용할 수 있도록"[224)] 허락하자 민간에서는 화폐경제의 발전에 유리한 白銀의 사용이 증가한 반면 銅錢은 백은을 보조하게 되었다.

그럼 명대 중기 이후 白銀의 사용이 널리 퍼지게 되는 과정을 좀 더 구체적으로 살펴보도록 하겠다.

첫째, 명대 중후기의 민간교역에서 銀의 사용이 뚜렷하게 증가하고 있다. 이는 명대 후기의 稗官野史, 筆記小說類의 내용 중에 민간에서 銀을 사용하고 있는 예를 다수 발견할 수 있다는 점을 통해서도 알 수 있다. 또한 명대 후기의 양대 객상집단[225)]인 山西商人과 徽州商人들도 상품을 유통할 때 백은을 사용하였다. 휘주상인은 각

---

222) 林麗月, 「商稅與晚明的商業發展」, 『國立臺灣師範大學歷史學報』 16, 1988, p.45.
223) 蕭放, 1989, p.52.
224) 『明史』 卷 81, 「食貨」 5, p.1964.
225) 謝肇淛, 『五雜俎』 卷 64, 「地部 二」에는 "富實의 우두머리를 일컫는 것은 江南에서는 新安을 추천하고, 江北에서는 山右(山西)를 추천할 수 있다. 新安의 큰 상인은 어업과 염업을 주로 하며, 돈 꾸러미를 저장함이 백만에 이르는 자가 있으니, 기타 이삼십만은 중간상인일 뿐이다. 山右에서는 염이나 행상을 행하고, 혹 어떤 이는 곡식을 움에 저장하니 그 富가 新安보다 더하였다."고 하였다.

지에서 전당업을 할 때에도 백은을 자본으로 이용하였다고 한다.[226] 또한 白銀은 鋪戶의 영세한 매매에도 보편적으로 사용되었는데, 萬曆年間의 沈榜은 그의 『宛署雜記』에서 당시 북경의 물가를 은량으로 기록하였다.[227] 그리고 상품경제의 발전에 따라 광대한 농촌사회에서도 유통되었으니, 예를 들면 成化·弘治年間의 46건의 휘주 지방의 토지 매매 계약에도 대부분 은이 사용되었다.[228]

둘째, 명대 중후기 노동자들의 임금 역시 白銀으로 지불되었다. 특히 萬曆9年의 一條鞭法을 계기로 농촌에서 표준화폐로 광범위하게 유통되었는데, 상품경제가 비교적 발달한 강남 지역의 농촌사회에서 두드러지게 나타났다. 당시에는 농촌 고용노동자의 임금 역시 銀으로 계산하여 지불하였다.[229] 예를 들면 萬曆年間의 嘉興 등지에서는 '看繅絲之人(고치를 켜 실을 뽑는 사람)'에게 하루에 임금으로 四分을 지급하였고,[230] 강남에서는 치수 공사를 한 인부들에게 하루에 銀 5分을 지급하였다.[231] 長工(머슴살이)의 가격은 工銀으로 사람마다 매년 3兩을 지급하였던 것으로 보인다. 수공업의 임금 역시 은으로 계산하였는데, 嘉靖年間 江西 景德鎭의 御器廠에서는 사람을 모집하여 작업하는데 하루에 工食銀으로 2分 5厘를 지급하였다.[232] 또한 萬曆年間의 江西省 鉛山縣의 製紙業에도 대량의 노동자를 고용하였는데, 이들에게도 하루에 工食銀으로 3分을 지급하였

226) 蕭放, 1989, p.53.

227) 沈榜, 『宛署雜記』, 「經費 下」, "雜費"; "猪肉每斤銀二分, 牛肉每斤一分五厘, 鮮魚每斤銀二分."

228) 劉和惠·張愛琴, 「明代徽州田契硏究」, 『歷史硏究』 1983-5, pp.126-131 <표> 참조.

229) 蕭放, 1989, p.53.

230) 黃省曾, 『蠶經』; 『農政全書』 卷 31, 「蠶桑」.(蕭放, 1989, p.53에서 재인용.)

231) 蕭彥, 「西北水陽關系重大乞賜行勘議疏」, 『明經世文編』 卷 407.

232) 嘉靖『江西省大志』 卷 7, 「陶書」.(蕭放, 1989, p.53에서 재인용.)

다.[233] 이러한 노동임금을 백은으로 지급하는 것은 노동력에 대한 가격 형성을 촉진하여 사회적 분화를 가속시키기도 하였다.

셋째, 국가의 조세 징수에도 折銀徵收가 확대되었다. 正統元年(1436) 강남 지역에서 金花銀을 징수하기 시작한 이후 이러한 折徵을 '永例'로 삼아 전국적으로 추진하였다. 嘉靖8年부터는 鈔關稅를 은으로 징수하였으며, 萬曆年間부터는 力差와 銀差 또한 백은으로 징수토록 하였다.

그러면 명대 중후기 상품유통시장에서 白銀이 어떻게 주요한 유통수단으로 충당될 수 있었을까? 중국 국내의 銀鑛開採와 해외무역이라는 두 가지 측면에서 이 문제에 대해 접근해 보자. 중국은 본래 은의 저장량이 많지 않을 뿐만 아니라 元朝가 국내에서의 금은의 유통을 금지시키고, 지폐를 사용토록 함으로써 많은 銀이 중앙아시아와 서아시아 지역으로 유출되었다. 이러한 白銀의 유출은 결국 국내 白銀의 저장량 감소를 가져왔다.

이러한 상황에서 銀의 생산량을 증가시키기 위하여 永樂·宣德年間에는 福建 등지 銀坑의 개채를 시작하여 宣德5年에는 銀産量이 32萬 297兩에 달하였다.[234] 이어서 天順4年 浙江·四川·雲南·福建 등지에 宦官을 파견하여 은광을 개채함으로써 18萬餘 兩을 획득하였다.[235] 萬曆24年(1596) 환관을 다시 파견하여 萬曆25年~33年까지 3百萬 兩에 가까운 白銀을 획득하였다. 이렇게 국내 은광의 개채와 개인이 사사로이 저장하고 있던 銀이 시장에 흘러나오면서 白銀의 국내 유통량이 어느 정도 증가한 것은 사실이다.

그러나 명대 중후기 상업교환시장이 확대되고, 상품유통량이 증가

233) 蕭放, 1989, p.53.
234) 顧炎武,『日知錄』卷 11,「銀」.
235)『明史』卷 81,「食貨」5, p.1971.

함에 따라 당시 중국에서 산출되고 있는 銀만으로는 전국적인 유통경제의 수요를 충족시킬 수 없었다. 더욱이 銀의 수요가 증대함에도 불구하고 福建·浙江의 은광산은 점차 고갈되었다. 이후 銀産의 중심 지역이 雲南으로 이동하여 전국 생산량의 절반 이상을 차지하게 되지만, 이 역시 채광기술의 한계와 광맥고갈로 인해 正德年間에는 은광을 폐쇄하였다.[236] 이로써 明 中期 이후 銀의 수요증대와는 반대로 銀의 생산량이 감소하여 큰 사회문제로 대두되기도 하였다. 따라서 중국 상인들은 이 문제를 해결하기 위해 그 주의를 해외로 돌리기 시작하였다. 이와 동시에 明朝는 일시적으로 海禁政策을 완화하였으며, 결국 해외무역의 확대로 다량의 白銀이 중국으로 유입되었다. 포르투갈과 스페인의 동방무역으로 멕시코산 銀이 유입되면서 銀은 유통경제상에서 중요한 위치를 차지하게 되었던 것이다.

明 中期 이후 외국과의 銀 교역에 참가한 것은 주로 福建과 廣東商人들이었다. 특히 福建商人들은 呂宋(필리핀)과 활발한 교역을 하고 있었다. 그런데 당시 呂宋(필리핀)은 스페인이 점령하고 있었으므로 스페인 사람들이 미주의 멕시코로부터 다량의 백은을 이곳으로 운반하였고, 중국 상인들이 이곳에 진출하여 絲·綿·緞·布·磁 등과 백은을 교환하였다.[237] 1607년(萬曆35年) 멕시코 관원의 통계에 의하면 매년 중국으로 수출한 白銀이 100만 이상이라고 하였다.

명대 중후기 광동의 마카오 또한 중요한 교역 장소였다. 포르투갈 사람들이 1557년 이후 대거 마카오로 이주하였을 뿐 아니라 이곳을 대중무역의 거점으로 삼았기 때문에 은화교역의 중요한 장소가 되었다.[238] 중국 상인들의 중요 교역품은 磁器·絲·綿 등 특산품이었

---

236) 許賢姬, 「明代 中期 銀經濟 普及의 영향 — 福建省을 중심으로 —」, 경희대학교 대학원 석사학위논문, 1993, p.43.

237) 全漢昇, 『明淸經濟史硏究』,(臺北, 聯經出版社, 1987) p.20.

238) 포르투갈인들이 南美의 白銀을 中國으로 유입한 경로를 살펴보면 ① 남

다. 이 시기의 마카오는 사실상 廣州의 外港으로서 동서무역의 연결점 역할을 하였다. 포르투갈 사람들은 마카오를 점거한 후 유럽과 인도·동남아 및 일본 등을 연결하는 거대한 하나의 해상의 상업 교역 루트를 형성하였다. 그들은 유럽의 공산품을 남양 군도의 향료·보석과 교환한 후에 마카오에서 중국의 絲織品과 교환한다. 이들은 이 제품을 다시 일본의 금은으로 교환한 후 재차 마카오로 가서 중국의 견·칠기·도자기 등으로 교환하여 유럽으로 향하였던 것이다.[239] 당시 포르투갈과 일본의 교역으로 포르투갈이 획득한 銀이 연간 230만 냥에 달했다고 하는데,[240] 이들 銀兩의 대부분은 중국의 특산품을 구매하는 데 사용되었을 것으로 보인다. 명대 중후기 해외무역의 발전으로 거액의 白銀이 福建의 장주와 천주, 廣東의 광주 등을 통해 중국으로 유입되었고, 이로부터 점차 내지로 진입하였다.

2) 商稅銀納化의 展開過程

明代의 商稅銀納化는 왕조 초기에도 특례로 허가된 경우가 있었지만, 鈔法의 실시 이후에는 일반적으로 金銀의 사용이 금지되었고, 더욱이 商稅에는 초법유지를 위한 鈔의 회수가 기도되었기 때문에 正統元年(1436)부터 田賦銀納化가 실시되었음에도 불구하고 상당기간 鈔로 징수하였다. 그 이유는 明朝가 寶鈔와 銅錢의 가치하락에 직면하여 鈔法과 錢法을 소통시키기 위한 유일한 방법은 寶鈔와 銅

미에서 스페인으로 운반된 것을 포르투갈인들이 구매하여 중국으로 운반하거나, ② 스페인 사람들이 남미로부터 여송(필리핀)으로 운반한 것을 포르투갈 상인들이 다시 마카오로 운반하여 중국인과 교류하거나, ③ 포르투갈인들이 일본에서 은을 구입하여 마카오를 통해 중국으로 유입하는 등의 경우가 있었다.(全漢昇, 1987, pp.12-13 참조.)

239) 蕭 放, 1989, p.55.

240) 蕭 放, 1989, p.55.

錢을 회수하여 수요와 공급관계를 조절함으로써 그 가치를 제고시키고 재정손실을 보충할 수 있었기 때문이다.[241] 그러나 민간의 유통경제에서 은이 차지하는 비중이 증가함에 따라 더 이상 大明寶鈔만을 고집할 수 없게 되었다. 더욱이 재정적으로 어려움에 직면하게 되면서 상세 또한 銀으로 징수하기 시작하였다.

물론 상세를 징수하는데 鈔에서 銀으로 변화하기에 앞서 錢과 鈔의 中半兼收가 시행되었다.[242] 成化元年(1465) 7月, 錢法을 소통시키기 위한 방편으로 商稅의 課程은 錢과 鈔로써 中半兼收토록 하였는데,[243] 그 比價는 "每錢四文, 折鈔一貫"[244]으로 하였다. 이어서 成化3年에는 蘇州·杭州 鈔關에서 '錢鈔中半兼收'가 시행되었다.[245] 그러다가 成化7년(1471)에 이르러 商稅銀納化가 본격적으로 시행되었다. 工部尙書 王復의 奏請으로 南直隸 太平府의 蕪湖, 湖廣 荊州府의 沙市, 浙江 杭州府의 城南 稅課局에 각각 工部官 一人을 增置하여 竹木 등의 抽分을 專管시키고, 銀으로 變賣하여 工部로 보냄으로써 商稅에 銀納化가 시작되었다.[246] 이어서 成化16年(1480)에는 揚州·蘇州·杭州·九江 등의 鈔關에서도 船料를 銀으로 받아 戶部에 보내 軍事費로 충당하였다.[247]

弘治元年(1488)부터는 銀으로의 징수와 錢鈔兼收가 모두 허용되었다. 弘治元年 2月 戶部는 崇文門·上新河·張家灣 稅課司·局에

---

241) 李龍潛, 1994, p.34.

242) 이 시기에 中半兼收를 시행한 원인의 하나로 吳兆華 氏는 明代의 商稅는 錢이나 鈔로 납부할 수 있었는데, 錢과 鈔의 비가가 수시로 변하므로 상인들이 유리한 것으로 납세하는 폐단을 방지하기 위함이라고 지적하였다.(吳兆華, 『中國稅制史』, 商務印書館, 1965, p.170 참조.)

243) 『續文獻通考』 卷 11, 「錢幣考」.

244) 『明會典』 卷 35, 「戶部」 22, "課程 4·鈔關".

245) 『明憲宗實錄』 成化3年 6月 庚子條.

246) 佐久間重男, 1956, p.13.

247) 『明憲宗實錄』 成化16年 正月 庚戌條.

서 錢과 鈔를 함께 징수토록 하였고, 河西務·臨淸·淮安·揚州·蘇州·杭州·九江·金沙州(武昌府)의 8개 鈔關과 각 稅課司·局 등 대운하와 長江 연해 등 일부 지역의 商稅에도 銀과 錢의 수납을 허락하였는데, 당시의 비가는 鈔 1貫에 銀 3厘, 錢 7文에 銀 1分이었다.[248] 또한 同年 11月에는 兵部郎中 陸容이 鈔關 및 宣課司에서는 오직 銀으로만 징수하거나 혹은 錢鈔를 兼收할 수 있도록 해줄 것을 요청하였다.[249]

이어서 弘治6年 北京戶部에서는 蘇州·九江 등의 鈔關에 관리를 파견하고, 南京戶部에서는 淮安·揚州 등의 鈔關에 관리를 파견하여 그 折徵銀 및 鈔를 내부로 보내어 사용토록 하였다.[250] 弘治7年에는 九江鈔關의 錢鈔兼收로부터 銀으로 징수하는 것과 滸墅關의 다음해 船料를 折銀하여 징수하는 것을 허락하였다.[251] 또한 弘治8年에는 內府承運庫의 주청으로 河西務 등 7鈔關의 그해 가을과 겨울 및 다음해 봄과 여름의 錢과 鈔는 모두 折銀하여 보내도록 하였다.[252] 正德2年에는 崇文門 分司의 商稅錢鈔도 折銀되었다.[253] 당시에는 鈔의 회수·유지보다는 세입증가를 목적으로 은으로의 징수를 허락하였다.

工部鈔關에서는 원래 실물로써 죽목 및 반성품·완성품을 징수하여 造船 및 皇宮의 영선비용으로 조달하였다. 그러나 교통이 불편하고 운수가 곤란하며, 해운비가 등귀함에 따라 成化7年에는 杭州·荊

248) 『明孝宗實錄』 弘治元年 2月 辛丑條; "凡課程, 除崇文門, 上新河, 張家灣及天下稅課司局仍舊錢鈔兼收外, 餘鈔關·稅課司·局及天下戶口食鹽, 每鈔一貫, 折收銀三厘, 每錢七文折收銀一分, 類解本部."
249) 『明孝宗實錄』 弘治元年 11月 壬申條.
250) 『明孝宗實錄』 弘治6年 9月 乙酉條.
251) 『明孝宗實錄』 弘治7年 9月 甲午條.
252) 『明孝宗實錄』 弘治8年 3月 丁酉條.
253) 『明武宗實錄』 正德元年 5月 甲辰條.

州・太平의 3개 抽分廠에서 竹木으로 운반하는 것이 불편하다는 이유를 들어 '各折抽價銀', 즉 화물의 從價稅로 징수하는 것으로 개정하였다. 그리하여 建昌連二杉板은 每副抽銀五兩, 淸江連二杉板은 每副抽銀三兩, 荊竹은 每根抽銀三厘, 南竹은 每根抽銀五厘로 하였다.[254] 또한 嘉靖9年에는 蕪湖鈔關의 抽分竹木 역시 '折銀解部'토록 하였다.[255]

명대 중기 이후 나타난 상세의 절 현상은 당시의 商品貨幣經濟가 발전하는 과정에서 나타난 결과라고 하겠다. 다만 그 사이에 몇 차례 錢과 鈔를 함께 징수하는 것과 銅錢과 銀의 사용금지가 나타났다.[256] 예를 들면 正德8年에는 臨淸과 河西務, 9년에는 淮安・蘇州・杭州에서 船料 및 商稅를 모두 錢과 鈔로 징수하고 있다.[257] 또한 正德16年에도 河西務・臨淸・淮安・揚州・蘇州・杭州府 및 각 鈔關에 이듬해부터 본색으로 징수하고자 했다.[258] 그러다가 嘉靖8年(1529)에 가서야 直隷巡按御史 魏有本의 건의[259]에 의해 마침내 각 鈔關의 錢과 鈔를 모두 弘治6年의 비례에 의해 折銀徵收토록 하였다.[260] 이처럼 상세의 징수에 鈔・錢・銀의 반복이 나타나고 있는 것은 명대 통화정책의 복잡성을 반영한다고 하겠다.[261] 물론 이러한 반복은 상

254) 王圻,『續文獻通考』卷 29,「征榷考」, "課鈔".

255) 唐文基, 1982-3, p.24.

256) 嘉靖8年 "各鈔關錢鈔照弘治六年例折銀"(正德『明會典』卷 35,「戶部」22, "課程 4・鈔關")토록 한 이후에는 銀으로의 折收가 主가 되고, 本色인 鈔나 折錢은 보조적인 역할만을 수행하게 되었다.

257) 正德『明會典』卷 35,「戶部」22, "課程 4・鈔關".

258) 上同.

259)『明世宗實錄』嘉靖8年 9月 丙申條; "各鈔關稅課, 錢鈔兼收, 但民間鈔法不行, 而錢價低昂, 所在各異, 以致收納之際, 官民咸稱不便. 乞自今俱許折銀."

260) 正德『明會典』卷 35,「戶部」22, "課程 4・鈔關".

261) 林麗月, 1988, p.43.

인들 특히 중소상인들에게는 큰 손실을 가져다주기도 하였다.[262)]

또한 상세 절은이 허가된 지역에서도 곧바로 은납화가 보급되었다고는 단정할 수 없다. 예를 들면 은납이 허락되었던 弘治元年부터 약 반세기를 지난 嘉靖4年 正月에 浙江巡按御史 藩倣이 錢과 鈔의 불통을 이유로 杭州 등의 府・州・縣의 商稅折銀을 제안하여 허가되고 있다. 이러한 사례로 볼 때 강남 각 지역에서 상세 은납화가 일반적으로 보급된 것은 嘉靖年間에 들어와서의 일이라고 생각된다.[263)] 門攤稅는 嘉靖4年(1525)에 鈔 1貫을 銀 3厘, 銅錢 2文을 銀 3厘의 비율로 鈔와 錢에 대해서 銀納으로 바뀌었다.[264)] 그 후 嘉靖20年에는 太監 王滿 등이 錢鈔의 결핍을 鈔關의 錢鈔兼收에 의해 구제시킬 것을 주청하였지만, 戶部의 반대로 무산되었다.[265)]

이와 같이 成化年間부터 大明寶鈔의 유통을 포기하고 銀納化를 실시했던 이유는 銀의 재정적 수요증대와 함께 상세징수개체의 변경 때마다 명정부에서 규정한 것과 시장에서 실제 유통되고 있는 鈔와 銀・錢과의 비율이 일치하지 않은 상황에서 국가재정의 실제수입이 銅錢과 銀(특히 銀)이 본색인 鈔보다 유리하였기 때문이다. 더욱이 당시는 鈔法이 통하지 않은 지가 오래되어 新鈔 1貫은 시가로 10전이 되지 않았고, 舊鈔는 다만 1~2錢에 불과했으며, 심지어 시사에

---

262) 隆慶年間의 대학사 高拱은 "必是錢法有一定之說, 乃可彼此通行. 而乃旦更暮改, 迄無定議, 小民見得如此, 恐今日得錢, 而明日不用, 將必至于餓死. 是以愈變更愈紛亂, 愈禁約愈凉惶. 鋪面不敢開, 賣買不得行, 而嗷嗷爲甚"(高拱, 「議處商人錢法以蘇京邑民困疏」, 『明經世文編』 卷 301)이라 하였으니 당시 상인들의 불안한 심경을 잘 나타내준다고 하겠다.

263) 이러한 사실은 嘉靖年間 以前의 지방지에 기재된 상세액에는 銀額이 부가되어 있지 않은 데 비해, 嘉靖年間 이후의 지방지에서는 일반적으로 절은액을 부가하고 있는 것을 통해서도 확인할 수 있다.(嘉靖『姑蘇志』 卷 15, 「田賦」, "商稅"; 嘉靖『寧波府志』 卷 12, 「貢賦」, "課程鈔" 참조.)

264) 佐久間重男, 1977, pp.284－285.

265) 『明世宗實錄』 嘉靖20年 2月 壬午條.

쌓아놓아도 지나가는 사람이 쳐다보지도 않는 상황이 연출되기도 하였다.[266] 이러한 鈔價의 사정은 상인들로 하여금 자연히 신초보다는 구초를 사용하게 하였으며, 실제로 상인들에게는 구초를 銀으로 折算하여 납부하는 것이 유리하였다. 이미 成化23年 이전에 滸墅鈔關에서는 船鈔를 銀으로 折收하였는데, 每 貫에 折銀 5厘였다. 당시의 시장에서 1貫은 錢 1文의 가치도 되지 않은 상황이었기 때문에 실제상 折色銀은 本色鈔에 비해 5배가 제고되었다.

결국 이러한 상세징수의 鈔에서 銀으로의 변화는 명조의 재정수요가 결정적인 요인으로 작용하였다. 동시에 상품경제의 발전에 따라 白銀이 사회상의 보편적인 지불수단으로 사용되고, 다른 화폐에 비해 생명력을 가지게 되었다. 따라서 명정부의 재정회계 또한 점차 銀을 단위로 계산하게 되었고, 田賦銀納化와 함께 商稅 또한 점차 錢·鈔에서 銀으로 바뀌게 되었던 것이다.

5. 小 結

明代의 商稅制度는 국가의 통화정책과 맞물려 초기부터 매우 중요한 역할을 하였다. 洪武8年 明朝는 大明寶鈔를 발행하여 종래의 동전과 함께 사용토록 하였다. 당시 明朝가 이러한 寶鈔制度를 마련하게 된 이유는 ① 銅 부족에 의한 銅錢鑄造의 곤란, ② 그에 수반한 폐해, 예를 들면 私鑄의 횡행, ③ 銅錢은 무거워서 휴대하기가 곤란하였기 때문이다.

그러나 大明寶鈔는 발행 직후부터 그 가치가 하락하기 시작하였다. 이에 洪武年間부터 大明寶鈔를 유통시키기 위해 ① 銅錢의 사

266) 李龍潛, 1994, pp.34－35.

용을 금하거나, ② 金銀에 의한 민간 교역을 엄금하고, ③ 戶口食鹽法의 시행 등 각종의 조치를 취하였지만, 그 효과는 용이하지 않았다. 따라서 洪熙·宣德年間을 지나면서 鈔流通은 명조의 중요한 과제로 대두되었는데, 商稅를 이용하여 이 문제를 해결하고자 하였다. 이로써 상세징수는 재정보다는 오히려 鈔法維持를 위한 통화정책으로서의 성격을 강하게 가지게 되었다.[267)]

洪熙年間에는 우선 門攤稅를 증세하고, 그것을 鈔로 징수토록 하였다. 일종의 목적세인 門攤稅를 이용하여 민간의 鈔를 회수함으로써 鈔의 가치를 제고시키고 그 유통을 원활히 하고자 했던 것이다. 이어서 宣德年間에는 鈔의 회수정책이 한층 강화되었다. 宣德4年에는 수륙교통의 요충지에 鈔關을 설치하고 객상을 대상으로 세금을 징수하기 시작하였다.

이와 같이 明 前期의 商稅政策은 단순히 국가의 재정수입을 위한 측면보다는 鈔의 유통이라고 하는 국가의 通貨政策과 관련하여 그 징수가 이루어지고 있는 점에 주목할 필요가 있다. 즉 이 시기의 門攤稅의 增收나 鈔關稅의 신설은 한편에서는 永樂年間의 北京遷都에 연이은 궁전의 조영비, 몽골 친정 등으로 어려워진 국가재정을 재건한다는 의미도 포함되어 있지만 鈔의 流通이라고 하는 通貨政策과 관련하여 더욱 중요한 의미를 지니고 있었던 것이다.

한편 명조는 鈔의 가치가 계속 하락하고 민간에서의 사용이 현저히 줄어들고 田賦銀納化가 시행된 이후에도 3-40년 이상 상세만큼은 鈔로 징수하였다. 그것은 민간에서 은납화가 제도적으로 정비되지 않고, 중남미산 銀이 수입되기 이전 銀의 절대량이 부족했기 때문이다. 이러한 상황에서 銀과 함께 보조화폐수단으로 布帛이 일시

267) 新宮(佐藤) 學, 「明代後半期江南諸都市の商稅改革と門攤銀」, 『東洋學』 60,(東北大學 中國文史哲硏究會, 1988) p.98.

적으로 사용되었을 것으로 생각된다. 이는 徽州 地方의 土地賣契文書上에 나타나는 토지거래상황을 통해서도 짐작할 수 있다. 이 賣契文書를 분석해 보면 특히 宣德年間에 포백이 많이 유통되고 있음을 알 수 있는데, 이것은 당시가 鈔의 가치가 계속 하락하는 가운데, 정부에 의한 적극적인 조세 은납화가 구체적으로 시행되고 있지 않는 시기이기 때문으로 풀이된다.

그러나 중기 이후 銀經濟가 보급되는 가운데, 銀의 재정적 수요가 증대하면서 商稅 분야에서도 銀納化가 시작되었다. 商稅銀納化는 明初에도 특례로 허가된 적이 있었지만, 이 시기의 銀納化는 명조가 국가의 재정상의 어려움을 극복하기 위해 취해졌던 것이다. 이로부터 명조의 상세정책은 초의 유통보다는 국가의 재정을 확보하기 위한 정책으로 전환하게 되었다.

제 Ⅱ 편

명 중기의
사회 · 경제변화와 상세

第 3 章

財政危機와 商稅의 增收

1. 明 中期의 財政危機와 그 原因

明朝는 中期 이후 里甲制的 질서가 점차 와해되면서 대내외적으로 어려운 문제에 직면하였다. 財政收支 역시 正統年間(1435~1449)까지는 흑자를 기록했으나, 正德年間(1505~1521) 이후에는 재정지출은 많아지는 데 비해 재정수입은 오히려 줄어들었다.[1] 그리고 嘉靖年間(1521~1566)에 들어서면서 이러한 현상은 더욱 심화되었다.[2]

이처럼 명조가 만성적인 재정적자에 시달리게 된 원인은 ① 대지주들의 土地兼併[3]으로 인한 稅源의 감소, ② 군사비 및 통치집단의

---

1) 王圻, 『續文獻通考』 卷 13, 「國用考」; "正統時, 天下歲徵入數, 共二百四十三萬兩, 出數一百餘萬兩, 自正德後, 出多入少, 國用盡不支矣."

2) 吳量愷 씨는 嘉靖年間에 특히 재정지출이 많아지게 된 것은 世宗이 道教에 심취하여 國事를 돌보지 아니하고 嚴嵩(1480~1566)과 더불어 財政을 방만하게 운용하였기 때문이라고 보았다.(吳量愷, 「明代的改革家張居正」, 『明清史』, 國北京人民大學書報資料中心, 1985－3, p.28.)

3) 이들이 兼併하는 방법은 田地를 매매할 때 그 사실을 보고하지 않거나 良田·沃土를 輕稅의 漁田으로 보고하는 방법, 水災로 인하여 田地의 경계가 없어지고 토착인이 유산했을 때 蠶食하는 방법, 貧弱戶가 도산할 때 里長이 그 田地를 變賣하거나 인근주민이 가로채거나 豪强이 강점하는 경우, 湖田을 私占하고 보고하지 않는 경우, 陂·塘 등 수리시설을 私占하는 방법, 投獻·影射·花分 등 이루 헤아릴 수 없이 많았다.(吳金成, 『中國近世社會經濟史硏究』, 일조각, 1986, p.195.)

소비증가로 인한 재정지출의 확대 때문이다. 土地兼併 현상은 "王府에게 떼어주거나 猾民에 의해서 欺隱되었다."[4]고 한 霍韜의 말에서도 알 수 있듯이 위로는 皇帝로부터 勛戚·宦官·紳士階層에 이르기까지 광범위하게 자행되고 있었고,[5] 지역적으로는 江南 地方에서 특히 심하였다. 이 지역에서 토지겸병이 성행하게 된 주요원인은 ① 地主勢力의 확대, ② '庶民地主' 및 自耕小農의 몰락, ③ 官田制度의 衰落 등을 들 수 있겠다.[6] 이 중에서 관전제도의 쇠락은 官田의 私田化를 촉진시키는 계기가 되었는데, 강남 지방의 官田 가운데 1/4 이상의 土地가 私有化되었다.[7] 국초 明朝의 가장 중요한 財政的 기초가 되었던 官田은 明朝가 地主의 중간착취를 배제하고 직접 생산자인 농민을 국가지배체제 내에 편입시키기 위해 설치한 것이었

4) 『明史』 卷 77, 「食貨」 一, p.1882.

5) 예를 들면 皇莊은 永樂年間(1402~1424)부터 설치되기 시작하여 洪熙年間(1424~1425)에는 仁壽宮莊·淸寧宮莊·未央宮莊의 3곳에 불과하였으나,(『明史』 卷 77, 「食貨」 1, p.1887) 宣德年間(1425~1435) 이후 점차 보편적인 현상이 되었으며,(李龍潛, 『明淸經濟史』,(廣東高等教育出版社, 1988), p.148) 弘治2年(1489)에 이르러서 황장은 畿內 5군데에 12,800여 경이나 되었다.(『明史』 卷 185, 「李敏傳」, p.4894.) 그리고 正德年間(1505~1521)에 皇莊의 설치가 매우 많아졌는데, 특히 正德元年(1506) 武宗이 즉위한 지 1개월 만에 7군데에 皇莊을 설치하였으며, 正德9年(1514)에는 36군데 37,595경에 달하였다고 한다.(王圻, 『續文獻通考』 卷 6, 「田賦」 六, "田賦考") 正德年間에는 이후 계속 증가하여 300여 곳에 달하였다. 한편 皇室 이외에 諸王·勛戚·宦官들과 권세가 있는 지방의 관리나 功名이 있는 紳士계층도 각종의 특권을 이용하여 莊田을 신속히 확장하였다. 예를 들면 嘉靖年間의 外戚 陸炳은 揚州·嘉興·南昌·承天 등에 모두 장전을 가지고 있었으며,(『明世宗實錄』 嘉靖39年 12月 丙申條) 嘉靖帝의 넷째 아들인 朱載圳는 湖廣 지방에 田土 數萬頃을 점유하였고, 隆慶帝의 넷째 아들인 朱翊鏐 역시 畿內에 점유한 토지가 명초 藩王들이 점유한 토지의 수십 배에 달하였다고 한다.(『明史』 卷 120, 「列傳」 8, pp.3647-3648.)

6) 林金樹, 「明代中後期江南的土地兼併」, 『明淸史』,(中國北京人民大學書報資料中心, 1987-9) pp.5-11.

7) 林金樹, 1987-9, p.9.

다. 그러나 明朝는 政權을 장악하는 과정에서 地主階層을 전면적으로 배제할 만큼의 힘을 갖지 못하였다. 결국 그들과 타협하게 되었고 官田의 형성과정에서도 地主·富農層을 일차적 承佃者로 官田體制 내에 포함시킬 수밖에 없었다. 그리고 이것은 후에 地主·富農層이 官田을 私有化함으로써 土地를 兼併케 하는 한 원인을 제공하였다.

이들은 토지를 겸병하여 財富를 축적하는 동시에 優免特權[8]을 이용하는 등 다양한 방법으로 납세를 기피하였다. 그들은 稅糧·徭役이 田土所有額을 중요한 賦課基準으로 설정된 이상, 다액의 세량 및 중역을 부담해야 함에도 불구하고 田土를 隱匿하거나 혹은 他人명의로 이전해서 가능한 한 자기의 토지소유액을 속임으로써 稅糧을 脫免하고 重役을 忌避하였다.[9] 또 土地賣買와 관련해서 地主는 土地登錄業務에 관계한 胥吏層과 결탁하여 세량을 탈면하였다.[10]

이러한 지주 계층의 稅糧脫免·徭役忌避는 결국 無地 혹은 少地의 빈약한 농민에게 전가되어 부세의 부담이 가중되었다.[11] 土地兼併과 賦役의 不均等 현상은 流民과 인구이동을 초래하였으며,[12] 국

8) 明代 우면특권에 관한 법령은 洪武7年, 10年, 12年, 13年, 宣德10年에 제정되어 官僚·地主階層에게 특권이 부여되었는데, 점차 확대되었다.(林金樹, 1987－9, p.6.)

9) 川勝 守, 「張居正丈量策の展開 ― 特に明末江南における地主制の發展について ―」, 『史學雜誌』 80－3.4, 1971, p.265.

10) 嘉靖年間 蘇州·松江 등 江南 地方에서 官田制度의 개혁을 제창했던 禮部尙書 顧鼎臣과 그의 뜻을 받아서 赴任했던 蘇州知府 王儀에 의해 提案되었던 丈量도 그 의도는 胥吏層을 매개로 하는 징수대장에 있어서 토지등록의 문란을 바로잡기 위해서였다.(川勝 守, 1971, p.266.)

11) 顧炎武는 이러한 상황을 『天下郡國利病書』 原編第六冊 「蘇松」에서 “부유한 집은 토지를 萬畝나 점유하면서 一糧의 米도 납부하지 않는데도 따져 묻지 않는 데 비해 빈약한 집은 조금의 곡식도 취하지 못하나 오히려 歲輪는 무겁고 하소연할 곳도 없다.(富家占地萬苗不納一糧米而莫能究詰, 貧弱不取寸草歲輪重課而無所控訴)”고 기술하였다.

가 지배하에 편제된 호수의 감소를 초래하였다.[13] 이것은 明朝가 직접 부세를 징수할 수 있는 토지의 감소를 의미하는 것이었고[14] 곧 재정수입의 감소로 이어졌다.

대지주들의 土地兼倂에 따른 稅源의 감소와 더불어 명조의 재정을 악화시킨 주요 원인으로는 통치 집단의 과도한 소비지출과 군사비를 들 수 있겠다.[15]

---

12) 明代 中・後期 이후 인구이동의 특징은 전 시대에 비하여 대규모로 이루어졌으며 이동거리 또한 매우 길어서 省內移動은 물론 省外移動도 활발하였다. 그리고 商品經濟의 발전과 각 지역 간의 經濟關係가 강화됨에 따라 流民은 지역한계의 틀을 벗어나 다른 지방으로 이동하였다.(李龍潛, 『明淸經濟史』, 廣東高等教育出版社, 1988, p.163 참조.)

13) 대규모의 인구이동으로 토착인은 流産하여 몰락하는 예가 많은 데 반하여 客民 중에는 오히려 성장하는 사람이 많았는데, 이렇게 될 수 있었던 원인의 하나는 客民이 附籍하지 않은 데서 생기는 徭役脫免 때문이었다.(吳金成, 1986, p.240) 그리고 客民이 그렇게 될 수 있었던 것은 명조의 '原籍發還主義'와 湖田無稅 때문이었다. 명조는 지역에 따라 里數를 축소조정하거나 혹은 客民을 附籍시켜 縣과 里를 증편시키는 등 전국적으로 里甲을 재편하려 하였으나 流離하는 인구를 모두 파악하여 해체되어 가는 里甲制의 질서와 기능을 바로잡을 수가 없었다.(吳金成, 1986, p.281.)

14) 嘉靖41年(1562)의 田地는 4,301,691경인데 이는 正德7年(1512)의 4,697,233경에 비해서는 395,539경이, 그리고 弘治15年(1502)의 6,228,058경과 비교해 볼 때 1,926,364경이나 감소한 것이다. 明朝가 직접 징수할 수 있는 전지면적이 弘治年間 이래 正德・嘉靖年間에 걸쳐 계속해서 감소하고 있음을 알 수 있다. 감소된 전지의 숫자는 대지주가 겸병하여 欺隱한 것으로 이렇게 토지가 소수인에 의해서 집중됨은 토지를 잃은 농민이 증가함을 의미한다.(李龍潛, 1988, p.168.)

15) 嘉靖年間의 매년 田賦수입은 평균 2,200여 만 석이고, 隆慶年間에는 2,400여 만 석 정도이다. 그런데 支出은 ① 지방 存留糧 약 1,000만 석 중 800만 석은 宗室의 祿米이고 나머지는 地方行政經費로 支出되고, ② 매년 起運糧 중 400만 석(折金花銀 100만 냥)의 軍官俸祿 약간을 제외하곤 대부분은 宮廷消費로 나가며, ③ 매년 漕糧 400만 석은 京軍, 蘇州駐軍과 중앙 각 衙門官僚의 소비에 충당되고, ④ 白糧 170만 석은 內宮소비에 공급되며, ⑤ 南京歲費糧으로 100만 석 정도가 지출되고, ⑥ '九邊' 歲費로 300만 석에서 800만 석이 지출되었다. 이상 6

명 중기 이후 재정지출 중에서 가장 큰 비중을 차지하는 것은 황실소비의 팽창이었다. 황실은 매년 80여 만 냥의 金花銀을 지출하였는데, 특히 宮廷의 酒醴膳羞를 담당하고 있던 光祿寺의 경우 明初 歲用은 錢 1,800萬 文, 鈔 400萬 貫이었으나, 正德年間에는 격증하여 銀 40만 냥에 달하였다.[16] 이처럼 光祿寺에서의 소비가 명초에 비해 현저히 증가한 것은 황실의 소비팽창을 반영한 것이라고 하겠다. 또한 惜薪寺·太醫院 등 궁정의 수요에 필요한 물품을 모두 금화은으로 구입하지 않고, 많은 수를 각지의 상공물품[17]으로 대신하였다. 그리고 역대 皇室과 마찬가지로 明代 皇室의 祭祀[18] 또한 매우 많았는데, 이 역시 궁정의 중요한 소비였다.

明 中期 이후 宗室의 확대 또한 국가재정에 심각한 영향을 주었다. 明初에는 宗室의 祿米가 중앙관료들과 비교해 볼 때 상당히 큰 차이가 있었지만,[19] 당시에는 종실의 사람 수가 많지 않았기 때문에 큰 재

개 항의 지출이 매년 2,300만 석 내지 2,800만 석이었으니 嘉靖·隆慶 년간의 田賦收入은 주로 軍事·宮廷消費와 宗室消費에 사용되었다.(唐文基, 『明代賦役制度史』, 中國社會科學出版社, 1991, pp.119－121.)

16) 『明世宗實錄』 嘉靖37年 12月 丁未條.

17) 惜薪寺에서 사용하는 柴炭은 弘治年間 매년 단지 1,800여 만 근을 派徵하였으나, 正德年間에는 1,100여 만 근이 증가하여 합계가 3,000여 만 근에 이르렀다.(『明世宗實錄』 正德16年 9月 庚申條.) 또한 嘉靖 初 御用의 黃蜡는 8만 근, 白蜡는 4,000근에 불과하였으나, 嘉靖 末年에 黃蜡는 20만 근, 白蜡는 10만 근으로 증가하였다.(『明穆宗實錄』 隆慶元年 正月 乙巳條.) 그리고 太醫院에서 사용하는 藥材 역시 永樂年間에는 55,400근이었으나, 成化年間 이래로 그 수가 점차 증가하여 嘉靖 初에는 264,000여 근에 달하였다.(『明會典』 卷 224, 「太醫院」.)

18) 祭祀의 종류로는 祖先宗廟에 대한 제사, 儒教의 鼻祖인 孔子에 대한 제사, 天地山川日月에 대한 제사뿐만 아니라 荐神·時享·慶節 등등의 제사가 있었으며, 제사를 관장하고 있는 太常寺에서는 매년 소 800마리, 양 11,000마리, 돼지 3,000마리, 닭 38,000마리를 사용하였다.(『明會典』 卷 218, 「上林苑監」.)

19) 明初 宗室에 지급된 祿米의 수는 洪武28年(1395)에 규정되었는데, 親王 10,000石, 郡王 2,000石, 鎭國將軍 1,000石, 이하 鄕君에게는 100石이

정적 부담을 주지는 않았다. 그러나 점차 종실의 사람 수가 증가하고,[20] 祿米 소비 또한 팽창하였으니 宗室問題는 점차 심각한 국가재정문제로 대두되었던 것이다. 嘉靖41年 山西에서의 存留糧은 152萬石인데 宗室에 일 년간 지출된 祿米가 312萬 石에 달하였고, 河南에서는 存留糧이 84萬 3千 石인데 宗室祿米로 192萬 石이 지급되었다.[21] 또한 隆慶5年 禮部 보고에 의하면 당시 宗女와 儀賓을 제외한 親王・郡王과 각급 將軍・中尉에 지급되는 歲支 祿米만으로도 870萬石[22]에 달하였으니 전국 각지의 存留糧 총액의 약 80%에 해당한다. 더욱이 이들은 특권을 이용하여 토지를 겸병하기도 하고, 법을 어기며, 기강을 문란하게 하였으니, 당시의 큰 사회문제로까지 되었다.

명조의 재정지출 중 또 하나의 큰 비중을 차지하는 것은 군사비이다. 명초 북방의 몽고 세력이 여전히 상당했던 상황에서 방대한 군대가 필요하였다. 하지만 당시 국가의 통치체계는 완비되지 않았으며, 경제력 또한 미약한 상태였기 때문에 막대한 軍餉의 조달은 해결하기 어려운 과제였다. 따라서 명조는 군대로 하여금 직접 경작에 종사케 하여, 그 수확으로 자급자족함으로써 국가와 일반민호의 부담을 감소시키고자 軍屯制를 실시하였다.[23]

지급되었다. 百官에게 지급된 俸祿은 그 규정이 洪武4年(1371)에 처음으로 정해졌다가 洪武25年(1392) 개정되었는데, 正一品 1,044石, 從一品 880石, 이하 未入流官員에게는 36石이 지급되었다.(王天有, 『明代國家機構硏究』, 北京大學出版社, 1992, pp.91－92.)

20) 明代의 宗室人口는 洪武年間 58명, 永樂年間에는 127명에 불과하였으나, 正德年間에는 2,945명으로 늘어났으며, 嘉靖32年에는 19,611명으로 증가하였다.(顧誠, 「明代的宗室」, 『明淸史國際學術討論會論文集』, 天津人民出版社, 1981, p.96.)

21) 『明史』 卷 82, 「食貨」 六, p.2001.

22) 『明穆宗實錄』 隆慶5年 6月 丁未條.

23) 이에 대해서 顧炎武는 "高皇帝가 나는 백만의 군대를 기르지만 백성의 곡식을 한 톨도 쓰지 않았다."(顧炎武, 『顧亭林詩文集』 卷 6, 「軍制論」, p.122.)고 하였으며, 崇禎帝도 "명초 이래 대대로 백만의 군대를 기르는

그러나 軍屯制는 宣德年間(1425~1435)부터 屯軍의 도주와 屯地의 隱占 등으로 인한 토지의 대량유실로 점차 붕괴되어 갔다. 둔군의 도망은 軍戶의 農奴的 성격, 官役, 私役으로 인한 부담 가중, 屯地의 兼幷, 屯糧의 賠償 등이 그 원인이 되었다.[24] 明代 軍戶制度하에서는 正軍이 軍役 이외의 다른 모든 役은 면제받게 되어 있었고, 정군의 복무지에서 정군을 도와주는 餘丁과 本籍의 1丁도 잡역을 면제해서 正軍을 전문적으로 보조하도록 하였다.[25] 그러나 明代의 屯戶는 중기 이후부터 관역에 시달려야 했으며, 각종 사역에도 징발되곤 하였다. 군인을 개인적으로 사역하는 군관은 주로 鎭守・總兵官・指揮・千戶・百戶와 같이 세력 있는 관호들이었다. 사역에 시달린 屯軍이 屯田을 경작할 시간이 없음에도 불구하고, 屯糧은 여전히 납부해야 하는 상황에서 屯軍은 결국 도주하거나 반항하는 길밖에 없었다.

이리하여 당초 자급자족을 목표로 세워진 군둔제에 많은 차질을 초래하였다. 특히 북변 군량의 자급자족이 이루어지지 못하게 되면서 외지에 의존하는 비율이 높아졌다. 군향이 부족한 것은 明代 中・後期 軍餉의 運輸가 점점 증가하는 것에서도 알 수 있다. 이에 각 邊鎭의 군향은 年例銀[26]에 의지할 수밖에 없었다.

군둔의 붕괴와 함께 북경 지역의 군사적 긴장은 명조에 커다란

데 조정의 돈을 한 푼도 쓰지 않았던 것은 바로 둔전을 이용하였기 때문이다."(『明史』 卷 257, 「王治傳」, p.6624.)고 하였다.

24) 尹貞粉, 「明代軍屯制研究」, 『東方學志』 39, 1983, 참조.

25) 萬曆『明會典』 卷 137, 「戶部」 二十, p.1937; "天下衛所每軍一名免, 原籍戶下一丁差役在營軍餘亦免, 一丁令專一供給."

26) 명대 초기에는 衛所制를 설립하여 軍餉은 屯田收入에 의해 충당되었으니 재정의 부담 역시 크지 않았다. 따라서 洪武年間(1368~398)부터 永樂年間(1402~1424)에 걸쳐서는 年例도 없었으나 正統年間(1435~1449)에 이르러 처음으로 年例가 시작되었다. 年例의 총액을 비교해 보면 弘治(1487~1505)・正德年間(1505~1521)에는 43만 냥에 불과하였으나, 嘉靖年間(1521~1566)에 이르러서는 270만 냥으로 격증하였다.

재정압력 요인으로 작용하였다. 특히 Altan 汗(俺答)의 침범 이래 변진 경영군비의 대폭적인 증대는 太倉銀庫의 세입결함을 현저하게 했고 중앙재정은 위기상태에 직면하게 되었다. 嘉靖29年의 '庚戌之變' 후 邊費가 급격히 증가하여 이 해 九邊 歲費糧은 850만 석, 折色銀 500여 만 냥에 이르고 있다. 嘉靖年間 후기에는 비록 감소하고 있으나, 隆慶年間의 戶部尙書 馬森에 의하면 "祖宗舊制는 河淮以南 400만 석으로써 京師에 공급하고, 河淮 以北 800만으로 邊에 공급한다."[27]고 할 정도로 크게 증가하였다. 祖宗舊制로써 九邊歲費 800만 석이라고 말한 것은 당시의 통상적인 액수이다. 이 800만 석의 邊軍軍糧에 300만 석의 군량이 더해졌으니 매년 전부 수입의 절반을 군사비로 충당하였던 것이다.

16세기 말 전국 세량의 정액은 米穀 2660만 석, 鹽利銀 200萬兩, 關稅·商稅 56萬 兩, 雜稅 322萬 兩으로 추산되는데, 邊鎭의 軍餉만으로 河北諸省에 할당되는 民運糧의 本折銀이 364萬餘 兩, 戶部에서 송금되는 年例銀이 236만 냥에 달하고 있었다. 또 隆慶年間(1567~1572) 北京戶部의 太倉銀庫 수입은 2백 수십만 냥에 지나지 않은 데 비해 각 邊鎭의 군비만으로 2백 수십만 냥을 지출하였으며, 기타 경비를 더하면 일 년에 100만 냥 이상의 적자가 나오게 된다.[28] 이러한 변경방비의 군사비에서 오는 재정의 압력은 隆慶5年의 「隆慶和議」[29] 때에도 화의 추진의 핵심적인 이유로써 거론되고 있다. 이와 같이 軍屯의 붕괴와 북변의 군사적 긴장에서 오는 재정지출의 심화는 명조가 중기 이후 재정압력에 시달리게 되는 중요한 원인을 제공하였다.

---

27) 『明史』 卷 214, 「馬森傳」, p.5660.

28) 王圻, 『續文獻通考』 卷 26, 「市糴考」.

29) 小野和子, 「山西商人と張居正 ― 隆慶和議を中心に ―」, 『東方學報』 58, 1986, 참조.

2. 商業의 活性化와 認識의 轉換

1) 사상계의 상업에 대한 인식의 전환

孔子가 "君子喩于義, 小人喩于利"[30]를 강조한 이래 중국의 사대부들은 '重義經利'를 중시하였다. 그러나 명 중기 이후 특히 강남지역을 중심으로 상품경제가 발달하면서 상인들의 사회경제적인 지위가 상승하자, 商業에 대한 시각도 변화하였다.[31] 물론 이러한 인식의 변화는 상인 계층은 물론 지역사회의 유력 신사 계층이나 정치담당자들에게서도 공통적으로 나타나고 있었다. 당시의 몇몇 정치사상가들은 상업이 국민경제 중에서 중요한 지위를 차지하고 있음을 강조하는 한편, '利'를 正名으로 삼을 것을 요구하기도 하였다.[32] 또한 그들은 상업과 상인 계층의 사회적 가치를 새롭게 평가하였다.

예를 들면 王陽明은 新四民論에서 4民은 직업을 달리하면서도 길을 같이한다고 주장하였다. 즉 그는 재능에서 결과한 上下의 '分'이나 士와 農·工·商의 '分'이 서로 모순하지 않는 기능적·분업적 차이에 지나지 않는 것으로 보아 사민평등주의에 입각하고 있다.[33] 그의 이러한 사상은 태주학파 사상가들에 의해 한층 강화되었고, 강

---

30) 『論語』 卷 4, 「里仁」.

31) 王春瑜, 「明代商業文化初探」, 『中國史硏究』 1992－4; 李伏明, 「義利之辯, 中農經商與明淸江南商品經濟的發展－兼評中國資本主義萌芽問題」, 『學術月刊』 1993－4;(→復印報刊『經濟史』, 中國人民大學書報資料中心, 1993－6) 周志斌, 「論晩明商潮中的儒士」, 『長白論叢』 1994－2(→復印報刊『經濟史』, 中國人民大學書報資料中心, 1994－3) 등 참조.

32) 李伏明, 「義利之辯, 中農經商與明淸江南商品經濟的發展－兼評中國資本主義萌芽問題」, 『學術月刊』 1993－4,(→復印報刊『經濟史』, 中國人民大學書報資料中心, 1993－6) p.80.

33) 曺永祿, 「陽明思想에 있어서의 「分」의 문제 ― 社會思想으로서의 성격 ― 」, 『동양사학연구』 6, p.68.

학활동을 통해 상인·농부·공인(商賈·農·工)에까지 전파되었다.[34)]

명말의 경세사상가인 黃宗羲 역시 전통적인 농본사상을 비판하면서 "공업과 상업도 모두 본업이다(工商皆本)"[35)]라고 하여 종래 본업인 농업에 비해 말업이라 하여 상대적으로 경시되고 있던 상업의 위치를 끌어올렸다.

또한 명말의 개혁정치가이자 국가재정문제 해결에 주력하였던 張居正도 이와 비슷한 견해를 피력하였다. 張居正은 '商農平衡互補論'의 입장에서 상세의 징수를 경감해야 한다고 주장하였다.[36)] 그는 농업과 상업의 관계를 일종의 平衡互利 관계로 인식하여 農·商이 상호 보충·촉진시켜야만 농업과 상업이 동시에 발전할 수 있다고 생각하였다. 따라서 그는 상세를 경감시켜 줌으로써 상인의 이익을 증가시켜 주는 것이 상업의 발전에 유리할 뿐만 아니라 농업에도 유리하다고 하였다.[37)] 居正의 다음 글을 보자.

> 상업을 유무상통시킴으로써 농민이 농업에 힘쓸 수 있다. 상업이 유무상통하지 않은 상황에서 농업을 이롭게 하고자 한즉 농업이 병들고, 농민이 농업에 힘을 기울이지 않은 상태에서 상업을 부유하게 한즉 상업이 병든다. 그러므로 상업과 농업의 관계는 항상 權衡(서로 의존적인)과 같은 것이다. ……그러므로 나(장거정)는 (국가의)物力을 소모시키지 않고자 한다면, 징발을 적게 함으로써 농업을 넉넉하게 하여 상업을 돕는 것만 한 것이 없고(厚農而資商), 민을 곤란하게 하지 않고자 한다면, 관시(상세)를 가볍게 함

---

34) 余英時 著, 鄭仁在 譯, 『中國近世宗教倫理와 商人精神』,(대한교과서주식회사, 1993) p.179.

35) 黃宗羲, 『明夷待訪錄』, 「財計」.

36) 滕顯間, 『中國歷代經濟管理反思』,(北京, 海洋出版社, 1988) p.302.

37) 滕顯間, 1988, p.302; 周伯棣, 『中國財政思想史稿』,(福建人民出版社, 1984) p.326.

> 으로써 상업을 넉넉하게 하여 농업을 이롭게 하는(厚商而利農) 것만 한 것이 없다고 생각한다.[38]

張居正의 '厚農而資商'과 '厚商而利農' 사상은 결국 상인을 보호함으로써 세원을 안정적으로 확보하기 위함이었다. 그의 이러한 사상은 실제정치에 그대로 반영되어, 만력 초기에는 私設 稅局을 조사하여 혁파하고, 부당한 세목은 취소하는 등 상인에 대한 착취를 방지하고, 상품유통을 촉진시키며, 세원의 합리적인 징수를 도모하였다.[39]

또 만력년간의 대학사인 沈一貫은 환관에 의한 상세수탈을 비판하면서

> 대저(민으로부터) 징수함에 道(기준)가 있고 지출에 한도가 있다면, 財는 국고에 들어와 궁함이 없다. 생산하는 자가 많고 먹는 자가 적으면, 財는 지출하더라도 소진되지 않는다. 民商은 국가를 위해 財를 생산하는 자(生財者)이기 때문에 애육하여 그 수를 증가시키지 않으면 안 된다. 僕隷는 국가를 위해 財를 먹는 자(食財者)이므로 裁節하여 그 수를 줄이지 않으면 안 된다.[40]

고 하여 '商'을 生財者로 파악하였다.

2) '棄儒就賈' 현상의 출현

한편 명대 사대부 중에는 家規에 '남자는 治生을 급선무로 삼아야 함(男子要以治生爲急)'[41]을 강조하기도 하였다. 심지어 '棄儒就

---

38) 張居正,『張太岳集』文集 卷 8,「贈水部周漢浦榷竣還朝序」.
39) 林麗月,「商稅與晚明的商業發展」,『國立臺灣師範大學歷史學報』16, 1988, p.47.
40) 沈一貫,「遣使論」,『皇明經世文編』卷 435.
41) 余英時, 1993, p.166.

賈(유림을 버리고 상업으로 나아가는)' 현상도 출현하고 있다.[42] 명말의 사인 중에서 이처럼 유림을 버리고 상업으로 나아가는 현상의 원인은 매우 다양하다. 우선 생계를 유지하기 위한 수단으로 상업 활동에 종사하는 경우이다.

다음 누차 과거시험을 치렀으나 합격하지 못하여 功名을 구하기가 어려워지자 상업으로 진로를 바꾼 경우가 있다. 명대 산서상인 중에는 상당수가 과거시험에 합격하지 못하자 상업으로 전환하였다고 한다. 물론 이러한 현상 뒤에는 끊임없는 인구 증가에 비해 거인·진사의 정원은 제한되어 있었던 현상도 한 원인으로 작용하였다.[43] 즉 15세기 중엽부터는 정치·사회질서에 이완현상이 나타났고, 그것은 학위층의 사회이동에도 영향을 끼쳤던 것이다.[44]

그리고 당시에는 士人으로 상업에 성공하기가 비교적 쉬웠으니, 顧炎武는 "선비이면서 성공한 것은 1 / 10이고, 상인이면서 성공한 것은 9 / 10이다."[45]고 지적했다. 또한 명대 사인들에게는 상업의 성공이 하나의 커다란 유혹이었는데, 그것은 연납제도가 상인들에게도 벼슬하는 길을 열어놓았기 때문이다.[46]

명대의 상업 활동은 순수한 민간의 경제 활동이라기보다는 강고한

---

42) 余英時, 1993, p.192; 周志斌, 「論晩明商潮中的儒士」, 『長白論叢』 1994－2, (→ 復印報刊『經濟史』, 中國人民大學書報資料中心, 1994－3) p.70.

43) 周志斌, 1994, p.70.

44) 明初 3~6만 명(전 인구의 0.1% 미만)이었던 生員이 15세기 중엽에 附學生員制가 시작(생원정원의 실질적 포기) 실시되면서 그 수가 급증하기 시작하여 16세기 이후에는 明初의 5~10배나 되는 31만여 명으로 증가하였고, 明末에는 50여 만으로 증가하였다. 그런데도 童試의 경쟁률은 여전히 치열해서 중엽에는 80% 이상, 말기에는 60~70% 정도는 단대 생원으로 끝날 수밖에 없을 정도로 생원의 지위는 유동적인 것이었다.(吳金成, 『中國近世社會經濟史硏究』, 일조각, 1986, p.82.)

45) 顧炎武, 『天下君國利病書』 原編第 6冊, 蘇松; "士而成功也十之一, 賈而成功也十之九."

46) 余英時, 1993, p.198.

국가권력과의 관계에서 이루어졌기 때문에 상인들은 국가권력과 밀접한 관계를 가지고자 노력하였다. 명대 상인들의 官界와의 결합방법에는 ① 동족이나 동향사람 중에서 재능 있는 자를 지원하여 官界로 진출시키거나, ② 자신의 자제를 관료로 만들고 자신은 官商이 되거나, ③ 연납에 의해서 상인 자신이 관료로 되거나, ④ 면식이 있는 관료의 실력을 이용하는 것 등이 있었다.[47]

이러한 상업에 대한 인식의 전환과 함께 실제로 明 中期 이후에는 신사층을 비롯한 종실 등 특권계층도 적극적으로 상업 활동에 참여하였다. 특히 강남 지역에서는 문인들의 賣字·賣畵·賣文 현상이 출현하였다. 이는 明 前期에는 찾아보기 힘든 현상으로 당시 지식인층의 인식 변화의 한 단면을 보여주는 것이라고 할 수 있는데, 그 배경으로는 이 시기 인쇄출판의 번성을 들 수 있겠다.

중국에서 서적의 출판은 16세기의 중반 이후부터 격증하기 시작하였다. 宋代 이래 인쇄술의 발달로 많은 서적이 출판되기 시작하였는데, 宋代부터 明末까지 각 시대별 서적 간행 상황을 보면 다음과 같다.

시 대	종 류
宋	362
金·元	280
明(洪武－正德)	433
明(嘉靖·隆慶)	701
明(萬曆)	973
明(天啓)	114
明(崇禎)	231
총 계	3094

47) 寺田隆信, 「新安商人と山西商人」, 『中世史講座 3－中世の都市』,(學生社, 1982) p.384.

위의 표에서 보는 바와 같이 총 3094종 중에서 2019종이 嘉靖年間부터 崇禎年間(1627~1644)에 걸쳐 간행되었다. 嘉靖年間 이후 약 100년 동안에 발행된 서적의 수량이 宋·金·元에서 明 正德年間까지 약 600년 동안 간행된 것보다 많다. 이를 통해서 宋 이래 발전된 인쇄 사업이 명말에 이르러 큰 전환이 이루어졌음을 알 수 있다.[48] 이 시기 출판사업의 중심은 南京·蘇州·杭州 등 경제·문화의 선진 지역인 江南 地方이었다. 인쇄업의 보급으로 이 지역에서는 부단히 새로운 소식들이 전파되었고, 사회상의 여론 형성 혹은 사상의 유통 등 출판매체를 매개로 신속한 정보 유통이 이루어지고 있었다.[49]

명대 중후기 이후 대상인집단이 출현하고 상업경영 규모가 확대됨에 따라 상업에 대한 지식을 요구하게 되었다. 이에 소위 商業書·路程書[50]가 출현하여 그들에게 필요한 지식을 제공해 주었다. 당시의 商業書·路程書는 상인들이 자신들의 수요에 맞춰 편집하여 쓴 '日用類書'[51]로써, 천문·지리·朝代·직관·전국통상이 거치는 里

48) 大木 康, 「明末江南における出版文化の研究」, 『廣島大學文學部紀要』 50卷 特輯號1, 1991 참조.

49) 岸本美緖, 「明末淸初江南の地方民衆と權力者たち」, 『歷史學硏究』 651, 1993, 참조.

50) 路程書는 종래 商業書의 일부분으로 취급되었으나, 최근에는 두 종류의 서적을 구별하여 설명하고 있다. 路程書에 관해서는 山根幸夫, 「明代の路程書について」, 『明代史研究』 22, 1994; 谷井俊仁, 「路程書の時代」, 小野和子編, 『明末淸初の社會と文化』, 京都大學人文科學研究所, 1996, 등 참조.

51) 명말의 정보전파 매체로서 출판물의 대중화의 예로 자주 거론하고 있는 것이 '日用類書'의 대량 간행이다. '日用類書'는 일종의 가정용 백과전서와 같은 것으로써 「萬用不求人」 등의 타이틀이 표시하는 바와 같이 생활에 필요한 모든 지식을 타인의 손을 빌리지 않더라도 입수할 수 있다는 것을 강조하고 있다. 이 시기에 편찬된 '日用類書'를 예로 들면 1599년에 간행된 『三臺萬用正宗』은 제1권 天文으로부터 시작해서 地理·時令·歷代人物·外夷·教育·官制·訴訟·音樂·將棋 등의 오락·書法·畵法·蹴鞠·武術·편지 쓰는 방법·冠婚葬祭·契約·房中術·宴席

程 도로·풍속·언어·물산·계약·상업산술·상업윤리 등이 포함되어 있다. 또한 상인용 여행안내서의 출현은 원거리 교역이 그만큼 증대되었다는 것을 의미한다고 할 수 있다.

이러한 명 중기 이후의 인쇄업의 발달과 더불어 계층상승이 불투명하고 사회적 위상이 위협받고 있던 사인층의 존재형태에도 변화가 나타나고 있었다. 즉 당시에는 개성 있는 문인들이 많이 등장하여 활약하였는데, 그중에서도 특이한 존재로 소위 '山人'이라고 불리는 일군의 文人들이 있다. 明 中期까지 강남의 선진 지역에서 활동하던 문인들은 부유한 지주로서의 경제력을 배경으로 과거에 의한 仕進을 구하지 않는 지식인들이었다. 소위 '市隱'이라고 불리는 沈周나 吳中四才(祝允明·唐寅·文徵明·徐禎卿) 등과 같이 기본적으로 仕官하지 않고, 詩·文·書·畵 등의 예술에 의해서 능력을 인정받았던 인물들이다.[52)]

그러나 萬曆年間부터 山人이 대량으로 출현하게 되고, 이들의 성격도 변화하였는데, 이는 강남 지역에서 출판업이 매우 성행했던 시기와 일치한다. 출판이라고 하는 새로운 산업은 과거에 합격하지 못한 지식인들에게 새로운 생활의 길을 열어주었다. 서적을 저술·편찬함으로써 우선 경제적인 수입, 즉 利를 얻을 수 있게 되었다. 이 시기에 출판업을 배경으로 활약했던 자가 산인 陳繼儒이고 보다 통속적인 길을 걸었던 자가 馮夢龍이었다.[53)]

에서의 유희·博打·商旅·算法·身體 制御(Control)·煉丹術·養生·醫學·天然痘의 治療法·姙娠出産·별점·人相·卜筮·五行 등의 占·解夢·家相·墓地風水·日時의 吉凶·獸醫學·農業技術·佛教·神仙·符呪·格言에 이르기까지 총 43개 항으로 구성되어 있다.(岸本美緖, 1993, p.3. 참조.)

52) 宮崎市定, 「明代蘇松地方の士大夫と民衆 — 明代史素描の試み —」, 『史林』 37－3;(『アジア史研究』 卷 4에 수록) 鈴木 正, 「明代山人考」, 『淸水博士追悼記念明代史論叢』, 大安, 1962, 등 참조.

한편 만력 말 이후에는 士人들이 중심이 되어 文社의 결성이 특히 성행했을 뿐만 아니라 강남을 중심으로 커다란 하나의 단체로 통합되어 갔다. 당시 이들 文社는 단순한 과거학습에 그치는 것이 아니라 팔고문 동인집의 편찬을 비롯한 각종 선문활동을 하고 있었다.[54] 특히 강남에서는 嘉靖年間(1522~1566) 이후 상업적 출판의 발전과 함께 사인층의 방대한 수요를 대상으로 하는 각종 선문집이 유행하였다.

3) 황실·종실의 상업 활동 증가

한편 명 중기 이후에는 신사층뿐만 아니라 황실 및 종실에서도 상업 활동에 참여하는 경향이 이전보다 강해졌다. 특히 종실의 상업 활동은 일상적인 일로써 이들의 상업 활동을 금지했던 법령은 구속력을 상실하였다. 萬曆18年 작위가 낮은 종실(無爵戶)이 '四民之業'에 종사하는 것을 허락하였지만, 유작호의 종실은 여전히 상업 활동에 종사하는 것을 불허하였다.[55] 그러나 상층 종실이 그들의 특권적 지위를 이용하여 상업에 종사함으로써 많은 폐해를 낳았다.

종실에서 행한 상업 활동의 주요한 형식은 店肆(점포)의 개설하여 炭場(숯 가게)·窯廠(도자기 가게)·煤洞(석탄 가게)·油房(기름집) 등을 경영하는 것이었다. 종실에서 개설한 점포 중에서는 官店과 鹽店이 중요한 위치를 차지하며, 취급한 상품으로는 食鹽을 비롯해 蕪湖 青布·太倉 夏布·江西 油紙扇, 徽州 茶葉 등 다양하였다.[56] 종

53) 大木 康, 「山人陳繼儒とその出版活動」, 『山根幸夫教授退休記念明代史論叢』 下,(汲古書院, 1990) pp.1233－1252.

54) 이윤석, 「明末 江南 '士人'의 文社活動과 그 성격」, 서울대 석사학위논문, 1995, 참조.

55) 趙毅, 「明代宗室的商業活動及社會影響」, 『中國史研究』 1989－1, p.51.

실에서는 점포·점사 등을 소유하거나 수공업을 경영하고, 또 고리대의 방법 등으로 각지 시장의 상·공업을 독점하고 나아가서는 국가로부터 稅課局·河白所 등의 징세권을 할양받아 상품의 유통과정에까지 개입하면서 고율의 세금을 징수하였다.[57] 뿐만 아니라 이들은 지방의 무뢰[58]들과 결합되어 있었다.

그런데 명대 황실 혹은 종실의 상업 활동은 사실상 이들의 소비욕구의 상승과 질이 좋고, 정밀한 상품을 추구하는 경향과 관계가 있다.[59] 결국 황실이나 종실 및 기타 통치 집단이 상업 활동에 관심을 기울인 것은 당시 이들 계층의 소비의 증가를 반영한 것이기도 하지만 다른 한편에서는 그들의 인식의 변화를 반영한 것이라고도 볼 수 있다.

한편 명 중기 이후에는 황실을 비롯한 통치 집단뿐 아니라 사회 일부에서는 소위 '崇奢'사상이 출현하였다.[60] 당시에는 상품경제가 비교적 번영한 福建이나 浙江 일대뿐만 아니라 華北의 많은 공·상업 발전 지구에서도 나타나고 있으며, 음식·복식·가옥 등에서 소비형태의 변화를 엿볼 수 있다.[61] 이러한 현상은 모두 명 중기 이후의 사회·경제상의 변화를 반영한 것이고, 상업의 활성화를 의미하는 것이다.

---

56) 趙毅, 1989, p.50.

57) 吳金成, 「明末 湖廣의 社會變化와 承天府民變」, 『東洋史學硏究』 47, 1994, p.102.

58) 명대의 '無賴'는 토지를 왕부에 투헌함으로써, 왕부로부터 상찬을 받을 뿐 아니라 일부의 미곡을 왕부에 납부하는 대신 그 토지를 실질적으로 수유하면서도 국가에 납부해야 할 부역은 탈면할 수도 있었다. 吳金成, 1994, pp.99－100.

59) 王春瑜, 「明代商業文化初探」, 『中國史硏究』 1992－4, p.141.

60) 林麗月, 「晩明「崇奢」思想隅論」, 『國立臺灣師範大學歷史學報』 19, 1991 참조.

61) 林麗月, 1991, pp.3－4.

이와 같이 명 중기 이후 특권계층의 상업에 대한 인식이 전 시기에 비해 크게 제고되었고, 이들이 실제 상업 활동에 종사하는 예도 늘어났다. 따라서 국가재정이 계속 악화되고 있는 상황에서 명조는 상업의 활성화를 계기로 商稅의 增收를 도모하게 되었고, 특히 특권계층에 대한 과세에도 심혈을 기울이게 되었다.

3. 명 중기 이후 상세 증수 대책

1) 收稅則例의 制定

'토목보의 변' 이후 군사비 지출이 증대하고, 재정적으로 어려움에 직면하면서 명조는 상세를 좀 더 원활하게 징수하기 위해 제도적인 장치를 마련하기 시작하였다. 우선 안정적인 상세징수를 위해 「收稅則例」를 정하였다. 官店·塌房의 收稅則例는 正統7年 正月 주로 鋪戶를 대상으로 都稅司와 宣課司가 과파했던 門攤課鈔則例가 정해지는 등 이 시기에는 북경성의 정비와 병행해서 상세징수를 위한 칙례정비도 진행되었다.[62] 물론 이보다 앞선 宣德4年(1429)에도 兩京을 비롯한 도시의 각종 점포에 부과했던 門攤課鈔의 징수 시에도 매월 납부해야 하는 수세칙례가 정해져 있었다. 당시에는 每月 裱褙鋪는 鈔 30貫, 車院店은 20貫, 油房·磨房은 500貫, 木植鋪와 磚瓦鋪는 400貫으로 되어 있는데,[63] 正統7年에 비해 이 시기의 세액이 높은 이유는 鈔法維持에 적극적이었던 明朝가 鈔의 재정적 회수를 위해 임시적으로 則例를 작성했기 때문이다.

62)『明英宗實錄』正統7年 正月 庚寅條.
63) <표 Ⅱ-3> 宣德4年의 門攤課稅額 참조.

이어서 正統12年(1447)에는 巡視塌房御史와 順天府의 당상관들이 상품의 가격을 평가해서 리스트를 작성할 것을 결정함으로써 만들어지게 되었다.64) 수세칙례는 그 후 景泰2年(1451) 10月에 개정되었다.65) 당시에는 順天府와 宛平·大興 兩縣에서 각 업종의 牙行을 소집하여 정기적으로 시장가격에 기반해서 상품의 공정가격을 결정하였다. 개정의 발단이 되었던 것은 太醫院醫士 張鐸의 다음과 같은 상소에 의해서였다.

> 근래 理財의 官은 대체를 알지 못하고 다만 가혹한 착취에만 힘쓰고 있습니다. 예를 들면 紵絲 1匹의 세초가 350貫으로서 銀으로 환산하면 7錢이 되고, 三梭布 또한 10匹에 350貫을 징수하며, 다른 물품도 대개 이와 같습니다. 원래의 상품으로 보면 세초로 1/4을 취하는 것이 됩니다. 이대로라면 객상들의 활동은 중세를 두려워한 나머지 京師로 올 수가 없고, 물가가 등귀할까 매우 염려스럽습니다.66)

이 상주는 戶部의 심의를 받았다. 그 결과 戶部上書 金濂 등은 '토목보의 변'으로 재정지출이 많아져 증세를 행하였지만 상품가격의 1/30을 초과하여 징수하는 것은 계획하고 있지 않으며, 戶部郎中 徐敬과 順天府治中 劉實이 부당하게 시가를 높게 산정하여 호부내의 토의를 거치지 않고 독단적으로 시행하였기 때문에 과중한 세금으로 되었다는 점을 景泰帝에게 보고하였다. 이리하여 徐敬과 劉實에 대한 처벌이 결정되고, 수세칙례도 개정되었는데, 이를 표로 작성하면 다음과 같다.

---

64) 正德『明會典』卷 32, 「戶部」, "庫藏·課程".
65) 正德『明會典』卷 32, 「戶部」, "庫藏·課程".
66) 『明英宗實錄』景泰2年 10月 丙子條.

〈표 8〉 景泰2年 和遠店 等 塌房收稅則例[67)]

稅額(商稅・牙錢・塌房鈔 各)	商品名(課稅單位)
25貫	上等 羅段(1疋)
15貫	中等 羅段(1疋)
10貫	下等 羅段(1疋)
6貫 700文	上等 紗・綾・錦(1疋), 靑紅紙(1,000張), 篦子(1,000箇)
5貫	中等 紗・綾・錦(1疋), 細羊烊皮襖(1領), 黃牛眞皮(1張), 扇骨(1,000 把)
4貫	靑三棱布(1疋), 紅油紙(8,000張), 冥衣紙(4,000張), 鐵鍋(1套4ロ), 藤黃(1斤)
3貫 400文	褐子(1疋), 綿紬(1疋), 毛皮襖(1領), 氈衫(1領), 乾鹿(1箇)
3貫	官絹(1疋), 官三棱布(1疋), 絨線(1斤), 五色紙(4,500張), 高頭黃紙(4,000張)
1貫	小絹(1疋), 白中布(1疋), 靑匾線夏布(1疋), 手帕(1連3箇), 手巾(10條), 皮고(衣+庫)(1件), 小靴(1套3雙), 板門(1合), 響銅(1斤), 連五紙(1,000張), 連七紙(150張)
740文	靑大碗(25箇), 靑中碗(30箇), 靑大碟(50箇)
670文	洗白夏布(1疋), 靑綠紅中串二布(1疋), 包頭(1連20箇), 氈條(1條), 大碌(1斤), 銅靑碌(1斤), 枝條碌(1斤), 生熟銅(1斤), 蘇木(1斤), 胡椒(1斤), 川椒(1斤), 黃蠟(1斤), 蘑菇(1斤), 香ー(1斤), 木耳(1斤), 靑中碟(50箇), 白大盤(10箇), 書房紙(4簍), 筆管(500箇), 油黏(1副)
600文	靑小碟(50箇), 白中盤(15箇)
500文	花布被面(1段), 白中串二布(1疋), 靛花靑(1斤), 紅花(1斤), 針條(1斤), 靑靛(10斤), 銀杏(10斤), 菱米(10斤), 蓮肉(10斤), 蓮棗(10斤), 石榴(10斤), 靑大盤(12箇), 靑盤(15箇), 靑小盤(20箇), 靑小碗(30箇), 乾鵞天鵞等野味(1雙), 南豐大簍紙(4塊)
470文	喜紅小絹(1疋)
400文	麻布(1疋), 花椒(1斤), 水牛底皮(1斤), 土靑盤(15箇), 土靑碗(20箇), 小白盤(20箇), 土靑碟(50箇), 靑茶鍾(7箇)

67) 正德『明會典』 卷 32, 「戶部」, "庫藏・課程".

稅額(商稅 · 牙錢 · 塌房鈔 各)	商品名(課稅單位)
340文	小鼊綿布(1疋), 氈襪(1雙), 土降香(1斤), 白砂糖(1斤), 餳(1斤), 草席(1領), 雨傘(1把), 翠花(1朶), 草花(10朶), 刷印馬紙(4塊), 土尺八紙(1塊), 南豐簍紙(6塊), 連三紙(1,000張), 毛邊紙(100張), 中夾紙(100張), 酒麴(10塊)
300文	燈草(1斤), 土青酒鍾(12箇), 土青茶鍾(12箇), 土青香爐(10箇), 大白碗(10箇), 中白碗(15箇), 白大碟(20箇), 白小碟(25箇)
240文	馬牙速香(1斤), 魚膠(1斤)
200文	藥材(1斤), 白小碗(15箇)
170文	荔枝(1斤), 圓眼(1斤), 冬笋(1斤), 松子(1斤), 桐油(1斤), 桕油(1斤), 黑砂糖(1斤), 蜂蜜(1斤), 臙臙脂(1兩), 土粉(10斤), 土硝(10斤), －(10斤), 松香(10斤), 墨煤(10斤), 䕩麻(10斤), 肥皂(10斤), 末香(10斤), 槐花(10斤), 膠棗(10斤), 雞頭(10斤), 螃蟹(10斤), 蛤蜊(10斤), 乾兎(1隻), 雞(1隻), 鴨(1隻), 白茶鍾(6箇), 甘蔗(10斤), 藕(10斤), 竹筯(100雙), 竹掃箒(10把), 蒲席(1領), 雜毛小皮(1張), 氈帽(1箇), 草鞋(10雙)
140文	明乾笋(1斤), 蒲萄(1斤), 海菜(1斤), 金橘(1斤), 橄欖(1斤), 牙棗(1斤), 苧麻(1斤)
100文	綿花(1斤), 香油(1斤), 紫草(1斤), 紅麴(1斤), 紫粉(1斤), 黃丹(1斤), 定粉(1斤), 雲香(1斤), 柿餅(1斤), 栗子(1斤), 核桃(1斤), 林檎(1斤), 甘橘(1斤), 雪梨(1斤), 紅棗(1斤), 楊梅(1斤), 枇杷(1斤), 榛子(1斤), 杏仁(1斤), 蜜香橙(1斤), 烏梅(1斤), 五倍子(1斤), 鹹彈(1斤), 黑乾笋(1斤), 葉茶(1斤), 生薑(1斤), 石花菜(1斤), 鰕米(1斤), 鮮乾魚(1斤), 鮮猪羊肉(1斤), 黑鉛(1斤), 水膠(1斤), 黃白麻(1斤), 鋼熟鐵(1斤), 綿絮(1套), 蘆席(1領), 綿臙脂(1帖), 西瓜(10箇)
65文	乾梨皮(1斤), 荸薺(1斤), 芋頭(1斤), 鮮菱(1斤), 烏菱(1斤), 鮮梨(1斤), 鮮桃(1斤), 杏子(1斤), 李子(1斤), 鮮柿(1斤), 柿花(1斤), 焰硝(1斤), 皁白礬(1斤), 瀝靑(1斤), 生鐵(1斤), 乾葱(10斤), 胡蘿蔔(10斤), 冬瓜(10箇), 蘿蔔(40斤), 菠 · 芥等菜(40斤)

또한 明代에는 문탄세의 징수 시에도 收稅則例가 작성되었다. 다음의 景泰5年 禮科給事中 陳嘉猷 등의 상주문은 당시 수세칙례가 이미 제정되었음을 보여주고 있다.

> 근래에 戶部에서 南·北 兩 京의 塌房·店舍·菜園·果樹 및 市街의 各色 大小 店鋪를 대상으로 則例를 정하여 月마다 초를 징수함에 軍民人 등이 納鈔의 困難함을 두려워하여 점포의 문을 닫고 감히 매매할 수 없는 자도 있습니다.[68]

위의 기사는 南·北 兩 京의 市街에서 각종 鋪行에 대해 門攤稅의 수세칙례가 정해져 있음을 나타내고 있다. 이 칙례가 어떠한 것이었는가에 대해서는 正德『明會典』의 다음 기사를 통해 확인할 수 있다.

> 正統7年 在京 都稅·宣課 2司의 收鈔例를 정하였다. 계절마다 段子鋪는 鈔 120貫을 납부하고, 油·磨·糖·機·粉·茶·食·木植·剪裁·繡作 등의 鋪는 36貫, 나머지는 貨物의 取息 및 工藝의 受直의 多寡를 헤아려 징수한다.[69]

위의 기사는 戶部主事 王澍가 상주한 것으로 北京順天府의 都稅司와 宣課司 두 기관의 收稅則例가 통일되지 못하고 각종 폐해를 발생시키기 때문에 이를 시정하기 위해 납세표준을 정한 것이었다.[70] 緞子鋪와 같이 고급품을 취급하는 점포는 많은 세금을 내고, 油房·磨房·糖房·機房·粉房·茶鋪·食鋪·木植鋪·剪裁鋪·繡作鋪 등 주로 일상품을 취급하거나 시민생활에 직접 관련이 대체로 자본이 적은 점포에 대해서는 비교적 낮은 금액의 세금을 부과하였음을 알 수 있다.

한편 명대에는 鈔關에서도 收稅則例가 정해져 있었다. 초관의 收稅則例에는 일반적으로 船料則例와 貨稅則例의 두 가지가 있었다.

---

68) 『明英宗實錄』, 景泰5年 8月 丁酉條.
69) 正德『明會典』 卷 34, 「庫藏」, "鈔法".
70) 『明英宗實錄』 正統7年 正月 庚寅條.

명대의 선료칙례는 몇 번의 수정을 거쳐 시행에 옮겨졌는데, 그 특징은 ① 量을 측정하여 船料를 계산하였으며, ② 때때로 納料標準을 수정하였고, ③ 각각의 鈔關에서 자유롭게 則例를 정할 수 있도록 하여 획일적으로 강제하지 않았으며, ④ 則例의 변경에 따라 船料를 더 징수할 경우 명확히 볼 수 있도록 하였다.[71] 貨稅則例는 鈔關을 지나는 貨物의 精粗 및 時價의 高低 등을 근거로 제정된 것이다. 鈔關의 收稅則例는 戶部에서 직접 반포하거나 鈔關 소재의 戶部分司에서 제청하여 인준을 받은 후에 鈔關 앞 돌에 글자를 새겨 반포하였다. 상인이 납세할 때 이를 준수토록 하였으며, 아울러 초관 서리의 부정을 감독하였다.

2) 상인에 대한 정기적인 조사의 실시

이러한 수세칙례의 정비와 함께 명조는 상인들의 실태를 파악하기 위해 이들에 대한 정기적인 검사를 실시하였다. 이러한 사실을 추측할 수 있는 것으로 景泰6年(1455) 北京에서의 鋪戶의 '整理'[72] 실시를 둘러싼 논의를 들 수 있다. 논의의 발단은 北京城 府郭의 大興縣과 宛平縣에서는 각각의 점포 수에 차이가 있는데, 점포 수가 적고 피폐의 정도가 큰 宛平縣이 大興縣과 같은 量의 買辦이 할당되고 있다는 점에 대해 완평현 측에서 불만을 표시하고, 兩 縣의 포호 수의 조사와 공평한 매판할당을 주장하였다.[73] 이러한 주장에 대해 戶部에서는 포호의 '整理'의 실시를 결정하고 給事中과 御史를 양 현에 파견하고자 하였다.

---

71) 何本方, 1993, p.658.

72) 여기에서 '整理'라 함은 후술할 '淸理'와 마찬가지로 관청에서 鋪戶를 장악하기 위해 실시하는 營業種目과 資本調査를 의미한다.

73) 『明英宗實錄』 景泰6年 6月 乙丑條.

그러나 禮科給事中 楊穟는 兩 縣의 매판할당비율을 변경하는 것은 근본적인 변혁이 될 수 없다는 이유를 들어 이에 반대하고 불필요한 지출의 절약을 주장했다. 吏科都給事中 李瓚도 상주문 중에서 京官의 派遣을 중지하고 '先年의 매판사례'에 비추어 행할 것을 제안하였다.74) 景泰帝는 이러한 李瓚의 제안을 받아들여 경관의 파견을 중지하고 종래와 같이 대흥현과 완평현에 같은 량의 매판을 할당하였다. 또한 이때에는 항상적으로 점포를 개설하고 있지 않거나 소자본의 노점 상인에 대한 매판할당의 면제도 결정되었다.75)

이러한 논의의 과정을 통해 景泰年間에는 이미 도시상인에 대한 자본조사가 시행되고 있음을 짐작할 수 있다. 그 후 鋪戶에 대한 조사는 成化12年(1476)에 이르러 兩 京 및 通州 소재의 鋪戶에 대해 10년에 1번씩 과도관을 파견하여 정기적 자본조사(淸理)로써 실현되었다.76) 이러한 정기적 조사가 실시되었던 가장 중요한 이유는 도시상공업자의 유동성과 불안정이 존재하고 있기 때문이다.77) 그러나 여기에서 보이는 '淸理'가 단순한 정기적 조사에 의한 영업종목이나 자본의 실태파악에 그치지 않고 '勢要之家'의 우면을 방지하고자 하는 보다 적극적인 의도를 가지고 있음에 주목할 필요가 있다.78)

명조는 '淸理'의 구체적인 방법으로 부유한 포호의 脫免을 막고 빈부의 차에 맞는 매판을 실시하기 위해 牌甲法을 실시하였다. 『明實錄』의 다음 기사를 통해 패갑법의 실시배경과 그 목적 등을 알아보도록 하자.

---

74) 『明英宗實錄』 景泰6年 潤6月 壬申條.
75) 王圻, 『續文獻通考』 卷 31, 「市糴考」.
76) 嘉靖『通州志略』 卷 4, 「賦役志」, "雜賦".
77) 新宮(佐藤) 學, 「明代北京における鋪戶の役とその銀納化－都市商工業者の實態と把握をめぐって」, 『歷史』 62, 1984, p.56.
78) 嘉靖『通州志略』 卷 4, 「賦役志」, "雜賦".

> 初順天府府尹萬鏜條恤民隱五事. 一, 淸鋪戶以均買辦, 言兩京鋪戶十年一淸, 今已僉期當淸, 請如正德初牌甲法, 近所革投托濫免者, 悉編入.[79]

順天府 府尹 萬鏜의 上奏는 앞선 결정에 따라 포호에 대한 청리를 행하자는 것으로 황제의 재가를 받았다. 그런데 여기에서 그 방법으로써 正德年間 초기에 행해진 牌甲法의 실시를 주장하고 있는 것을 통해 '淸理'의 구체적 방법의 하나로써 牌甲法이 존재하였음을 알 수 있다. 牌甲法은 正德4年(1509)부터 실시되었으며, 그 내용은 鋪戶를 資本의 大小에 의해 上·中·下의 3等으로 구분하여 簿籍을 작성하고, 그에 기반하여 부담능력이 균등한 일정 호수(10호 단위)로 편성하여 輪番制로 買辦의 역에 충당하였다. 이것은 결국 국가에서 필요로 하는 물품조달을 위해 북경성 내외의 포호를 장악하여 강제적으로 패갑을 편성하였던 것이고, 다른 한편 상공업자의 계층분화가 진행되는 과정에서 국가가 그 조사·파악을 강화하고 있는 것으로 파악할 수 있다.[80]

이와 같이 명조는 포호의 역 부담의 적정화·균등화를 위해 영업종목과 자본의 조사를 실시하였다. 그러나 이러한 조사의 실시는 국가에 의한 상공업자 파악의 강화를 의미하긴 하지만 근본적인 개혁은 되지 못하였다. 사실 이후에도 포호의 역을 둘러싼 폐해가 다양한 형태로 계속 지적되었던 것이다. 이러한 가운데 북경의 宛平·大興 兩 縣 및 通州에서는 포호의 부담의 실질적 경감을 도모하기 위해 鋪戶의 役의 銀納化가 실시되었다. 은납화에 의해 포호로부터 징수했던 銀은 '鋪行銀' 또는 '行銀'이라고 불려졌다.

---

79) 『明世宗實錄』 嘉靖元年 7月 癸丑條.

80) 新宮(佐藤) 學, 1984, p.59.

이러한 鋪行銀이 성립한 시기는 嘉靖45年(1566)의 일로써 宛平·大興 兩 縣의 鋪戶를 3等 9則으로 나누어 유력포호인 上上·上中 2則에게는 종래처럼 力役에 충당시키고 나머지 7則으로부터는 銀을 징수하는 것이 결정되었다.[81] 더욱이 同年 4月에는 호부상서 高燿의 제안에 의해 앞의 2則도 은납화했다.[82] 이로써 上上則 銀 9錢~下下則 銀 1錢이라는 액수가 매년 각 포호로부터 징수되기에 이르렀다. 만력년간의 鋪行銀 徵收額은 다음 표와 같다.

〈표 9〉 萬曆年間 鋪行銀 徵收額의 推移

年　次	宛平(A)	大興(B)	通州(C)	合　計	出　典
萬曆4年	-	-	-	A+B+C=8,850	『明神宗實錄』 萬曆4年2月 丁丑條
萬曆7年	-	-	-	A+B+C=10,641	『宛署雜記』 卷 13, 「鋪行」
萬曆9年	2,663	5,605	-	A+B=8,268	〃
萬曆10年	A+B=5,613		1,017	A+B+C=6,648	〃
萬曆16年	1,784	3,353	800	A+B+C=5,937	〃

그런데 위의 표에서 萬曆10年 이후에 鋪行銀이 감소하고 있는 원인은 萬曆10年 資本評價를 실시하여 下三則(下上·下中·下下)에 속하는 포호의 鋪行銀 징수를 면제해 주었기 때문이다. 즉 萬曆10年 戶部尙書였던 張學顔은 완평·대흥 兩 縣에 編籍되었던 132行(營業種目) 가운데 典當業 등 자본력이 크고 이윤이 많은 100行에 대해

81) 『明世宗實錄』 嘉靖45年 3月 辛酉條; "戶部覆, 給事中趙格議, 將在京宛·大二縣鋪商, 分爲三等九則. 上上·上中二則免其徵銀, 聽有司輪次僉差, 領價供辦. 其餘七則, 令其照戶出銀. 上下戶七錢, 以下每則各遞減一錢, 以代力差. 報可."

82) 『明世宗實錄』 嘉靖45年 4月 乙卯條.

서는 종래와 같이 鋪行銀을 납입토록 하고, 그 외 32行의 납입면제를 제안하였다.[83] 이에 대해 萬曆帝는 典當行·布行·雜糧行 등으로 자본이 300~500兩 이상인 者의 鋪行銀 징수를 결정했다.[84] 이러한 만력제의 결정은 업종별로 포행은의 징수를 제안했던 것과 비교해서 개개 포호의 자본력을 중시했던 것이다. 이것은 종래의 戶則上에서 봤을 때 上中 6則으로부터 鋪行銀을 징수하지만, 下 3則은 면제해 주었던 것이다.[85]

이와 같이 명조는 중기 이후 포호에 의한 물료매판이 큰 비중을 차지하자, 이에 수반하여 도시 상공업자 파악을 강화하였다. 또한 鋪戶의 役의 銀納化는 명 중기 이래의 화폐경제가 진행되고 있는 가운데 均徭 및 里甲正役[86]의 銀納化와 軌를 같이하는 것으로 力役에 부수하는 다양한 폐해를 제거하여 부담경감을 의도했던 것이다. 그런데 포호의 調査와 鋪行銀의 징수는 五城兵馬司의 관할하에 있는 總甲이 행하고 있다는 점에 주목할 필요가 있다. 이것은 그만큼 이 시기 명조의 상인통제에 대한 강한 의지를 엿볼 수 있다.

3) 商稅徵收의 管理强化

명조는 중기 이후 상업이 활성화됨에 따라 각지 稅官들이 그들의 권력으로 사리를 도모하는 일이 빈번해지자, 감찰의 주의력을 세관

---

83) 沈榜, 『宛署雜記』 卷 13, 「鋪行」.

84) 沈榜, 『宛署雜記』 卷 13, 「鋪行」.

85) 일반적으로 上 3則은 자본력이 수천 냥에 상당하는 富商을 가리키고, 中 3則은 300~500兩 정도이며, 나머지 下 3則은 영세 상인들이다.(新宮(佐藤)學, 1984, p.65.)

86) 明代의 里甲正役은 地域과 時代에 따라 다소 차이가 있으나, 대체로 里甲制의 운영과 밀접한 관련이 있는 徭役을 가리키는 것으로 보인다.(山根幸夫, 『明代搖役制度の展開』, 東京女子大學學會, 1966, pp.37-39 참조.)

의 가렴주구와 중간에서 사복을 채우는 것을 방지하는 쪽으로 전환하였다. 즉 부정기적으로 각 세수기관에 관리를 파견하여 세수상황을 감찰토록 하였던 것이다.

宣德8年 상업이윤이 증가함에 따라 각지 稅官들이 그들의 권력으로 사리를 도모함으로써 稅款을 侵呑하는 일이 빈번해지자, 御史가 稅官을 탄핵하면서 "세과를 징수함에는 정법이 있는데도, 세수 아문에서는 법령 이외의 구실을 만들어 상인을 가로막고 호주머니를 검색하여 세전을 착취한다"[87]고 하였다.

이어서 弘治2年에는 南京·北京에 御史 및 主事를 각각 1명씩 파견하여 崇文門宣課分司 및 南京 上新河稅課司의 상세를 감수토록 하였으며, 隆慶元年에는 兵馬使를 파견하여 9門稅를 감수토록 하였다.[88] 그리고 지방 布政司에 명하여 관할 稅課司 및 鈔關에 관리를 파견하여 상세징수업무를 감찰토록 하였다. 따라서 鈔關이 소재하고 있는 지방에서는 通判이나 同知와 같은 佐貳官 1명을 매일 關에 파견하여 세수를 감독할 뿐만 아니라 稅官이 징수한 은량을 창고로 보내어 저장하는지를 감독토록 하였다. 또한 각 布政司에서는 세관에 대한 감찰을 강화하기 위해 稽考文簿를 작성하였는데, 이를 통해 각 세과사의 상세징수상황을 일목요연하게 알 수 있게 되었다. 즉 포정사는 매년 말 해당 부적에 근거하여 稅課司에서 제출한 세액이 사실과 일치하는지의 여부를 조사하였던 것이다.

한편 명조는 鈔關을 관리·감독하기 위해 成化年間부터 중앙에서 工部主事·給事中·御史 등을 파견하였다.[89] 戶部鈔關의 長官은 宣

87) 『明宣宗實錄』 宣德8年 2月 壬寅條; "征收稅課有定法, 令中外稅收衙門多法外生事, 邀阻行旅, 搜檢囊篋, 倍索稅錢".

88) 姜曉萍, 「明代商稅的征收與管理」, 『西南師範大學學報』 1994-4,(→復印報刊『經濟史』, 中國人民大學書報資料中心, 1994-6) p.26.

89) 예를 들면 成化6년 通州 등 다섯 곳의 抽分竹木局에 "令各處差主事·給

德4年 鈔關이 건립될 당시에는 해당 府의 通判官 등이 관리하기도 했지만,[90] 戶部主事를 파견하여 감수토록 하였으며,[91] 官署는 戶部分司라고 하였다. 또 正統12年에는 臨淸과 淮安의 鈔關에 戶部主事 2명을 더 파견하여 船料課鈔를 감수케 하는 등 이후 成化年間까지 점차 호부에서 관리를 파견하여 鈔關을 관리토록 하였다.[92]

또한 명조는 鈔關의 稅收管理制度를 건전히 하기 위해 戶部鈔關의 경우 嘉靖年間 戶部尙書 梁材의 건의로 두 종류의 簿籍을 만들었다. 하나는 掛號簿籍으로 영수증을 떼어주고 남겨두는 副本과 같은 것이다. 원래는 한 부만이 있었으나, 초관에서만 보관하고 있으면 부정이 발생할 여지가 있기 때문에 두 부를 작성하여 한 부는 鈔關에 보관하고, 다른 한 부는 관할 관청에 보관하여 감사를 받도록 하였다. 다른 하나는 空白稽考文簿(백지의 조사 장부)로 호부에서 도장을 찍은 후 각 鈔關에 발급한 것이다. 한 부는 각 鈔關에서 보관하고, 다른 한 부는 委官이 掛號簿에 비추어 매일 선박은 왕래 상황과 선료로 징수한 은량의 총수를 헤아려 主事에게 보고하고, 實數를 검사받도록 하였으며, 나머지 한 부는 호부에 보내도록 하였다. 공부소속의 抽分竹木局에서도 호부초관과 마찬가지로 부적제도를 실시하였다.[93]

萬曆7年에는 稅票管理制度를 시행하여 각 鈔關에서는 稽考文簿에 기입하여 보고하는 외에 稅票를 제정할 것을 규정하였다. 稅票는

事中·御史各一員, 按季更換, 與本局官抽分"(『明會典』 卷 204, 「抽分」.) 라고 하였다.

90) 孫承澤, 『春明夢餘錄』 卷 35, 「鈔關」.

91) 『明會典』 卷 35, 「戶部」 22, "課程 4·鈔關".

92) 李龍潛, 1994, p.29.

93) 南京·蕪湖의 抽分廠을 예로 들면 隆慶2年에 "南京·蕪瑚抽分, 照依荊·杭二處鈔關條件, 每年置立印信文簿十二扇, 內四扇發本地方有司登記所抽料價, 四扇該廠主事收掌, 四扇塡報南京工部稽査, 該廠主事仍督同原委府佐貳官抽驗登記"(『古今圖書集成』, 「經濟匯編食貨典」 卷 224) 라 하였다.

전표부본의 형식을 채용하여 표면에 船商이 납부한 상세수액을 기입하여 한 부는 船商에게 교부해 주고, 나머지 한 부는 부본으로 남겨두었다. 船商이 販運 목적지에 도달한 후 소지하고 있는 稅票를 당지 세과사에 납부하여 보관토록 하고, 계절마다 商稅를 上納할 때에 수집한 수표를 戶部로 보내도록 하여 호부에서는 부본과 수표를 조사하여 서로 부합되는지를 조사하였다.[94)]

한편 명조는 중기 이후 특권계층이 상업 활동에 종사하는 경향이 증가하는 것과 관련하여 이들에 대한 우면특권을 부정하고 과세하고자 하는 움직임이 나타나고 있다. 이러한 경향은 이미 正統年間의 특권계층이 사사로이 설립한 탑방에 대해 과세하기 시작한 것에서도 찾을 수 있다. 즉 명조는 선덕년간부터 많은 탑방을 大臣·勛戚·宦官들에게 사여하였으며,[95)] 正統年間부터는 사적으로 탑방을 설립하기도 하였다.[96)] 이러한 탑방의 사유화·상점화에 따라 명 정부는 탑방에 대해서도 세금을 부과하였다.[97)]

이들 勢豪家들은 塌房을 이용하여 그들의 경제적 이익을 도모하였으며, 그 과정에서 탑방의 기능도 화물을 보관하는 곳에서 행상의 화물을 판매하는 상점으로 변하였다.[98)] 이에 英宗年間의 葉盛은 내외의 貴近·勳戚의 소유를 포함하여 북경의 모든 탑방을 조사하여

94) 姜曉萍, 1994, p.26.

95) 景泰年間의 葉盛은 "京城塌房, 皆往年無事之日, 出于一時恩賜, 皆爲貴近勛戚權豪勢要之家所有"(葉盛, 「資給軍儲疏」, 『明經世文編』 卷 59)라 하였다.

96) 『明英宗實錄』 正統2年 4月 壬申條에는 太監 僧保·金英 등이 사적으로 塌房을 설립하였음을 기술하고 있다.

97) 『明會典』 卷 35, 「商稅」; "宣德四年 明朝令 兩京塌房·車店·店舍, 停塌客商物貨者, 不分給賜·自置, 都要按月納鈔, 房舍每間, 月納鈔五百貫, 正統六年, 減至一百貫五百文".

98) 唐文基, 「明朝對行商的管理和征稅」, 『中國史研究』 1982-3, p.20; 姜曉萍, 1994, p.23.

관에 등록시키고, 거기에서 얻어지는 포전을 군사비로 충당할 것을 제안하였다.[99] 이러한 상황에서 이들에 대한 법적 관리를 강화하였으니 宣德8年에는

> 京城 商稅의 폐해를 금한다. 때때로 언급한 적이 있지만 재경 權豪・貴戚 및 無籍의 徒로 商貨를 定績하여 關稅를 은닉하는 자가 있으면 형부에 명하여 방을 걸어 금지토록 하라. 위반하는 자는 治罪한다. 고발하는 자에게는 鈔 1,000貫을 상으로 내린다.[100]

고 하였다. 이어서 弘治13年에는 權貴・勳戚들이 특권을 이용하여 상세징수를 방해하는 사례가 나타나자 이를 방지하기 위해 상세납부를 어지럽히는 자에 대한 치죄를 명하였다.[101] 또 만력년간 增修의 『問刑條例』 중에는 "만약 권호가 무적지도와 결당하여 상세징수를 방해할 경우에는 2개월간 죄인에게 칼을 씌우는 형벌"[102]에 처하도록 하였다.

한편 이들 특권층들은 탑방의 관리를 '家人'이나 '無賴子弟', '市井의 無賴', '無籍의 徒'와 같이 사료상 기재되어 있는 '無賴'들에게 위탁하는 경우도 있었으며, 특히 무뢰들과 결탁하여 불법행위를 자행하기도 하였다.[103] 외척・공신・내관으로 대표되는 신분적 특권자층에 의한 소유의 진전은 황제의 은총을 배경으로 無賴를 동원하는 등 다양한 폐해를 양산하였다. 우선 이곳을 무대로 객상에 대한 수

---

99) 『明英宗實錄』 景泰2年 4月 辛巳條.

100) 『明宣宗實錄』 宣德8年 2月 丁未條.

101) 『明會典』 卷 164, 「刑部」.

102) 『明會典』 卷 164, 「刑部」; "若權豪無籍之徒結黨把持攔裁生事, 攪擾商稅者, 徒罪以上枷号二個月, 發附近充軍. 杖罪以下照前枷号發落."

103) 新宮(佐藤) 學, 「明代前期北京の官店塌房と商稅」, 『東洋史研究』 49-1, 1990, p.75.

탈이 행해지고 그 결과 상품유통을 방해하였다. 다음 국가의 상세징수에 대한 방해 행위, 즉 이들이 정규의 관점과 경합한 결과 국가의 상세징수액의 감소를 가져왔다.

이처럼 특권자와 無賴와의 결합이 정규 관점경영과 경합하면서 상세징수를 방해하게 되고, 국가의 상세징수액의 부족을 초래한 것은 사실이다. 그 후 상세가 銅錢과 銀으로 절납되고 그 재정적 의의가 증대하기 시작하는 명대 중기 成化·弘治年間을 지나면서 이러한 문제가 표면화되었다. 따라서 중기 이후에는 이러한 특권계층에 대한 상세를 징수할 때 그 특권을 인정하지 않으려는 경향이 대두되었다. 특히 북경에서의 鋪戶에 대한 門攤課稅는 勢要家를 불문하고 일률적으로 심사·등록하여 우면특권을 인정하지 않으며, 각 鋪行의 자본금의 다과를 헤아려 3등급으로 나누어 은으로 징수하도록 하였다.[104] 물론 이러한 현상은 북경뿐만 아니라 강남 지방에서도 나타나고 있었다. 즉 강남의 鎭江·松江에서는 府·州·縣城의 城市 및 鄕村의 鎭市의 점포를 대상으로 하여 그 생업을 심사하고 각각의 등칙을 정하여 호별로 할당 과세하였다.[105]

4. 國家財政에서 商稅의 役割 增大

명조는 중기 이후 상세의 증수를 위해 수세칙례를 정비하고 상인

104) 『明神宗實錄』, 萬曆6年 3月 乙丑條.
105) 鎭江府의 경우 萬曆『鎭江府志』 卷 6, 「賦役志」, "諸課"에서 "門攤課稅, ……每年各屬于城市鄕鎭凡開張店鋪之家, 審其生業, 分別等則派徵, 各有定額, 不得分豪加多"라고 하였으며, 松江府의 경우에는 崇禎『松江府志』 卷 9, 「賦額」, "門攤課稅"에서 "每年于城市鄕鎭開張店鋪之家, 分別等則派徵, 各有定額, 不得分豪加多"라 하였다.

에 대한 통제강화와 관리들에 대한 감찰체제를 확립하는 등의 노력을 기울였다. 이와 함께 재정수입의 증대를 위해 嘉靖45年(1566)부터는 淮安壩에서 過壩稅를 징수하기 시작하였다. 淮安壩는 교통의 요충으로 왕래하는 화물이 많기 때문에 이곳을 통과하는 米·麥·雜糧에 대해 每 石당 銀 1厘를 과세하여 軍餉이라 하였다.[106] 그 후 隆慶4年(1570)에 이르러 淮安壩에서 매석의 운반비로 은 1리에 4毫 내지 5毫를 抽分하여 脚抽라 하고, 또 그 斛夫가 얻는 매 석의 工賃銀 1厘 5毫에 대해 5毫를 징수하여 斛抽라 하였다. 이어서 익년에는 雜糧·子花·麻餠의 價格 銀 10兩마다 牙人이 획득하는 口錢銀 5分 가운데 2分 5厘를 抽分하여 濟漕라 하였다. 이상의 軍餉·脚抽·斛抽·濟漕는 淮安 4稅라 불려지기도 했는데, 그 합계는 每年 銀 10,000兩 전후로 그 징수액이 매우 많다고는 할 수 없지만 惡稅의 표본이 되었다. 그 후 過壩稅는 萬曆11年 戶科給事中 蕭彦 등의 건의에 의해 폐지되었다.[107]

새로운 세목의 설정과 더불어 명 중기 이후에는 기존의 상세액도 꾸준한 증가세를 보이고 있다. 예를 들면 北京順天府의 商稅額은 홍치년간에는 다소 감소하였으나,[108] 正德7年부터 嘉靖2年에 걸쳐서는 弘治 初年에 비해 鈔는 약 4배, 錢은 약 30萬 文이 증가하였다.[109] 특히 劉瑾의 專政時代인 正德初期에는 京城九門에서 車輛稅

106) 王圻, 『續文獻通考』 卷 22, 「征商」; "稅淮安府過壩, 米麥雜糧, 每石徵銀一厘, 抵補本府所屬稅銀, 民壯薦徵軍餉."

107) 『明神宗實錄』 萬曆11年 7月 戊子條.

108) 『明史』 卷 81 「食貨」 5, p.1977의 "京城九門之稅, 弘治初, 歲入初 六十六萬餘 貫, 錢 二百八十八萬文, 至末年數大減"이라는 기사는 『明世宗實錄』, 嘉靖3年 7月 戊辰條를 인용한 것으로 弘治 初年의 경우 歲入稅鈔 665,080貫, 錢 2,885,130文이었지만, 12년 후에는 각각 715,820貫과 2,054,300文에 이르렀다고 하였다. 그리고 『明史』에서 (弘治)말년에 이르러 상세액이 크게 감소했다고 말한 것은 弘治時代의 善政 때문으로 생각된다.(佐久間重男, 1956, p.55.)

를 징수하면서 상세액이 크게 증가하였다.[110]

그리고 嘉靖·萬曆年間에 이르러 상세액은 더욱 증가하였다. 전국의 상세액은 弘治年間(1488~1505)에는 총액 鈔 4,618萬餘 貫이었으나, 嘉靖23年(1544)에는 鈔 5,286萬餘 貫으로 증가하였는데,[111] 이는 군비조달을 위한 증세정책의 결과로 풀이된다. 이어서 萬曆6年(1578)의 상세액은 가정년간보다 더욱 증가하고 있다. 다음 표는 萬曆6年 각지의 상세액 및 그 총액을 표시한 것이다.

〈표 10〉 萬曆6年 全國의 商稅額[112]

地 域	商稅鈔(단위: 貫)	商稅銀·錢 및 기타
南京·北京	15,914,422	銀 44,069兩, 錢 24,198,310文
北直隸	631,143	
南直隸	7,084,327	錢 539,697文
浙 江	3,005,239	
江 西		銀 3,295兩
湖 廣	557,914	
山 東		銀 8,861兩
河 南	2,034,102	
福 建	1,336,685	
陝 西	1,721,606	銀 4兩, 小麥 2,493石

109) 『明史』 卷 81 「食貨」 5, p.1977.

110) 『明武宗實錄』 正德5年 10月 壬辰條. "九門車輛之稅, 自劉瑾專政, 欲如成化初, 所入鈔必五百四十餘萬貫, 錢必六百二十餘萬文. 而監受官於常課之外, 又多私取, 甚爲民害. 請斟酌議擬, 勿拘定數."

111) 萬曆『明會典』 卷 35, 「戶部」, "商稅".

112) 萬曆『明會典』 卷 35, 「戶部」, "商稅" 참조. 『明會典』에는 貫 이하의 숫자도 게재되어 있지만, 계산의 편의를 위해 생략하였으며, 米麥·海肥 등 특수한 지역에만 있는 것은 전체 합계에서 제외시켰다.

地 域	商稅鈔(단위: 貫)	商稅銀·錢 및 기타
山 西	447,064	
廣 東		銀 43,000兩
廣 西	80,793	
四 川	544,718	
雲 南		銀 13,764兩, 小麥 944石, 海肥 5,769索
貴 州	148,363	
合 計	33,506,686	銀 112,993兩, 錢 24,738,007文

萬曆6年 전국의 상세 총액은 鈔 3,350餘 萬 貫, 銀 11萬餘 兩, 錢 2,473萬餘 文인데, 이를 鈔로 환산하면 당시 鈔와 銀·錢의 비가는 鈔 1貫에 銀 3厘, 錢 2文에 해당하므로 총 8,353萬餘 貫에 달한다. 이러한 수치는 嘉靖23年과 비교하면 약 3,000여 만 관이 증가한 것이다. 이처럼 이 시기에 상세액이 증가하고 있는 이유는 ① 상업 활동의 활성화로 인한 상세의 자연증가, ② 가정 말기의 증세정책, ③ 융경·만력 초기, 특히 張居正의 세입체계의 정비 등에 의한 세무관리의 중간적 착취를 배제한 결과로 생각된다.

隆慶·萬曆年間에 이르면 商稅는 대부분 銀이나 錢으로 징수하였는데, 위의 표에서 상세징수액이 대부분 鈔로 표기되고 있는 점이 주목된다. 이것은 당시 모든 세무기관에서 鈔로 징수했다기보다는 오히려 銀이나 錢으로 징수한 것을 本色인 鈔로 환산하여 기록한 것이라고 생각된다.

그러면 위의 표에 나타난 수치가 과연 당시의 상세액 총액을 나타내는 것인가? 명대의 조세는 起運과 存留의 두 가지로 운영하였는데 위 『명회전』에 기록된 수치가 과연 두 가지를 모두 합친 것인지를 검토할 필요가 있다. 그것은 각 지방지를 통해 알 수 있는데, 예를 들면 萬曆『湖廣總志』에는 기운액과 포정사 존류액을 구별하여 기록하고 있다. 거기에는 湖廣의 起運銀 1,500兩, 布政司 存留銀 1,732兩 및 각 府・州・縣 存留銀 12,385兩을 들고 있다.[113] 湖廣의 起運銀을 鈔로 환산하면 약 50萬 貫에 해당되는데, 이것은 위 <표 10>의 호광 지역 상세액과 거의 비슷한 액수이다. 이러한 사례는 호광 지방에만 그치는 것이 아니라 전국적으로 다수 보이고 있다. 따라서 각 성의 실징액은 위의 표보다 훨씬 많다고 보아야 할 것이다.

명 중기 이후 재정확보를 위해 상세의 증수를 도모하였던 명조는 협의의 商稅뿐만 아니라 객상을 대상으로 하는 鈔關稅의 증수에도 심혈을 기울였다. 그리하여 宣德4年 처음 설치하였다가 일시 철폐되었던 鈔關들을 다시 설치하거나 새롭게 신설하기도 하였다.(표 11 참조.)

〈표 11〉 明代 各 鈔關의 沿革

鈔關名	沿 革	所在地
河西務	宣德4年 漷縣에 설치. 正統11年 河西務로 이전하여 명말에 이름	河北省 武淸縣 東北13里
臨 淸	宣德4年 개설. 正統年間 일시 폐지되었다가 景泰 初年에 다시 개설됨. 成化8年 폐지되었다가 弘治 初年에 다시 설치되어 명말에 이름	山東省 臨淸縣
濟 寧	宣德4年 개설되었다가 正統4年에 철폐됨	山東省 濟寧縣
徐 州	宣德4年 개설되었다가 正統4年에 철폐됨	江蘇省 銅山縣
淮 安	宣德4年 개설. 成化元年에 폐지되었다가 弘治年間에 다시 설치되어 명말에 이름	江蘇省 淮安縣
揚 州	宣德4年 개설. 成化元年 폐지되었다가 弘治年間 다시 설치되어 명말에 이름	江蘇省 江都縣
上新河	宣德4年 개설. 正統6年 폐지되었다가 景泰6年에 재개되었으나 嘉靖6年 철폐됨	江蘇省 吳縣 西北30里
滸 墅	景泰元年 개설. 成化4年에 일시 폐지되었으나 同7年 다시 설치되어 명말에 이름	江蘇省 吳縣

113) 萬曆『湖廣總志』 卷 21, 「貢賦」, "商稅".

鈔關名	沿 革	所在地
九 江	景泰元年 개설. 成化4年에 일시 폐지되었으나 同 7年 다시 설치되어 명말에 이름	江蘇省 九江縣
杭 州	景泰元年 개설. 成化4年에 일시 폐지되었으나 同 7年 다시 설치되어 명말에 이름	浙江省 杭縣
正 陽	成化8年 개설. 그 후 폐지되었다가 嘉靖4年 다시 설치되었으나 同 8年에 철폐됨	安徽省 壽縣 西60里
金沙洲	景泰元年 개설. 成化4年 폐지되었다가 同6年 다시 설치되었으나 그 후 다시 철폐됨	湖北省 武昌縣 西南

본래 鈔法維持를 위해 징수하기 시작하였던 초관세는 초기의 每船 100料당 鈔 100貫에서 景泰元年부터는 每 船 100料당 鈔 15貫을 징수하도록 한 이후 成化~萬曆年間까지는 기본적으로 이러한 세율을 유지하였다. 세율 인하와 제도상의 정비 등으로 鈔關稅額은 이후 萬曆 中期까지 꾸준히 증가하였으며, 국가재정에서 차지하는 비중도 점차 높아졌다.114) 즉 鈔關稅額은 弘治15年 태창은고 전체 수입의 약 3% 정도에 불과했으나, 萬曆6年에는 8%, 萬曆25年에는 11%까지 증가하였던 것이다.115)

114) 明代 鈔關稅收額의 변화는 크게 3단계로 구분할 수 있는데, 제1단계는 成化年間부터 隆慶年間까지 세수액이 지속적으로 상승한 시기이며, 제2단계는 萬曆年間의 시기로써 세수액이 초기에 급격히 증가했다가 중기 이후 점차 하강하였다. 제3단계는 天啓年間부터 崇禎年間까지로 초관세액이 급격히 증가하였다. 林葳, 「明代鈔關稅收的變化與商品流通」, 『中國社會科學院研究生院學報』 1990－3,(→復印報刊『經濟史』, 中國人民大學書報資料中心, 1990－6) p.77. 참조.

115) 何本方, 「明代鈔關與明代經濟」, 『第二屆明淸史國際學術討論會論文集』, (天津人民出版社, 1993) pp.661－662 참조.

〈표 12〉 河西務 등 7鈔關 稅收額의 徵收 推移(*는 崇文門商稅를 포함한 것임)

時間	錢·鈔	折銀	備考
成化16年(1480)	鈔 2,400萬餘 貫		『明憲宗實錄』卷 199
弘治8年(1495)		約 7萬 兩	『明孝宗實錄』卷 98
弘治15年(1502)	鈔 3,719萬餘 貫		『明孝宗實錄』卷 193
萬曆8年(1580)		約 28萬 兩	『天府廣記』卷 13,「戶部」, "鈔關"
萬曆13年(1585)	鈔 2,917萬 貫 錢 5,701萬 文	23.4萬 兩	『明會典』卷 35,「商稅」
萬曆25年(1597)		約 30.2萬 兩	『明神宗實錄』卷 315·414
萬曆26年(1598)		41.7萬 兩 *	趙世卿,「關稅虧減疏」,『明經世文編』卷 411, (『明神宗實錄』卷 376에는 40.75萬 兩)
萬曆27年(1599)		34.0549萬 兩 *	趙世卿,「關稅虧減疏」,『明經世文編』卷 411
萬曆28年(1600)		30.6132萬 兩 *	同 上
萬曆29年(1601)		26.28萬 兩 *	同上(『明神宗實錄』卷 376에는 26.68萬 兩)
萬曆32年(1604)		約 20萬 兩	『明神宗實錄』卷 414
萬曆末年(~1619)		27.58萬 兩	『天府廣記』卷 13,「戶部」, "鈔關"
天啓元年(1621)		34.1萬 兩	同 上
天啓5年(1625)		39.2萬 兩	同 上
崇禎元年(1628)		約 55萬 兩 *	『崇禎長篇』卷 31
崇禎3年(1630)		約 60萬 兩 *	同 上
崇禎13年(1640)		約 80萬 兩 *	『續文獻通考』卷 18,「征榷」

이 시기 鈔關稅收의 지속적인 증가는 결국 국내 상품유통량의 증가와 시장 확대를 반영한다고 할 수 있다.[116] 특히 증가의 폭이 비교적 큰 시기는 嘉靖~隆慶年間으로 杭州 北新鈔關을 예로 들면 正德年間

에는 歲收銀이 약 8천여 냥이었으나, 嘉靖23年에는 3만 냥으로, 다시 嘉靖 末年에는 더욱 증가하여 3만 4,900여 냥에 이르고 있다.[117]

이와 같이 명 중기 이후 상세액은 꾸준한 증가를 보이고 있으며, 국가재정에서 차지하는 비중도 점차 높아졌다. 그러면 이렇게 징수된 상세가 어느 부문에 어떻게 사용되었는지 商稅의 支出面[118]을 통해 검토해 보자.

첫째 관리의 봉급으로 지급하는 鈔가 부족해지자 상세수입의 일부에서 이를 충당하였다. 예를 들면 正統4年 南·北 兩 京의 內庫에 鈔의 缺陷이 현저하게 발생하였지만, 관리의 봉급을 지급해야 했으므로, 船料로 받은 鈔를 內庫로 보내도록 하였다.[119] 이어서 弘治6年 4月에는 內承運庫의 金銀이 부족하게 되자 河西務·臨淸·淮安·揚州·蘇州·杭州·九江 7鈔關의 錢鈔를 前과 같이 折銀하여 京師로 보내도록 하였다.[120] 또한 正德2年에는 각 鈔關에서 징수한

---

116) 林葳, 1990, p.76.

117) 雍正『北新關志』卷 4,「課額」.

118) 일반적인 明代 商稅의 지출면을 분석해 보면 稅課司·局 및 鈔關 등에 의해 징수된 財貨는 ① '軍餉', '邊費', '軍儲', '邊餉', '軍國之需', '解邊', '給邊' 등 군사비, ② '官軍俸糧之用', '官吏旗軍之月糧', '折俸之需' 등과 같은 官吏·軍士의 봉급, ③ '賜遼王', '賜徽王', '給涇王', '賜秦府' 등 王府의 經費, ④ '賑濟', '備賑' 등 饑饉이나 災害에 대한 社會的 救濟費, ⑤ '買辦之需', '買辦物料' 등 公用 買上品의 商店으로의 支拂對價의 費用, ⑥ '賞賜', '撫賞' 등 勳功에 대한 恩賞費 및 침략자 회유를 위한 慰撫費, ⑦ '接濟修理', '銀硃紙墨之用' 등에 보이는 세무기관의 修理費나 雜費 등에 사용되었다. 또 抽分竹木局에 징수된 재화는 ① '造船木料', '備漕運船', '成造糧船' 등 조운선박의 製造 및 수리비용, ② '上供器皿之用', '光祿寺成造器皿之用' 등 上供器皿의 製造費, ③ '供織造'와 같은 絹織物 등의 織造費, ④ '營造之用'과 같은 土木費, ⑤ '軍需' 등 武器製造費 등에 사용되었다.(佐久間重男, 1956, pp.46－52 참조.)

119) 『明英宗實錄』正統4年 4月 乙丑條.

120) 『明孝宗實錄』弘治6年 4月 庚戌條.

錢과 鈔를 내부의 司鑰庫로 보내도록 하였다.[121]

둘째 명 중기 이후 군사비의 과도한 지출로 인해 국가재정에 어려움을 겪게 되자, 상세의 증징을 통해 이 문제를 해결하고자 하였다. 명대의 상세는 다른 세액과 마찬가지로 起運額과 存留額의 비율이 정해져 있지만 災害나 기타 지방의 특수한 사정에 의해 상세를 일체 存留시킬 수 있을 정도로 상당히 융통성이 있었다.[122] 명초부터 국가의 지출 가운데 군사비가 차지하는 비중이 매우 높았고, 洪武~永樂年間 상세의 국가경비로서의 지출면이 거의 기록되지 않은 것도 상세 설치 당초의 동기가 대부분 군사적 의미를 가지고 있었기 때문이라고 생각된다.[123]

正統年間에는 소위 '토목보의 변'을 거치면서 군사비의 증액으로 국가재정에 어려움을 겪게 되자 변방 경비를 상세로써 충당하기에 이르렀다. 이어 成化16年 각 鈔關의 세액 鈔 2,400餘 萬 貫 중에서 金沙州·臨淸關의 세액을 제외한 나머지 전부를 銀으로 바꾸어 변방경비에 사용토록 하였다.[124] 또한 正德14年 9月 宸濠가 기병하여 명조에 반항하자 호부에서는 각 초관에서 징수한 錢과 鈔를 모두 銀兩으로 折收하여 軍需에 대비토록 하였다. 이어서 嘉靖年間에는 北虜南倭의 소요로 인하여 군사비 지출이 급속히 증가하였다. 이에 대한 대책으로 嘉靖29年 山海關에 商稅징수기관을 다시 설치하여 무상비로 충당하고, 商稅·門攤稅·竹木稅 등은 그 40~50%를 변방경비에 충당하도록 하였다. 또 嘉靖31年에는 각 鈔關銀을 태창은고에 보관하여 변방경비의 비축을 돕도록 하는 등 다양한 방법이 강구

121) 『明武宗實錄』 正德2年 5月 甲子條.

122) 門攤稅는 주로 지방경비에 충당되었고, 鈔關稅는 특수한 경우를 제외하면 거의 중앙경비에 쓰였다.(佐久間重男, 1956(二), p.46.)

123) 佐久間重男, 1956, p.48.

124) 『明憲宗實錄』 成化16年 正月 庚戌條.

되었다.[125)]

셋째 상세의 국가적 또는 지방적 경비로써 재난구제비가 있다. 이것은 경상적으로 국가 혹은 지방의 倉廩에 축적된 것의 부족을 보충하기 위한 임시적인 조치로 상세의 절색인 米·粟 등으로 충당하였다. 成化8年의 다음 두 기사를 통해서 이를 확인할 수 있다.

㉠ 鳳陽府 및 壽州正陽鎭은 왕래하는 상선이 매우 많으므로 淮(淮安)·揚(揚州) 2부의 收料事例에 비추어 일시적으로 錢·米를 징수하여 賑濟에 대비하라[126)]

㉡ 東昌府臨淸縣 鈔關에서 징수한 船料 가운데 京庫로 보내야 하는 것은 近年의 例에 따라 鈔 5貫에 米麥 3升을 折收시켜 本縣의 賑濟에 대비하라[127)]

이어서 成化14年 및 20年에도 山東 地方에서 재난이 발생하자 부근의 商稅와 船料를 구제비로 돌리고 있다.[128)] 이어서 弘治2年에는 保定 등 河北의 6府가 큰 수해를 당하자 同地 唐河抽分所의 竹木을 米로 바꾸어 賑濟에 사용[129)]하는 등 각지의 재난상황에 응해서 商稅가 전용된 예는 매우 많다.

넷째 正德年間 관영수공업과 織造에 銀이 필요하게 되자 揚州鈔關에 명하여 船鈔를 銀兩으로 절수하여 오직 織造에만 대비토록 하였다.[130)] 嘉靖25年 戶部에서는 揚州鈔關에 명령하여 그해 겨울부터 折色銀 1만 냥을 징수하는 데 힘써서 직조비용으로 충당토록 하였다.

125)『明世宗實錄』嘉靖31年 7月 辛丑條.
126)『明憲宗實錄』成化8年 11月 辛亥條.
127)『明憲宗實錄』成化8年 12月 庚午條.
128)『明憲宗實錄』成化14年 8月 更子條; 同 20年 5月 丁亥朔條.
129)『明孝宗實錄』弘治2年 12月 丁酉條.
130)『明武宗實錄』正德7年 10月 丁卯條.

다섯째 王府의 經費와 관련하여 商稅가 지급되기 시작한 것은 永樂8年의 일로 당시 趙王 高燧에게 祿米 5萬 石과 鈔 5萬 錠을 北京在城의 稅課로 충당하게 하였다. 이어서 景泰7年에는 荊州府의 稅課鈔를 遼王에게 매년 5萬 貫씩 지급하게 하고, 成化2年에는 徽王에게 汝州稅課局의 歲辦課鈔를 지급토록 하였으며, 弘治16年에는 汝王에게 衛輝府 소속 稅課局의 1/3을 사여하고, 河南府稅課司의 稅課鈔를 伊王府에게 지급하였다.[131]

기타 地方官吏·軍士의 俸給·商舖의 料價·織造費·造船修理費·土木費 등도 經常費的인 것으로 상세에서 지급되었다. 이와 같이 명조는 田賦收入의 감소와 통치 집단의 소비증가 등으로 생긴 재정문제를 해결하기 위해 상세의 증수를 도모하였던 것이다. 따라서 국가재정에서 상세가 차지하는 비중도 그에 수반하여 증대되었다.

5. 소 결

明朝의 재정상황은 중기 이후 크게 악화되었는데, 그 원인은 크게 두 가지 측면에서 살펴볼 수 있다. 우선 지주계층의 土地兼併과 徭役脫免, 離農과 流民化 현상 등으로 인해 국가에서 수취할 수 있는 토지가 감소하면서 나타난 田賦收入의 감소를 들 수 있겠다. 다음으로 皇室의 소비증가와 宗室의 확대, 그리고 방대한 관료기구는 재정지출이 많아지는 하나의 원인을 제공하였으며, 北邊에서의 군사적 위협이 계속되면서 재정상황은 더욱 악화되었다.

財政支出이 많아지는 가운데 田賦收入이 줄어들게 되자 그 代案

131) 『明英宗實錄』 景泰7年 正月 丁酉條; 『明憲宗實錄』 成化20年 4月 丁丑條; 『明孝宗實錄』 弘治16年 6月 甲子條; 同年 11月 庚辰條.

으로써 상세의 징수에 심혈을 기울이게 되었다. 명조가 이처럼 상세 징수에 관심을 가지게 된 것은 상인들뿐만 아니라 皇室과 宗室에서까지 상업 활동에 참여하고, 紳士層 가운데에서도 '유림을 버리고 상업으로 나아가는'(棄儒就賈) 현상이 출현할 정도로 商業이 활성화되면서 상세에 대한 인식이 제고되었던 당시의 사회변화에 대응하기 위한 것이었다. 더욱이 사상적인 측면에서도 당시에는 종래와는 달리 '工商皆本'이라는 말이 나타나고, 張居正은 '農商互利'의 입장에서 농업과 상업을 함께 발전시킬 것을 주장하기도 하였다.

이러한 가운데 商稅增收를 위한 대책을 강구하였는데, 우선 올바른 상세징수를 위해 門攤稅를 비롯한 鈔關稅 등의 收稅則例를 制定하였다. 이와 함께 도시상인의 실태를 파악하기 위해 관리를 파견하여 상인들에 대한 정기적인 검사를 시행하였다. 당시 정기적인 조사를 실시했던 목적은 상인들의 영업종목이나 자본의 실태를 파악하기 위한 측면도 있지만, 그와 동시에 특권계층의 優免을 방지하기 위해서였다.

한편 상업이 활성화되면서 각지의 稅官들이 권력으로 사리를 도모하는 등 폐해가 속출하자 이들에 대한 감찰활동을 강화하였다. 상세징수기관에 대한 관리·감독을 철저히 하기 위해 중앙정부에서 御史와 主事 등을 파견하기도 하였으며, 각 세관에 稽考文簿를 발행하여 각 상세징수관청에서의 세수상황을 정확히 파악하고자 하였다. 이와 함께 상세분야에서 過壩稅와 같은 신세를 설치하고, 鈔關의 경우 객상들의 활동이 점차 활발해지면서 일시적으로 폐쇄되었던 것을 復設하기도 하는 등 상세의 증수를 위해 노력을 기울였다. 이러한 일련의 상세증수정책에 힘입어 商稅額은 중기 이후 크게 증가하였으며, 국가재정에서 차지하는 비중도 점차 높아지게 되었다. 상세의 역할증대는 그 支出面을 분석해 보면 더욱 두드러지게 나타나는데,

명 중기 이후의 급박한 군사비의 지출이나, 관리의 봉급, 재난구제비 등에 상세의 명목으로 징수된 鈔나 銀이 사용되었던 것이다.

第 4 章

都市化의 進展과 商稅徵收方法의 變化

1. 商品經濟의 발달과 都市化의 進展

명 중기, 특히 16세기 이래 양자강 중·하류의 소위 '江南 地方'[132]을 중심으로 화폐경제와 상품생산이 현저하게 발전하였다. 이를 나타내 주는 현상[133]들에 대해 종래 다양한 각도에서 연구되었는데, 도시화의 진전도 그중의 하나이다. 일반적으로 都市는 密集한

---

132) 본고에서 사용하는 '江南 地方'은 江蘇省의 蘇州·松江·常州·太倉의 4府州와 浙江省의 嘉興·湖州·杭州의 3府 등 지역이다. 이 지역은 東으로는 黃海, 西로는 山區 사이에 위치하는데, 모두가 太湖 주변 지역이어서 대소의 허다한 河流가 貫流할 뿐만 아니라 杭州로부터 北京에 이르는 운하 연변에 위치하고 있다. 더욱이 아열대 기후대에 속하여 온난다습하면서도 四季가 분명하고 연평균 기온이 15~16℃ 안팎에 성장기간은 매년 220~230일 정도이고, 연평균 강우량이 1,000~1,400㎜ 정도의 풍부한 우량으로 인하여 토지가 비옥하여 稻作과 桑麻棉의 種植에 적당한 지역이다. 또한 이 지역의 도시들은 시내에도 河流가 종횡으로 교차할 뿐 아니라 이와 연결된 무수한 수로망이 분포하고 있어 수리관개와 교통이 대단히 편리하다.(吳金成, 「明·淸時代의 江南社會－都市의 發達과 關聯하여」, 조영록 외, 『中國의 江南社會와 韓·中交涉』, 집문당, 1997, p.95 주1) 참조.)

133) 예를 들면 稅役의 銀納化, 匠役制의 붕괴, 상품작물의 재배, 농촌수공업의 발전, 客商層의 활약, 先貸制生産의 존재 등을 들 수 있다.

人口集團의 所在地, 商工業의 立地, 政治·文化·教育·交通의 중심지이다. 宋代 이후의 중국 도시는 대체로 國都－省城－府城－州·縣城－鎮市의 중층구조를 형성하고 있는데, 중국의 도시화에 관한 연구는 크게 세 시기로 나누어지고 있다.[134)]

중국 도시의 발달과정을 보면 대개 村落→市集(＝定期市)→市鎮(常設市, 中小都市)→大都市로의 성장과정을 거치는데, 강남 지방의 도시도 예외는 아니었다.[135)] 송대부터 강남 지방을 중심으로 村市·草市·墟·會·市·鎮 등 小市街가 다수 성립하였는데, 이러한 市鎮[136)]은 그 초기에는 지방 종족의 거주지이거나 寺院·道觀(道教의 廟)의 소재지, 또는 이들 제조건을 배경으로 한 정기시의 개최지로서

134) 이 문제와 관련하여 劉石吉 씨는 明淸時代 江南市鎮에 관한 포괄적인 수량분석을 행하고, 그 결과 송대 이래 15세기 말까지를 시진의 형성기, 16세기부터 18세기까지의 300년간을 안정성장기, 19세기 이후—특히 중엽 이후—를 급속히 성장했던 극성시대로 위치지웠다.(劉石吉, 「明淸時代江南市鎮之數量分析」, 『忠與言』 16－2, 1979 및 同氏, 「明淸時代江南地區的專業市鎮」上·中·下, 『食貨月刊』 8－6·7·8, 1979(→『明淸時代江南市鎮研究』, 中國社會科學出版社, 1987)에 수록) 반면 川勝 守 씨는 ① 8~11세기 당송변혁기에는 鎮市가 形成·發展되었고, ② 16~17세기 명말·청초의 소위 '자본주의 맹아'로 불리는 시기에는 중국에서 근대화의 제계기의 하나로서 도시수공업의 발전이 보이며, ③ 아편전쟁 이후의 중국근대에는 도시가 구미자본주의, 제국주의 침략의 근거지로 되었다는 점을 지적하였다. 특히 그는 두 번째 시기에서의 도시수공업의 주된 담당자인 職人市民層에 의한 民變과 세 번째 시기에서의 근대적 공장노동자를 포함하는 전통적 未組織勞動階級에 의한 도시폭동, 도시노동운동 등 민중의 투쟁이 도시를 역사적으로 규정하고 있는 점은 중요하다고 하였다.(川勝 守, 「中國近世都市の社會構造－明末淸初江南都市について」, 『史潮』 新6, 1979, p.65.)

135) 吳金成, 1997, p.97.

136) 明淸시대 강남 지방에서 급속히 성장한 市鎮 중, 市는 대체로 100~300戶가 보편적이었으며, 鎮의 경우에는 대부분이 1,000戶 이상이었는데, 蘇州府의 盛澤鎮, 松江府의 法華鎮 등은 萬戶 이상이었다고 한다.(吳金成, 1997, pp.102－103.)

의 성격을 가지는 데 지나지 않았지만, 16세기부터 18세기 전반기에 걸쳐 특히 江蘇·浙江 지역을 중심으로 눈부시게 발전하였다.[137)]

특히 元 末의 동란으로 쇠퇴했던 중국의 여러 도시들의 급격한 도시화가 진행된 것은 嘉靖~萬曆年間이었다. 예를 들면 杭州는 嘉靖年間 초기만 하더라도 30㎝나 되는 잡초가 도시 길가에 자라나기도 하고, 성내의 외곽지대에는 여우나 토끼가 무리를 이루고 있었으나, 萬曆年間에 이르러서는 집들이 빽빽하게 들어섰으며, 蘇州의 경우에도 도시의 인구가 증가하자 가건물로 된 상점이 다리 위에까지 들어서고 이따금 화재가 발생하였기 때문에 나무로 만들어진 다리를 돌로 바꾸기도 하였다.[138)] 또 蘇州府下의 盛澤·震澤은 명초에는 겨우 數十 家의 村이었지만, 成化年間 상인을 포함하여 거주하는 사람이 점차 많아지더니 嘉靖40年(1561)에는 數百 家를 헤아리게 되고, 綿·紬를 중심으로 '市'도 생겨났다.[139)]

이들 市鎭은 상공업의 발달과 농촌경제의 진전을 배경으로 형성되었던 경제도시로써 행정적으로 구분되는 것이라기보다는 지역적으로 구분되는 개념이었다. 행정상으로는 향촌에 속하여 戶籍·租賦·訴訟 등의 民政은 상급 州나 縣에 귀속되지만, 市鎭 내 所在人戶의 人口·資産 및 治安은 농촌과는 별개로 縣城에 준하여 취급을 받았다.[140)] 따라서 市鎭은 縣城과 鄕村의 중간에 위치하고 있다고 할 수 있다.[141)] 市鎭의 발달은 농촌경제의 발전과 맞물려 나타나고 있었다.

---

137) 田中正俊, 「中國における地方都市の手工業－江南の製絲·絹織物業を中心に」, 『中世史講座3－中世の都市』,(學生社, 1982) p.229.

138) 다니가와 미치오, 모리 마사오 펴냄, 송정수 역, 『중국민중반란사』, 혜안, 1996, pp.145－146.

139) 田中正俊, 「中國における地方都市の手工業－江南の製絲·絹織物業を中心に」, 『中世史講座3－中世の都市』, 學生社, 1982, p.230.

140) 川勝 守, 1979, p.67.

141) 즉 縣城은 교통의 요충으로서 상공업이 발달하고, 수공업의 원료입수가

즉 향촌에서의 상품성 경제작물의 재배와 가정수공업이 발달하면서 시진에서는 견직업과 면직업이 발달하게 되는 향촌과의 상관관계 속에서 시진 또한 발전할 수 있었던 것이다.[142] 시진의 발전은 도시에서 발생하는 여러 현상들을 향촌에까지 영향을 주어, 농업생산력의 발전과 농업경제구조 및 농촌경영방식의 변화를 가져왔다. 명 중기 이래 강남 지방의 농촌경제구조상에서 가장 큰 변화는 棉·桑의 광범위한 재배와 이들을 가공하는 수공업이 흥기하여 농촌경제를 화폐경제 속으로 편입시킨 것이었다.[143]

명초 강남 지방의 농업생산은 기본적으로 양식생산 위주로서, 송대 이래의 '蘇湖熟天下足'으로 표현되는 경제구조가 존재하고 있었다. 그러나 명 중기에 접어들면서 蘇·浙 지방은 점차 상업과 직물수공업이 발전하면서 인구가 급증하였다. 뽕나무나 목면을 재배하는 것이 쌀을 재배하는 것보다 수익이 많았기 때문에 농민들은 미곡을 생산하던 토지를 桑이나 목면재배지로 전용하기 시작하였던 것이다. 그 결과 松江府·蘇州府 일대에서는 상품작물로서 면화의 재배와 면직물업이 번성하고, 蘇州·湖州·嘉興·杭州 등지에서는 桑의 재배와 養蠶業·絹織物業이 성하게 되었다.[144]

용이한 것 등의 경제적인 이유 외에도 권력의 소재지라는 것도 도시성립의 필요조건이었다. 이에 비해 市鎭은 두 개의 성격을 가지는데 하나는 縣城의 分店으로써 거기에 예속되어 의존하고 지배받는다고 하는 경향이 인정되는 한편, 솔하의 농촌을 통합하는 기능으로 농촌을 대표하는 것으로써 현성에 대항하고, 농촌에 대한 영향은 현성보다 크다고 할 수 있다.(川勝 守, 1979, pp.67－68 참조.)

142) 金鍾博, 「明淸時代蘇松地區市場開設과 商品流通網」, 『祥明史學』 5, 1997, p.185; 樊樹志, 『明淸江南市鎭探微』,(上海, 復旦大學出版社, 1990) pp.207－209; 陳學文, 『中國封建晩期的商品經濟』,(長沙, 湖南人民出版社, 1989) pp.35－40 등 참조.

143) 吳金成, 1997, p.101.

144) 吳金成, 「明末·淸初 商品經濟의 發展과 '資本主義 萌芽'論」, 吳金成 外, 『明末·淸初社會의 照明』, 한울, 1990, p.139.

강남 지방에서 상업적 농업과 면방직업이 발달할 수 있었던 것은 홍무제 이래의 국가의 장려도 있었지만, ① 이 지역의 기후가 온난다습하고, 토질이 면작에 적합하였고, ② 蘇州·杭州 등지에는 면방직업과 그 기술적 기초가 유사한 직물업 기술이 발달하였기 때문에 그 기술을 받아들여 응용할 수 있었으며, ③ 장강·대운하·크리크로 연결된 수로교통의 발달은 화북 면화를 대량으로 반입할 수 있게 해 주었고, ④ 이 지역의 생산품을 객상이 쉽게 운반할 수 있었으며, ⑤ 농촌의 생산품이 유통되는 시진이 점차 발달하게 되면서 농민은 이제까지의 자연경제에서 이탈하여 상품생산을 계속 진행할 수 있었기에 가능했다.145)

당시에는 蘇州·杭州 등 대도시에서 비교적 수준 높은 직물기술이 발달하여 농촌 지역으로 전파됨으로써 농민들은 자연스럽게 면방직업을 자신의 주요 부업으로 만들 수 있었다. 이러한 배경에서 대도시 주변의 농민들은 전통적인 '男耕女織'의 농가경영 방식에서 탈피하여 남자도 적극적으로 가내 직물수공업에 참여하게 되고, 점차 副業에서 主業으로까지 발전하게 되었다.146)

한편 강남 지방 농촌의 농업경영구조가 변화되면서 강남 지방은 벼농사의 농경지가 점차 감소한 데 비해 인구는 계속 증가하여 식량이 부족한 지역으로 전락하였다. 즉 강남 지방은 면화·잠상 등 경제작물의 재배가 확대되면서 糧田을 잠식하여 상대적으로 식량생산량이 감소하였으며,147) 반면 도시경제의 번영은 상품미곡에 대한 수요를 증가시켰을 뿐

145) 洪成和, 「淸代前半期 江南 델타지역의 佃戶經濟」, 성균관대학교 석사학위논문, 1997, p.44.; 吳金成, 1997, p.104. 참조.

146) 徐新吾, 『江南土布史』, 上海, 社會科學院出版社, 1992, 참조.

147) 예를 들면 蠶桑을 많이 재배하던 吳江縣이나 湖州府·嘉興府 등지에서의 稻作은 토지면적의 30% 미만에 지나지 않을 정도가 되었고, 한편 棉作을 주로 하던 嘉定縣 지역에서는 稻作이 10~15% 정도밖에 되지 못한 실정이었다.(金鍾博, 「明淸時代蘇松地區市場開設과 商品流通網」, 『祥明

만 아니라 나아가 지역적인 식량생산과 식량소비의 불균형도 초래하였다. 따라서 이 지역에는 湖廣과 江西 지방의 미곡이 많이 수입되어 들어왔으며, 이러한 변화는 이 지역에서 생산되는 생산물과 수입되는 미곡 사이에 활발한 미곡거래를 유발시키기도 하였다. 이처럼 강남 지방에서 시진의 발달은 상품의 집산과 상업의 유통에 의해서 이루어졌다.

명 중기 이후 太湖 유역의 시진들도 빠른 속도로 발전하기 시작하여 각자 나름대로의 성격을 지니면서 성장하였다. 태호 주변의 蘇州·松江·嘉興·湖州의 4개 府는 거의 같은 상황으로 발전하여 상업무역 중심의 신흥시진들을 만들어냈다. 즉 시진들이 어느 정도 성장하게 되자 각자 그 사회가 요구하는 다양한 조건들을 갖춘 專業市鎭들로 발전하여 갔다.[148)]

강남 델타 지역에서 市鎭이 발전하면서 市鎭 자체의 규모도 커졌고, 상호 간의 거리도 상호 좁혀졌다. 시진 간의 거리는 대체로 12~36리 정도로 가까워서 농민들이 일상적으로 도시와 접촉할 수 있었다. 이 때문에 주변 농가에서 면포를 생산하여 교환하는 거리도 단축되었고, 점차 이 지역 농가가 자연경제적인 주곡생산에서 점차 상품생산으로 이행할 수 있는 공간적인 조건이 마련되었다.

이러한 市鎭의 발전은 농촌경제구조의 지속적인 변화와 발전의 결과였다. 즉 시진은 상품경제발전의 산물로서, 도시와 농촌의 상품경제가 발전하도록 커다란 촉진제 작용을 하였다. 이와 함께 향촌사회에 대해서는 강력한 구심력을 가지게 되었으며, 또 기술·문화·생활의 중심으로 기능하였고, 농촌의 과잉인구를 흡수하는 역할을 하였다. 즉 15세기 중엽에 시작된 이갑제의 해체와 함께 농촌에서

史學』 5, 1997, p.211.)

148) 예를 들면 蘇州府 吳江縣의 震澤鎭은 生絲의 집산시장으로, 그리고 盛澤鎭은 絹布의 집산시장으로, 嘉定縣 羅店鎭은 棉花의 집산지로, 南翔鎭은 棉布의 집산지로 발달하였다.(金鍾博, 1997, p.211.)

몰락한 농민 가운데 일부는 세호가의 전호나 노복으로 전락하거나 유민화하였다. 따라서 명 중기 이후에는 농촌사회의 분해 과정에서 인구 이동이 보편화되었는데, ① 先進經濟地域→落後地域, ② 農村地域→禁山區, ③ 農村地域→都市·手工業地域으로 유형화할 수 있다.[149] 이 중에서 강남 지역의 시진이 발달하게 된 것은 ③ 형태의 인구 이동 때문이었다.

市鎭의 인구는 作坊主 및 그들과 관련이 있는 手工業者·商人·牙人·서비스업자, 상당수의 농민과 無賴 및 官吏·紳士·地主 등으로 구성되었다. 그리고 이렇게 급격히 증가하여 간 시진의 인구는 강남 지역 현지에서의 자연증가 외에도 외지에서 유입된 인구가 많았을 것으로 생각된다.[150]

이러한 명대 중후기의 강남 지방을 중심으로 한 농촌사회에서의 상업적 농업의 발전과 상품화폐경제의 전개 및 그에 따른 도시화의 진전은 상인들의 경제 활동을 활발하게 할 수 있는 토대를 마련해 주었다. 그리고 명조는 새롭게 형성된 도시 지역의 상인들을 대상으로 한 상세징수에도 이전보다 큰 관심을 가지게 되었다.

2. 稅課司·局의 폐지·합병

明初 各地에 설치되었던 稅課司·局은 "京城諸門 및 각 府·州·

---

149) 吳金成, 『中國近世社會經濟史硏究 — 明代 紳士層의 形成과 社會經濟的 役割 —』,(일조각, 1986) 참조.

150) 그들은 대개 ① 江南 각지에서 상호 교류된 성내 이동 인구, ② 外省人, 특히 江西·安徽·福建·廣東·湖廣 등 지역에서 온 雇工人과 流民, ③ 전국 각지에서 온 商人과 그 가족 등이었을 것으로 생각된다.(吳金成, 1997, p.103.)

縣의 市集이 많은 곳에 있었는데, 무릇 400여 곳에 이르렀다. 그 후 10의 7을 裁革・倂合하였다."[151]는 기사처럼 중기 이후 대폭 삭감되었다.[152] 萬曆『明會典』에는 각지의 '見設司局衙門'과 '裁革司局衙門'의 리스트가 실려져 있는데, 이를 표로 정리하면 다음과 같다.

〈표 13〉 稅課司・局의 지역・연대별 裁革數[153]

地域	年代別 裁革 數					現存 數	原設 數	削減率
	弘治	正德	嘉靖	隆慶萬曆	小計	(萬曆13年)	(弘治 以前)	(%)
北直隷	7	2	2	3	14	12	26	53.8
南直隷	5	15	30	12	62	20	82	75.6
浙 江		28	18	2	48	12	60	80.0
江 西			23	3	26	7	33	78.8
湖 廣			9	10	19	7	26	73.1
福 建			18	4	22	1	23	95.7
山 東	5		23	5	33	11	44	75.0
山 西		4	3		7	4	11	63.6
河 南		6	1	3	10	6	15*	66.7
陝 西		9	2	2	13	13	13	50.0
四 川			7		7	3	10	70.0
廣 東			2	2	4	1	5	80.0
廣 西			2		2	3	5	40.0
雲 南			2	1	3	7	10	30.0
貴 州					0	4	4	0
合 計	17	64	142	47	270	111	380	71.1

151) 『明史』 卷 81, 「食貨」 5, p.1974.

152) 예를 들면 10곳의 稅課司・局을 가진 蘇州府에서는 弘治18年에 이미 崇明縣 稅課局이 폐지되었고, 가정년간 이래 다른 稅課司・局도 점차 폐지되었다. 즉 嘉靖39年에는 長洲와 吳縣의 2局, 41年에는 常熟・吳江・嘉定・太倉州의 4局, 隆慶2年에는 本府 稅課司도 폐지되어 府內에는 稅課司・局이 하나도 없게 되었다.(萬曆『明會典』 卷 35, 「戶部」 22, "課程・商稅", 참조.)

現存 · 裁革을 합한 稅課司 · 局의 수는 380으로 『明史』의 400여 곳이라고 하는 수치와 거의 일치하고 있다. 단 『明會典』의 리스트는 弘治 以前에 裁革된 稅課司 · 局이 모두 기재되어 있지 않기 때문에 아마 洪武 초기에는 400여 곳을 훨씬 상회하는 1,000곳에 가까운 稅課司 · 局이 존재했을 것으로 생각된다.[154)]

위의 <표 13>에서처럼 명대 중기 이후 전국의 稅課司 · 局의 수는 점차 삭감되더니 萬曆年間에 이르러서는 111곳에 지나지 않게 되었다.[155)] 이러한 萬曆年間의 稅課司 · 局의 감소는 상세의 징수를 府 · 州 · 縣 각 아문에서 함께 관장하거나, 관리를 줄여 다른 稅課司 · 局에 합병하는 등의 조치를 취해 경비를 절감하고 상세의 증수를 도모하기 위해서였다.[156)]

또한 위의 표에서 확인할 수 있는 사실은 ① 향신의 성거지주화가 현저히 보인 강남 델타에 한정되지 않고 거의 전국 각지에서 裁革이 진행되고 있다는 점, ② 시기적으로는 특히 正德 · 嘉靖年間(1506~1566)에 집중되어 있는 점, ③ 嘉靖年間에 이르면 府의 稅課司도 裁革되어 종래의 縣城이나 鎭市에 설치되었던 稅課局의 폐지에 의한 府稅課局으로의 합병이 이루어지고 있는 점 등이다.[157)]

---

153) 萬曆『明會典』 卷 35, 「戶部」 22, "課程 · 商稅". *가 표시된 河南省의 裁革 數와 現存 數를 더한 수치가 같지 않은 것은 歸德稅課司가 嘉靖24年에 추가로 설치되었기 때문이다.

154) 『明太祖實錄』, 洪武13年 正月 辛酉條에는 이 시기 吏部의 제안으로 매년 과액이 米 500석 이하의 세과사국 364곳이 폐지되었다. 또 正德 『明會典』 卷 32, 「戶部」, "課程"의 사례 및 『明英宗實錄』, 正統11年 7月 癸酉條에 의하면 정통 원년에도 과초 3만 관 이하의 稅課司 · 局을 폐지하였다가, 다시 同 11年에는 1만 5천 관 이상의 곳은 다시 설치되었다. 또한 天順元年에도 課鈔 1萬 貫 이하의 稅課司 · 局이 폐지되었다.

155) 물론 稅課司 · 局 아래에 설치되었던 稅所의 수는 거의 감소하지 않았다. (佐久間重男, 「明代の商稅制度」, 『社會經濟史學』 13－3, 1943, p.36.)

156) 佐久間重男, 1943, p.36.

157) 新宮(佐藤) 學, 「明代後半期江南諸都市の商稅改革と門攤銀」, 『東洋學』

그러면 상품화폐경제의 발전과 도시화가 진행되고 있던 이 시기에 상품유통량 증대에 따라 상세징수액이 증대되어야 함에도 불구하고 이러한 사태가 발생한 원인은 무엇인가? 우선 각 稅課司·局의 상세액이 증가하고 있지 않다는 사실이다. 다음 표는 常州府의 연차별 課程(商稅)額의 추이를 나타내는 것이다.

〈표 14〉 常州府 課程額의 徵收推移[158)]

	課程錢鈔額	鈔換算額	銀換算額
洪武10年(1377)	錢鈔 76,470,171文	76,470貫	76,470兩
永樂10年(1412)	鈔 82,791錠4貫780文	413,959貫	5,174兩
成化18年(1482)	鈔 54,468錠274文 銅錢 544,687文	544,683貫	2,723兩
嘉靖16年(1537)	鈔 49,856錠4貫863文 銅錢 498,576文	498,572貫	1496兩 (折銀徵收額)
萬曆30年(1602)	鈔 49,863錠2貫239文 銅錢 498,609文	498,621貫	1409兩 (折銀徵收額)

대명보초의 회수를 위한 상세액의 증대가 도모되었던 永樂10年의 예외를 제외하고 鈔法維持策이 방기되었던 成化年間 이후에는 그 액수가 고정되어 있다. 이는 조세징수의 원액주의 때문이다. 원액주의는 정치 전반에 걸친 조법준수의 원칙과 관련하여 그 재정 방면의 표현 형태로 이해할 수 있다.[159)] 시대의 추이에 동반한 재정의 팽창은 당연한 것인 데도 불구하고 명조는 될 수 있는 한 원액주의를 고수하였다. 물론 부분적으로는 定額을 개정하기도 하였지만, 임시세의 부

60,(東北大學 中國文史哲硏究會, 1988) p.96.

158) 萬曆『常州府志』 卷 7, 「錢穀志」, "征榷".

159) 岩見 宏, 「晩明財政の一考察」, 『明末淸初期の硏究』, 京都大學人文科學硏究所, 1989, p.271.

과나 별도의 수단을 통해 이 문제를 해결하고자 했던 것이다.[160]

그리고 위의 표에서 알 수 있는 것은 원액을 계산하는데 鈔로 하고 있다는 점이다. 즉 明朝는 초기부터 本色인 鈔로써 상세를 징수하고자 했으며, 이를 원액으로 삼고 있었다. 그러나 명조의 鈔流通政策이 실패로 끝나고, 특히 嘉靖年間에 들어서면서 商稅銀納化가 일반적으로 보급되면서[161] 門攤稅 경우 嘉靖4年(1525)에 鈔 1貫을 銀 3厘, 銅錢 2文을 銀 3厘의 비율로 鈔 · 錢에 대해서 銀納으로 바뀌었음에도 불구하고[162] 명조는 계속해서 鈔를 단위로 상세액을 계산하였던 것이다. 그런데 강남 지역에서부터 시작되어 각지로 보급된 商稅銀納化는 단순히 납입화폐의 변경에만 그치지 않고, 상세액의 실질적 감소라는 문제를 가져왔다. 萬曆『金華府志』의 다음 기사를 보면 잘 알 수 있다.

> (금화부의) 歲辦 諸色課程 및 商稅課程은 모두 56,551錠 1貫 501文이었다. 그 후 鈔의 가치가 떨어지면서, 鈔로 징수하던 것을 대부분 원가에 비추어 銀으로 징수토록 하였으나, 課程만큼은 예전처럼 鈔로 징수토록 하였다. 그 후 鈔가 옹체되어 통하지 않으므로 더욱 가치가 떨어지자 課程鈔 또한 시가에 따라 折銀徵收토록 하였지만 원가에 비해 1/10에도 미치지 못하였다.[163]

---

160) 岩見 宏, 1989, p.271.

161) 이것은 嘉靖 以前의 지방지에 기재된 상세액에는 銀額이 부가되어 있지 않은 데 비해 嘉靖 이후의 지방지에서는 일반적으로 절은액을 부가하고 있는 것을 통해서 확인할 수 있다.(嘉靖『姑蘇志』卷 15,「田賦」, "商稅"; 嘉靖『寧波府志』卷 12,「貢賦」, "課程鈔" 등 참조.)

162) 佐久間重男, 1977, pp.284－285.

163) 萬曆『金華府志』卷 8,「田賦」, "課程"; "歲辦諸色課程幷商稅課程五萬六千五百五十一錠一貫五百一文. 其後鈔虛價賤, 諸收鈔者, 多依原價收銀, 惟課程收鈔如故. 其後鈔壅不行, 價益以賤, 乃以課鈔降依時價折銀, 視原價不及什之一, 此祖宗寬大之政, 固已遠過宋元矣".

鈔의 하락 때문에 다른 稅賦가 공정비가에 의해 折銀된 후에도 鈔法維持策과 밀접한 관련을 가지고 있던 課程鈔의 경우 折銀化가 가장 지연되었다. 그 사이에 鈔는 더욱 하락을 계속하였기 때문에 절은시에는 원래의 공정비가의 1/10에도 미치지 못하여 그 시점의 시장가격으로 환산할 경우 상세액의 실질적인 감소를 가져왔던 것이다. 鈔의 가치는 洪武8年 鈔法制定 당시의 교환비율인 鈔 1貫=銀 1兩에 비해서 稅課司·局에서 일부 은납화가 시작되었던 약 100년 후인 弘治元年에는 1/300 이하로 되어 있었다.

따라서 銀納化가 일반화되었던 명 후기까지 稅課司·局 등의 상세액의 실질적 감소는 납세자의 입장에서 본다면 세금의 감면으로 해석할 수 있다. 물론 이러한 은혜를 납세자가 모두 받았다고는 생각할 수 없고, 한편에서는 징세사무에 종사했던 관원이나 서리의 부정 징수도 있었을 것으로 생각된다. 이 시기 상세징수의 실질적 감소는 각각의 稅課司·局 관리의 봉급에도 미치지 못하게 되었고, 이 문제를 해결하기 위해 명조는 稅課司·局의 폐지·합병을 강구하게 되었던 것이다. 그러면 이 시기의 稅課司·局 裁革의 원인을 구체적으로 검토해 보자.

우선 松江府 上海縣의 경우를 보면, 上海縣에는 원래 本縣稅課局·新涇稅課局·烏泥涇稅課局의 3局이 설치되어 있었는데, 嘉靖 初부터 그 인원삭감을 구하고 있다. 즉 稅課局 1局의 상세액은 銀으로 환산하면 100여 냥으로 그곳 관리 2~3인의 봉급에 상당하는 액수에도 미치지 못하기 때문에[164] 稅課局의 인원삭감을 제시하고 있다.[165] 그러나 관원의 배치는 중앙정부의 권한에 속하는 것으로 그

---

164) 嘉靖『太平府志』卷 5,「食貨志」, "俸給"에 의하면 본부에서는 稅課司大使의 봉급은 60石, 司吏는 12石, 소속 稅課局官은 14石 4斗였다.

165) 萬曆『上海縣志』卷 2,「工部」, "稅課".

삭감을 보류하였다. 그렇지만 嘉靖33年(1554) 烏泥鎭의 烏泥涇稅課局과 唐行鎭의 新涇稅課局이 폐지되었고, 隆慶元年(1567)에는 本縣稅課局도 폐지되었다. 따라서 上海縣의 경우 稅課局의 폐지는 결국 관원 배치에 맞는 과액이 징수되지 않고 있다는 상세징수상의 문제 때문이라고 생각된다.

이러한 문제는 상해현에만 그치지 않고 각지에서 공통적으로 보인다. 예를 들어 浙江 金華府에서도 稅課局에 있는 관리의 1년간 인건비가 과정액을 상회하고 있다.[166] 이 때문에 稅課局 폐지와 소속 관리의 삭감이 행해지고, 課程額은 縣으로 이관해서 징수하도록 하였다. 또한 金華府에서는 蘭谿 · 東陽 · 義烏 · 永康 · 浦江의 각 縣稅課局이 正德2年 폐지되고, 本府 稅課司 역시 嘉靖42年에 폐지되었다.

이처럼 은납화가 전국적으로 보급되었던 嘉靖年間 이후 상세액의 실질적 감소와 그에 수반한 인건비 문제를 해결하기 위해 명조는 縣城이나 鎭市의 稅課局을 府의 稅課司로 합병하거나 府 · 州 · 縣 관청에서 징수토록 함으로써 인건비의 삭감을 도모하였다. 따라서 당시 稅課司 · 局의 폐지 · 합병은 ① 조세징수의 원액주의에 관련된 문제, ② 明 前期의 通貨政策과 밀접한 관련을 갖고 있던 상세징수가 그 제약에서 해방되어 銀納化하는 과정에서 발생한 鈔와 銀의 비가 차이로 인한 문제, ③ 국가의 재정위기를 극복하기 위한 방안으로써 기구축소의 문제 등 당시의 복잡한 사회경제적 변화과정에서 취해진 조치였다고 할 수 있다.

---

166) 萬曆『金華府志』 卷 8, 「田賦」, "課程".

3. 商稅徵收請負의 普及

商稅銀納化에 따른 상세액의 실질적 감소에 수반하여 인건비에 상당하는 액수도 징수되지 않자, 명조는 상세징수를 위해 설치되었던 稅課司·局을 폐지·합병하였다. 그런데 이러한 稅課司·局의 폐지·합병은 그 인원의 삭감이나 건물의 폐지는 있어도 상세 자체의 철폐를 의미하지 않으며, 상세 자체는 그 후에도 원액으로서 존재하였기 때문에 이를 대신할 새로운 상세징수방법이 모색되지 않으면 안 되었다.

이러한 상황에서 종래의 巡攔에 의한 직접 징수를 대신하여 새롭게 상세징수청부가 보급되기 시작하였다. 明代의 巡攔은 稅課司·局에서 근무하면서 攢典과 함께 실제의 징수사무를 담당하였는데, 攢典에 비해 실무가 중요하였다.[167] 攢典은 官攢으로도 칭해지며, 府·州·縣의 서리가 담당하였는데, 정통 이전까지는 조정에서 봉급이 지급되지 않고, 순란이 징수한 상세 중 일부를 취하여 지급하였다.[168] 그 후 正統9年(1444) 山西 太原府稅課司의 巡攔이 징수한 鈔에 비해 봉급이 너무 많다는 것을 지적한 이후 각 稅課司·局의 攢典은 모두 그 등급에 따라 봉급을 지급하도록 하였다.[169] 稅課司·局 하급서리의 人件費가 이로부터 일반 관료체계 내에 편입되었다.

巡攔은 明初 賦役制度 중 「均徭」의 한 항목으로 직역의 일종이었다.[170] 그러나 실제상 巡攔은 洪武21年의 令에 "稅課司·局의 순란

167) 林麗月, 「商稅與晚明的商業發展」, 『國立臺灣師範大學歷史學報』 16, 1988, p.40.

168) 林麗月, 1988, p.40; 唐文基, 「明朝對行商的管理和征稅」, 『中國史硏究』 1982－3, p.22.

169) 『明英宗實錄』 正統9年 潤7月 戊子條.

170) 王圻, 『續文獻通考』 卷 16, 「職役考」二.

은 도시 주민 중에서 부유한 자로 충당하되 농민에게 할당해서는 안 된다"[171]는 기사에서 알 수 있듯이 城鎭 중의 부유한 상인(경제적으로 여유가 있는 舗戶)만을 대상으로 삼았다는 점에서 특이한 존재라고 할 수 있다.[172] 이들은 明初 里甲制度하에서의 糧長[173]과 비슷한 위치에 있었는데, 예를 들면 永樂7年 京城九門에서 초를 징수하는 舗戶는 계절마다 3인씩 순번제로 담당하였다.[174]

이러한 巡欄을 대신하여 상세징수업무를 청부받은 계층은 매우 다양하였다. 종래부터 활발한 상품유통이 전개되고 있던 강남이나 대운하 연해 지방에서는 牙行이나 舗戶에 의한 징수청부가 보인다. 이에 비해서 상업조직이 아직 충분히 발달하지 못한 주변 지역에서는 재지 유력자인 신사층, 특히 生員 등에 의해 청부가 행해졌다.[175]

牙行[176]의 본래 기능은 물건을 파는 사람과 사는 사람 사이의 중

---

171) 萬曆『明會典』卷 20, 「戶部」, "賦役".

172) 岩見 宏, 『明代搖役制度の研究』, 同朋舍, 1986, p.16.

173) 金鍾博, 「明代 糧長制의 硏究」, 『史學志·朴武成博士華甲紀念論叢』, 단대사학회, 1982; 梁方仲, 『明代糧長制度』, 上海人民出版社, 1957; 星斌夫, 「明代糧長の漕運に於ける役割」, 『山形大學紀要人文科學』 1, 1950, 『明代漕運の研究』;(日本學術振興會, 1963 所收) 川瀨智壽子, 「明代の糧長」, 『文化』 17－6, 1953; 西野正次, 「明代太湖周邊の糧長－特に蘇州府吳江縣を中心にして」, 『金澤大學法文學部論集哲學史學篇』 7, 1959; 小山正明, 「明代の糧長について ― とくに前半期の江南デルタ地帶を中心にして ―」, 『東洋史研究』 27－4, 1969 등 참조.

174) 『古今圖書集成－食貨典』 卷 223, 「雜稅部」.

175) 山根幸夫 씨에 의하면 華北의 鄕集에서는 在地의 유력자로부터 集頭·商稅老人·集市老人이 선출되어 징세를 담당하고 있다. 또 呂坤 『實政錄』 卷 1, 「明職·稅課司之職」에도 순란과 함께 집두노인의 추세행위에 대해서 언급하고 있다. 광동의 예로는 萬曆29年 칙명을 받아 파견될 때의 견문에 기초하여 기록한 王臨亨의 『粵劍編』 卷 2, 「志時事」에도 세액이 비교적 적은 埠·墟의 상세징수는 관료·진사·감생·생원 등에게 청부되고 있다는 사실을 전하고 있다.(山根幸夫, 「明·淸初の華北の市集と紳士·豪民」, 『中山八郎敎授頌壽記念明淸史論叢』, 1977 참조.)

176) 牙行은 牙人, 牙儈, 駔儈, 經紀, 行家, 行機, 九八行 등으로도 칭해진

개 행위에 있다.[177] 그러나 그 역사적 성격에는—특히 국가와의 관계에서는—시대적 변천을 거듭하였다. 특히 당송변혁기를 획기로 하는 유통경제의 발전에 따라 상인들에 대한 통제정책도 변화하였다. 상품유통의 가장 중요한 위치에 있으면서 周旋에서 仲買로, 그 업무 영역을 확대시키고 있던 牙行에게 유통정책 측면에서 국가의 법적 규제가 가해졌던 것이다.[178] 명초부터 牙行의 활동에 대해 상당한 통제를 가하였으니 이들은 정부로부터 반드시 영업허가를 받아야만 했다. 『大明律』의 다음 기사는 이를 잘 증명해 준다.

> 城市鄕村의 각종 牙行 및 船埠頭는 모두 충분한 재산이 있는 자로 충당하고, 관부에서 印信이 찍힌 文簿를 주어 客商·船戶의 주소·본관·성명·여행권번호·화물의 수량과 종류를 附記하고, 매월 관에서 조사를 받도록 한다. 사사로이 충당한 자는 杖 六十의 형에 처하며, 그가 취득한 口錢은 관에서 몰수한다. 관부에서 牙行·埠頭 등을 사사로이 충당하여 容隱할 경우 笞 五十의 형에 처하고 罷職한다.[179]

명률의 규정에 의하면 도시·농촌을 불문하고 수륙교통의 요충에 위치하여 각종 중개도매업을 하는 아행과 船埠頭(船牙行)는 본래 저당 재산이 있는 人戶를 선발하여 충당하되, 관부의 허가 없이 영업하는 私牙의 존재를 부정하고 있다. 실제에는 민간경영의 아행을 관

다.(山根幸夫, 『明淸華北定期市の硏究』, 汲古書院, 1995, p.55.)

177) 이 밖에 아행은 ① 화물을 검량하고, ② 화물의 평가와 가격결정에 간여하며, ③ 중계 수수료로서 '傭'을 받고, ④ 관에 과정을 납부해야 하는 의무가 있다.(山根幸夫, 『明淸華北定期市の硏究』, 汲古書院, 1995, p.66. 참조.)

178) 斯波義信, 『宋代商業史硏究』, 風間書房, 1968; 宮澤知之, 「宋代の牙人」, 『東洋史硏究』 39-1, 1980 등 참조.

179) 『大明律』 卷 10, 「市廛」, "私充牙行埠頭".

부가 무언가의 수속을 밟아 공인하는 경우도 적지 않았을 것이다. 이렇게 충당된 官牙는 관부로부터 印信文簿를 지급받고, 여기에 객상과 船戶의 주소·성명·路引字號·商品數目을 기입하여 매월 보고토록 하였다. 또한 이들 중개인이 중간농단을 통해 부당한 이익을 취하는 것을 금지시키고자 하였으니 다음 기사는 이러한 상황을 잘 나타내 주고 있다.

> 모든 화물을 매매하는데 매매자 쌍방이 합의치 아니하고 자신의 세를 휘둘러 타인을 억압하여 매매상의 이를 독점한 자와 상인배가 아행과 결탁하여 간계로써 파는 물건은 싼 것을 비싸다 하고, 사는 물건은 비싼 것을 싸다 하여 속여 매매하는 자는 杖 팔십의 형에 처한다.[180]

『大明律』에서 아행의 활동을 규제하고자 했던 이유는 상품유통과정에 중간도매업으로 존재하는 이들을 통제함으로써 객상의 보호와 유통의 안정을 도모하기 위해서였다. 그러면서 洪武30年 戶部에 명해서 아행에 의한 상인수탈과 사적 교역의 금령을 내리고 있는 것은 종래의 정책을 재차 확인했던 것이라고 생각된다.[181]

이처럼 明朝가 牙行의 활동을 금지했던 이유는 행상 및 그 화물에 대한 통제권을 장악하기 위해서였다. 그렇지만 시장을 관리하고 상세를 징수하기 위해서는 牙行의 협조가 필요했다. 따라서 명조가 이들의 활동을 제한하기는 매우 어려웠으며, 실제로 명대 각 시진에는 보편적으로 존재하였다.[182] 더욱이 軍兵으로 牙人에 충당한 경우도 있었으며, 이들이 정부의 상세징수나 가격결정, 시장관리에 참여

---

180) 『大明律』 卷 10, 「市廛」, “把持行市”.
181) 『明太祖實錄』 洪武30年 3月 庚辰條.
182) 唐文基, 1982－3, p.21.

하는 사례는 매우 많다.[183)]

明代의 牙行은 외부에서 온 객상을 대신해서 상품을 구매하는 등 상업 활동에도 깊숙이 간여하였다. 또한 機戶나 소상인과도 깊은 관계를 가졌는데, 소상인들이 아행에게 피해를 당하여 反牙行民變이 일어나기도 하였다. 그러나 아행은 그 세력을 유지하기 위하여 혹은 官府의 가렴주구나 다른 세력으로부터 자신을 보호하기 위하여 紳士나 勢豪家와도 불가분의 관계를 맺었다.[184)] 그 밖에 牙行은 無賴와도 밀접한 관계를 가지고 있었는데,[185)] 牙行은 필요에 따라 無賴를 수하에 두는 경우도 있었으며, 반면 無賴가 사사로이 牙行을 자처(私牙)하는 경우도 많았다.[186)]

그런데 牙行이나 鋪戶에 의한 상세징수청부는 세량 방면에서의 포람 등과 마찬가지로 본래 제도에서는 없기 때문에 사료에 명기된 것은 매우 적지만 단편적으로 그 보급을 나타내 주는 흔적도 몇 개 남아 있다. 예를 들면 應天府 江浦縣 江淮驛路에서는 成化元年(1465) 街市의 각종 상인에게 '行頭'를 조직하여 상세징수를 청부하였는데,[187)] 行頭에는 아행이 선발된 경우가 많았을 것으로 생각된다. 또한 북경 교외의 馬駒橋에서는 弘治元年(1488) 부사와 순란을 철수시키고, 張家灣 宣課司의 관할 아래 두었는데, 그때 남방에서 상

---

183) 嘉靖年間의 梁材는 "乞勅順天府嚴督宛平·大興官, 每月朔望, 各集經紀, 謹較斗秤, 備訪物價……"(梁材, 「議勘光祿寺錢糧疏」, 『明經世文編』 卷102)라 하였으며, 山東 萊蕪縣에서는 17곳의 集市에서 대부분 아인에게 시장관리를 맡겼다고 한다.(唐文基, 1982－3, p.21 참조.)

184) 吳金成, 「明·淸時代의 江南社會－都市의 發達과 關聯하여」, 조영록 외, 『中國의 江南社會와 韓·中交涉』,(집문당, 1997) p.118.

185) 顧炎武, 『天下郡國利病書』 原編 第6冊, 「蘇松」; "市中交易, 未曉而集. 每歲綿花入市, 牙行多聚少年以爲羽翼, 攜燈攔接."

186) 吳金成, 1997, pp.118－119.

187) 『南京戶部通志』 卷 12, 「金科庫藏志」, "課程"; "成化元年令……又令江浦縣江淮驛路街市買賣之人, 俱各編立行頭, 措辦課稅."

인들이 운반해 온 酒麵의 수량의 보고와 酒醋課의 징수를 순란에 대신해서 아행이 행하고 있다.[188]

물론 이러한 牙行에 의한 상세징수청부는 위에서 예로 든 사례보다도 훨씬 이전부터 실시되었을 것으로 생각한다. 그러나 명 중기 이래 전개된 인건비 문제를 주된 원인으로 하는 稅課司·局의 폐지·합병의 움직임에 의해서 원래 징세 실무에 종사했던 인원이 종사하지 않은 결과 징수청부를 한층 보급시키게 되었다. 즉 민간의 관행으로서 징수청부가 이미 보급·정착되어 있었기 때문에 稅課司·局의 삭감이나 폐지도 가능했다고 말할 수 있다.[189]

그런데 이러한 상세징수는 인건비 삭감이라고 하는 官側의 사정에 의해 아행이나 포호에게 일방적으로 강요했다고 이해할 수 없는 점도 있다. 특히 유력한 아행이나 포호의 경우 스스로 징수청부를 희망하기도 했다.[190] 예를 들면 淮安府에서는 正德16年까지 소속 각 縣의 稅課司가 거의 폐지되고, 府城과 淸江 2곳의 稅課司만 남겨져 있었다. 그런데 嘉靖42年 전국적으로 군사비 조달을 위해 상세징수 강화 방침이 내려지면서[191] 淮安府에서도 府佐 1인을 파견하여 세과사의 관리를 통솔하도록 하였다. 이러한 가운데 緞絹·紙·果 등 7鋪戶와 각 鎭의 集頭가 영세한 상품 거래에도 불구하고 일일이 납세해야 하는 불편을 소송하였다. 이에 대해 관부에서도 하나하나의

188) 萬曆『明會典』 卷 35, 「戶部」 22, "課程·商稅"; "弘治元年……又議准取回馬駒橋副使巡欄. 令張家灣宣課司公同本司官, 將南方販到酒麴, 務令牙人盡數開報收稅. 仍將收過數目, 送赴監收御史主事稽考, 除毀光祿寺酒醋麵局額辦酒麴外, 其餘俱收錢鈔."

189) 新宮(佐藤) 學, 「明代の牙行について－商稅との關係お中心に」, 『山根幸夫敎授退休記念明代史論叢』,(東京, 汲古書院, 1990) p.846.

190) 新宮(佐藤) 學, 「明代後半期江南諸都市の商稅改革と門攤銀」, 『東洋學』 60, 東北大學 中國文史哲硏究會, 1988, 참조.

191) 『明世宗實錄』 嘉靖42年 12月 丁未條.

세액이 소액으로 폐해가 발생하기 쉽다는 것을 고려하여 매년 납세 청부액을 정하는 包納稅銀法을 정하였다.[192] 이에 따라 거래할 때마다 납세할 필요가 없이 매 계절마다 세과사에 가서 납입하는 것으로 되었다. 이 鋪戶나 集頭에게 청부했던 상세는 종래부터 존재했던 門攤課鈔를 銀納化해서 계절마다 납부하는 '門攤季稅'에 대해 '包納季稅'로 불려졌다.

당시 '包納季稅'를 납입한 것으로는 緞絹鋪戶·絨線鋪戶·紙雜貨鋪戶·猪羊牛牙人·藥材香料牙人·枯菓牙人·蒲包牙人의 7업종과 각 鄕村鎭의 集頭가 있었다.[193] 이들 업종은 중간도매업을 하는 유력한 포호나 아행이고 스스로 상세 부담자이면서 징수를 청부받아 납세사무의 합리화를 꾀하는 동시에 거래시장에서의 독점적 이익의 확보를 기도했던 것으로 생각된다.[194]

이와 같이 명대 중기에 보급된 상세징수청부는 주로 인건비문제 때문에 稅課司·局을 폐지·합병해야 했던 지방관청 측과 거래시장에서 중간도매업이나 재지 유력자가 양자의 이해가 일치한 타협의 산물이었다. 만력년간의 『明實錄』 중에는 전국 각지 상품 유통의 요지에 제멋대로 아행을 설립하여 징세를 행하고 있는 사실을 지적하고 있다.[195] 물론 아행이 모두 마음대로 징세를 행하고 있다고 생각

192) 天啓『淮安府志』 卷 12, 「貢賦志」, "門攤季稅原委"; "舊例原有門攤課稅, 凡民間開店生理, 俱照頒發時估則例, 赴稅司上納, 併入商稅支銷. 嘉靖四十二年淮安府佐一員督同稅課司官徵收, 除應准動支外, 扣留若干, 聽管倉主事註銷, 按季報部, 餘盡解京濟邊. 續據段(緞)絹紙果等七鋪戶幷各鎭集頭告稱, 零星販賣, 一一納稅不便, 有司亦以瑣屑生弊, 乃立每年包納稅銀之法, 免其隨到隨報, 惟按季赴司交納, 名曰季稅. 其磨房酒麵等店, 照依鈔貫納銀, 仍名門攤稅. 各鋪牙俱照地方赴府城·淸江二稅課司交納".

193) 天啓『淮安府志』 卷 12, 「貢賦志」, "門攤季稅原委".

194) 新宮(佐藤) 學, 1990, p.847.

195) 『明神宗實錄』 萬曆10年 9月 辛酉條; "一, 天下司府州縣稅課抽分衙門舊

하기보다는 아행은 府·州·縣 등 지방관부의 양해를 얻어 징세를 청부받아 청부액 이상의 상세를 징수하는 한편 지방관은 청부액 부분을 지방재정이나 관리의 사적 비용으로 전용하고 있다고 보는 것이 보다 실태에 가까울 것이다.[196)]

4. 門攤課派 方式의 採用

官府를 대신하여 牙行에 의한 상세징수가 보급되는 한편으로 명대 후반기에 이르면 牙行의 영업 자체에 대한 과세 움직임도 표면화되고 있다. 牙行에 의한 상세징수 청부가 아행 자신에 대한 과세로 전화하고 있는 배경으로서 아행 업무의 확대, 특히 중간도매업의 발전에 의한 이윤축적과 그에 대한 과세 강화의 움직임을 지적할 수 있다.[197)] 즉 이 시기의 牙行은 知州나 知縣에게 신청하여 면허장인 '牙帖'을 교부받고, 관이 정한 權量을 받아 市集이 열리는 날은 소속 시집에 상주하여 교역되는 물화를 檢量·評價하는 등 매매의 중개를 담당하였다.[198)] 이러한 아행에게 州·縣에서는 영업세로서 '斗秤課'[199)]를 부과하였다.

有定額, 近年各路關津貨物經由處所, 擅立牙行抽稅, 罔利病民. 詔書到日, 撫安司道官查係額外私設者, 盡行裁革. 違者, 兩京科道官訪實參奏."

196) 萬曆10年의 금령에도 불구하고 그 후에도 각지에서 지방적 경비를 염출하기 위해 아행을 설립하여 징세를 행하였다. 예를 들면『神宗實錄』萬曆34年 2月 乙丑條에는 "鳳陽府池河鎮守禦一營所屬南京飛熊·廣武·英武三衛附近定遠地方, 舊例該營出給官軍帖文, 以充牙儈, 取其貨稅, 以供操賞, 甚爲商民之累"라 하였다.

197) 新宮(佐藤) 學, 1990, p.853.

198) 山根幸夫, 1995, p.57.

199) 斗秤課는 萬曆『蒲臺志』卷 3,「稅課」에서 "斗秤課, 其課銀充本縣官遠行夫役, 及吏書工食及里甲不足之用. 萬曆間, 知縣李時芳革(斗秤課), 每

아행의 영업이익 그 자체에 과세하고자 하는 움직임은 萬曆年間 특히 상인에 대한 수탈로써 악명이 높았던 '鑛·稅의 禍' 시기에 종래부터 존재했던 상세의 징수청부와는 별도로 나타나고 있다. 우선 수도 北京의 경우를 예로 들면

> 順天府丞 喬璧星이 말하길 京師(北京)의 백성들은 窮乏하고 재화는 소진되었는데, 新法으로 착취하니 견디기가 어려우니 牙稅를 정지시켜 주십시오. 內官 張燁에 의해 奇異·珍寶·晴綠·金玉 등의 京城內外의 전당업자에게 銀을 부과하여 징수하고 있기 때문에 의견을 말씀드린 것입니다.[200]

라 하여 '鑛·稅의 禍' 중에 內官 張燁에 의해서 제안되었던 보석상에 대한 아세의 정지를 順天府 府丞이 구하고 있다. 이 기사만으로는 牙稅의 성격을 명확하게 할 수 없지만, 다음 기사를 통해 그 성격을 알 수 있다.

> 戶部都給事中李應策題, 少監張燁請催取完·大二縣所屬及戶部等衙門珍寶·晴綠·金玉等項牙稅, 與京城內外當鋪卯曆逐查姓名, 照原題每兩三分則例, 坐派銀一萬五千兩, 委官輪管征收.[201]

斗秤行一名, 止令納穀一斗, 上倉備賑."라고 한 것처럼 그 세액은 명확하지 않지만, 어쨌든 포대현에서는 아행으로부터 斗秤課를 징수하고 있었다. 그런데 斗秤課는 起解되는 것이 아니라 縣官이 遠行하는 경우의 賦役費나 胥吏의 공식, 또는 里甲銀의 부족액을 보충하는 등에 충당되었다. 이 경우 斗秤課의 세액은 결코 가볍지 않았으며, 정액도 없고, 관리가 임의로 정할 수 있는 것이었다고 생각된다.(山根幸夫, 1995, pp.57－58. 참조.)

200) 『明神宗實錄』 萬曆28年 3月 丙寅條; "順天府丞喬璧星言, 京師民窮財盡, 新法朘削難堪, 乞停免牙稅. 因內官張燁稱, 奇異·珍寶·晴綠·金玉等項與京城內外當鋪則例課銀, 征收務足, 故極言之. 不報."

201) 『明神宗實錄』 萬曆28年 4月 壬辰條.

북경 부근의 宛平·大興 兩 縣 소속 및 戶部 등 중앙관청 출입의 보석상과 북경성 내외의 典當業[202]을 대상으로 과세하는 것이었다. 그 방법은 거래하는 은 1냥마다 3분(3%)을 과세하는 것으로써 합하여 1만 5천 냥의 세액을 징수했다고 한다면, 매년 50만 냥의 거래가 이루어지는 것으로 된다.[203] 여기에 보이는 보석아상에 대한 牙稅는 아직 거래세적인 색채를 부정할 수 없지만, 아상이나 전당업의 영업수익 자체에 직접 과세하고자 했던 움직임으로써 주목할 만하다.

이와 같이 명 중기 이후에는 객상과 도시상인 쌍방에 의해 부담되고 있던 상세가 아행이나 포호 등 도시상인에 대한 과세로 전환하였다. 강남 지방 도시의 상세징수방법의 변화 중에 성립한 門攤銀은 종래의 상세부분을 아행이나 포호에 대해 그 자본평가에 기초하여 문탄과파했다는 점에서 이러한 추세의 하나로 간주할 수 있다.[204] 또 商稅課·酒醋課·門攤課 등의 과파방법에서 과정이 문탄과파로 정리·일원화된 점은 이 시기의 一條鞭法에 보이는 세역제도의 일조화와도 공통의 경향으로 볼 수 있다. 그러면 강남 지방 여러 도시에서의 상세징수방법이 어떻게 변화하였는지 구체적인 예를 살펴보자.

먼저 10곳[205]의 稅課司·局이 있는 蘇州府에서는 嘉靖4年에 知府 胡纘宗이 현성과 진시의 각 업종의 鋪戶로부터 「門攤折徵鈔銀」을 징수하는 개혁을 단행하였다. 물론 胡纘宗의 이러한 개혁은 당시

202) 典當業에 대해서도 營業稅를 과파하는 움직임이 전국적으로 보인다.(新宮(佐藤) 學, 1990, p.860 주) 39 참조).

203) 『明神宗實錄』 萬曆28年 4月 壬辰條에는 계속해서 "窃思征銀一萬五千, 必須各牙稅得五十萬金"이라 하였는데, 이로 미루어 본다면 1만 5천 냥은 典當稅를 포함하지 않는 牙稅額으로 생각된다.

204) 新宮(佐藤) 學, 1990, p.852.

205) 蘇州府에는 明初부터 吳縣·長洲·吳江·崑山·常熟·嘉定·同里·崇明 등 9곳에 稅課局이 설치되었으며, 弘治16年 太倉州稅課局이 첨설되었다.(嘉靖『姑蘇志』 卷 15, 「田賦」, "商稅" 참조.)

전국적으로 진행되고 있던 세과국의 폐지와 밀접한 관련을 가지고 있다.[206)]

常州府에서는 嘉靖4年 상세은납화와 병행해서 門攤課·酒醋課 등은 유통하는 상품에 일일이 과세하는 '行市之稅'를 바꿔, 縣城이나 鎭市의 아행·포호에 할당하는 문탄과파 방식을 채용했다.[207)] 즉 이것은 단순히 납입화폐의 변경에만 그친 것이 아닌 징세방법의 변화를 포함하는 것이었다.

嘉靖4年 商稅銀納化와 병행해서 상세징수방법도 변화하였다. 먼저 松江府에서는 嘉靖16年 상세은납화가 시작되고 그에 수반하여 개혁이 진행되었다.[208)] 上海縣에서는 本縣·新涇·烏泥涇의 3곳에 稅課局이 있었는데, 이들 세과국의 상세액은 508兩이었다. 이 중 288兩은 '均徭內編巡欄銀'으로 충당하고 남은 220兩을 문탄과파에 의해 포호에게 부담시켰다. '均徭內編巡欄銀'은 均徭銀 중에 포함된 순란의 役銀이다. 종래 巡欄을 고용할 때에 지불되었던 役銀을 상세액으로 충당한 것은 문탄과파를 시행함으로써 순란을 사용하지 않았기 때문이다.[209)] 이 巡欄의 폐지에 이어서 嘉靖33年에는 新涇·烏泥涇稅課局이 同 43年에는 本縣稅課局도 폐지되었다. 따라서 이 개혁의 실시는 세과국에 대신한 새로운 징세방법의 창출을 의미하고 있는 것이다.

다음으로 杭州府의 경우 附郭의 仁和·錢塘 兩 縣에서는 門攤課派의 실시를 확인할 수 없지만, 府下의 海寧·富陽·新城·餘杭·

---

206) 新宮(佐藤) 學, 1988, p.101.
207) 萬曆『常州府志』 卷 8, 「錢穀志」, "征榷"; "嘉靖四年奉例稅課司門攤·酒醋諸課, 革去行市之稅, 于市鎭湊集去處, 將各牙行鋪戶, 照鈔錢原額, 編爲排冊, 折銀徵貯, 每鈔一貫折銀三釐, 每錢二文折銀三釐."
208) 萬曆『上海縣志』 卷 3, 「賦役志」, "稅課".
209) 新宮(佐藤) 學, 1988, p.103.

於潛 · 昌化縣에서는 그 실시를 확인할 수 있다.[210] 예를 들면 海寧縣에서는 萬曆6年의 本縣稅課局의 商稅折銀額은 226.3兩 정도였는데, 酒醋課鈔銀 9.6兩을 제외한 나머지 216.7兩을 縣市(102.1兩), 袁花鎭(14兩), 轉塘鎭(31.9兩), 郭店鎭(68.7兩)에서 부담하였다. 다시 각 市鎭에는 어떻게 부과하였는가를 보면 縣市의 경우 "派縣市該銀 102兩 8分……巡欄 8名. 內存局 1名, 催辦 7名 役銀 56兩 抵鈔, 餘銀 46兩……均派縣市鋪行出辦"[211]이라 하였다. 縣市의 巡欄 8명 중에서 1명만을 縣局에 남기고 나머지 7명은 고용하지 않는 대신 그 남은 인건비 役銀 56兩을 상세로 충당하고 그 부족분 46兩을 縣市의 鋪行에게 과파하였다. 이것은 앞선 상해현의 경우와 마찬가지로 巡欄의 폐지와 문탄과파가 표리일체의 관계를 가지고 있음을 알 수 있다. 海寧縣에는 本縣稅課局 외에 赫山稅課局(160.1兩), 硤石稅課局(81.6兩), 長安稅課局(202.8兩)이 있었는데, 赫山稅課局은 正德2年에 나머지 두 곳은 嘉靖45年에 폐지되어 남은 상세의 원액은 縣局과 마찬가지로 巡欄의 役銀 및 鋪行의 부담에 의해 충족되었다.

嘉興府에서는 嘉靖28年 이전에 이미 商稅銀納化가 확인되었다. 그 징수방법은 牙行과 稅商(해당 지역의 유력한 綿花商)으로부터 징수하고 그 부족분을 巡欄의 役銀에 의해서 보충하였다.[212] 또 부곽의 嘉興縣에는 稅課局이 설치되어 있지 않지만 縣 內 王店 · 新豐 · 新行 · 鍾帶 · 白馬堰 등 다섯 개 鎭의 綿花市의 鋪戶와 牙行이 嘉興縣 風涇稅課局의 상세액 일부를 부담하고 그 부족분을 巡欄의 役銀으로 보충하였다.[213]

湖州府에서도 萬曆年間에 商稅의 牙行과 鋪戶에게 부과되었다.

---

210) 萬曆『杭州府志』 卷 30, 「田賦」, "課程" 참조.
211) 萬曆『杭州府志』 卷 30, 「田賦」 "課程".
212) 萬曆『嘉興府志』 卷 8, 「課程」.
213) 萬曆『嘉興府志』 卷 8, 「課程」.

附郭의 歸安縣의 千金稅課局은 嘉靖45年에 폐지되었지만 그 商稅銀 84.8兩은 菱湖鎮 등의 牙行과 鋪戶가 부담했다.[214] 菱湖鎮에서는 각 업종의 鋪戶가 100여 호 이상 있었지만 鎮 전체의 상세원액은 銀 36냥에 불과하였다. 특징적인 것은 紳士에게는 이처럼 사소한 액수에도 優免特權이 적용되었다는 점이다.

紹興府의 경우에는 附郭의 山陰·會稽현을 필두로 餘姚·上虞 등 거의 모든 縣에서 稅課局이 폐지되고, 門攤課派에 의한 鋪戶의 부담과 巡欄役銀의 충당으로 바뀌었다.[215] 이 외에도 浙江에서는 寧波府·金華府에서 稅課司·局의 裁革에 수반한 巡欄役銀의 商稅로의 충당, 다시 부족액은 牙行과 鋪戶의 門攤課派가 실시되었다.

이러한 상세징수방법의 변화에 따라 鋪戶나 牙行이 부담했던 상세를 지방지 등에서는 그 과파방법에 기반해서 門攤折徵鈔銀·門攤課稅銀·門攤課鈔銀 등으로 표기하고, 약칭해서 門攤稅·門攤銀으로도 불린다. 그러면 이 시기의 門攤銀은 광의의 상세로서 명초 이래 소위 門攤稅와 어떤 관계가 있는가? 과연 명 전기의 초법유지책과 관련하여 징수하기 시작한 '門攤課鈔'와 嘉靖年間 이래 각지의 상세은납화로 시작되는 개혁과정에 보이는 '門攤銀'을 모두 동일한 것으로 파악할 수 있는가? 또 嘉靖年間 이래의 地方志에 門攤折徵鈔銀이나 門攤課稅銀 등의 이름으로 보이는 문탄은은 명초의 문탄과초가 단순히 은납화된 것에 지나지 않는다고 할 수 있는가?

앞선 上海縣의 상세징수방법의 변경이나 『松江府志』에 門攤課稅의 항목[216] 외에 商稅의 기재가 전혀 없는 것에서 볼 때 府 전체의 門攤課稅(859.18兩)는 협의의 商稅를 포함하는 상세액 전체를 門攤

---

214) 康熙『歸安縣志』 卷 6, 「賦役志」.

215) 반면 蕭山縣만은 萬曆10年代에 이르러서도 魚浦稅課局이 존속하여 상세의 징수가 행해졌다.(新宮(佐藤) 學, 1988, p.105.)

216) 崇禎『松江府志』, 卷 9, 「田賦」, "歲計賦額".

課派에 의해 징수했던 것으로 생각된다. 이 점은 康熙『松江府志』의 "萬曆六年稅課等鈔四十二萬七千一百六十二貫九百四文……十七年至崇禎末 門攤稅課銀八百五十九兩六錢四分一釐"[217]라고 한 것처럼 萬曆6年의 세과초 전체를 鈔 1貫에 銀 2釐의 비율로 절은했던 것이 문탄세과은으로 불려지고 있는 것에서도 알 수 있다. 그러면 稅課司·局의 대사·부사 및 관찬·순란 계열의 상세징수를 대신한 문탄과파 방식에서는 어떻게 상세를 징수하였는가? 다음의 두 기사를 보자

ⓐ 一門攤, 本縣額編鈔銀二百五十九兩(錢以下 省略). 每年於城市·鄕鎭鋪店門面派徵, 支給太·鎭二衙官軍幷本縣官吏俸鈔之用[218]

ⓑ 商稅鈔……嘉靖四年知府胡纘宗改議, 於城市各行鋪戶, 辦納門攤課鈔, 差其上中下爲三等, 三年一編[219]

ⓐ에 의해 문탄과파의 기준이 현성이나 진시의 점포의 '門面'에 있었음을 알 수 있다. 아마 각 업종의 포호는 점포의 門口의 대소로 상징되는 자본평가에 기초하여 上·中·下 3等으로 구분하였을 것이다. 이 鋪戶의 戶等評價에 기초하여 작성된 것이 「배책」으로 3년마다 편성하였다. 이러한 문탄과파 방식의 채용은 종래 번잡한 상세징수의 실무에 직접 종사하고 있던 순란의 역할을 불필요한 것으로 함으로써 징세를 둘러싼 폐해도 어느 정도 개선되었을 것으로 보인다.

경제적 선진 지역인 蘇州·常州府에서 최초로 실시되었던 문탄과파 방식은 강남 각지로 보급되는 과정에서 상세액·상품유통량의 다

217) 康熙『松江府志』 卷 12, 「田賦」, "稅課".
218) 萬曆『嘉定縣志』 卷 6, 「貢課」.
219) 嘉靖『吳江縣志』 卷 9, 「食貨志」 "貢賦".

과와 도시정착상업의 발전의 정도 등에 따라 다양한 편차를 보여주고 있다. 예를 들면 蘇州・常州 兩 府에서는 稅課司・局의 裁革에 선행하여 상세를 鋪戶나 牙行에게 과파하는 문탄과파가 실시되고 있지만, 상세액에 대한 巡欄役銀의 충당이 행해지지는 않았다. 반면 兩 府의 개혁을 참고로 했던 松江府 上海縣이나 杭州府 海寧縣 등에서는 稅課司・局 폐지를 전제로 상세액으로 순란역은의 충당이 이루어지고 있고, 그 부족분을 문탄과파에 의해서 징수하고 있다.

이상 嘉靖~萬曆年間에 걸쳐 南直隷나 浙江에서 상세징수방법의 변화가 나타났던 지역의 대부분은 대운하 연해에 위치하고 있다. 이 지역은 시진의 급격한 증가에도 나타난 것처럼 남직예나 절강 중에서도 특히 도시화의 진전이 보이고 거기에 수반한 외래상인의 도시정착도 현저한 지역이었다. 따라서 稅課司・局의 폐지와 문탄과파의 실시로 특징지어지는 이 시기의 상세징수방법의 변화는 바로 도시상업구조의 변화에 대응했던 것으로 파악할 수 있다.

5. 소 결

明朝는 중기 이후 국가기강이 흔들리는 가운데 심각한 재정난을 겪게 된다. 그렇지만 다른 한편으로는 江南 地方을 중심으로 상품경제의 현저한 발달과 함께 都市化가 진행되었다. 이러한 사회변화를 계기로 상세징수체제, 특히 都市商人을 대상으로 하는 상세징수의 방법에도 변화가 나타났다. 이러한 변화는 明代 財政政策의 기조라고 할 수 있는 '原額主義'에 수반된 문제를 개정하고, 銀經濟 체제로 진입하고 있던 사회상황에 맞춰 진행되었다.

특히 大明寶鈔의 가치하락으로 말미암은 商稅銀納化는 단순히 납입화폐의 변경에만 그치지 않고 商稅額의 실질적 감소를 초래하였다. 이러한 상세징수의 감소는 稅課司·局 관리의 인건비에도 미치지 못한 경우가 많았고, 이 문제를 해결하기 위해 稅課司·局의 폐지·합병이 이루어졌다. 물론 이러한 조치는 冗員을 削減하였던 嘉靖·萬曆年間의 전반적인 정치개혁과도 관련이 있다고 생각된다.

그리고 종래 상세징수의 실무를 담당하고 있던 巡欄이나 官攢을 대신해서 牙行에 의해 商稅가 징수되기 시작하였다. 이것은 里甲制가 와해되는 가운데 里甲正役으로써 상세징수업무를 담당하였던 巡欄의 존재가치가 줄어든 데도 원인이 있지만, 稅課司·局의 폐지·합병 경향과도 무관하지 않다. 이와 함께 牙行의 영업 그 자체에 대한 과세도 보이고 있다. 이것은 稅課司·局의 상세 총액이 원액주의 하에서 변화하지 않는 중에 그 부담자가 牙行을 포함한 도시상인에게 비중을 옮겨간 것 중에 당시의 도시상업의 발전이나 구조변화를 엿볼 수 있을 것으로 생각된다.

한편 嘉靖年間 이후의 지방지 등에는 門攤銀이라는 명칭이 보이는데, 이것은 明初부터 존재했던 門攤課鈔만이 銀納化했던 것이 아니라 門攤課鈔를 포함한 商稅 전체가 銀納化하여 鋪戶나 牙行에의 門攤課派로 바뀌었던 것이다. 이러한 상세징수의 일원화는 당시 一條鞭法에 보이는 賦稅制度의 一條化 경향과도 궤를 같이하는 것이다.

鋪戶나 牙行 등 도시상인에 대한 門攤課派의 동기는 기본적으로는 화폐경제·상품생산의 진전 중에서의 국가의 財政的 窮乏과 맞물려 徭役 面에서의 도시 상공업자 계층에로의 수탈 강화의 움직임과 밀접한 관계를 가지고 있다. 常州府의 嘉靖4年의 상세징수방법의 변화에서도 알 수 있듯이 종래 稅課司·局에서 객상이나 도시상인의 쌍방에서 징수되고 있던 商稅가 門攤課稅銀의 성립에 의해 鋪戶나 牙行 등 도시상인에 대한 과세로서의 성격으로 변화하였던 것이다. 이것은 이 시기 客商에 대해서는 鈔關에서 상세징수가 강화되는 움직임과 밀접한 관련이 있다. 즉 도시상인층에 대해서는 府·州·縣에서 門攤課派에 의한 상세징수가 이루어지고, 客商에게는 鈔關에서 船料의 징수라는 형태로서 각각의 역할을 분담시키고 있었던 것이다.

이처럼 본래 官府에서 請負의 형태로서 시작되었던 牙行이나 鋪戶에 의한 상세징수는 그 후 점차 그들에 대한 과세로서의 성격으로 변화하였다. 중간매매업으로서 발전하여 富를 축적하고 있던 牙行의 영업 그 자체에 과세하고자 하는 움직임은 특히 '鑛稅의 禍'가 계속되었던 萬曆 末 이래 두드러지게 나타났다.

제 Ⅲ 편

명말·청초의 재정정책과 제 정치세력의 역학관계

第 5 章

장거정의 재정정책과 강남 지주층 견제

1. 장거정의 문제의식

張居正은 湖廣(지금의 湖北) 江陵縣 사람으로 字는 叔大, 號는 太岳이다. 嘉靖26년(1547) 23세의 나이로 進士에 합격하여 翰林院 庶吉士로서 관료생활을 시작한 이래 嘉靖39년(1560) 右春坊右中允이 되어 중앙관이 되었다. 이어서 隆慶元年(1567)에는 權臣인 徐階(1494－1574)의 추천에 의하여 吏部左侍郎兼 東閣大學士로서 內閣에 진출하였으며, 萬曆元年(1573)부터 10년(1582)까지 內閣首輔가 되어 정권을 장악하였다.

張居正에 대해서는 明末의 陽明學 左派 思想家이며 그의 講學 탄압을 신랄히 비판했던 李贄(1527－1602)조차도 '宰相之傑'[1])이라 하였으며, 현대 중국에 있어서는 宋代의 王安石(1021－1086)과 더불어 그 공적을 높이 평가하고 있다.[2]) 그리고 그동안 많은 연구자의

1) 李贄, 「答鄧明府」, 『焚書』 卷 1, p.16.

2) 批林批孔運動 때에는 法家思想家로서 찬양되었으며, 80년대에 들어와서도 국가재정을 好轉시키고 富國强兵을 이룩한 '進步派', 내지는 경제의 발전에 유리한 정책을 전개한 '改革者' 등으로 張居正을 높이 평가하고 있다. (周伯棣, 『中國財政思想史稿』, 福建人民出版社, 1984; 徐健竹, 「試論張居

관심의 대상이 되어 그의 생애[3]뿐만 아니라 경제정책[4] 및 정치사상[5] 등에 관한 연구 등이 폭넓게 이루어졌는데, 그의 정책이나 사상의 保·革性에 대해서는 아직 논란이 많다.[6]

正的財政改革」, 『明淸史硏究論叢』 제1집, 1982; 徐明德, 「張居正的經濟思想及其整理財政的措施」, 『明淸史國際學術討論會論文集』, 天津人民出版社, 1981 등 참조.)

3) 揚鐸, 『明張江陵先生居正年譜』, 臺灣商務印書館, 1979; 唐新, 『張江陵新譜』, 臺灣中華書局, 1968; 朱東潤, 『張居正大傳』, 湖北人民出版社, 1957; 陳翊林, 『張居正評傳』, 中華書局, 1956; 張海瀛, 『張居正改革與山西萬曆淸丈硏究』, 山西人民出版社, 1993; 鈴木正, 「張居正の硏究」, 『史觀』 49, 1957 등 참조.

4) 淸水泰次, 「張居正の土地丈量について」, 『明代土地制度史硏究』, 東京, 大安, 1968; 西村元照, 「張居正の土地丈量」上.下, 『東洋史硏究』 30－1.2, 1971; 川勝 守, 「張居正丈量策の展開」, 『史學雜誌』 80－3.4, 1971; 金鍾博, 「明萬曆時張居正的土地丈量」, 『상명여대 논문집』 17, 1986.

5) 吳金成, 「張居正의 敎育政策 ― 地方敎育振興策을 中心으로 ―」, 『歷史敎育』 14, 1971; 小野和子, 「東林黨と張居正」 ― 考成法を中心に ― 『明淸時代の政治と社會』, 京都大學人文科學硏究所, 1983; 同氏, 「山西商人と張居正」 ― 隆慶和議を中心に ― 『東方學報』 58, 1986.

6) 中國과 日本의 학계에서 張居正을 보는 시각에 차이가 있는데 대체로 중국에서는 혁신적인 인물로, 일본에서는 보수적인 인물로 보고 있다. 中國의 劉志琴은 張居正의 정치가 富國强兵을 추구한 혁신적인 것이었던 것인데 비해서, 東林黨은 尊經重道(＝道德)의 부흥을 통해 위기 상황을 극복하고자 한 것으로서 封建專制主義의 사상적 지배를 강화하고자 한 것에 지나지 않으며, 張居正을 능가하는 어떤 유효한 정책대안을 제시하지도 못했다고 보았다. 따라서 동림당의 당쟁을 지주계층 내부의 것으로 규정하면서 張居正의 혁신정치에 비해 오히려 보수적인 성격을 지닌 것으로 평가하였다.(劉志琴, 「論東林黨的興亡」, 『中國史硏究』, 1979－3) 이에 반해서 日本의 溝口雄三은 당시 명왕조의 體制 基盤인 里甲制가 붕괴하는 와중에서 張居正은 황제 일원적인 지배를 강화하는 한편 국정을 확실히 장악하여 위기를 극복하고자 했다고 보았다. 東林派人士는 鄕村에서 힘을 축적하고 향촌의 이익을 대변하는 鄕村地主로서 分權公治的인 君主主義를 추구하였다고 보았다. 따라서 東林黨의 항쟁은 張居正의 「舊」에 대한 「新」의 항쟁이었다고 파악하고 있다.(溝口雄三, 「いわゆる東林派人士の思想－前近代における中國思想の展開」, 『東洋文化硏究所紀要』 75, 1978.)

張居正은 25세 때인 嘉靖 28년(1549) 「論時政疏」[7]를 통해서 당시 명조가 처한 문제점으로 ① 宗室驕恣, ② 庶官瘝曠, ③ 吏治因循, ④ 邊備未修, ⑤ 財用大匱 등 다섯 가지를 지적하면서 황제에게 개혁의 실행을 건의하였다. 그중 재정문제에 대해서 張居正은 당시 국가에서 수취할 수 있는 재원은 점차 고갈되어 가고 있는 데 비해 국가의 지출은 국초의 수십 배에 달하고 있음을 지적하면서 다음과 같이 말하고 있다.

> 천지가 재를 만들어낸 데에는 본래 정해진 양이 있다. 그것을 취하고 사용함에 절제가 있으면 여유가 있고, 절제가 없으면 모자라게 된다. 지금 국가부세의 수입은 동남 지방의 공급에 의존하는 데 민의 힘에는 한계가 있는데도 조정의 지출은 국초에 비해서 수십 배에 이른다.[8]

국가의 재정 문제와 관련하여 장거정이 隆慶3년(1569) "太倉의 銀數는 250여 만 냥에 지나지 않는 데 비해 지출은 400만 냥에 달하고 있다."[9] 말한 데에서도 알 수 있듯이 당시 中央 財政은 매우 어려웠고, 張居正의 국정에 대한 위기감은 이러한 재정상황으로부터 비롯되었다고 할 수 있다.

명 중기 이후 계속된 국가재정위기를 극복하고자 하는 노력은 이미 嘉靖 초기와 隆慶 초기에도 나타나 각종의 개혁들[10]이 추진되기

---

7) 이것은 張居正이 翰林院編修로 있으면서 시정에 대해 최초로 자신의 정치주장을 나타낸 것으로서 그의 탁월한 정치재능과 개혁에 대한 정치포부가 잘 나타나 있다.(張舜徽, 『張居正集』 第一冊 奏疏,(荊楚書社, 1987) p.499)

8) "天地生財, 自有定數. 取之有制, 用之有節卽裕, 取之無制, 用之無節卽乏. 今國賦所出, 仰給東南. 然民力有限, 而王朝之費, 又數十倍于國初之時."(張居正, 「論時政疏」, 『張太岳集』 卷 15, p.184)

9) 張居正, 「請停取銀兩疏」, 『張太岳集』 卷 36, p.461.

도 하였으나 당시 지배계급을 형성하고 있던 지주와 관료계층의 반대에 부딪혀 큰 효과를 보지 못하였다.[11)]

사실 嘉靖(1521－1566)・隆慶(1566－1572)년간의 정치는 매우 불안정하였다. 당시에는 내각의 수보쟁탈전이 격렬하였으며, 용관이 많아지고 관료들 사이에 알력이 많아져서 통치역량이 약화되었다. 따라서 首補는 대개 그 직을 이반하는 일이 잦았었는데 張居正은 각신으로서나 수보로서나 그 자리를 지켰다는 점에서 매우 이례적이었다. 萬曆 初 내각의 수보가 되어 전권을 장악한 張居正이 권력에 오래 머물러 있으면서 강력한 개혁정치를 행할 수 있었던 것은 한편으로 宦官과 제휴하여 言官의 비판으로부터 환관을 보호해 줌으로써 황제의 지지를 확보할 수 있었고, 다른 한편으로 사리를 추구하는 환관에 대한 언관의 비판을 지지해 주는 등 정치상의 다양한 세력관계를 이용하여 통제할 수 있었기 때문이다.[12)] 환관을 견제하면서 한편으로는 百僚를 '法'과 '威'로 제어하고자 했던 張居正의 사상과 정책의 경향은 '法家的'이라고 할 수 있는데, 실제로 그는 秦始皇의 찬미자였으며 明太組 朱元璋의 강권정치를 이상으로 하는 인물이었다.[13)] 그는 당시 지배계층을 형성하고 있던 地主・官僚들의 강한 반발을 사기도 하였지만 철저하게 中央의 시각에서 여러 가지 정책을 강력하게 추진해나갔다. 그러나 그가 지방을 경시한 것은 아니고 각 지방으로부터의 개혁요구가 집중되는 중앙의 중추에 위치하

---

10) 嘉靖10年(1531) 傅漢臣에 의한 일조편법, 그 이후의 王儀와 歐陽鐸에 의한 장량의 시행, 그리고 隆慶3年(1569) 당시 應天府 순무였던 海瑞에 의한 토지장량의 시행 등이 있었다.

11) 劉志琴, 「論張居正改革的成敗」, 『明史研究論叢』 3, 江蘇古籍出版社, 1985, p.192.

12) 曺永祿, 『中國近世政治史研究』, 지식산업사, 1989, p.188.

13) 岩井茂樹, 「張居正財政の課題と方法」, 『明末清初期の研究』, 京都大學人文科學研究所, 1989, p.226.

여 지방관들의 문제인식을 충분히 흡수하고자 한 것이었다.[14)]

2. 산서상인 가문 출신 관료의 중용

장거정이 활동하던 만력년간에는 상업의 발달로 도시 및 도시적 취락인 진이나 시의 발달, 농업의 상품생산화, 전국적인 시장권의 성립이 이루어졌으며, 이와 더불어 유통경제의 주역으로써 대상인집단이 출현하였다. 이들은 사치품은 물론 염과 의류 등 생활필수품까지 취급하였다. 이들 상품 중 염은 당시 최대의 상품이었고, 국가의 전매품이었다. 따라서 염상의 활동은 순수한 민간의 경제 활동이라기보다는 강고한 국가권력과 밀접한 관계를 가지고자 노력하였다.[15)]

당시의 상인집단 중에서는 신안상인과 산서상인의 양대 상인집단이 전국적인 유통망을 장악하면서 활동하고 있었다. 신안상인은 남직예 휘주부 출신 상인으로 신안은 휘주부의 옛 이름이다. 또 산서상인은 山陝商人 혹은 진상 · 서상이라 불리며 산서성과 인접 섬서성에 본적을 가진 상인의 호칭이다.

이들 중 장거정은 특히 재정정책을 수립하고 그것을 효과적으로 추진하기 위해 산서상인 가문 출신 관료를 중용하였는데[16)] 거기에는

---

14) 張居正의 경우 總督 · 巡撫 및 布政司 이하 지방관과의 書信교환이 매우 많은데 그만큼 지방이 중시되고 있음을 의미한다.(川勝 守, 「徐階と張居正」, 『山根幸夫教授退休記念明代史論叢』上, 汲古書院, 1990, p.260)

15) 상인과 官界와의 결합방법으로는 첫째 동족이나 동향 사람으로서 재능있는 자를 원조해서 관계에 진출시키거나, 둘째 자신의 자제를 관료로 만들고, 자신은 관상이 되거나, 셋째 연납을 통해 자신이 관료로 되거나, 넷째 면식이 있는 관료의 실력을 이용하는 것 등 크게 네 가지가 있다.(寺田隆信, 新安商人と山西商人」, 『中世史講座3－中世の都市』, 學生社, 1982, p.384)

몇 가지 이유가 있다. 첫째 그는 사회가 현물적 성격을 상실한 상황에서 유통경제의 주역인 이들 상인 출신 가문 상인들을 등용하여 지주, 강남의 지주층을 견제하고자 했기 때문이다. 중기 이후 강남 지주층의 토지겸병과 이들의 서리와의 결탁에 의한 납세 기피로 세량 확보에 어려움을 겪게 되자 이들을 견제하기 위해서라도 상인 가문 출신 관료들이 필요했던 것이다.

둘째 산서상인의 합리적인 경영정신[17]과 검소한 상인정신을 들 수 있다. 謝條淛도 "부실의 우두머리를 일컫는 것은 강남에서는 신안을 추천하고 강북에서는 산우(산서)를 추천한다. 신안의 큰 상인은 어업과 염업을 하며 돈꿰미를 저장함이 백만에 이르는 자가 있었으며, 기타 이삼십만은 중간 상인일 뿐이다. 산우에서는 염이나 혹은 전판(행상)을 하고 혹 어떤 이는 곡식을 움에 저장하여 그 부가 신안보다 더하였다. 신안은 사치하고 산우는 검소하다."[18]고 하여 산서상인이 신안상인보다 검소하다는 것을 들고 있다. 이러한 산서상인의 검소한 상인정신은 장거정이 재정정책을 합리적으로 수행하는 데 도움을 주었을 것이다.

셋째 산서상인 가문 출신 관료들이 장거정과 결합하는 데에는 명조의 북변 방위체제와 밀접한 관련이 있다. 즉 산서상인은 開中法[19]을 통해 북변에 군향을 조달함으로써 자본을 축적하였으며, 특히 대

16) 張居正의 정치적 기반은 첫째, 江南地主層, 둘째, 호광의 정치그룹, 셋째, 山西商人 출신 관료를 들 수 있다.(川勝 守, 「徐階と張居正」, 『山根幸夫教授退休記念明代史論叢』 上, 汲古書院, 1990, p.245.)

17) 최정연, 「명조의 통치체제와 정치」, 『강좌중국사IV』, 지식산업사, 1989, p.29.

18) 謝肇淛, 『五雜俎』 卷 64, 「地部二」.

19) 개중법은 군량을 필요로 하는 장소에 서둘러 식량을 모으기 위한 방법이었다. 변경지대에 미곡이나 초속을 운반·납입토록 하고 그 대가로 상인에게 염을 주고 그것을 정해진 지역에서 판매할 수 있도록 한 것이다.(劉淸陽, 「明代開中制度下商人的社會作用」, 『明代史論叢3』, 江蘇古籍出版社, 1985, pp.87-111 참조)

몽고 군사작전의 병참을 담당하여 미곡·염·견·면포 등을 거래하고 명조와 결탁하여 대상인집단으로 성장하였다. 상인들은 국가권력과의 결합을 통한 독점을 통해 경영의 대규모화를 이루어갔으며, 국가권력 측에서는 사회가 현물적 성격을 잃어버린 상황에서 지배체제를 유지하기 위해 유통경제를 담당하고 있던 산서상인을 필요로 했던 것이다.[20]

산서상인 가문 출신 관료들은 명조에게 누차 문제가 되어 왔던 '北邊之患'을 덜고, 군사비의 삭감을 통한 국가재정의 일시적인 안정을 가져오게 하였던 隆慶5年(1571)의 몽고족인 Altan 汗(俺答)과의 강화(隆慶和議)에서 張居正을 도와 주도적인 역할을 담당하였다. 嘉靖년간 俺答의 활동은 매우 활발하여 명 측에 통상무역을 개시할 것을 요구하며 자주 북변을 침입하였다. 특히 嘉靖29年(1550) '庚戌之變' 때에는 北京까지 포위하여 명왕조를 긴장시키기도 하였는데 이러한 상황을 일거에 변환시킨 것이 융경화의였다. 張居正은 山西商人 가문 출신 官僚인 王崇古, 張四維 등과 긴밀한 관계를 유지하면서 조정에서의 많은 반대에도 불구하고 강화를 성사시켰다. 강화의 성립과 동시에 兵部尙書 郭乾, 戶部尙書 張守直 등 강화에 반대하였던 인물들이 제거되고 楊博, 王國光 등 山西商人 가문 출신 관료들이 새로이 등장하였다.[21] 산서상인 출신 관료들은 張居正과의 결합을 더욱 공고히 하여 萬曆년간 張居正의 권력 아래에서 일정한 지위를 차지하고서 정책결정에 중요한 역할을 하였다.[22]

---

20) 寺田隆信, 1972, p.326.

21) 小野和子, 「山西商人と張居正 ― 隆慶和議を中心に ―」, 『東方學報』 58, 1986, p.563.

22) 萬曆元年부터 10年 사이에 張居正權力 아래에서 內閣과 六部에 진출한 山西商人 가문 출신 官僚들을 도표로 나타내면 다음과 같다.

우선 內閣의 구성은 張居正의 집정시기 대학사로서 入閣한 것은 呂調陽(隆慶6－萬曆6), 張四維(萬曆3－11), 馬自强(萬曆6), 申時行(萬曆6－19)의 4명인데 이 중에서 산서상인 가문 출신 관료는 張四維와 馬自强의 2명이었다. 張四維(1526－1585)는 和議의 과정에서 高拱(1512－1578)과의 관계를 밀접히 유지하였는데, 高拱이 권력투쟁에서 패한 시점에서 잠시 관직을 떠났다가 萬曆3年 張居正의 추천에 의해 입각하여 11년까지 내각대학사로 활약하였다.

馬自强(?－1578)은 和議 당시에는 한림원 시강으로 직접 和議에 관여한 것은 아니지만 장거정 정권 아래에서 禮部侍郎·吏部侍郎을 거쳐 禮部尙書가 되었으며 이어서 문연각대학사를 겸임하였다. 그러나 그는 대학사에 취임한 후 얼마 되지 않아 세상을 떠났으므로 대학사로서의 기간은 매우 짧았다. 그는 예부상서로서 조공에 관여한 것은 당연하지만 기타 宗藩問題[23]의 해결에도 노력하였다.

이 밖에 강화체결의 주역이었던 王崇古는 萬曆3年 刑部尙書, 5년에 兵部尙書로 활약하였고, 그 뒤를 이어 方逢時가 萬曆9年까지 兵部尙書로 재직하여 강화정책은 그대로 유지되었다. 또한 楊博은 吏

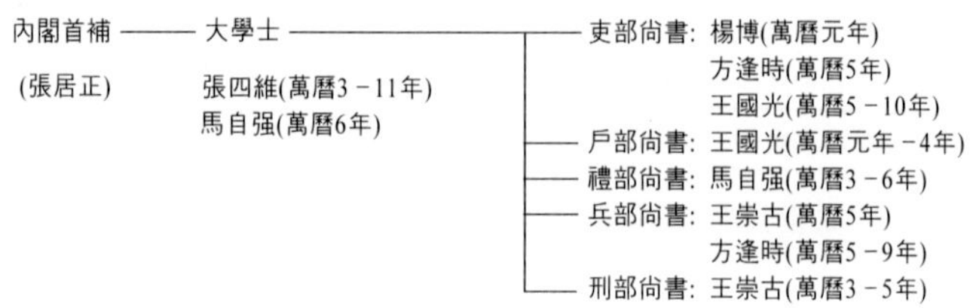

「宰輔年表」 二,『明史』 卷 110, pp.3365－3367;「七卿年表」 二,『明史』 卷 112, pp.3472－3475.

23) 이에 대해서는 이미 嘉靖44年 「宗藩條例」가 공표되고 祿米의 일부를 本色으로부터 절초에 절환하는 등의 대책이 강구되기도 하였는데 張居正은 萬曆6年 다시 「宗藩條例」를 개정하고 부정한 수단에 의한 종실의 증가를 방지하고자 하였다. 그 원안을 작성한 것이 馬自强이었다. 이리하여 그는 王府에 대한 중앙의 감독권을 강화하고 왕실의 증가를 억제하는 한편 왕부의 횡포 또한 저지하고자 하였다.

部尙書로, 王國光은 戶部尙書로 각각 활약하였으며, 李植은 御史로서 장거정권력 아래에서 중요한 역할을 수행하였다.

그리고 강화에 동반한 互市는 국가의 보장을 받는 안전한 무역으로 이들에게 직접적인 이익을 주었다. 互市는 강화조약 후인 隆慶5年 5월부터 大同·宣府·山西 등에서 형성되어 蒙古의 말·소·양과 明의 목면·견직물·곡물 등의 매매가 이루어졌다. 互市의 무역액은 萬曆3年 당시 官市에서의 23만 냥과 私市에서의 상당량을 합친 금액이 당시 국가재정의 銀兩 부분인 태창은고의 430만 냥의 약 5-10%에 상당하는 것이었다.[24] 互市의 발달은 명의 상품 생산에 일정한 판로를 보장하고 자극을 주었으며, 客商에 대해서도 확실한 이익을 보증하는 것이었다.[25] 山西商人 가문 출신인 張四維와 王崇古는 이러한 계산에 입각하여, 당시 이적과 통한다는 강한 비판여론에도 불구하고 강화와 동시에 호시를 적극 추진하였던 것이다.

산서상인들은 北으로는 長城線, 南으로는 江蘇·浙江으로부터 廣東에 이르고 西로는 돈황과 四川에 이르기까지 거의 전 중국을 대상으로 상업 활동을 행하였으니, 그들의 시야는 출신지라는 지역 사회에 국한된 것은 아니었으며 재정개혁도 역시 중국이라고 하는 국가적인 규모에 입각하여 행해졌던 것이다. 따라서 염상으로서 개중법과 같은 군량수송에 제휴하여 상업 활동을 행하였던 산서상인으로서는 국가재정의 건전화라고 하는 것이 자신들의 이익을 확보하기 위해서도 최저의 필요한 것이었던 것이다.

24) 小野和子, 1986, p.562.
25) 小野和子, 1986, p.563.

3. 호부의 기능강화

戶部의 기능강화는 산서상인 출신으로 張居正 권력 아래에서 戶部尙書(隆慶6년－萬曆4년)・吏部尙書(萬曆5년－10년)라는 요직을 역임하였던 王國光에 의해 착수되었다. 王國光은 張居正이 권력을 장악한 직후에 隆慶和議에 반대하는 호부상서 張守直을 대신하여 기용된 인물이다. 그의 출신지인 산서의 陽城은 山西商人의 출신 지역이자 철의 생산지로도 유명하였다.

장거정은 왕국광과 함께 호부의 기능을 강화하기 위해 여러 가지 시책을 마련하였다. 명대 국가재정의 중추에 위치하고 있던 戶部는 尙書[26] 1인・左右侍郎 1인이 주무하였고, 속관으로서 司務廳 司務 2인, 13淸吏司[27]에 郎中 각각 1인을 두었는데 宣德 이후에 山西司에 郎中 3인, 陝西・貴州・雲南의 3司에는 각각 2인, 山東司에는 郎中 1인이 증설되었다.[28] 그리고 員外郎 1인, 主事 2인과 太倉銀庫 등의 각 大使, 副使 등이 있었다.

특히 13청리사는 각 성의 재정을 분장함과 동시에 兩 京・直隸의

26) 尙書는 천하 戶口・田賦의 政令을 장악하여 2명의 侍郎들로 하여금 版籍(토지 및 백성에 관한 것을 기록한 장부)을 조사하고 매년 부역 실징 숫자를 모아서 각 司에 내려 보낸다. 10년마다 黃冊을 모아 그 戶의 上下와 畸零 등의 그 등급을 매기니 그 加減을 두루 알 수 있었다. (“尙書掌天下戶口, 田賦之政令. 侍郎貳之. 稽版籍, 歲會, 賦役實徵之數, 以下所司. 十年攢黃冊, 差其戶上下畸零之等, 以周知其登耗.”; 「職官」 一, 『明史』 卷 72, p.1740)

27) 明朝는 洪武元年(1368) 戶部를 설치한 것을 시작으로 6년(1374) 속관으로 5科를 설치하였다. 13년(1380) 總部・金部・度支部・倉部의 4子部로 바꾸었다가 23년(1390) 당시의 省區分에 의해 12子部로 되었다. 그 후 宣德10年(1435) 浙江・江西・湖廣・陝西・廣東・山東・福建・河南・山西・四川・廣西・貴州・雲南의 13淸吏司로 되었다.(「職官」 一, 『明史』 卷 72, p.1744)

28) 위의 책, p.1739.

貢賦 및 諸司·衛所의 祿俸, 邊鎭의 糧餉, 각 倉場의 鹽課·鈔關을 담당하는 중책을 맡고 있었다. 성별로 전국의 재정을 주관하였던 것이다. 그리고 내부는 4科로 나뉘는데 民科는 주로 소속 省·府·州·縣의 地理·人物·圖志·古今沿革과 土地의 肥瘠, 戶口物産의 多寡 등을, 度支科는 夏稅·秋糧·存留·起運 및 賞賚·祿秩의 經費를, 金科는 市舶·魚鹽·茶 등의 稅課를, 倉科는 漕運과 軍糧의 출납을 취급하였다. 그런데 이처럼 재정상의 중책을 담당하고 있던 13청리사는 그 업무영역이 협소하다고는 하지만 郎中 1인의 상주만으로 운영하기에는 무리였다. 서리의 부정과 뇌물수수 등 국가재정이 문란해질 수 있는 여지가 생기는 것도 당연한 일이라 할 수 있겠다.[29)]

이에 戶部 13淸吏司의 職掌을 조사하여 "北直隷의 府·州·縣은 福建司에 귀속되고 南直隷는 四川司에 귀속된다. 鹽課는 山東司에, 關稅는 貴州司에, 淮·徐·臨·德 諸倉은 雲南司에, 御馬象房 및 24馬房芻科는 廣西司에 귀속시키되 이를 제도로 삼는다."[30)]고 하였으니 錢糧·鹽課·關稅 등도 각각 특정의 淸吏司의 소관으로 하여 책임의 소재를 명확히 하는 한편, 호부가 전국의 재정상황을 파악한 위에서 군사비 조달 등의 재정운영이 시행되도록 하였다.

또한 錢糧關係 및 事例 등에 관계된 簿冊을 정리하였고, 邊餉에 대한 실태조사를 행하고 장기적인 전망에 의해 邊餉政策을 실시하

---

29) 13청리사의 문제에 대해서 王國光은 "戶部 13司는 弘治 이래로 관서가 좁고 오직 郎中 한 사람만이 일을 행한다. 員外郎·主事는 다만 새로 관직을 제수받은 날만 한번 다녀갈 뿐이다. 郎中의 힘이 미치지 못해 서리에게 위임한즉 폐해가 더욱 늘어난다."(戶部十三司, 自弘治來, 以公署隘, 惟郎中一人治事. 員外郎·主事只除官日一赴而已. 郎中力不給, 卽委之吏胥, 弊益滋. 「王國光傳」, 『明史』 卷 225, p.5913)고 지적하였다.

30) "畿輔府·州·縣歸福建司. 南畿歸四川司. 鹽課歸山東司. 關稅歸貴州司. 淮·徐·臨·德儲倉歸雲南司. 御馬象房, 及二十四馬房芻科歸廣西司. 遂爲定制."(「王國光傳」, 『明史』 卷 225, p.5913)

였다. 또 지방관으로 하여금 관할 지역의 稅入・歲出・欺隱・滯納狀況 등을 기록한 주소 책을 매년 호부에 보고토록 하여 감사를 받게 하고 세역수취 성적을 고과에 반영시켰다. 그리고 總督倉長 1인이 首都와 通州 등의 倉場糧儲를 감독하게 하였는데,[31] 王國光은 部郞 1인을 通州에 파견하여 軍糧의 소비를 엄하게 단속하니 坐糧廳이라고 하였다.[32]

王國光은 이러한 개혁에 입각하여 『萬曆會計錄』의 편찬에도 착수하였다. 『萬曆會計錄』은 萬曆4년 그가 戶部尙書의 職을 떠날 때 상정하여 후임 호부상서인 張學顔에 의해서 속찬되어 同 9년 상정된 것이다. 王國光은 전량이야말로 국가재정의 기초가 되는 것이라는 입장에 서서 전량에 대한 장부가 유실되어 기초 자료가 정확히 파악되지 못한 상황에서 재정의 안정을 꾀할 수 없다고 보았다. 따라서 그는 호부대장에 보이지 않고, 조사를 행하지 않던 것을 여러 관료의 자료를 동원하여 상호 교정하고 기초가 되는 숫자 파악에 노력하였다. 그 결과 얻어진 상세한 숫자는 세입과 세출의 항목별로 분류하였다.

이 회계록에는 국가와 지방재정이 대해서 縣 단위까지 미쳐서 상세한 숫자가 기록되고 있는 것은 말할 것도 없고, 그 연혁에 대해서도 기록되어 있으며 그 숫자의 전이 또한 알 수 있게 되어 있다. 더구나 각 포정사의 지방 재정이 문제점으로 부가되어 있으며 재정개혁의 의도가 명확히 나타나 있다. 회계록의 편찬은 장거정이 행하였던 전국적인 장량과 병행하여 행해졌다. 전량을 기본으로 장기적인 국가재정의 확립을 생각해 본다면 전량에 기초한 토지장량이 요청되는 것은 당연한 것이다.

---

31) 「職官」 一, 『明史』 卷 72, p.1745.
32) 「王國光傳」, 『明史』 卷 225, p.5913.

호부의 기능강화는 이와 같이 다방면에 걸쳐서 실시되었는데 張居正이 재정재건의 제일보로서 가장 중요하게 생각하였던 지방의 재정상황 특히 전량징수 달성의 정도를 정확하게 파악하는 수단을 갖게 되었다.

4. 세입체계의 정비와 재정의 중앙집권화

장거정은 嘉靖년간부터 시작된 정치 부패, 즉 세량징수를 담당하고 있던 관료들의 賄政으로 인해 다액의 세량이 체납되고 대지주들의 土地兼并이 증가하는 결과를 가져왔다고 판단하였다.[33] 이로 인해 국가의 세량징수가 매우 힘들어졌고, 재정수입도 큰 타격을 입게 되었다고 생각하였다. 따라서 그는 관료들의 부정을 방지하기 위한 근본적인 대책을 강구하지 않을 수 없게 되었다.

장거정은 내각에 진출한 지 2년 만인 隆慶2年(1568) 8월 嘉靖 이래의 각종 폐단을 지적하면서 「陳六事疏」[34]를 제출하여 황제에게 국정 개혁을 건의하였다. 그는 먼저 황제에게 "天下를 다스리는 데는 大本과 急務가 있는데 마음을 바로하고 몸을 닦아 최고의 典範을 수립함으로써 臣民의 師表가 되는 것이 政治의 根本이고 형세의 변화추세를 상세히 헤아려 민의 이익에 부응하는 것이 현 상황 타개의 急務"[35]라고 한 이후에 구체적인 개혁 방안으로 여섯 가지를 제

---

33) 川勝 守, 「張居正丈量策の展開 — 特に明末江南における地主制の發展について —」, 『史學雜誌』 80－3.4, 1971, p.259.

34) 「陳六事疏」는 張居正의 강령성의 주소로서 그의 정치적 소신을 피력하고 있으며 조정을 혁신하고 부국강병을 이루고자 하는 그의 정치노선을 알려주는 중요한 요소가 된다.(張舜徽, 1987, p.10)

35) "臣聞帝王之治天下, 有大本, 有急務. 正心修身, 建極以爲臣民之表率

안하였다. 먼저 「省議論」에서

> 신이 보건데 근년 이래 朝廷에 議論이 너무 많아 한 가지 일을 가지고도 갑론을박하며, 한 사람이 아침부터 저녁까지 떠들기도 하며, 혹 앞뒤가 서로 배치는 것도 모르고, 혹 毁譽가 서로 모순 되며 是非가 가려지지 않고 用舍가 愛憎에 따라 좌우되며, 政治는 거듭 어지러이 바뀌고 일에 기강이 없습니다.[36]

고 하여 조정에서 쓸데없는 의론이 너무 많음을 지적하면서 당시의 조정에서 가장 시급히 해야 할 것은 무익한 의론을 줄이는 일임을 지적하였다. 아울러 張居正은 법치의 작용을 강조하였다.[37] 그는 법은 곧 치국안민의 기초이고 통치자와 피통치자의 행동질서이므로 왕이 된 자와 백성이 믿음을 갖고 지켜야 할 것이 법아라고 하였다.[38] 그는 어느 누구도 법의 규범을 초월할 수 없다고 하면서

> 근년 이래 기강이 문란하고 법도가 행해지지 않으며 상하가 고식적인 데에 힘쓰니 모든 일이 임시방편으로 흐른다. 일을 모호하게 행하여 가부를 결정짓지 않고 모두 옳다고 하는 것을 '調停'이라 하고 사정에 이끌려 일을 처리하는 것을 '善處'라 한다. 법이 적용되는 것은 오로지 미천한 자뿐이며 강력한 자는 비록 법을 파괴하고 기강을 헤이하게 만들어도 누구인가를 묻지 않는다.[39]

者, 圖治之大本也. 審幾度勢, 更化宜民者, 救時之急務也."(張居正, 「陳六事疏」, 『張太岳集』 卷 36, p.453)

36) "臣竊見頃年以來, 朝廷之間議論太多, 或一事甲可乙否, 或一人而朝由暮蹠, 或前後不覺背馳, 或毁譽自爲矛盾, 是非淆於脣吻, 用舍決於愛憎, 政多紛更, 事無統紀."(張居正, 「陳六事疏」, 『張太岳集』 卷 36, p.454)

37) 黃國强, 「論張居正整頓吏治和改革財政的措施」, 『明淸史』,(中國北京人民大學書報資料中心, 1987－1) p.30.

38) 張居正, 「辛未會試程策三問」, 『張太岳集』 卷 16, p.192.

39) "臣竊見近年以來, 紀綱不肅, 法度不行, 上下務爲姑息, 百事悉從委循. 以

고 하여 당시의 법 기강이 문란해진 것을 지적하면서 이를 바로잡기 위해서는 조정법령의 엄격한 집행과 경관에 대한 고찰을 엄격히 할 것을 주장하였다.[40] 장거정의 부패한 정치를 개혁하고 법치를 바로 잡고자 하는 노력은 萬曆初年 내각수보가 되어 정권을 장악하면서 실천에 옮겨졌다. 萬曆元年 11월 그는 「請稽査章奏隨事考成以修實政疏」를 올려 황제의 재가를 받았다. 考成法은 관료들의 부패를 척결하고 강력한 법을 행사함으로써 자신의 권력을 강화하는 한편 세량징수를 완수하기 위해 실시한 것이었다.

張居正은 "신이 보건데 근년 이래 장주가 매우 많고, 各 衙門에서 의견을 말하지 않는 날이 없다. 그러나 奏를 부지런히 처리한다고 해도 대개 실효는 없습니다. 언관이 한 가지 법을 건의해 조정에서 허락하고 역참을 통해서 사방으로 전하니 곧 언관의 책임입니다. 그 법의 성과에 대해서 便否할 필요가 없습니다."[41]고 하면서 다음과 같이 제안하고 있다.

> 청컨대 지금부터 舊章을 申明하여 무릇 六部와 都察院으로부터 각각 章奏가 있어 (황제의) 旨를 받들거나 혹은 (황제의 뜻에) 의거해 집행할 것을 해당 各 衙門에 전달할 때에는 먼저 도로의 원근과 사정의 완급을 참작하여 기한을 정하고 文簿를 만들어 두고 대조토록 합니다. 매월 말에 註鎖합니다. ……만약 각 해당 撫按官 명에 따라 일을 처리함에 있어서 지체함이 있으면 해당 部

模棱兩可, 謂之「調停」, 以委曲遷就, 謂之「善處」. 法之所加, 唯在于微賤, 而强梗者, 雖壞法干紀, 而幕之誰何."(張居正, 「陳六事疏」, 『張太岳集』 卷 36, p.455)

40) 張居正, 「陳六事疏」, 『張太岳集』 卷 36, pp.455－456.

41) "臣等竊見近年以來, 章奏繁多, 各衙門題覆, 殆無虛日. 然敷奏雖勤, 而實效蓋鮮. 言官議建一法, 朝廷曰可, 置郵而傳之四方, 則言官之責已矣, 不必其法之果便否也."(張居正, 「請稽査章奏隨事考成以修實政疏」, 『張太」岳集』 卷 38, p.482)

> 에서 적발해 내고, 部·院에서의 문책에 있어 그 폐단을 숨기고자 한다면 六科에서 검거합니다. 六科에서 繳本具奏함에 그 폐단을 숨기고자 한다면 臣等이 검거합니다. 이와 같이 하면 달마다 考가 있고, 해마다 稽가 있게 되어 名은 반드시 實과 하나가 될 뿐 아니라 事는 가히 책임지고 이루어질 것입니다.[42)]

張居正의 제안에 의거하여 육부·도찰원으로부터 상주하여 비준을 얻은 사안에 대해서는 관계 각 관청에 전달함과 동시에 문제의 긴급도 지방의 상황에 따라서 사전에 미리 기한을 정하여 월말에 점검하였다. 이 경우 필요한 것에 대해서는 따로 두 冊의 장부를 작성하여 문제의 대요와 기한을 기입하여 한 冊은 六科에 한 冊은 內閣에 보내도록 하였다. 육과는 그것이 집행되었는가를 조사하여 다음달 帳簿에 기입하고, 반년마다 기한이 엄수되었는가를 재확인한다. 지연된 것에 대해서는 책임을 추궁하여 기말에 참주한다. 만약 巡撫·巡按 등의 官이 집행을 지연시킨 경우에는 육부가 이것을 적발하고, 육부·도찰원에 문제가 있을 경우에는 육과가 이것을 적발하고, 육과에 문제가 있는 경우에는 내각이 이것을 적발한다. 관료의 考成(근무평정)은 이에 기초하여 행하였다.

이로써 종래 다만 군주의 고문관으로서 법제상 아무런 통속관계를 가지지 못했던 내각이 관료체계의 정점에 위치하게 되고 수보의 권한은 법제적으로 보장받게 되었으며 행정에 있어서 최종적인 책임의 소재를 명확히 할 수 있게 되었다.[43)] 또한 육과 급사중과 어사가 군

42) "請自今伊始, 申明舊章. 凡六部, 都察院, 遇各章奏, 或題奉明旨, 或覆奉欽依, 轉行各該衙門, 俱先酌量道里遠近, 事情緩急, 立定程期, 置立文簿存照, 每月終註銷. ……若各該撫按官奏行事理, 有稽遲延閣者, 該部擧之, 各部院註銷文冊, 有容隱欺弊者, 科臣擧之. 六科繳本具奏, 有容隱欺弊者, 臣等擧之. 如此, 月有考, 歲有稽, 不惟使聲必中實, 事可責成."(張居正, 「請稽査章奏隨事考成以修實政疏」, 『張太岳集』 卷 38, p.483)

주권에 대해 가지고 있던 일종의 거부권 또는 감찰권은 상실되고 내각의 감독하에 놓이게 되었다.

이와 더불어 張居正은 王國光, 楊博 등 자파의 인물을 이부상서에 앉혀 관료의 인사권을 장악하였으며, 재야 사인층의 정치비판을 금지하기 위하여 생원[44]의 정수 삭감과 書院閉鎖를 단행하였다. 당시 생원은 정치에 대해 급진적인 발언을 하였고, 언로에 대한 탄압이 심해질수록 그 발언도 급진적으로 되어갔다. 때에 따라서는 실력행동을 수반하면서 행해졌던 경우도 있다. 당시 民變 또한 자주 생원층에 의해 지도되고 士變을 일으키기도 하였으므로 장거정은 이들의 정치참여를 제한하고자 했던 것이다.

장거정은 생원들의 비판을 철저하게 통제하였으며 萬曆3년(1577) 5월 재가된 「請申舊章飭學政以振興人才疏」를 통해 생원의 정원 삭감을 결정하였다. 우선 이미 입학한 생원은 歲試를 통하여 도태시키고 童生의 경우에는 三場에 모두 통과한 동생을 입학시키되 규모가 큰 府라고 하더라도 20인을 초과할 수 없도록 하였고, 큰 주현에서는 15인을 넘지 못하도록 하였으며, 더 나아가 인재가 적은 곳에서는 4-5명도 좋다고 하였다.[45]

그리고 그는 서원의 설립에도 제한을 가하였다. 명 중기 이후 官學이 점차 그 본래의 성격과 기능을 상실하게 되자, 학문에 뜻이 있

---

43) 小野和子, 1983, p.69.

44) 생원은 본래 모든 仕官의 途의 第一關門으로서 누구나 선망의 대상이었고 국가에서도 9品官에 준하는 대우를 하였으나 생원의 수가 점차 증가하면서 관직의 문은 좁아져 갔고 그 때문에 그들은 출사를 위해서 생원이 되고자 한 것은 아니고 요역을 면제받는 등의 실리를 얻기 위해서 생원이 되려고 하였다.(吳金成, 「張居正의 教育政策 — 地方教育振興策을 中心으로 —」, 『歷史教育』 14, 1971, pp.107-108.)

45) "童生必擇三場俱通者, 始收入學. 大府不得過二十人, 大州, 縣不得過十五人. 如地方乏才, 卽四, 五名亦不爲少"(張居正, 「請申舊章飭學政以振興人才疏」, 『張太岳集』 卷 39, p.497)

는 지방장관 및 향신들이 주동이 되어 송대 이후 향리에 존재하였던 書院을 중건 또는 개설하기 시작하였는데 嘉靖年間부터 그 수가 격증하였다. 그러나 명조의 입장에서 보면 서원의 발달은 원치 않는 바였다. 왜냐하면 서원에서의 강의 내용이 자주 정부의 사상통일정책에 위배되었을 뿐만 아니라 중기 이후 부단히 지적되어 온 소위 士人의 學幣, 즉 異端思想이 더욱 만연될 우려가 있었기 때문이다.[46] 이에 萬曆7년에는 常州知州 施觀民이 民財를 科斂하여 書院을 개창하였기에 그를 면직시킴과 동시에 그 건물은 衙門에, 토지는 이갑에 귀속시키도록 하였는데, 이를 계기로 전국의 서원을 폐쇄토록 하였다.[47] 8년에도 두 차례에 걸쳐 書院閉鎖를 재강조하고 있으며,[48] 9년까지 전국에서 紫陽, 崇正, 金山, 石門, 天泉書院 등 5개 서원만을 남기고 64개 서원을 폐쇄하였다.[49]

장거정 권력의 서원 탄압과 고성법의 시행은 『萬曆疏鈔』[50]에서 일관되게 주장하고 있는 '言路의 開通'[51] 과는 대립적인 것으로 언관들의 정치적 구상과는 직접적으로 대치되는 것이었기 때문에 시행

---

46) 吳金成, 1971, p.101.

47) 『神宗實錄』 卷 83, 萬曆7年 正月 戊辰條.

48) 『神宗實錄』 卷 102, 萬曆8年 7月 戊寅條; 同 卷 103, 萬曆8年 8月 庚戌條.

49) 『神宗實錄』 卷 117, 萬曆9年 10月 丙午條.

50) 『萬曆疏鈔』는 동림당의 중심적인 인사들에 의해 편찬된 것으로 만력의 정치사를 동림당의 입장에서 살펴볼 수 있는 자료이다.(小野和子, 「『萬曆邸鈔』と『萬曆疏鈔』」, 『東洋史研究』 39－4, 1981, 참조)

51) '言路의 開通'이라 함은 言官의 言論, 즉 정치비판의 자유를 보장함과 동시에 이를 적극적으로 정치에 반영하고자 한 것이다. 명대의 言官은 言論을 직책으로 하는 관료인 六科 給事中과 御史를 가리키는데 科道官 또는 臺諫으로 별칭되기도 한다. 이들은 주로 관료에 대한 탄핵권을 통하여 정치에 대한 감찰을 행하였던 것이다.(小野和子, 「東林黨と張居正 ― 考成法を中心に ―」, 『明淸時代の政治と社會』, 京都大學人文科學研究所, 1983, p.66)

초기부터 이에 대한 비판이 끊이지 않았다. 예를 들면 萬曆2년 11월 言官인 戶科 給事中 趙參魯로부터 시작하여 萬曆3년 초에는 南京給事中 余懋學, 同 12월에는 河南道 御史 傅應禎, 그리고 익년 정월에는 巡按御史 劉臺가 차례로 비판을 하였다. 특히 余懋學은 考成法이 행해진 결과 정치가 지나치게 경직되니 관대한 정치를 할 것과, 言路를 열어 정치에 대한 비판을 허용할 것 등 5개 항에 걸쳐 考成法의 부당성을 지적하였는데 이 때문에 그는 관직이 삭탈되는 처분을 받았다.52) 많은 비판과 반대에도 불구하고 장거정은 고성법을 강력하게 실천에 옮겼다. 考成法이 내각에 권력을 집중시켜 의논의 번다함을 줄이고 군주권을 확립하자는 데에 목적이 있었던 만큼, 張居正은 이 법을 통하여 과도관의 비판 기능을 일단 통제할 수 있게 되었으니 이 점에서 보면 이는 역대 조정에서 시행하고 또 하려 하던 과도관 억제책의 완결이라 할 것이다.53)

考成法은 행정체계를 확립하고자 한 데 그 시행의도가 있었는데 이것이 실제에서 효과를 거두고 있는 것은 六部의 地方官에 대한 집행기한의 지시와 감독에 있었다.54) 張居正이 의도한 바는 중앙의 六部가 직접적으로 각 지방의 撫按官에게 직무수행의 기한을 정하고, 撫按官이 줄곧 府·州·縣 장관의 직무수행을 감독하고 그 태만을 적발하는 데 있었으니, 그에 의해서 중앙에서 내린 정령이 지방에서 착실하게 수행함을 보증하는 데 있었던 것이다.

그렇다면 考成法이라는 새로운 행정법규를 통해서 張居正이 노린 효과는 구체적으로 무엇인가? 그것은 考成法을 통해 정해진 정액의 세량을 지방관에 착실하게 징수하여 수송하는 것이다. 물론 考成法

52) 小野和子, 1983, pp.69－78.
53) 曺永祿, 1989, p.218.
54) 岩井茂樹, 1989, p.246.

은 전량의 징수와 수송에 관계된 업무만을 적용하였던 것은 아니다. 『實錄』에 남겨진 考成法에 의해 관료의 적발의 기사를 보더라도 그 적용범위는 각 방면에까지 미치고 있다.[55] 그러나 세량의 징수와 중앙에의 지체된 수송을 지방관에게서 구하는 수단으로서 가장 빈번하게 적용되었다는 것에는 의문의 여지가 없다. 실제에 있어서 고성법의 적용을 받아 적발한 것은 호부가 관계한 전량관계 특히 세량의 징수미완의 사례였던 것이다.

그는 지방관에 대한 관리강화를 통해서 당시 국가재정수입의 장애요인의 하나로 여겨졌던 逋缺을 해소하고 세량의 정액을 회복하고자 하였다. 逋缺 문제에 대해서는 이미 隆慶6년(1572) 호부상서 王國光이 그 원인으로써 ① 勢豪의 阻搖, ② 有司의 怠玩, ③ 大戶의 侵漁, ④ 積棍의 包攬 등[56] 네 가지를 들고 있으며 이에 대한 上諭는

> 正供의 매우 긴요한 전량 가운데 1년의 逋缺이 200여 만이니 명백하게 이것은 撫按 등의 관료가 고의로 횡령하기 때문이다. 짐이 임어한 초기에 일단 명을 내려 빨리 징수하여 기한 내에 완납하도록 하라. 만약 재차 지연시킨다면 법에 의해서 참하라. 이미 관직을 떠났다고 하더라도 똑같이 엄하게 다스려라.[57]

고 하였으니 우선 감독관의 책임을 묻고 있다. 王國光의 疏에 대한 上諭에서, 일 년의 逋缺이 2백만이라는 숫자는 銀兩을 나타내는 것이라고 이해되는데 이것은 당시의 夏稅秋粮 2,600만 석에 비하면 매우 큰 액수라고 할 수 있다. 또 세량 가운데 절은징수한 金花銀[58]조

55) 岩井茂樹, 1989, p.248.

56) 『神宗實錄』 卷 8, 隆慶6年 12月 戊辰條.

57) "正供緊用錢糧, 一年逋負至二百餘萬. 顯是撫按等官故縱, 以朕臨御之初, 始令作速催徵依限完解. 如再延遲, 從實參求. 雖經去任, 一併重治."(『神宗實錄』 卷 8, 隆慶6年 12月 戊辰條)

차도 萬曆3년 초에 징수하지 못한 누적이 161만 냥에 달하고 있다.[59] 金花銀의 연액이 120만 냥인 것과 비교해 보면 당시의 稅糧逋缺의 정도가 얼마나 심했는지를 알 수 있다.

이에 張居正은 逋缺을 방치한 관료들에 대한 탄핵을 명하였는데 '萬曆元年 11월 山東·河南 2성의 錢糧未完의 州縣長官 32명에 대한 처분이 실행되었다.'[60]는 기사가 보이고 있다. 다른 성에서도 같은 양상이 전개되었는지는 불분명하지만 여하튼 대량 처분이 실제에서 행해지고 있었기 때문에 그것이 지방의 관료들에게 준 영향은 적지 않았다. 이와 같이 처음의 의도에 있어서 또 실제의 운용에 있어서도 고성법은 州縣官 및 監督官의 怠慢을 방지하고 세량징수를 완수하는 데에 최대의 목표를 두고 있었다.

반면 이러한 강력한 징세 체제의 확립은 민중에 대한 수탈의 강화를 야기하는 결과를 가져왔다. 예를 들면 만력제는 즉위 초에 錢糧蠲免令을 내려 융경원년까지의 미납 세량은 전액 면제하고 융경2년부터 4년까지의 미납전량은 3할을 면제한다고 하였다. 그런데 3할 蠲免令은 사실상 나머지 7할에 대한 추징령으로 기능하고 있으며, 고성법 체제하에서 체납은 관료의 책임이므로 민중에 대한 수탈을 행할 수밖에 없다. 장거정도 고성법 실시에 따라 민중에 대한 수탈이 진행되고 있음을 인정하지만 고성법 자체의 책임이라기보다는 그것을 집행하는 관료에게 책임이 있다는 것을 지적하고 있다.[61]

考成法의 시행 결과 명조 중앙정부의 재정 가운데 호부 관할의

---

58) 金花銀은 금화를 붙일 정도로 좋은 은이라고 하는 순도가 높은 양질의 은으로써 正統年間부터 田賦折銀令에 의해 국가의 세량이 銀納化로 변화되면서 이때 징수된 銀(田賦折銀)을 말한다.(淸水泰次, 「明代に於ける租稅銀納の發達」, 『東洋學報』 22－3, 1934, pp.67－69)

59) 『神宗實錄』 卷 35, 萬曆3年 2月 丙申條.

60) 『神宗實錄』 卷 9, 萬曆元年 11月條; 「張居正傳」, 『明史』 卷 213, p.5648.

61) 張居正, 「請擇有司蠲逋賦以安民生疏」, 『張太岳集』 卷 40.

은량이 집중한 태창은고의 수지에는 현저한 호전이 있었다. 萬曆4年(1576) 정월 總督倉場戶部左侍郎 畢鏘이 상주한 것에 의하면 "전년의 舊貯·新收의 합계가 703만 냥에 이르니, 老庫의 封貯에 100만 냥을 적증하자."[62]고 하였으며 또 "外庫의 잉여가 390만 냥에 이르고 있다"[63]고 하였으니 불과 6년 전에 태창은고의 세입결손이 150만 냥에 이르고 있다는 것을 생각할 때에 호부재정의 銀兩 부분의 好轉은 눈부신 것이었다.

考成法 시행 후 8년이 지난 萬曆9년 4월, 張居正은 萬曆帝에 대해서 "근년 이래 正賦가 어질어지지 않고 府庫가 충실한 것은 모두 考成法을 행하였기 때문"[64]이라고 하여 고성법의 시행에 의해 재정이 충실히 이루어졌다고 하였다. 적어도 張居正 주관 가운데에는 조세의 확실한 징수와 중앙에의 확실한 송달이 실현된 것은 고성법의 시행에 의해서였다. 또 실제에도 세수의 상승과 재정의 호전에 대한 고성법의 기여는 적지 않았다.

고성법은 장거정 사후 萬曆12년 어사 張文熙가 반대하고, 결국 萬曆14년 수보 申時行에 의해 폐지되었다. 당시에는 만력제나 언로 모두 장거정의 전권정치에 염증을 느껴온 터라 신시행·장사유 등이 전권정치를 완화함으로써 정치적 안정을 모색한 것으로 파악할 수 있다. 그러나 천계(1620~1627)·숭정(1627~1644)년간에는 고성법 혹은 그와 유사한 제도를 다시 회복하고자 하는 움직임이 나타났다. 신종의 죽음과 함께 장거정의 공적을 표창하고자 하는 움직임도 동

62) "萬曆三年, 舊貯·新收合而計之共得銀七百三萬四千二百八十七兩六錢, 有可宜將老庫增銀一百萬兩, 編號封貯積之."(『神宗實錄』 卷 46, 萬曆4年 正月 丙午條).

63) 『神宗實錄』 卷 46, 萬曆4年 正月 丙午條.

64) 張居正, 「文華殿論奏」, 『張太岳集』 卷 45, p.573; 『神宗實錄』, 萬曆9年 4月 庚戌條.

림 인사들 사이에서 전개되었다. 당시 그들이 장거정 재평가와 고성법 부활을 요구한 것은 재정난 해소와 사회·국가적 위기에 대처하기 위해서는 고성법과 같은 '치법주의'가 필요했기 때문이다.

5. 재정수지 개선방안과 강남 지주층 문제

1) 재정지출의 합리화

張居正은 재정적자를 해소하기 위한 조치의 하나로써 재정지출을 줄여나갔다. 그는 국가의 긴요한 지출을 위해 그다지 중요하지 않은 지출은 될 수 있으면 삼가도록 하였으니 재정지출을 최대한 줄이고자 노력하였다.[65] 당시에는 이전 시기에 비해 왜구의 소요도 많이 줄어들었고, 북변의 군사적 긴장도 완화되어 緊縮政策[66]을 실시할 수 있는 기틀이 조성되어 있었다. 특히 Altan 汗(俺答)과의 강화조약의 체결로 북변에서 평화가 정착되면서 기존의 둔전을 경작하던 군사들을 농경에 종사할 수 있도록 함으로써[67] 생산 활동을 자극하였으니, 이는 국가세수의 확보에도 기여하였다. 張居正이 理財上에 있어서 '量入爲出'[68]의 원칙을 관철하여 緊縮政策을 추진한 목적은 국가재정의 안정을 이루고, 백성들의 부담을 경감시키고자 한 것으로 그의 재정 재건에 대한 강한 의지를 반영한 것이라고 할 수 있다.

---

65) 周伯棣, 『中國財政思想史稿』, 福建人民出版社, 1984, p.310.

66) 張居正의 緊縮政策은 수입을 줄이지 않고 정부지출의 철저한 감소에 그 초점을 맞추고 행해졌다.(Huang, Ray. "Taxation and Governmental Fiance in Sixteenth－Century Ming China".(Cambridge Univ. Press. 1974), p.295.)

67) Huang, Ray, p.295.

68) 張居正, 「文華殿論奏」, 『張太岳集』 卷 45, p.573.

張居正은 우선 국가기구를 정돈하고 황제에게 건의하여 꽤 세밀하게 절검에 노력하였다. 당시 황실의 사치와 낭비로 재정지출이 많았는데 이는 國庫空虛의 한 원인이 되었다. 이에 張居正은 神宗에게 "내외의 지출을 모두 종합하여 일체의 무익한 비용은 가히 절약할 수 있는 것은 절약하십시오."[69]라고 건의하였다. 황실의 사치에 대해서 그는 매우 가벼운 것이라도 반드시 理에 근거하여 되도록이면 그 지출을 줄이고자 노력하였다.[70]

隆慶2년(1568) 張居正은 銀兩을 취하는 것을 중지하도록 하였는데 皇室에서 사용하는 錢은 內庫[71]의 것에 한정하며, 戶部 소장의 것은 국가의 중대한 비용에 사용토록 하였다. 正統年間(1435－1449) 田賦의 銀納化가 시작되면서 內承運庫에 帝室의 御用을 위한 銀을 저장하였다. 그러나 銀納化의 진행으로 증가하게 된 銀을 內承運庫에만 저장할 수 없게 되자 正統7년(1442) 太倉銀庫를 건립하게 되었는데[72] 이후 內承運庫와 太倉銀庫의 구분은 帝室財政과 國家財政으로 분리시켜 銀의 취급에도 분별을 두게 되었다. 그러나 帝室의 사치와 낭비로 인하여 궁중의 지출이 증가일로에 있게 되자 內庫의 銀이 부족하게 되자 임시로 太倉銀庫의 은을 사용하였는데 嘉靖年間부터는 戶部를 통하여 정기적으로 內庫에 납입토록 하였다.[73] 결국 內承運庫의 缺乏은 곧 太倉銀庫의 缺乏을 낳게 되었으니 어떤

69) "總計內外用度, 一切無益之費, 可省者省之."(張居正, 「看詳戶部進呈揭帖疏」, 『張太岳集』 卷 43, p.555)

70) 李龍潛, 1988, p.177.

71) 明代의 倉庫에는 內府에 3개의 內庫・裏庫・外庫 대별되어 있었고, 그 아래에 소속된 창고들을 가지고 있었는데 그 가운데 帝室財政의 중심을 이루고 있던 것이 內庫였다. 그리고 內庫에는 10개의 창고가 있었는데 그중의 하나가 內承運庫이며 내고의 중추를 이루고 있었다.(金鍾博, 「明代田賦의 銀納化 過程에 관한 考察」, 『史叢』 19, 1975, p.61)

72) 「食貨」 三, 『明史』 卷 79, p.1927.

73) 金鍾博, 1975, p.63.

새로운 대책을 마련해야만 했다. 穆宗이 內庫의 비용부족으로 인해서 호부로부터 30만 냥의 은을 전용하려 하자 호부가 반대하였고, 張居正은 적극적으로 호부를 지지하면서 다음과 같이 말하였다.

> 신등이 보건데 전대의 재정 중 변향에는 그 정액이 있어 각처의 창고에는 오히려 잉여분이 있었다. 그러나 嘉靖29년 이래 오랑캐가 경사를 노략질한 이후에는 邊費가 날로 증가하였는데 각처에서 병마를 보완하고 연례비와 성을 수리하는 데 들어가는 비용이 선조와 비교해서 수백 배에 이르고 있습니다. ……신등이 어람 갈첩을 조사해 본 바에 의하면 매해의 수입은 절색전량과 염과 장속 사례 등의 은량이 250여 만에 불과한 데 비해 한 해의 지출은 400여 만에 이르고 있으니 매년 銀 150여 만이 부족하게 되었으니 조치를 따를 수 없습니다. 백성들의 힘은 이미 궁핍한데 국용의 사용은 한계가 없으니 臣等이 밤낮으로 아무리 꾀하여도 나오는 바가 없습니다. ……만약 또 장차 전항의 은량을 취하여 황제께서 사용한즉 비축함이 더욱 허해지고 재정에 더욱 결함이 생기게 되니 혹 한번 기근이 들거나 도적이 들끓게 되면 어찌 대처하려고 하십니까? ……부디 황상께서는 해당 부서의 말을 따라 은량을 취하는 것을 피해 주십시오."[74]

이러한 張居正의 노력에 의해 穆宗에게는 단지 10萬 銀兩이 지급

---

74) "臣等看得, 祖宗朝國用, 邊餉俱有定額, 各處庫藏尙有贏餘. 自嘉靖二十九年, 虜犯京師之後, 邊費日增, 各處添兵添馬, 修堡修城, 年例犒賞之費, 比之先朝, 數幾百倍. ……臣等備査御覽揭帖, 計每歲所入, 折色錢糧及鹽課, 贓贖事例等項銀兩, 不過 二百五十餘萬, 而一歲之放之數, 乃至四百餘萬, 每年尙少銀 一百五十餘萬, 無從措處. 生民之骨血已罄, 國用之廣出無經. 臣等日夜憂惶, 計無所出. ……若又將前項銀兩取供上用, 則積貯愈虛, 用度愈缺, 一旦或有饑荒, 盜賊之事, 何以應之? ……伏願皇上俯從該部之言, 將前項銀兩免行取進."(張居正, 「請停取銀兩疏」, 『張太岳集』 卷 36, p.461)

되었을 뿐이다. 또한 장거정은 국가의 지출이 많이 드는 토목공사를 중지할 것을 청하였다. 神宗이 萬曆5년 慈慶·慈寧 양 궁을 수리하고자 하자 「請停止內工疏」를 올려 다음과 같이 말하였다.

> 삼가 생각하건데 치국의 도는 절용을 우선으로 삼아야 합니다. 낭비의 원인은 토목공사가 큽니다. ……지금 자경·자령 양 궁을 살펴볼 때 萬曆2년 공사를 일으켜 그해 완공을 고하여 갖추었습니다. 그 공사를 준공한 날 신등이 삼가 살펴보고 그 융숭한 규모와 고운 무늬로 휘황한 모습을 보았습니다. 이에 가히 천궁월우도 이보다 더한 것이 없으리라고 생각했습니다. 지금 3년도 채 되지 않아서 장려함이 여전한데 이미 이루어진 것을 무너뜨리고 다시 외양을 단장하고자 하신다면 이것은 그 규모에 미비한 것이 있는 것입니까? 아니면 파괴되어 마땅히 새롭게 해야 할 까닭이 있는 것입니까? ……바야흐로 지금 천하의 백성은 곤궁하고 재는 다 소모되어 재정의 부족이 여러 차례 있어 절약하는데 더 신경을 써도 오히려 부족할까 두려운데 만약 낭비함에 그침이 없다면 후에 장차 어찌 그 뒤를 댈 수 있겠습니까? ……단 지금의 일을 그칠 수도 있으니 그것을 조금이라도 절약한즉 백성이 그만큼의 혜택을 받을 수 있을 것입니다."[75)]

또 萬曆9년 神宗이 武英殿을 수리하려고 하자 張居正은 다음과 같이 말하였다.

---

75) "竊惟治國之道, 節用爲先, 耗財之原, 工作爲大. ……今查慈慶, 慈寧, 俱以萬曆二年興工, 本年告完矣. 當其落成之日, 臣等嘗恭偕閱視, 伏睹其巍崇隆固之規, 彩絢輝煌之狀, 竊以爲天宮月宇, 不是過矣! 今未踰三年, 壯麗如故, 乃欲壞其已成, 更加藻飾, 是豈規制有未備乎? 抑亦敗壞所當新乎? ……方今天下, 民窮財盡, 國用屢空, 加意撙節, 猶恐不足, 若浪費無已, 後將何繼之? ……但今事在可已. 因此省一分, 則百姓受一分之賜."(張居正, 「請停止內工疏」, 『張太岳集』 卷 40, pp.511－512)

> 세종황제가 등극한 초기에 문화전을 모두 새롭게 수리·건축하여 황색기와 바꾸었다. ……지금 무영전은 이에 조종의 임어하지 않는 바가 오래되었으니, 즉 수리를 더한다고 하더라도 천자가 반드시 항상 이르는 것은 아닙니다. 그런데도 헛되이 10여 만을 낭비하여 늘 모시지도 않을 곳을 고친다면 무익하지 않겠습니까. 또 신들이 本殿에 가서 그 장식과 색을 살펴보니 비록 다소 쇠락하기는 하였으나 건축물의 규모는 여전히 손색이 없으니 번거롭게 수리할 필요가 없다고 생각됩니다. 신등의 어리석은 견해로는 황상께서는 세종황제가 동조(문화전을 동화문 내에 건축하였기 때문에 동조라 함)에 임어하신 뜻을 받들어 그대로 옛것을 따르고 공사를 잠시 중단한다면 수고로운 비용을 줄일 수 있을 것입니다."[76]

이러한 張居正의 뜻에 동조하여 神宗은 국가재정에 부담을 주는 궁중에서의 토목공사를 하지 않았다. 이것은 급한 일이 아닌 경우에는 정지할 것을 청하여 국가의 재화를 절약함으로써 國用을 넉넉하게 하고자 한 것으로 그의 '節用'과 '民本' 사상을 반영한 것이라고 할 수 있다.

그리고 張居正은 織造를 감소하여 일반 民의 고통을 덜어주고자 하였다. 明代에는 궁중에서 사용하는 衣服의 織造를 많은 부분 民間으로부터 공급받았다. 따라서 皇室에서는 宦官을 파견하여 民으로부터 이를 구하였으니 民의 부담이 가중되었다. 이 때문에 張居正은 織造를 감소시켜 民의 고통을 해결하고자 하였다. 萬曆7年(1579) 江南 地方의 수재로 인하여 백성들의 생활이 매우 어려운데도 蘇松의

---

76) "迨世宗皇帝踐祚之初, 卽將文華殿鼎新修建, 易以黃瓦. ……今武英殿乃祖宗久不臨御之所, 卽加修理, 聖駕未必常倒. 而徒費十餘萬之貲, 經營於不常倒之地, 似爲無益. 且臣等亦曾至本殿, 觀其藻飾顔色, 雖銷有剝落, 而棟宇規制, 未常少損, 似亦無煩於改作也. 臣等愚見, 伏望皇上繹思世宗皇帝臨御東朝之意, 姑仍舊貫, 暫停工作, 以省勞費."(張居正, 「請停止工程疏」, 『張太岳集』 卷 44, p.570)

督造太監인 孫隆과 應天의 督造太監 許坤 등이 이러한 상황을 무시하고 백성들을 독촉하자 禮科左給事中 顧九思, 工科都給事中 王道成 등이 織造의 중지를 청하였다.[77] 그러나 神宗은 御用袍服의 긴급함을 이유로 이러한 청구를 거절하였다.[78] 이에 張居正은 일의 중대함을 인식하고 황제에게 疏를 올려 織造를 잠시 중지하고 內臣(督造太監)을 불러들일 것을 주장하였다.[79] 결국 神宗은 內庫에서 銀 5千 兩을 내어 御袍의 織造에 사용토록 하였다. 또 얼마 되지 않아서 神宗은 夷人(俺答)에게 줄 緞匹이 부족하다는 것을 이유로 蘇·松·浙江 등 지역에 7萬 3千 匹의 織造를 명하였다.[80] 이에 張居正이 재차 疏[81]를 올리니 神宗은 부득이 織造의 절반을 감면하는 데에 동의하였다.

다음으로 張居正은 재정 지출 합리화의 일환으로 기구를 정돈하고 용원을 감축하였으며, 관리의 역전 이용을 제한하였다. 張居正은 당시 機構가 너무 많아 비효율적이라고 판단하였다.[82] 명대의 방대한 관료기구는 中央·地方을 막론하고 중기 이후 계속 팽창하여 국가재정을 악화시키는 한 요인으로 작용하였다. 즉 明初에는 在京 各衙門의 경우 1品에서 未入仕官員에 이르기까지 1,671명, 歲支俸祿 합계 14萬 8千餘 石에 불과하였다.[83] 그러나 중기 이후 冗官이 크게 증가하였으니, 嘉靖年間의 兵科給事中이었던 劉體乾은 다음과

77) 張居正, 「請罷織造內臣對」, 『張太岳集』 卷 44, p.557.
78) 위와 같음.
79) 위와 같음.
80) 張居正, 「請酌減增造段疋疏」, 『張太岳集』 卷 44, p.558.
81) 위와 같음.
82) 吳量愷, 「明代的改革家張居正」, 『明淸史』, 中國北京人民大學書報資料中心, 1985-3, p.31.
83) 唐文基, 『明代賦役制度史』, 中國社會科學出版社, 1991, p.113, <표 11·12> 참조.

같이 말하였다.

> 歷代官僚는 漢代 6,500명, 唐代 18,000명, 宋代에는 冗官이 극에 달했을 때에도 34,000명이었으나, 本朝(明朝)는 成化5年에 武職만으로도 이미 80,000명이나 되고, 文職을 합하면 100,000여 명에 달할 것이다"[84)]

이처럼 관료조직이 거대해지면서 관료에게 지급하는 俸祿 또한 격증하였다.[85)] 弘治元年 左都御史 馬文升의 보고에 의하면, 歲支로 北京五府・六部의 衙門官吏・監生人 등의 食米, 文職京官의 俸米, 文職冠履의 俸折米 3항의 합계가 204萬 8千餘 石이나 되었다. 이러한 상황에서 嘉靖年間부터 기구의 축소・정돈과 冗員의 감축이 진행되었다.[86)] 또한 명조는 北京 외에 南京을 제2의 수도로 삼아 또한

---

84) 『明史』 卷 214, 「劉體乾傳」, p.5662.

85) 봉록은 명대의 지출 중 최대의 항목으로 嘉靖41년(1562)에는 천하의 歲供은 京師粮이 4백만 석인데 諸府 祿米로 853만 석이 필요하니 供祿米의 절반에도 이르지 못하였다.(『明史』 卷 82, 「食貨」 6, p.2001.) 또 正德年間(1506~1521) 이래 親王 30, 郡王 215, 鎭國將軍에서 中尉에 이르기까지 2700, 文職 20,400, 武職 100,000여 명, 衛所 772개소에 旗軍 896,000여 명, 廩膳生員 35,820명, 吏 55,000여 명에 各項 俸糧으로 수천만 석이 필요한데, 浙江 등 13布政司와 南北直隷에서 거둬들인 夏稅秋糧이 대략 26,684,550여 석이니 지출이 많고 수입이 적게 되어 王府는 오래도록 祿米가 결여되고 衛所의 月糧, 各邊鎭의 軍餉에 결함이 생기게 되었다.(周伯棣, 『中國財政史』, 上海人民出版社, 1981, p.396.)

86) 『明史』 卷 72, 「職官」 1, p.1740; "寶鈔廣惠庫, 大使一人, 正九品, 副使二人, 從九品, 嘉靖中革. 廣積庫, 大使一人, 正九品, 副使一人, 從九品, 典史一人, 嘉靖中 副使・典史俱革. 贓罰庫, 大使一人, 正九品, 副使二人, 從九品, 嘉靖中革. 甲字・乙字・丙字・丁字・戊字庫, 大使五人, 正九品, 副使六人, 從九品, 丁字庫二人, 嘉靖中革一人, 并革乙字・戊字二庫副使. 廣盈庫, 大使一人, 從九品, 副使二人, 嘉靖中革. 外承運庫, 大使二人, 正九品, 副使二人, 從九品, 後大使・副使俱革. 承運庫, 大使一人, 正九品, 副使一人, 從九品, 嘉靖中革. 行用庫, 大使・副使各一

6부 6과 등을 설치[87]하였으니 실제에 있어서 쓸모없는 낭비였다. 이에 嘉靖·隆慶년간부터 정리하기 시작하여 萬曆3년(1575) 2월에는 吏部에 諭를 내려 남경의 직무를 간단히 하여 官員은 반드시 갖추지 않아도 된다고 하였으며, 이후 南京에 인원이 결핍되더라도 긴요한 것이 아니면 일일이 보충할 필요가 없다고 하였다.[88] 또 萬曆9년(1581) 다시 吏部에 명을 내려 각성의 관원수를 조사하여 용원을 없애고 기구를 간단히 하였으니 전체 관리의 20~30% 정도가 삭감되었다.[89] 이러한 기구축소와 冗員의 제거는 萬曆7年(1579) 吏治를 정돈

人, 後俱革. 太倉銀庫, 大使·副使各一人, 嘉靖中, 革副使."

87) 南京 6部는 尙書 등의 官이 있어 그 소속 기구는 비록 北京의 각부와 같으나 다만 조직과 사람 수에 있어서 비교적 적었다. 弘治(1487-1505) 이후 다만 右侍郎 한 사람만이 설치되었다가 萬曆3年 폐지되었다. 萬曆11年 다시 설치되어 天啓(1620-1627)년간 每部에 侍郎 한 사람이 증가되었다가 崇禎(1627-1644) 때 다시 폐지되었다.(陶希聖, 沈任遠, 1983, p.96)

88) 馬起華, 『中德宰相之比較』, 臺北, 中央文物供應社, 1982, p.183.

89) 萬曆9年 당시 『實錄』에 기재된 機構減縮과 冗員除去에 관련된 것을 보면 다음과 같다. 戶部; 浙江·湖廣·河南·福建·廣東·廣西司 主事 각 1명, 江西·雲南·山東·四川·山西·貴州司 각 2명, 陝西司 3명. 禮部; 儀祭·祠祭·主客司主事 각 1명, 鑄印局副使 1명. 兵部; 武選司郎中 1명, 車駕·職方·協司郎中 각 1명, 管優給主事 1명, 管存恤主事 1명, 武庫司管京衛武學主事 1명. 刑部; 十三司主事 각 1명. 工部; 營繕司管重成員外郎 1명, 屯田司管台基廠主事 1명, 虞衡司管遵化鐵冶郎中 1명, 雜造局大使 1명. 都察院; 司獄 1명. 通政使司; 右通政 1명, 謄黃右通政 1명. 大理寺; 左評事 1명. 順天府; 管軍匠·通判 각 1명. 都稅司; 正陰門分司 각 1명. 國子監; 助教 4명, 學錄 1명. 太常寺; 博士 1명, 協律郎 1명, 贊禮郎 5명, 司樂 12명. 光祿寺; 典簿 1명, 大官署署丞 1명. 尙寶寺; 司丞 1명. 上林苑監; 蕃育署·良牧署錄事 각 1명. 未補給事中, 戶科 4명, 禮科 2명, 兵科 5명, 刑科 4명, 中書舍人 2명. 行人司 右司副 1명, 行人 5명. 詹事府, 主簿廳錄事 1명.(『明神宗實錄』 萬曆9年 正月 辛未條) 南京 各衙門官. 吏·禮·兵·刑·侍郎 각 1명, 大理寺寺丞 1명, 太常寺 少卿 1명. 戶部; 湖廣司員外郎 1명, 山西·雲南司主事 각 1명. 工部; 虞衡司主事 1명. 大理寺左右評事 각 1명. 太常寺; 山川堤署奉祀 1명. 鴻臚寺; 鳴贊 1명, 序班 1명. 應天府管馬通

하고 현명한 관료를 등용시킨 기초 위에서 진행되었다.[90]

다음 官僚의 驛傳利用에 대한 制限이다. 明代의 驛傳制度는 元代의 기초 위에서 발전하였는데[91] 太祖 朱元璋의 시대에는 역전의 이용에는 엄격한 규정이 존재하고 있었지만 시대가 내려옴에 따라 이용의 폭이 확대되었으며, 勘合의 관계도 소홀히 하게 되고 타인에게 증여하는 등의 어지러움이 극에 달하였다.[92] 대소 관원에 의한 남용은 驛丁과 館戶와 一般 民에게까지 큰 부담이 되었다. 따라서 張居正은 考成法의 전면적인 시행과 더불어 驛傳制度를 정비하고자 하였다. 萬曆3년(1575) 역전의 이용에 대한 규제의 방향이 제시되었으니 그 주된 내용은 첫째, 官員은 公差의 경우가 아니면 勘合을 발급하지 않고, 둘째, 수행원의 人役은 里甲에서 夫·馬만을 取하게 하고 費用을 취하는 것을 금지하며, 셋째, 官員의 인사이동에 있어서는 勘合을 발급하지 않고, 넷째, 발급을 받은 勘合은 임무의 종료

判 1명. 五城兵馬副指揮 각 1명, 留守五衛千戶所吏目 각 1명.(『明神宗實錄』 萬曆9年 正月 辛巳條) 保定等府 同知·通判 및 州判·丞簿·倉巡 등 55명.(『明神宗實錄』, 萬曆9年 2月 庚子條) 應天·福建九十倉大使 등 冗官 46명.(『明神宗實錄』 萬曆9年 3月 甲申條) 江西·陝西·延綏·鄖陽 등의 府·州·縣 佐貳雜職 등 31명.(『明神宗實錄』 萬曆9年 4月 己酉條) 四川司 府·州·縣 佐貳雜職 등 26명.(『明神宗實錄』 萬曆9年 4月 丁巳條) 湖廣·廣東·鄖陽 등의 府·州·縣 佐貳雜職 등 74명.(『明神宗實錄』 萬曆9年 7月 戊寅條) 廣西司 府·州·縣 佐貳雜職 등 49명.(『明神宗實錄』 萬曆9年 7月 甲申條)

90) 張海瀛, 『張居正改革與山西萬曆清丈研究』, 山西人民出版社, 1993, p.113.

91) 규모 면에 있어서 明代의 驛傳은 비록 東西로 아시아와 유럽의 양 대륙에 가로놓여 있던 元代에는 미치지 못했으나 組織과 管理상에 있어서는 元代에 비해서 잘 정비되었다. 明代는 京師(南京·北京)을 중심으로 각지의 驛傳을 건립하였다. 驛傳은 陸路와 水路를 통하여 전국의 城市와 農村, 內地와 邊疆, 內河와 沿海의 긴밀한 연결을 도모하였으며, 전국적으로 통일된 교통 운송망을 형성하였다.(張海瀛, 1993, p.92)

92) 余三樂, 「明萬曆初年驛遞裁革案初探」, 『明淸史』, 中國北京人民大學書報資料中心, 1988－7, p.40.

지점에서 반환하고 종합하여 兵部에서 조사하는 것 등이다.[93)]

이러한 조치들은 일반 民의 곤란을 제거한다고 하는 대의명분 아래 관원의 기득이권을 침해 볼는 것으로 관료로서는 참기 어려운 것이었다. 그러나 張居正은 상당한 열의를 가지고 일에 임하였으니 驛傳의 이용에 법을 어기거나 濫用하는 자가 있으면 엄하게 다스리도록 하였다. 이로써 역전을 남용하던 국면을 전환시켰으며, 각지에서의 역전의 비용을 절감하였다. 이와 관련하여 萬曆4년(1576) 5월에는 保定의 巡撫 孫丞揚 등이 驛遞의 銀兩은 옛날에 의거하여 징수하지만, 매년 剩餘를 積立하고 거의 일 년분 지출에 충분한 정도가 된다면 그 시점에서 일 년분만큼의 징수를 면제해 주자고 제안하였다.[94)]

萬曆5년(1577) 6월에는 兵部의 奏請에 의해 「驛站減編事宜」가 제정되었다.[95)] 이후 『실록』에는 각성으로부터 대부분 수천·수만 냥의 驛站銀을 減免하는 사례가 보고되고 있으며,[96)] 萬曆『大明會典』에도 驛站銀額이 313만여 냥이었던 것을 95만여 냥을 감면한 결과 218만여 냥이 되었다고 하였다. 결국 官僚의 驛傳利用에 대한 制限은 일반 民의 곤궁한 생활을 제거하면서 地方官衙의 수입으로 되는 驛傳錢糧의 減免을 가능하게 하고, 이것에 의해서 납세자가 정액의 세량을 납입하는 것을 용이하게 하였다.

다음으로 張居正은 優免特權의 확대에 제한을 가하였으니 이는 관료들의 우면특권의 결과로 一般 民에게 전가된 부담과 세역징수의 곤란을 해소하는 것에 그 목적이 있었다. 이것은 전근대 중국의

93) 『神宗實錄』 卷 42, 萬曆3年 9月 戊午條; 同 卷 58, 5年 正月 乙卯條.
94) 『神宗實錄』 卷 50, 萬曆4年 5月 甲午條.
95) 『神宗實錄』 卷 63, 萬曆5年 6月 庚午條.
96) 『神宗實錄』 卷 65, 萬曆5年 8月 甲子條; 同 卷 66, 萬曆5年 閏8月 丙申條; 同 卷 67, 萬曆5年 9月 癸亥條; 同 卷 68, 萬曆5年 10月 丙午條; 同 卷 69, 萬曆5年 11月 甲子條; 同 卷 70, 萬曆5年 12月 己酉條.

재정체계에서는 쉽지 않은 문제이고, 강권정치라 할지라도 큰 성과를 기대할 수는 없었지만 張居正은 이를 실행에 옮겼으니[97] 관료와 관료예비군으로서의 생원층에 대한 이권의 제한은 기본적으로는 일반 民의 부담을 줄이고 세역징수의 곤란을 해소함으로써 국가의 재정난을 해소하는 데에 일익을 담당하였다.

2) 부세제도의 개혁과 강남 지주층 견제

張居正이 정계에서 활동하던 가정-만력년간에는 사회, 경제적으로 상품 생산이 발전하고 자본주의 맹아가 나타나는 한편 지주층에 의한 대토지소유의 진전과 지주 경영이 전개되었다. 이러한 사회 변화에 대응하기 위해 토지장량과 일조편법 같은 요역과 징세제도의 개혁을 단행하였다. 土地丈量은 기본적으로 전국의 전토 상황을 올바르게 파악하여 명 중기 이후 계속된 대지주의 토지겸병과 부역 부담의 극심한 불균등에 의한 국가재정의 파괴를 바로잡고, 세량징수의 확보·강화에 그 목적이 있었다. 그리고 그 요점은 현실의 토지소유(丈量實在田土)에 입각하여 세량의 原額을 확보하는 것이었다. 따라서 토지장량을 통한 개혁의 주된 대상이 되었던 것은 대지주, 특히 토지겸병이 상대적으로 심하였던 강남 지역의 지주층이었다.

강남 지역 지주 계층의 稅糧脫免·徭役忌避는 일반 농민의 부세가중으로 나타났고, 결국 국가의 재정수입 감소로 이어졌다. 이에 隆慶2년 「陳六事疏」에서

> (관부) 外에서는 豪强의 겸병, 賦役不均·花分·詭寄가 나타나는데 탐욕스러운 자들이 전량을 납입하지 않으므로 이는 小民에

97) 岩井茂樹, 1989, p.239.

> 轉嫁되고 있습니다. (관부) 內에서는 관부의 조작과 侵欺冒破가 나타나고 간사한 무리들이 불법적인 방법으로 利를 취하니 이름만 있을 뿐 실제는 아무것도 없습니다. 各 衙門에서 관의 전량을 태만함으로써 조사하지 않고 公적인 것을 핑계로 私를 취하니 관료와 서리의 폐해가 많습니다. 무릇 이것은 모두 국가의 재부를 줄어들게 하고 민을 병들게 하는 근원입니다. 만약 그 재를 해치는 것을 구하고 제거하고자 함에 있어 그것을 곤궁한 민으로부터 찾는다면 이는 국가의 원기를 스스로 소진하게 하는 것이 아니겠습니까?"[98)]

고 하여 재정 위기의 원인을 부호가 토지를 겸병하고 세량을 납부하지 않아 소민이 피해를 입고 있다는 것과 관료들의 부패로 말미암아 국가의 재부가 줄어들게 되었음을 지적하고 있다. 이러한 문제의식하에 그는 관료들의 부패를 척결하고, 豪强의 土地兼併을 억제함으로써 부역불균등의 상황을 정리하여 백성들의 부담을 경감시키고자 하였던 것이다. 내각수보로서 土地丈量을 솔선하여 수행한 張居正의 丈量觀은 萬曆元年 應天巡撫 宋義望에게 보내는 다음 서신에 잘 나타나 있다.

> 대지주는 토지를 7만 경이나 가지고 있고, 량은 2만 석에 이르고 있는데도 납세하지 않는다. ……지금 侵欺하고 은점한 자는 權豪이지 서민이 아니다. 따라서 내 법의 시행 대상은 간사한 사람이지 양인이 아니다. 그러므로 隱占을 밝혀낸다면 小農民이 包賠의 고통을 면하게 될 것이고, 그 본업을 지킬 수 있을 것이 다.[99)]

---

98) "外之豪强兼併, 賦役不均・花分・詭寄, 恃頑不納田糧, 偏累小民, 內之官府造作, 侵欺冒破, 奸徒罔利, 有名無實. 各衙門在官錢糧, 漫無稽査, 假公濟私, 官吏滋弊. 凡此皆耗財病民之大者. 若求其害財者而去之, 卽亦何必索之於窮困之民, 以自耗國家之元氣乎?"(張居正「陳六事疏」, 『張太岳集』, 卷 36, p.458)

다시 萬曆5년에는 新任의 應天巡撫 胡執禮에게도 계속해서 均賦에의 협력을 구하고 있다.[100] 張居正에 의해 추진된 土地丈量은 우선 邊鎭의 屯田부터 진행되었다. 그것은 屯田이 붕괴된 상황에서[101] 변경지대의 원액을 회복하기 위해 취해진 것으로 호과급사중 光懋가 제의하여 호부의 찬동을 얻어 실행에 옮겨졌다. 드디어 萬曆4년 陜西 固原鎭 둔전의 전토에 토지장량이 실시되었다.[102] 둔전에 대한 토지장량의 실시 결과 新增地가 많아지고, 여기에서의 稅糧은 국가에 둔량을 납부하는 것이 아니라 민전과 동일하게 납부하였다. 황폐화된 둔전을 일반 농민들이 경작하고 세를 징수함으로써 결과적으로 국가의 재정확보에도 큰 도움이 되었다.

張居正은 屯田에 대한 丈量과 民田化의 효과에 힘입어 萬曆6년 전국적인 토지장량을 제안하였으니 『明史』, 「食貨志」에는 다음과 같이 기록되어 있다.

> "萬曆6년, 황제는 대학사 張居正의 의견을 수용하여 天下田苗에 丈量을 행하되 3년의 기간을 두어 일을 끝마치도록 하였다. ……이에 豪强地主는 欺隱할 수 없게 되고, 里甲에서는 포배의 고통을 면할 수 있게 되어 소민의 虛糧이 없어졌다. 總 田地 數는 7,013,976경으로 弘治 時에 비해 300萬 頃의 剩餘가 있었다.[103]

---

99) "豪家田至七萬頃, 糧至二萬, 又不以時納. ……今爲侵欺隱占者. 權豪也. 非細民也. 而吾法之所施者. 奸人也. 非良人也. 淸影占則小民免包賠之累."(張居正, 「答應天巡撫宋陽山論均糧足民」, 『張太岳集』 卷 26, p.317)

100) 張居正, 「答應天巡撫胡雅齊言嚴治爲善愛」, 『張太岳集』 卷 29, p.357.

101) 大同鎭의 경우를 예로 들면 萬曆2年 屯糧의 原額 70여 만 석에 대하여 당시의 실징은 그것의 1/6에 불과하였으니 이에 대한 조사와 회복을 제안하고 있다.(『神宗實錄』 卷 31, 萬曆2年 11月 辛未條)

102) 『神宗實錄』 卷 47, 萬曆4年 2月 庚寅條.

103) "萬曆六年, 帝用大學士張居正議, 天下田畝通行丈量, 限三載竣事. ……於是豪猾不得欺隱, 里甲免賠累, 而小民無虛糧. 總計田數七百一萬三

장거정은 福建巡撫 耿楚侗이 복건 지방에 장량을 행하는 것의 재가를 구하는 주의가 있자, 그에게 서간을 통해서 福建丈量을 허락하였다.[104] 이로써 萬曆6년에서 7년에 걸쳐 복건 지방에 한정해서 실시되었으며, 이어서 7년 4월에는 蘇·松 지방에서, 같은 해 6월에는 南北直隷·山東·陝西의 각 포정사들에게 훈척장전에 대한 장량을 명하였다.[105] 그리고 8년 9월에 福建 지방의 장량완료가 순무 勞堪에 의해 보고되었다.[106]

복건장량의 성공에 의해 張居正은 張四維(1526-1585)·申時行(1535-1614), 戶部尙書 張學顔 등과 더불어 전국 전토의 장량에 대하여 논의하였다.[107] 이어서 張居正의 뜻을 받은 호부는 8개조의 시행대강을 작성하여 황제의 재가를 얻었으니 그 내용은 다음과 같다.

"첫째, 장량은 失額, 즉 徵收台帳에 기재된 原額을 충족시키지 못한 전토에만 실시하고, 失額이 나타나지 않는 토지에 대해서는 실시하지 않는다.

둘째, 各 布政使司(省)에서는 布政使가 總領하고, 分守道·兵備道(모두 地方軍의 指揮者)가 分領하며, 府·州·縣官은 任地를 專管한다.

셋째, 세액분배를 다시 하여 稅糧科派의 대상인 田土는 官·民屯별 수량의 구별, 세량액의 상중하 등칙의 구별이 있어야 하며 세밀히 조사하여 詭混됨이 없어야 한다.

넷째, 원액을 다시 회복한다. 稅糧은 一般 民戶가 屯田地를 경작하고 있으면 둔전의 세량을, 軍戶가 民地를 경작하고 있으면

千九百七十六頃, 視弘治時瀛三百萬頃."(「食貨」 一, 『明史』 卷 77, p.1883)

104) 張居正, 「答福建巡撫耿楚侗言治術」, 『張太岳集』 卷 31, p.380.

105) 『神宗實錄』 卷 88, 萬曆7年 6月 辛卯條.

106) "福建淸丈田糧事竣, 撫臣勞堪以聞. 部核謂宜刊定成書, 幷造入黃冊, 使奸豪者不得變亂."(『神宗實錄』 卷 104, 萬曆8年 9月 庚辰條)

107) 張居正, 「張太岳行實」, 『張太岳集』 卷 47, p.597.

民田地의 세량을 납부해야 한다.

다섯째, 欺隱의 刑律을 엄하게 한다. 歷年의 詭占과 開墾地를 신고하지 않았던 자도 자수하면 죄를 면제해 주지만 보고를 부실하게 한 자는 연좌해 처벌하고 호우로 은점한 자는 重罪에 처한다.

여섯째, 丈量의 기간을 정한다.

일곱째, 丈量計算의 방법을 규정한다.

여덟째, 장량에 필요한 경비를 안배한다.[108]

위의 조의에 나타난 張居正의 장량시행에 있어서의 특징은 첫째, 장량이 失額의 전토에만 실시하고 失額이 나타나지 않는 전토에는 실시하지 않았다는 사실에서 장량실시의 최대 중점이 전토의 원액을 회복하고자 한 것을 알 수 있다. 둘째, 그 구체적인 방안으로써 田土의 종류, 稅則의 구별이 존재하고, 전토에 부과되는 稅糧의 諸項目, 諸科則의 수를 명확히 확인함으로써 누락되지 않도록 세심한 주의를 기울였다는 점이다. 이는 張居正이 누차 강조하였던 서리층에 의한 徵稅 台帳 기재의 부정을 바로잡기 위한 방법이었다. 셋째, 장량이 매우 강력하게 추진되었다는 점이다. 各 布政使 이하 分守道·兵備道와 같은 軍指揮者가 담당하고 있으며, 欺隱의 律을 엄격하게 한 점에서 알 수 있다. 넷째, 장량의 시기·실시방법·경비와 같은 여러 가지 세부사항에 유의하고 있다는 점에서 얼마나 장량을 원활히 실시하고자 하였는가를 알 수 있다.

土地丈量의 시행 성과로 우선안은 隱田을 새롭게 장악하여 담세

108) 一. 明淸丈之例. 謂額失者丈, 全者免. 一. 議應委之官. 以各布政使總領之, 分守兵備分領之, 府州縣官則專管本境. 一. 復左派之額. 謂田有官民屯數等, 糧有上中下數則, 宜逐一查勘, 使不得詭混. 一. 復本徵之糧. 如民種屯地者, 卽納屯糧, 軍種民地者, 卽納民糧. 一. 嚴欺隱之律. 有自首歷年詭占及開墾未報者免罪, 首報不實者連坐, 豪右隱占者發遣重處. 一. 定淸丈之期. 一. 行丈量磨算之法. 一. 處紙劄供應之費.(『神宗實錄』卷 106, 萬曆8年 11月 丙子條)

경지면적의 현저한 증가를 이끌어냄으로써 세량 부담의 불균등한 상황을 부분적으로 개혁하였다는 점을 들 수 있다.[109] 아래의 표는 장량 실시 이후 증가한 稅籍地 면적이다.

〈表 15〉 丈量 後 增加 田地 面積[110]

지 구	장량완성시기	장량 후 증가한 경지 면적(경)
山 東	만력 9년 9월	365,755
江 西	만력 9년 12월	61,459.54
北直隷 保定部	만력10년 1월	17,580
山 西	만력10년 3월	5,100
浙 江	만력10년 7월	16,146
貴 州	만력10년 7월	2,112.88
南直隷 江南11府州	만력10년 7월	23,730
南直隷 江北 鳳陽, 淮安, 揚州, 徐州	만력10년 8월	30,530
河 南	만력10년 9월	8,093.17
湖 廣	만력10년 10월	541,470.78
四 川	만력10년 11월	264,520
廣 東	만력10년 12월	80,132.64
陝 西	만력10년 12월	30,988.36
합 계		1,447,618.36

물론 이러한 통계수치는 당시 지방관들에게 고성법에 의해 엄격하게 기일이 정해져 있었고, 장량을 회피한 자에게는 직접 처벌이 가해졌기 때문에 중앙에 허량을 보고하거나 단궁을 이용하여 측정하는 등의 폐단도 분명 존재했을 것으로 생각된다. 하지만 중앙에서 세금을 징수할 수 있는 토지가 늘어난 것은 분명하고 이로 인해 국가의

109) 樊樹志, 『中國封建土地關係發展史』,(人民出版社, 1988) p.422.
110) 唐文基, 1991, p.322 表 41.

세수 또한 증가하였다.

다음으로 장량의 시행 중에 종래의 大苗·小苗로 큰 차이가 있었던 畝制를 통일하여 240步를 1畝로 하였는데, 장량의 실시 후 각 지방에서의 전지면적 증가는 이러한 畝制의 개혁과도 관계가 있다고 생각된다.[111] 畝制의 통일과 동시에 관전과 민전에 부과된 科則을 일률적으로 적용함으로써(官民一則) 이전의 '官田過重, 民田過輕'의 불합리한 상태를 개혁하였다.[112] 이로써 官田·民田의 구별이 없어지고 징수의 일원화가 어느 정도 실현되었다.[113] 福建의 汀州府에서는 "萬曆6년 장량을 행함에 토지는 상·중·하의 三則으로 나누고 官田·民田이 一則으로 科糧되었다. 7년에 一條鞭法을 행하였다."[114]고 하여 田은 上·中·下 3등의 구분이 있었고 官田米와 民田米가 똑같이 부과되었다. 그리고 丈量이 행해졌던 다음 해에 一條鞭法이 시행되고 있다.

이러한 官民一則의 科則방법[115]은 賦役制度를 간소화하는 중요한 진전임과 동시에 전국적인 일조편법의 시행과 상응하는 것이다. 官·民田 부세의 一則化라고 하는 정책 기조에서 징수율은 일원화되었고 토지비옥도의 기준 역시 상·중·하의 3분으로 단순화되어진 것이다. 징수율이 단순화된 것을 예를 들면 浙江 紹興府에서는 嘉靖

---

111) 樊樹志, 1988, p.425.

112) 樊樹志, 1988, 426.

113) 川勝 守, 「張居正丈量策の展開 ― 特に明末江南における地主制の發展について ―」, 『史學雜誌』 80-3.4, 1971, p.277.

114) "萬曆六年, 奉文淸丈. 田分上中下三則, 官民一體科糧. 七年, 行一條邊法."(「版籍志」, 『崇禎汀州府志』 卷 9, "稅糧")

115) 이러한 地則·科則을 설정한 것으로서 江南 廣信府 弋陽縣에 田의 상·중·하 3則이 있었으며, 九江府 湖口縣에 田地 등의 8則, 南康府 安義縣에 5則, 贛州府 龍南縣에 田의 상·중·하 3壤 및 地塘을 합한 5則, 安慶府 x山縣에 田의 상·중·하 3則 등을 들 수 있겠다.(川勝 守, 1971, p.278)

26년 官田 37칙, 民田 27칙, 합계 64칙[116]이 있었으니 이와 비교하면 현저히 감소한 것을 알 수 있다.

또한 江西 饒州府 鄱陽縣에서는 上田 4升 8合 7勺, 中田 4升 4合 1勺, 下田 3升 5合 3勺으로 畝당 科糧이 정해져 있었고, 浙江 金華府 義烏縣에서는 2縣을 8鄉으로 나누고 1鄉 1則으로 하였으며, 江西 南昌府 奉新縣에서는 1縣을 上·下 兩 縣으로 구분하여 兩則을 정하였다. 그리고 撫州府 東鄉縣에서도 各 鄉 1鄉 1則으로 하였으니 이러한 사례들을 살펴볼 때 향마다 징수율이 설정되어 있었음을 알 수 있다.[117]

이상에서 본 바와 같이 장량에 의한 每 畝 徵收率의 縣單位 또는 鄉單位의 일률화의 규정이 확인되었는데 징수율의 일률화는 마땅히 일률의 의미에 있어서 현 내(향 내) 農民·擔稅戶의 담세능력을 每畝라는 측면에서 징세기본단위가 균등해졌다고 할 수 있고 토지생산력의 차등(肥瘠의 差)과 토지소유의 불균등, 가령 농민·담세호의 담세능력의 차등을 고려한 것이 아니었다. 그 때문에 일원적이고 일률적인 징세율에 기초하여 세량이 징수된 것은 아니지만 세량 부과 대상은 원칙적으로 田土 그 자체에 부과되었다고 생각된다.[118]

토지장량의 다음 효과로는 魚鱗圖가 거의 전국적으로 작성되고[119] 새로운 징세대장이 완성되었음을 들 수 있겠다. 전국적으로 장량은

---

116) 「田賦志」, 『萬曆紹興府志』 卷 14, “田賦 上”.

117) 川勝 守, 1971, p.280.

118) 川勝 守, 1971, 280-281.

119) 天啓海鹽縣圖經에 의하면 경계를 정하여 어린도 책을 작성하고 이것을 縣의 창고에 두었다고 밝히고 있으며, 또 趙與治에 의하면 지금의 장량에서는 반드시 어린도가 만들어졌는데 그 작성비는 1도당 수량은 되었다고 한다. 그리고 海瑞도 어린도를 작성하였다는 것을 지적하고 있다.(西村元照, 「張居正の土地丈量 — 全體象と歷史的意義のために —」, 『東洋史研究』 30-1.2.3, 1971, p.61)

自丈, 覆丈의 2단계가 채택되었는데 自丈段階에서 어린도가 만들어졌으며, 萬曆9년의 장량에 즈음해서는 전국적으로 어린도가 만들어졌다. 또 陸世義가 『黃冊』을 폐하고 어린도를 활용해야 한다고 하는 논의는 전국적인 어린도의 완성을 전제로 하고 있는 것이다.[120] 사실 淸 初에는 明代의 『魚鱗圖冊』이 전국에 있었다고 하였으니 말하자면 萬曆9년 어린도의 완성에 의해서 국가는 민간의 토지소유 상황을 파악한 것이라고 할 수 있다.

한편 丈量策의 전개와 더불어 명대 부역징수의 기본대장인 『賦役黃冊』은 다만 형식적인 구문이 되고 실제에는 『白冊』이 사용되었으니,[121] 이 『白冊』이 「實徵文冊」 혹은 「實徵黃冊」으로 각 人戶에 대한 부과대장이 되었다.[122] 그리고 가정 중엽 이래로 장량책과 관련하여 『어린도책』 외에 새로이 『歸戶冊』[123]이 작성되었는데 張居正 丈量 時에는 福建·江西·浙江·南直隷·安徽 등 많은 지방에서 작성되었다.

부역황책의 형식화에 수반하여 강남 지방에서는 白冊(=實徵白冊) 내지 歸戶冊(=歸戶實徵冊)이 징세대장으로서 사용되고 있음을 확인하였다. 물론 이 黃冊으로부터 白冊 내지 歸戶冊으로의 징세대장의 변동을 통해 어떤 담세조직의 변동을 알 수는 없지만 實徵冊·歸戶冊 작성의 수속을 검토해 보면 張居正이 전부의 실태를 파악하고

120) 西村元照, 1971, p.61.

121) “其後黃冊祗具文, 有司徵稅·編徭, 則自爲一冊, 曰白冊云.”(「食貨」一, 『明史』 卷 77, p.1878)

122) 川勝 守, 1971, p.282.

123) 『歸戶冊』이 기존의 『魚鱗圖冊』과 다른 점은 『魚鱗圖冊』의 기재는 불변이지만 『歸戶冊』은 10년에 한번 변하고 전토의 매매에 의해서 이동이 행해졌으며 歸票·收票에 의해서 授受를 확인할 수도 있다. 이 『歸戶冊』은 『黃冊』과 같이 10년에 한번 변하는데 5년 혹은 1년에 한번 변하는 것도 있으며 앞의 『白冊』과는 작성 연수가 다르지만 그 기능·성질의 점에서는 같은 것이라고 생각된다.(川勝 守, 1971, p.283)

역법을 개혁하여 체납 전량을 수취하는 등 단계를 밟아 일을 추진했던 사실을 발견할 수 있다.

張居正에 의한 전국 전토의 측량은 이후의 많은 제도적 개혁을 가능하게 하였다. 『明史』, 「食貨志」에도 밝히고 있듯이 '嘉靖年間 수차례 행해졌다가 중지되었던 것을 萬曆9年 다시 一條鞭法을 시행하였다.'[124]고 한 것에서 알 수 있듯이 丈量 이후 一條鞭法이 지금까지 보다 좀 더 용이하게 행해질 수 있게 되었다. 丈量의 기초 위에서 시행된 一條鞭法의 내용은 다음과 같다.

첫째, 賦·役을 합병[125]하는 것으로 각종 요역을 하나로 합쳐 징수하였으니 徵稅手續의 번잡함을 간소화시켜 지방 衙門의 서리들에 의한 중간착취 등의 농간을 제한시킬 수 있었다. 둘째, 役 부담방법의 개선이다. 즉 徭役에 응하는 자는 반드시 직접 노역에 복역할 필요가 없이 代役銀을 官府에 바치고 官府에서 그 돈으로 사람을 따로 고용하여 일을 시킬 수 있게 하는 방법이었다. 셋째, 종래 戶와 人丁 단위로 役銀을 징수하던 방법을 바꾸어 土地를 단위로 징수토록 하였다. 넷째, 민간에서 세금을 걷고 직접 운송하던 방식에서 관에서 걷고 관에서 운송하는 방식으로 바꾸었다.

이와 같은 一條鞭法의 실시에 있어서 張居正의 공헌은 이미 嘉靖10年(1531) 御史 傅漢臣의 上疏로부터 시작되어[126] 절강성과 강소성 일대에서 국부적으로 시행되고 있던 一條鞭法을 전국적으로 확대한 데 있으며, 지속적 제도로 정착시키고 부역제도의 계통을 형성

124) 「食貨」 二, 『明史』 卷 78, p.1902.

125) 賦·役의 합병에는 세 가지 종류가 있는데 첫째는 里甲·均徭·雜泛 등을 포함하는 役 內 각항의 합병이고, 둘째는 官民田土科則·方物土貢·雜項課稅 등을 포함하는 賦 內 각항의 합병이며, 셋째는 賦와 役의 합병이다.(張海瀛, 1993, p.135)

126) 『世宗實錄』 卷 123, 嘉靖10年 3月 己酉條.

한 데 있다.[127] 또한 賦·役 부담의 불균등을 해소하게 되었으니 토지와 인정을 단위로 세역을 부담시키는 방법은 지주의 부담을 증가시키고 토지가 없는 농민이나 일용 노동자, 자급적 수공업자 등의 부담을 면제시키는 결과를 가져왔다.

결국 張居正에 의한 土地丈量의 시행은 지주층의 대토지 소유의 전개에 대한 국가의 대응책으로서 나타난 것이고 張居正의 의도 또한 기본적으로는 이 선에 두고 있지만 그러나 이러한 지주대책 때문만은 아니었다. 明朝는 중기 이후의 재정난을 극복하기 위해 시행한 세입 증액책의 연장선에 위치하고 있었다. 따라서 新莊地·荒地·屯田·莊田 등에까지 丈量이 행해졌으며 실시 지역도 전국적으로 확산되었다. 이것은 한편으로는 대토지 소유를 억제하고 또 다른 한편으로는 국가가 세원의 확보를 위해 노력하였던 것이다.

이러한 土地丈量은 위로부터의 국가정책으로서 행해졌던 것으로 기본적으로는 財政再建策이었으며, 또한 丈量은 기한엄수와 엄벌주의에 의해서 강제효과를 부여하였고 국가는 광의의 지주계층을 배척하여 국가의 지배이념을 재건하고자 하였기 때문에 당시 장거정과 지방의 지주 계층 사이에는 많은 모순이 발견되고 있다. 이와 관련하여 당시 장거정과 정치적으로 적대 관계에 있던 동림파 인사들의 입장을 살펴볼 필요가 있다.

張棟은 강서 新建을 예로 들면서 장량 자체에 대해서는 기본적으로 지지하는 입장을 취하였다. 그 이유는 첫째 신건은 전지 원액이 56만 정도이지만 어린도 책에 기재된 것이 없고, 어느 때의 장량에 의한 것인지 근거도 명확하지 않다. 둘째 전지 매매가 행해질 경우 계약 문서에 과칙을 적지 않기 때문에 과칙의 혼란에 편승한 부당한 매매가 행해지고 있다. 셋째 이 결과 부호의 '無糧의 田'을 소유하

127) 周伯棣, 『中國財政思想史稿』,(福建人民出版社, 1984) pp.315－316.

고 그 이익을 향유하는 반면 빈민은 '無田의 糧'으로 고통받고 도망하는 사태가 증가하고 있기 때문이다.[128] 이처럼 장량에 대해 장거정과 동림파 인사들 사이에 특별한 대립이 있었다고 생각되지 않는다. 다만 동림파가 비판했던 것은 고성법의 압력하에서 장거정에 영합한 지방관이 단궁을 사용하여 전무를 늘리거나 허량을 할당하는 등에 관한 것이고 중앙에 부를 집중하는 것에 있었다.[129] 張居正이 실시한 土地丈量과 一條鞭法은 이후 농촌경제뿐만 아니라 상품경제의 발전을 촉진시키는 계기가 되었다.[130]

6. 소 결

만력원년 내각수보에 오른 장거정은 중앙정부 최고책임자의 입장에서 대지주의 토지겸병과 통치 집단의 소비 증가 등으로 인한 국가재정의 위기상황을 극복하고자 했다. 그는 합리적인 경영정신을 가진 산서상인 가문 출신 관료들을 중용하는 한편 국가 재정 사무의 중추에 위치하고 있던 호부의 기능을 강화하였다. 또 고성법이라는 강력한 법을 행사하여 세입 과정에서 문제가 된 지방 관리들에 대한 관리·감독을 철저히 함으로써 행정의 효율화와 재정의 중앙집권화를 이루어 나갔다.

물론 당시 재정 위기를 극복하기 위한 노력은 중앙정부는 물론 순무·순안·지부와 같은 지방관 주도 아래 세·역제도의 개혁이 진행되기도 하였다. 중앙정부와 지방 관아는 재정 업무와 관련하여 엄연

---

128) 小野和子, 1983, pp.91-92.
129) 小野和子, 1983, p.93.
130) 徐明德, 「張居正的經濟思想及其整理財政的措施」, 『明淸史國際學術討論會論文集』,(天津人民出版社, 1981) p.880.

히 기능이 다르고 따라서 개혁에 대한 요구 역시 다른 점이 있다. 하지만 중앙정부가 관할하고 있는 세량을 예로 들면 정액의 수입은 거의 모두 지방 관아에서 징수하여 일부는 당지에서 지출하고, 일부는 규정에 의해 다른 지역으로 수송되었다. 따라서 중앙정부에서의 요구와 지방에서 개혁의 요구 사이에는 복잡하고 미묘한 갈등 관계가 있는 것이 사실이다. 이러한 상황에서 장거정은 당시 지배 계층을 형성하고 있던 지주·관료의 강한 반발을 사기도 했지만 철저하게 중앙의 시각에서 제 정책을 강하게 추진하였다. 그러나 그가 지방을 경시한 것은 아니고 각 지방으로부터의 개혁 요구가 집중되는 중앙의 중추에서 지방관들의 문제 인식을 충분히 흡수하고자 한 것이었다. 장거정의 경우 총독·순무 및 포정사 이하 지방관과의 서신 교환이 매우 많은데 그만큼 지방이 중시되고 있음을 의미한다 하겠다.

장거정은 이러한 바탕 위에서 재정수지를 개선하기 위한 구체적인 방안으로 재정지출의 합리화와 부세제도의 개혁을 추진하였다. 그는 '量入爲出'의 원칙에 입각하여 지출을 최대한 줄임으로써 국가재정의 안정을 도모하였다. 또 토지겸병과 은전이 증가하고 있던 상황에서 균형 있는 세역 징수를 위하여 토지장량을 시행하여 과세대상을 바로잡는 한편 일조편법을 전국적으로 확대 실시하고 더욱이 이를 지속적인 제도로 정착함으로써 부세제도의 틀을 확립하였다. 이러한 제정책의 시행 결과 일시적이긴 하지만 명조의 재정은 충실해졌다. 즉 16세기 국고보유가 전혀 없던 상황에서 장거정이 죽기 전 국고에는 9년분의 米가 비축되었고 銀庫에는 600만 냥, 內庫에는 400만 냥의 잉여가 있었다.[131] 이 시기 재정의 충실은 장거정 사후 만력 중기 이래 명말까지 다시 심각한 재정난에 빠지는 것과 비교하면 더욱 좋은 대조가 된다.

---

131) 崔晶妍, 1989, p.29.

다른 한편 이러한 장거정의 재정정책은 강남 지주층에 대한 견제 역할을 하였다는 점에서 중요하다. 그는 강남 지주층이 토지를 겸병하며, 서리와 결탁하여 세금을 납부하지 않고, 소농민에게 전가되는 세입체계의 문란과 국가재정 수입의 감소를 바로잡고자 했다. 그가 강력한 법으로 너무 급진적인 개혁을 시도하였기 때문에 많은 반발을 초래한 것도 사실이지만 '法'과 '威'로 행했던 고성법과 장량 등의 개혁은 혁신적 성격이 강하였다. 장거정과 정치적으로 대립했던 동림파 인사 중 한 사람인 張棟이 고성법에 대해서는 비판하였지만 장량에 대해서는 긍정적인 입장을 표명했던 점에 주목할 필요가 있다. 그들은 장거정의 일련의 재정개혁을 비판한 것이 아니라 황제 일원적인 지배체제를 강화하여 중앙집권화를 시도함으로써 당시 지방에서 나타나고 있던 분권공치의 주장을 묵살한 데 대해 비판하였던 것이다.

이처럼 장거정의 재정정책은 그가 내각수보로 정권을 장악하고 있던 만력 초 10년간 강력하게 추진되었고, 그가 죽은 뒤에는 일시적으로 폐지되기도 하였지만 만력제 사후 천계·숭정년간 그와 비슷한 제도들을 부활하고자 하는 움직임이 있고, 이러한 경향은 청초에도 그대로 유지되고 있다. 따라서 그의 정책은 중국 재정사에서 명대적인 재정체계에서 청 중기에 이르러 대체로 안정적인 재정체계를 이룩하는 데 있어 중요한 가교 역할을 수행했다고 할 수 있다.

第 6 章

명말 광세사 파견과 제 정치세력의 역학관계

—陳增과 李三才의 대립관계를 중심으로—

1. 명대 宦官의 商稅業務에의 干與過程

明代 宦官의 국정개입은 漢·唐代 末期의 국정문란이 宦官의 정치 간여 때문이라고 생각한 明太祖의 강력한 정책으로 초기에는 거의 찾아볼 수 없었다. 즉 洪武元年(1368)부터 환관의 人數·品秩·地位·職掌의 範圍를 제한[132]하는 한편, 환관기구를 外廷의 管轄과 監察하에 두어 환관세력의 확장을 제한하였다.[133] 특히 洪武17年 "內官은 政事에 干預할 수 없다. 犯한 자는 斬한다"[134]고 하였으니 이는 환관이 外臣과 교통하거나, 어떤 일을 憑籍해서 불법을 자행하

---

132) 朱元璋은 吳元年에 이미 宦官官署로 內使監을 설치하였지만, 그들의 폐해를 막기 위해 그 인원을 100명 이하로 제한하였고, 그 소임도 洒掃나 使令 따위의 일에 한정시켰다. 또한 품질은 4품을 넘을 수 없고, 祿은 月米一石으로 內廷에서 생활하도록 제한하였으며, 환관이 정치나 軍務에 참여하는 것을 금하였고, 아무리 오래도록 황제를 모신 환관이라도 그 언행이 政事에 미치면 곧 배척하여 종신토록 敍用하지 않았다.(『明史』 卷 71, 「職官志」 3, "宦官" 참조.)

133) 余華青, 『中國宦官制度史』,(上海人民出版社, 1993) p.363.

134) 『明史』 卷 304, 「宦官傳」序.

는 일이 없도록 미연에 대비하기 위한 것이었다. 더욱이 환관의 문자습득까지 금하였는데,135) 이 역시 환관이 문자를 습득하여 지식을 쌓게 되면 자연히 국가기밀의 탐지나 불법행위를 조작할 우려가 있기 때문이었다.136)

그러나 홍무제의 이러한 일련의 정책은 어디까지나 구상에 불과하였으니 말년에는 祖訓을 頒布하여 이른바 宦官 24衙門을 정비하였고,137) 그 정원도 점차 늘어났다. 洪武15年 10月에는 두 차례에 걸쳐 모두 437명의 환관이 증원되었으며,138) 洪武17年 2月에는 安南으로부터 30인의 宦官이 진공되었고, 同 24年 3月에는 高麗로부터 200인의 宦官이 진공되었다.139)

洪武帝는 기회가 있을 때마다 환관의 정치참여를 금지하였지만,140) 이것은 표면적인 조유에 불과할 뿐이고 실제로 환관이 정치에 간여한 사례는 매우 많다. 洪武年間부터 환관의 정찰활동이 보이고 있으며,141) 재정문제와 관련한 의사결정과정에도 참여하기 시작하였다. 즉 洪武10年 戶部에서 천하의 稅課司·局에서 상세를 징수하는데, 액수가 많지 않은 178곳의 폐지를 건의했을 때 洪武帝는 "中官(宦官), 國子生 및 副委官 각 1人을 선발하여 定額을 정하도록 하라"142)고 함으로써 宦官이 재정사무에 간여할 수 있게 되었다.

---

135) 『明史』 卷 71, 「職官志」 3, "宦官".
136) 高昌錫, 「明代의 東廠·西廠에 대한 考察」, 『慶北史學』 5, 1982. p.5.
137) 『明史』 卷 71, 「職官志」 3, "宦官".
138) 黃彰健, 「論皇明祖訓錄所記明初宦官制度」, 『歷史語言硏究所集刊』 32, 1961, p.84.
139) 黃彰健, 1961, p.93.
140) 明太祖는 洪武元年, 2, 3, 4, 10, 17년 등 계속해서 宦官의 政治干預를 금지하고 있다.(丁易, 『明代特務政治』, 北京, 中外出版社, 1950, p.334, 참조.)
141) 『明史紀事本末』 補編 卷 5. 「宦官賢奸」.
142) 『明史』 卷 81, 「食貨」 5, p.1975.

永樂年間에는 환관의 정치참여의 폭이 넓어졌다. 永樂19年(1421)과 20年에는 정신회의에 宦官을 파견하여 천하의 庫藏과 倉糧의 출납지수를 정하도록 하였다. 또한 成化2年(1466)에는 "中官欲出領抽分廠"[143]하여 宦官들이 독자적으로 세금징수 과정에 참여하게 되었으며, 正德年間(1506~1521)에 이르러서는 환관들이 상세징수업무에 간여하는 폭이 늘어났으니,[144] 이를 사례별로 분석해 보겠다.

먼저 九門商稅에 대한 관리이다. 九門[145]은 京師에 이르는 정치·경제·군사상 중요한 지역으로 환관에게 그 관리를 위임하면서부터 이곳의 상세징수액이 급격히 증가하였다. 九門稅收는 弘治元年(1488) 鈔 66萬餘 貫, 錢 288萬餘 文이던 것이 正德7年(1512)~嘉靖2年(1523)에는 鈔 255萬餘 貫, 錢 319萬餘 文으로 증가하였다.[146] 이처럼 세수가 증가한 것은 상업발달에 따른 자연증가에도 그 원인이 있지만, 환관들의 간여가 큰 원인으로 작용하였다.

弘治元年(1488), 감찰어사 陳瑤는 "崇文門 稅課分司에서 상세를 징수하는데, 호부에서 어사·주사를 파견하여 징수를 감독케 하니 그들의 收斂으로 인해 상인들의 왕래가 드물게 되고, 결국 물가를 앙등시켰다"[147]고 하였다. 또한 嘉靖4年 戶部主事 繆宗用은 "각 門에 10여 명을 증원하여 지나가는 수레에도 錢·鈔를 징수하는 등 착취를 일삼으니 사람들이 고통스러워하였다."[148]는 것을 지적하였다. 당시 환관들은 상세를 징수할 때 뇌물을 요구하거나 재물을 약

143) 『明史』 卷 185, 「徐恪傳」, p.4904.
144) 杜婉言, 「明代宦官與明代經濟」, 『明代宦官與經濟史料初探』, 北京, 中國社會科學出版社, 1986, p.391.
145) 九門은 明代의 首都 北京에 이르는 중요한 관문인 正陽門·崇文門·宣武門·安定門·德勝門·東直門·西直門·朝陽門·阜成門을 가리킨다.
146) 王世貞, 『弇山堂別集』 卷 94, 「中官考」 5.
147) 『明孝宗實錄』 弘治元年 12月 丙辰條.
148) 王世貞, 『弇山堂別集』 卷 99, 「中官考」 10.

탈하기도 하였으며, 조금이라도 여의치 않을 경우에는 사람들을 마구 때리거나 심지어 생명을 빼앗기도 하였다.

한편 환관들은 사사로이 상세징수기관을 설치·운영하거나 皇店을 설치·관리하여 상세를 징수하기도 하였다. 『明史』, 「食貨志」의 다음 기사는 이러한 사실을 잘 반영하고 있다.

> 萬曆11年 天下의 私設 無名 稅課를 혁파하였다. 그러나 隆慶 이래로 무릇 橋梁·道路·關津에서 사사로이 세금을 징수하여 利를 취함으로써 민을 병들게 하니 누차 조를 내려 혁파하고자 했으나 제거할 수 없었다.149)

고 하여 운하에 인접한 주요 지역에서 세금을 징수하는데, 여기에서 사설 무명이라 함은 皇親·太監 등을 가리키는 것으로 생각된다. 그리고 이러한 현상이 隆慶年間 이래로 나타나고 있었다고 하였는데, 그보다 이른 시기까지 거슬러 올라갈 수 있을 것으로 보인다. 이는 正德9年의 監察御史 施儒 등의 上奏文을 통해서도 확인할 수 있다.

> 皇店을 罷하십시요. 京師로부터 張家灣·盧溝橋·臨淸에 이르는 市集 등에는 모두 巡邏가 있어서 행상을 하는 소상인들에까지 錢을 부과하지 않는 곳이 없고, 관원이나 상인들의 수화물 역시 주머니를 열어서 검사하여도 감히 누구냐고 물어보지도 못하니 정지시켜 주십시오.150)

또한 正德年間의 『實錄』 중에는 皇親·貴戚 자신이 점포를 열어

149) 『明史』 卷 81, 「食貨」 5, p.1978.
150) 『明武宗實錄』 正德9年 正月 丁亥條.

상인의 활동을 방해 볼고 있으며,[151] 환관이 파견되어 세금을 징수하는데 柴炭·魚菜에까지 미치고 있다는 것을 지적하고 있다.[152] 正德年間 이래 皇親과 宦官들의 상업이나 상세 분야에 진출이 늘어나고, 또 그 폐해가 점차 증가하고 있는 현상은 화폐경제의 침투와 함께 대토지소유보다는 화폐의 획득을 중요시하는 '皇莊에서 皇店으로'[153]의 변화로 볼 수 있을 것이다.

皇店은 皇族이나 宦官 및 權豪가 황제의 특허를 받아 설치한 것으로 皇帝權力이 商業에 간여한 산물로 파악할 수 있다. 皇店의 설치는 正德年間의 宦官 劉瑾에 의해 창설되면서부터 시작되었다.[154] 劉瑾은 正德元年부터 正德5年(1510) 誅殺될 때까지 전성기를 구가하였으며, 이 시기에 많은 황점을 설치하였다. 皇店이 설치되었던 지역은 처음에는 京城 九門 外에서 張家灣·河西務[155]까지 客商들이 북경으로 들어오는 교통상 요충지였다. 그런데 張家灣에는 宣課司, 河西務에는 鈔關이 설치되어 있어서 객상의 화물과 함께 舟車에 대해 課稅하고 있었다. 이처럼 세무관청이 설치되어 있는 지역에 창고를 설치하였다는 사실은 그만큼 황실이 영리추구에 힘쓰고 있다는 사실을 반영한다. 이러한 皇店의 폐해에 대해 正德6年(1511) 南京兵部上書 柴昇 등은 다음과 같이 말하고 있다.

---

151) 『明武宗實錄』 正德16年 7月 庚申條.

152) 『明武宗實錄』 正德16年 6月 己酉條.

153) 岡野昌子, 「明末臨淸民變考」, 小野和子編, 『明淸時代の政治と社會』, 京都大學人文學硏究所, 1983, p.111.

154) 正德9年 十三道監察御史 羅縉 등의 上奏文에 "自逆(劉)瑾用事, 創立皇店, 內自京城九門外, 至張家灣·河西務等處, 攔截商賈, 橫斂多科, 無籍之徒, 恃勢張威, 私藏厚殖, 宜皆查革."(『明武宗實錄』 正德9年 正月 丙戌條.)라고 하여 皇店이 宦官 劉瑾에 의해 창립되었음을 지적하고 있다.

155) 張家灣은 지금의 河北省 通縣 남쪽 15리 지점에 있고, 河西務는 武淸縣 동북 35리의 지점에 위치하고 있다.

> 해당 지역의 수비 내신은 과거에는 1~2명에 불과했으나 후에 6~7명으로 증가하였고, 각각 그 아래에 참수 100여 명을 거느리고 사사로이 점장을 설치하여 민의 이익을 침범하고 있다.[156]

이처럼 皇室에서는 宦官에게 창고업을 직접 경영하게 하고 그 이익을 황실경제의 부수입으로 삼았다.[157] 그러므로 明 中期 이후 과다한 군사비 지출 등으로 국가재정이 어려워진 상황에서도 황실비가 윤택했던 것은 이러한 궁정 자체의 영리행위가 큰 비중을 차지하였다. 皇店에서는 皇室이 出資하여 교역할 뿐만 아니라 행상을 압박하여 창고에 화물을 보관토록 한 후에 세금을 징수하고, 화물을 팔기도 하였다.[158]

正德16年에는 九門 외에 張家灣·宣府·大同 등지에도 皇店이 설치되었고, 이들 황점의 세액은 매년 銀 8萬 兩에 달하였는데,[159] 이 가운데 일부는 궁중 경비로 납부하였으며, 나머지는 황점 업무를 주재했던 宦官 등이 사복을 채우기도 하였다. 한편 환관들은 皇店 외에 王店도 전체 혹은 일부를 장악하였으며, 그들 스스로가 창고를 개설하기도 하였다. 그리고 正德年間 宦官들이 횡행하면서 그 가렴주구가 점차 심화되었으니, 明代에는 太監들만이 수취할 수 있는 寺廟香火錢이 있었으나, 이들은 이에 만족하지 않았다. 다음 기사는 이러한 사실을 잘 나타내 주고 있다.

> 역신 유근에 빌붙어 거짓으로 진공하겠다고 하면서 무명의 징세가 백출하였는데, 그 뒤를 이은 자들이 마침내 이를 상례로 삼

---

156) 『明武宗實錄』 正德6年 6月 丁酉條.

157) 佐久間重男, 「明代の倉庫業に就いて」, 『東洋學報』 31-4, 1948, p.110.

158) 唐文基, 「明朝對行商的管理和征稅」, 『中國史研究』 1982-3, pp.20-21.

159) 『明武宗實錄』 正德16年 3月 丙寅條; "開皇店於九門之外, 張家灣·宣·大等處, 稅商權利, 怨聲載路, 每歲額進八萬."

> 았다. 근래의 진공품인 古銅器·窯變盆·黃鷹·錦鷄·獵犬(사냥개)·羔羊皮 등은 모두 假名 징수한 것으로 재물을 취할 목적에서 시작되었다. 이 외에도 拜見銀·須知銀·圖本銀·稅課司銀·出辦椿草銀·扣除驛傳銀·馬價銀·甲首夫銀·快手月錢銀·河夫歇役銀 등이 있어서 종종 수십만을 헤아리니 좌우에서 일을 처리하는 사람들이 사사로이 아래 사람들을 두어 馬·布·紙·鈔·鋪陳 등을 팔기도 하고, 연하에서는 객상의 화물에 세금을 징수하니 그 폐해가 매우 크다.160)

그 후 隆慶年間부터는 교량·도로 및 關津에 모두 사설 상세징수기관이 설치되어 세금을 징수하였다. 이에 萬曆元年 給事中 蕭彦은

> 河西務에서는 大小貨船에 대해 船戶(뱃사공)에게서 船料를 징수하고, 상인에게는 船銀을 부과하며, 시장에 진입할 때 상세를 징수하고, 시장에서 나갈 때 또 세금을 징수한다. 100리 내에 관할기관이 세 군데나 있으니 한 화물에 대해 몇 번씩 세금을 징수한다.161)

고 하였다. 또한 장강을 항행할 경우 1~2里도 되지 않는 강 하나를 사이에 두고 2군데에서 세금을 징수하기도 하였다.162) 이러한 황점 및 환관들이 제멋대로 세운 창고는 모두 황실세력을 빌려 상업 활동과 징세업무를 수행했고 官衙의 성질도 가지고 있었다.163) 환관들이 가렴주구를 일삼은 결과 상인들은 세금징수에 고통받고 소민은 거래에 어려움을 겪게 됨으로써 화물이 유통되지 않아 물가의 앙등을 초

160) 譚希思, 『明大政纂要』(衛建林, 『明代宦官政治』, 山西人民出版社, 1991, p.150에서 재인용.)
161) 蕭彦, 「敬陳末議以備采擇以裨治安疏」, 『皇明經世文編』 卷 407.
162) 『明神宗實錄』 萬曆27年 5月 戊戌條.
163) 衛建林, 1991, p.149.

래하기도 하였다.[164)]

한편 명말에 이르러서는 宦官들이 상인들에 대한 優免與否의 결정권을 간접적으로 장악하기도 했다. 즉 萬曆30年代에 들어서면 鋪戶에 대한 정기적인 '審行'을 담당해야 할 科道官의 결원이 장기화되면서 이들에 의한 審行이 실시되지 않고 있다.[165)] 이러한 상황에서 商役을 둘러싼 폐해가 심각하였는데, 상인이 관에 물품을 납입할 때 '鋪墊'의 명목으로 환관에 의한 주구가 행해졌다. 鋪墊은 원래 상공물료를 안전하게 보호하기 위한 포장물을 가리키는 것이지만, 이를 빌미로 환관들이 상인으로부터 수수료를 징수하는 것으로 되었다.[166)]

商役을 둘러싼 폐해가 극에 달했던 萬曆35年(1607) 4月에는 환관의 鋪墊 징수를 견디지 못한 상인들이 금령을 어기고 午門(북경 옛 자금성의 정문)을 향해 直訴하는 사건이 일어났다.[167)] 이러한 상황에서 동년 10月 末에는 工部에서 22명의 상인을 僉充했지만, 그들도 환관의 비호를 받아 우면특권을 획득하여 도망했기 때문에 1개월도 지나지 않아 겨우 3명만이 남게 되었다.[168)]

이리하여 과중한 商役이 北京에서 중대한 사회문제가 되는 한편, 宦官이 상역의 우면결정권을 간접적으로 장악하게 되었다. 원래 優免의 은전을 결정하고 사여했던 것은 황제이지만, 위에서 말한 간접적 장악이라고 한 것은 신하가 제출한 상역면제의 上奏에 대한 처리를 환관이 제멋대로 좌우하였던 것이다.[169)] 예를 들면 光祿寺의 商役에

---

164) 『明武宗實錄』 正德12年 4月 甲戌條.

165) 萬曆年間 官僚들의 缺員 문제에 대해서는 和田正廣, 「萬曆政治における員缺の位置」, 『九州大學東洋史論集』 4, 1975 참조.

166) 新宮(佐藤) 學, 「明末京師の商役優免問題について」, 『集刊東洋學』 44, 1980, p.68.

167) 『明神宗實錄』 萬曆35年 4月 戊午條; "工部鋪商王梁等六人, 以大工煩興鋪墊受累, 各赴午門聲寃, 有司原之."

168) 『明神宗實錄』 萬曆35年 12月 乙丑條.

충당되었던 2명의 상인이 錦衣衛千戶 陳銳와 御用監太監 馬堂에게 뇌물을 주자, 그 자리에서 우면의 中旨가 내려지기도 하였다.[170]

이와 같이 科道官의 결원상태가 장기화되면서 공정한 審行이 실시되지 않은 상태에서 환관들은 포점이라는 명목으로 상인에 대한 직접적 수탈이 가해지는 한편, 우면결정권을 장악하여 간접적으로 수탈하였다.

2. 만력 중엽 광세사 파견과 그 영향

1) 재정위기와 광세사 파견, 그리고 그들의 징세 활동

중기 이후 만성적인 재정적자에 시달려 온 명조는 萬曆 初 10년 동안 內閣首補로써 개혁정치를 단행했던 張居正의 활약으로 일시 안정을 가져오기도 하였다. 그러나 萬曆10年 張居正이 죽은 후에는 다시 심각한 재정난에 빠지게 되었는데, 특히 萬曆20年代에 들어와 내외에서 발생한 반란과 전쟁, 그리고 황실의 화재 등으로 국가재정에 어려움을 겪게 되었다. 즉 萬曆20年(1592) 寧夏에서는 보바이(哱口拜)의 반란이 일어나 8개월 만에 진압되었으며, 같은 해 일본 豊臣秀吉의 조선침략(壬辰倭亂) 시에도 명조는 군대를 파견하였다. 萬曆25年(1597)에는 貴州省 播州에서 苗族 출신의 土官인 楊應龍의 반란이 일어났다. 소위 '萬曆3大征'[171]으로 불리는 이 세 차례의 전

169) 新宮(佐藤) 學, 1980, p.74.

170) 『明神宗實錄』 萬曆37年 2月 庚申條; "光祿寺僉商陳文擧・馬應科者, 夤緣錦衣衛千戶陳銳・御用監太監馬堂, 突奉中旨免. 戶部給事中王紹徽等言, 此輩片語隻司, 輒勤御票如此. 非所以重王言, 一政體. 乞正陳銳・馬堂等交通之罪."

란에 명조는 각각 2백여 만 냥, 7백여 만 냥, 2·3백여 만 냥의 예산을 소모함으로써 국가재정에 큰 타격을 주었다. 더욱이 萬曆24年(1596)과 25年 宮殿의 火災에 따른 造營費로 930만 냥이 소모되었다.

이러한 가운데 재정수입 중에서 1,000만 냥 정도가 궁정비로 책정되어 있었지만, 당시 궁정의 사치는 극에 달하여 잉여가 전혀 없었다.[172] 3大征으로 인해 국가재정에 여유가 없던 상황에서 황실의 재건을 위해 정부로부터의 특별지출을 기대할 수는 없었다. 이에 萬曆帝는 萬曆24年(1596)부터 48年(1610) 정지시킬 때까지 24년 동안 宦官을 전국 각지에 파견하여 礦山의 開採, 商稅의 增徵을 통해 재정수입의 증대를 도모하였다.[173] 礦稅監의 파견에 대해 萬曆帝는

> 朕은 몇 년간이나 정벌을 하였기 때문에 內庫의 비축이 고갈되었고, 또 궁정 공사와 典禮에도 많은 비용이 드니 만약 재물이 쓸 곳이 없다면 어찌 구태여 小民에게 加派하겠느냐? 開礦稅는 본래 나라를 넉넉하게 하고 백성을 아끼려는 것이다.[174]

고 하였다. 물론 이러한 만력제의 견해에 동의했던 관료들도 많았다. 예를 들면 沈一貫[175]은 "지금 국가의 재정이 바닥났으나, 황상께서

---

171) 茅瑞徵 撰, 『萬曆三大征考』(明天啓浣花居自刻本), 北京圖書館古籍珍本叢刊 13, 書目文獻出版社 참조.

172) 岩見 宏, 「淸朝の中國征服」, 『世界歷史』 12, 岩波書店, 1971, p.130.

173) 『明史』 卷 81, 「食貨 五」; "天津店租, 廣州珠榷, 兩淮餘鹽, 京口供用, 浙江市舶, 成都鹽茶, 重慶名木, 湖口·長江船稅, 荊州店稅, 寶坻魚葦及門攤商稅·油布雜稅, 中官遍天下, 非領稅卽領礦, 驅脅官吏, 務朘削焉."

174) 『明神宗實錄』, 萬曆 27年 正月 戊戌條.

175) 沈一貫의 字는 肩吾이며, 鄞 사람이다. 隆慶 2年 進士로 萬曆29年 趙志皐가 죽은 이후 수보의 자리에 올랐다. 『明史』 卷 218, 「列傳 106」에 그의 傳이 있다. 沈一貫의 입장에서 당쟁을 연구한 것으로는 城井隆志, 「萬曆三十年代における沈一貫の政治と黨爭」, 『史淵』 22, 九州大學文學部, 1985, 참조.

는 차마 小民에게는 加派하지 못하고 商稅만을 거두려고 하니 이는 진실로 어쩔 수 없어서 하는 마음이다"[176]고 하였다.

당시에 파견된 宦官으로는 高寀(京口)·暨祿(儀眞)·劉成(浙江)·李鳳(廣州)·陳奉(荊州)·馬堂(臨淸)·陳增(東昌)·孫隆(蘇州·杭州)·魯坤(河南)·孫朝(山西)·丘乘雲(四川)·梁永(陝西)·李道(湖口)·王忠(密雲)·張曄(盧溝橋)·沈永壽(廣西) 등을 들 수 있다.[177] 이들 중 萬曆29年(1601) '織造太監'으로 杭州·蘇州에 파견되었던 孫隆을 통해 이들의 지역에서의 활동 상황을 살펴보도록 하겠다.

孫隆은 처음 蘇州에 파견되었을 때에는 단지 다섯 군데에 關을 설립하여 원거리 객상들에게만 세금을 징수함으로써 당지 상인들로부터 환영을 받기도 하였다.[178] 그러나 萬曆帝가 각지의 세감들에게 증액을 요구하자 孫隆 역시 당지 상인들에 대한 세수의 증액을 도모하였다. 孫隆은 1601년 5월 蘇州城 稅關의 탈세를 조사하기 위해 부하인 黃建節 등을 거느리고 杭州에서 蘇州로 가고 있었는데, 蘇州東城의 유력한 신사로 고리대를 하고 있던 丁元復이 珍貨를 뇌물로 주면서 그에게 아첨하였다. 丁元復은 또한 성내의 무뢰 湯莘·徐成 등 12명에게 자금을 주면서 黃建節에게 뇌물을 주도록 하였으며, 그 결과 이들은 모두 徵稅吏에 임명되었다. 이들은 그 후 水陸交通의 요충지에 잠복하여 통행하는 상인들을 약탈함으로써 물가가 등귀하는 등 지역경제에 큰 타격을 주었다.

또한 黃建節은 孫隆을 부추겨 織機 1대에 매월 銀 3錢을 과세하고자 하였다. 이리하여 蘇州의 인심은 동요하고 流言이 사방에서 발생하였다. 실제로 緞 1匹에 대해 銀 5分, 紗 1匹에 대해 銀 2分의

176) 『明神宗實錄』, 萬曆27年 正月 戊戌條.
177) 『明史』 卷 81, 「食貨 五」.
178) 仝晰綱, 『中國歷代宦官』,(濟南出版社, 1993) p.259.

稅가 부과되고, 옷감이 다 짜여진 紗·緞은 玄妙觀에서 검인을 받아야만 비로소 발매를 허가해 준다는 소문이 퍼져 機戶와 도매상인들이 폐업하자, 그와 함께 일하던 傭工들은 생활의 터전을 잃어버리게 되었다.[179] 巡撫應天右都御史 曺時聘은 당시의 정황을 다음과 말하고 있다.

> 浮食奪民은 아침에 저녁을 도모할 수 없는 사람들로 직업을 얻으면 살 수 있고, 직업을 잃으면 죽을 수밖에 없습니다. 신이 들은 바로는 染坊이 철폐되고 染工으로 도산한 자가 수천 인이며, 機坊이 철폐되어 機工으로 도산한 자가 수천 인에 이르고 있습니다. 그들은 모두 그들의 노동력으로 생계를 유지하는 양민들로 일단 변란이 발생하면 그 뒤의 결과는 감히 상상할 수 없습니다.[180]

萬曆29年 6月 3日 60여 명의 실업 機工들은 玄妙觀에 모여 의견을 나누었고, 다음날 만여 명이 운집하여 孫隆의 爪牙 黃建節과 징세리에 임명되었던 徐成·湯莘 등도 살해되었다. 이어서 사람들은 6개의 종대를 형성하였는데, 그중 葛賢이 이끄는 무리들은 '赶走孫隆, 殺死稅棍'(孫隆을 몰아내고 稅棍을 죽이자)의 구호를 내걸고 稅務署로 향하였다.[181] 이에 孫隆은 杭州로 도피하였다.

이러한 萬曆29年의 소위 '織傭의 變'을 통해서 알 수 있는 사실은 우선 당시 지방에 파견된 환관들이 그 지역의 무뢰들과 연계하여 무리하게 상세를 징수함으로써 지역경제에 큰 타격을 주었다는 것이다. 또한 宦官 孫隆이 無賴와 결합하는 데에는 중간에서 고리대를 경영하고 있던 紳士 丁元福이 중개역할을 하고 있다는 점이다. 이것

179) 田中正俊, 1961, pp.44~45.
180)『明神宗實錄』萬曆29年 9月 丁未條.
181) 仝晰綱, 1993, p.260.

은 명 중기 이후 도시화의 진전과 더불어 신사층이 자신의 수하에서 일정한 역할을 수행하고 있던 무뢰를 환관에게 소개시켜 줌으로써 그들의 권리를 계속해서 유지시켜 나가는 한편 환관과 연결을 도모하고자 한 것으로 파악할 수 있다.

따라서 '織傭의 變'은 상세증징에 반대하는 도시의 직인과 상인에 의한 실력투쟁이라는 면도 있지만, 고리대 활동을 통해 또 그 자본력에 의해 無賴를 거느리고 환관세력과 결탁하여 도시행정을 장악하고 있던 유력 신사에 대한 抗議의 면도 있었던 것이다. 결국 宦官의 도시에서의 징세는 都市紳士의 권력기반과 유사한 형태를 지니고 있었던 것으로 추측할 수 있다.[182]

2) 황실재정의 증가와 국가재정의 감소

正德·嘉靖年間까지 宦官의 상세업무 간여는 京畿 일대를 중심으로 이루어졌으나, 萬曆中葉 광세사 파견을 계기로 이들의 활동 영역은 전국적으로 확대되었다. 稅監으로 파견된 이들의 역할은 府·州·縣 稅課司·局을 능가하는 권한을 소유하였으니, 이는 明代 商稅徵收制度上의 일대 변혁이었다.[183] 그리고 이러한 변혁은 국가재정보다는 황실의 재정위기를 타개하기 위한 방편으로 취해진 조치였다.

지방에 파견된 이들은 無賴와 결합하여 기존의 세수체계와는 별도로 사사로이 상세징수기관을 설치하여 약탈을 일삼는 등 폐단을 일으켰는데, 이들이 민간으로부터 수탈한 대량의 金·銀 등의 재물은 국가재정을 담당하는 外庫(太倉銀庫가 중심이 됨)가 아닌 황실재

---

182) 川勝 守, 「中國近世都市の社會構造－明末清初江南都市について」, 『史潮』 新 6, 1979, p.78.

183) 林麗月, 「商稅與晩明的商業發展」, 『國立臺灣師範大學歷史學報』 16, 1988, p.47.

정을 담당하는 內庫로 보내졌다. 다음은 萬曆25年~34年 사이에 鑛稅監이 金·銀 등의 재물을 內庫에 올렸던 통계표이다.

〈표 16〉 萬曆25－34年 礦稅監이 內庫에 올린 財物 統計[184]

時期(萬曆)	金 (兩)	銀 (兩)	기 타
25		9,790	
26	3,516.9	150,035	寶石, 石靑
27	775	299,189	珍珠, 표피, 馬
28	197.4	459,468	人蔘, 硃砂, 馬, 珍珠, 寶石, 琥珀
29	1,926.8	998,284	珍珠, 銅錢, 馬, 水晶, 寶石, 石靑, 표피, 布匹, 金剛鑽, 土回靑
30	1,511.8	740,296	珍珠, 皮袄, 馬, 絨, 綢, 緞, 紗, 羅, 土回靑
31	1,805.3	1,053,254	人蔘, 珍珠, 표구, 馬, 絨
32	1,448.5	746,351	珍珠, 馬, 絨, 皮, 紗, 緞
33	837.3	500,010	絨, 馬, 硃砂
34	25	735,120	人蔘, 紵, 絲, 綾, 紗
총 계	12,044	5,691,797	

지역적으로는 소위 江南 地方의 피해가 가장 컸다.[185] 萬曆20年代 중반 이후 南京을 비롯한 蘇州·杭州 등 강남 지방에는 중앙에서 파견된 환관들의 수가 점차 증가하였고, 이들은 정액 외에 많은 세금을 부과하여 內庫에 進奉하였다. 다음은 萬曆24年부터 34年 사이에 江南 地方에 파견되었던 鑛稅監와 그들이 內庫에 進奉한 사례를 표로 작성한 것이다.

184) 구체적인 事例에 대해서는 文秉, 『定陵註略』 卷 4, 「礦稅諸使」 참조.
185) 王春瑜, 「明代宦官與江南經濟」, 『明淸史散論』,(上海, 東方出版中心, 1996) 참조.

〈표 17〉 萬曆24－30年 江南 地方에 파견된 礦稅使 事例表

時 間	人 員	場 所	任 務
萬曆24年 9月	太監曹金同原奏把總韓太極	浙江觀海・孝豐・諸暨等處	開 鑛
萬曆26年 5月	以太監劉忠代曹金		
萬曆27年 2月	奉御劉成同原百戶張宗仁	杭州・嘉興等處	征收客貨漁課
萬曆27年 7月	南京余大壽等		開采寧國・池州礦洞, 征收南直地方鋪面銀兩
萬曆28年 1月	稅監暨祿	長江	征長江遺稅, 帶管征收解進
萬曆30年 7月	南京太監邢隆		查勘解進南直十四府田房稅契銀約二十萬兩, 幷高淳等縣馬場關地變賣可得十萬兩
萬曆30年 11月	太監魯保	浙直等處	帶征歲造暫餘銀解進內庫

〈표 18〉 萬曆26－34年 江南 礦稅使의 內庫進奉事例

時 間	地 域	礦稅使	進奉品 및 그 數量
26年 12月	浙 江	礦監 劉忠	銀 1,400兩
27年 4月	浙 江	礦監 劉忠	銀 1,800兩
27年 7月	杭州・嘉興	稅監 劉成	銀 10,200兩
28年 3月	蘇州・杭州	織造太監 孫隆	銀 30,000兩
	杭州・嘉興	稅監 劉成	銀 20,000兩
28年 6－9月	南 京	守備太監 邢隆	銀 1,200兩, 樣砂 60斤
28年 11月	南 京	守備太監 邢隆	銀 4,100兩, 贓罰銀 700兩
29年 2月	浙 江	礦監 劉忠	土回靑 137斤, (掘獲)銅錢 1,200千
29年 4－6月	浙 江	礦監 劉忠	煤价銀 433兩, 石靑 334斤

時 間	地 域	礦稅使	進奉品 및 그 數量
29年 7－11月	浙 江	礦監 劉忠	銀 20,300兩
	蘇州·杭州	織造太監 孫隆	銀 31,000量
30年 1－3月	南 京	太監 劉朝	各府認解礦銀 7,700兩
	浙 江	礦監 劉忠	樣金 12兩, 樣銀 500兩, 礦銀 7,560兩, 土回青 560斤
	南 京	守備太監 邢隆	蘆佃銀 6,373兩, 子粒銀 1,024兩, 新增銀 2,603兩
30年 4－6月	蘇州·杭州	織造太監 孫隆	銀 30,000兩, 各項袍緞 4,400匹, 土物 20箱
30年 8－11月	蘇州·杭州	稅監 孫隆	鹽課銀 13,000兩, 稅銀 20,000兩
31年 4－6月	浙 江	礦監 劉忠	稅銀 7,300兩, 煤价銀 350兩
	蘇州·杭州	稅監 孫隆	鹽稅銀 13,000兩
	南 京	太監 邢隆	棚廠銀 4,800兩
31年 7－9月	浙 江	礦監 劉忠	礦金 56.6兩, 銀 6,600兩
	杭州·嘉興	稅監 劉成	稅銀 13,000兩
32年 1－6月	浙 江	礦監 劉忠	礦金 54兩, 鑛銀 7,080兩
	杭州·嘉興	稅監 劉成	羨餘銀 31,000兩
	浙 江	礦監 劉忠	礦金 83兩, 銀 9,543兩
	杭州·嘉興	稅監 劉成	羨餘銀 34,000兩, 稅銀 21,000兩
34年	杭州·嘉興	稅監 劉成	鹽課羨餘銀 21,000兩
	蘇州·杭州	稅監 孫隆	稅銀 12,600兩, 紵絲 3,340匹

萬曆26年부터 34年 사이에 강남 지역에 파견되었던 환관들이 내고에 올린 銀은 40만 냥 이상이다. 萬曆31年 戶部上書 趙世卿은 奏疏 중에서 당시 전국의 '正課·雜課·額外之課 등을 합친 총액이 약 400萬 兩'[186]이라고 하였으니 수년간 江南 地方에서 宦官이 內庫에 올린 것은 전국 연간 수입의 1/10에 상당하였음을 알 수 있

186) 文秉,『定陵註略』卷 4,「礦稅諸使」.

다. 또한 당시 宦官들이 內庫에 올린 것은 그들이 실제로 징수한 액수의 1/10에도 미치지 못한 경우가 많았다[187]는 것을 감안하면 이들의 착취가 얼마나 심했는가를 알 수 있다.

宦官들은 황실에 제공한 것 외에 사복을 채우기도 하였다. 예를 들면 天津稅監이었던 馬堂은 7年 동안에 稅銀 130萬 兩을 착복·횡령한 것이 발각되기도 하였으며,[188] 福建稅監 高寀는 16年 동안 福建에 있으면서 매번 稅銀을 올려 보낼 때마다 열에 여섯·일곱을 공공연히 착복하였다[189]고 한다.

한편 각 지방에서는 宦官들 때문에 地方官員들이 法에 의한 정상적인 업무를 거의 수행할 수 없었다.[190] 그것은 廠衛(東廠·西廠 및 錦衣衛)에서 환관들을 파견하여 지방관의 업무에 지장을 주었을 뿐만 아니라 개광의 방해를 最大罪名으로 하여 환관들은 수시로 밀고하였기 때문이다. 이러한 환관의 전횡에 대해 대학사 趙志皐, 沈一貫를 비롯하여 수백 명의 관원들이 윤번으로 상소를 올리기도 하였으나, 萬曆帝는 그때마다 오히려 宦官들을 비호하였다.[191] 반면 諫言하였던 관원들 중 상당수가 정도의 차이는 있지만 타격을 받았다.[192]

더욱이 萬曆帝는 宦官들의 활동을 보호하기 위해 그들을 탄핵할 수 있는 기능을 지닌 관료, 특히 科道官을 견제하기 위한 조치를 취하였다. 즉 萬曆帝는 科道官의 缺員이 장기화되더라도 이들을 보충

187) 『明史』 卷 305, 「陳增傳」, p.7806; "大璫小監 縱橫繹騷, 吸髓飮血, 以供進奉, 大率入公帑者不及什一."
188) 『明神宗實錄』 萬曆33年 11月 壬寅條.
189) 張燮, 『東西洋考』 卷 8, 「稅璫考」.
190) 衛建林, 1991, p.155.
191) 『明神宗實錄』 萬曆27年 5月 丁酉條 및 同 戊戌條 참조.
192) 이와 관련하여 『明史』 卷 237, 「華鈺傳」에는 "萬曆24年(1596)부터 37年(1609)까지 광감세사들 때문에 만력제에게 조금이라도 불경하여 削籍·貶官·獄死한 지방관원은 遼東·山東·江西·廣東·雲南·湖廣·陝西 및 鳳陽 등에서 모두 23명이었다."는 기사가 실려 있다.

하는 필연적 전제가 되는 行取・考選을 지체시켰는데, 그 이유는 주요한 유통수단인 銀을 입수하고, 상품유통과정을 장악하기 위해 파견된 환관의 활동을 보장하기 위함이었다고 생각된다.193)

결국 宦官들의 가혹한 징수는 皇室의 재정수입 증대를 가져온 반면, 일시적이긴 하지만 商業活動의 침체와 國家財政收入의 감소를 초래하였다. 萬曆30年 戶部尙書 趙世卿은

> 河西務關에서는 稅使가 세금을 징수하여 상인이 감소하였으니, 예를 들면 작년에 포점은 160여 곳이었지만 지금은 30여 곳만이 남았다고 합니다. 臨淸關에서는 지난해 전업한 상인이 38명이었는데, 모두 세사에게 조사받고 과세당하여 자본이 다 떨어져 오직 두 사람만이 남았다고 합니다. 또한 臨淸에서는 32곳의 단점 중에서 21곳이 문을 닫았고, 포점은 73곳 가운데 45곳이 문을 닫았다고 하며, 요동의 포상은 모두 사라졌다 합니다. 淮安關에서는 남하를 통해 운반해 온 화물이 대부분 儀眞・徐州稅監의 差人에게 빼앗기므로 상인들이 두려워 오지 않는다고 합니다.194)

라고 하여 이 시기 宦官들의 가혹한 징수 때문에 객상들의 상업 활동이 침체됨과 동시에 각 도시에서도 점포의 문을 닫는 경우가 나타나고 있음을 지적하였다. 그리고 각지에 파견된 宦官들은 사사로이 鈔關을 설립하여 징세함으로써 많은 폐해를 발생시켰다.195) 심지어

---

193) 和田正廣, 「萬曆政治における員缺の位置」, 『九州大學東洋史論集』 4, 1975, p.54.

194) 『明神宗實錄』 萬曆30年 9月 丙子條; 趙世卿, 「關稅虧減疏」, 『明經世文編』 卷 411.

195) 예를 들면 長江상에 九江에서 揚州까지는 수로로 수백 리인데, 호구・안경・지구・획항・무호・채석・금릉・과부・의진 등에서 상세를 징수하였으며, 그중 다수는 세감들이 신설한 것이었다.(林葳, 「明代鈔關稅收的變化與商品流通」, 『中國社會科學院研究生院學報』 1990－3,(→ 復印

杭州 같은 지역에서는 北新關과 南關에 두 개의 鈔關이 설립되어 중복해서 징수한 곳도 있었다.[196] 이에 따라 실제로 객상들의 활동이 줄어들면서 鈔關稅收의 감소를 초래하기도 하였다.

본래 鈔法維持를 위해 설치하였던 鈔關稅는 初期의 每 船 100料당 鈔 100貫에서 景泰元年부터는 每 船 100料당 鈔 15貫을 징수하도록 한 이후 成化~萬曆年間까지는 기본적으로 이러한 세율을 유지하였다. 따라서 이 시기의 鈔關稅收의 지속적인 증가[197]는 결국 국내 상품 유통량의 증가와 시장의 확대를 반영한다고 할 수 있다.[198] 특히 증가의 폭이 비교적 큰 시기는 嘉靖·隆慶年間으로 杭州 北新鈔關을 예로 들면 正德年間에는 歲收銀이 약 8千餘 兩이었으나, 嘉靖23年에는 3萬 兩으로, 다시 嘉靖 末年에는 더욱 증가하여 3萬 4,900餘 兩에 이르고 있다.[199]

그러나 萬曆年間에 이르러 鈔關稅收의 징수추이는 복잡한 양상을 보이고 있다. 그 원인은 萬曆20年代 중반에 시작된 상세징수의 광적인 조류 때문이다. 즉 嘉靖·隆慶年間의 상업 활동의 번성은 萬曆前半期까지 지속됨에 따라 鈔關稅額도 꾸준히 증가하였다. 그러나 萬曆20年代 稅監을 전국에 파견하여 "或征市舶, 或征店稅, 或專領稅務, 或兼領開采"[200]토록 하면서 鈔關稅收는 오히려 줄어들었다.

報刊『經濟史』, 中國人民大學書報資料中心, 1990-6) p.76 참조. 또한 張萱은 "鎭江에서 杭州에 이르는 500리 내에 京口·奔牛·吳江·北新·滸墅(2곳) 등 모두 6군데 초관이 설립되어 있다"(張萱, 『西園存稿』 卷 32, 「赤牘」 1, "上大司農南渚趙堂翁")고 하였다.

196) 『明憲宗實錄』 成化9年 8月 庚申朔條; "杭州北新關有水面課鈔八十三萬五千九百餘貫, 近戶部委官復令木商納鈔, 遂增原數三分之一, 緣所販之木, 城南稅課司旣已抽分, 而北新關又爲納鈔."

197) 弘治15年 太倉銀庫 전체 수입의 약 3% 정도였으나, 萬曆6年에는 8%, 萬曆25年에는 11%에 이르렀다.(何本方, 1993, pp.661-662 참조.)

198) 林葳, 1990, p.76.

199) 雍正『北新關志』 卷 4, 「課額」.

즉 세감들의 가혹한 착취로 인해 장거리 교역에 종사하는 행상들은 큰 타격을 받게 되었다. 예를 들면 남직예 순무 劉日梧는 "장강은 바람이 순하고 돛을 달고 가면 하루에 3·4백 리는 갈 수 있는데, 오늘날 3·4백 리 사이에 5·6곳에서 강을 막고 세금을 징수하니 어찌 무겁지 않다고 말할 수 있겠는가?"[201] 라고 하였다. 따라서 이 시기의 세수감소는 稅監들의 가렴주구로 인하여 행상의 활동이 위축되고, 유통 상품의 감소를 초래했기 때문에 나타난 것으로 풀이할 수도 있을 것이다.[202] 이러한 상황에서 객상의 화물을 대상으로 세금을 징수하였던 초관에서의 세액은 감소할 수밖에 없었다. 萬曆33年 趙世卿은 鈔關稅收의 감소문제에 대해 상언하기를

> 河西務 등 7곳의 초관에서 징수하는 船料·商稅는 1년의 세액이 302,700여 냥으로 수년 전까지는 결함이 생기지 않았으며, 원액보다 많은 경우도 있었으나, 만력30년~32년까지 3년 동안에 모두 311,900여 냥의 결함이 발생하였습니다.[203]

위의 기사에서처럼 萬曆30~32年 사이에 매년 평균 10만 냥 이상의 초관세액이 감소하였다. 또한 각 성진의 상점에서는 폐업하는 사례가 늘어났으니, 이는 세감의 가렴주구 때문이기도 하지만, 다른 한편에서는 유통 상품량의 감소와도 밀접한 관계가 있다.[204]

그런데 이러한 萬曆 중기 이후의 세수감소는 일시적인 행상의 활

---

200) 『明史』 卷 81, 「食貨」 5, p.1978.

201) 『明神宗實錄』 萬曆29年 5月 甲寅條.

202) 林葳, 1990, p.77.

203) 『明神宗實錄』 萬曆33年 10月 辛酉條.; "河西務等鈔關七處, 征收船料商稅, 歲該三十萬二千七百餘兩. 數年以前 豈惟不至虧缺, 間且報有羨餘. 自萬曆三十至三十二年, 三年之間共虧原額銀三十一萬一千九百有奇."

204) 林葳, 1990, p.77.

동부진에도 그 원인이 있겠지만, 그것 보다는 오히려 사적으로 鈔關을 설립한 환관들이 세수의 일부는 內庫로 보내고, 또 일부는 그들의 사복을 채움으로써 나타난 현상으로 파악할 수 있겠다. 따라서 이 시기의 초관세액의 감소를 통해 유통경제가 위축되었다고 단정하기에는 무리가 있다. 그것은 萬曆帝 死後 宦官派遣을 중지했던 天啓·崇禎年間 鈔關稅額이 다시 급격히 증가하고 있다는 것을 통해서도 알 수 있다. 물론 天啓·崇禎年間의 鈔關稅額 증대를 상업 활동의 활성화 때문이 아니라 극도로 악화된 당시의 국가재정문제의 해결을 위해 가혹하게 착취한 때문으로 보는 견해도 있지만,[205] 그렇다고 이 시기에 상업 활동이 침체되었다고는 할 수 없을 것이다.

3. 진증과 정수훈 - 환관과 무뢰 결합의 예

각 지방에 파견된 환관들은 상세징수과정에서 부정적인 활동을 많이 하였는데, 특히 無賴와 결합함으로써 여러 가지 문제점을 파생시켰다. 명대의 無賴는 하나의 독립된 사회계층을 형성하여 政治·經濟·軍事·文化의 제 영역에서 적극적으로 활동함으로써 명대 사회에 큰 영향을 주었는데, 당시 無賴의 일반적인 특징으로는 다음 몇 가지를 들 수 있다. ① 폭력을 배경으로 활동한다. ② 도시를 중심으로 활동한다. ③ 금전의 획득을 최고의 목적으로 한다. ④ 조직을 가지고 있다. ⑤ 도시의 무뢰는 단순히 농촌에서 석출된 유민뿐만 아니라 새롭게 도시에 뿌리를 내린 지역적 사회집단이었다. ⑥ 유력자나 상인 등에 直接·人的으로 장악되지 않았다. ⑦ 신사 등 지역 유력자의 보호를 받았다는 것 등이다.[206]

---

205) 林葳, 1990, p.77.

明代 無賴가 대량으로 출현하고 그들의 집단행동이 두드러지게 나타나기 시작한 것은 중기 이후이다.[207] 즉 도시화가 진행되면서 이곳이 무뢰 활동의 주된 무대가 되었으니, 도시는 급증하는 인구로 인해 사회가 안정되지 못하였고, 紳士와 地主의 城居化가 진행되면서 이들의 자위를 위한 수요도 있었으므로 無賴가 쉽게 은신하여 생존할 수 있는 공간을 제공하였다.

無賴의 성원은 매우 복잡하였다. 명 중기부터 농민층이 분해되면서 析出된 농민이 도시로 유입하여 무뢰화하였다.[208] 또한 無賴 중에는 농촌에서 유리한 빈농 출신뿐 아니라 몰락한 신사의 자제나 몰락 지주, 몰락한 수공업자와 중소상인도 다수 포함되었다. 그러므로 無賴의 출현은 상품경제의 발전과 도시번영에서 비롯된 부산물이라 할 수 있다.[209]

이들 無賴는 지역사회에서 매우 광범위하게 활동하였으며, 세금 징수 문제와 관련해서도 부정적인 역할을 수행하였다. 예를 들면 鈔關에서는 書手·門子·庫子 등의 서리직은 일반적으로 民戶 가운데에서 선발하도록 되어 있었는데, 어떤 때에는 각 鈔關 부근의 '無籍之徒'를 전문적으로 모아 이들로 하여금 선박에 다가가 銀兩을 빼앗도록 하였다.[210] 선박이 鈔關에 도착하면 無賴는 통관신고서를 작성하면서 정액보다 2배나 많은 뇌물을 받기도 하였는데, 그중 절반 정도는 관료에게 바치고, 나머지 절반은 사복을 채우기도 하였다.[211]

---

206) 上田 信, 「明末淸初江南都市の無賴をめぐる社會關係－打行と脚夫」, 『史學雜誌』, 90－11, 1981, pp.22－24.

207) 陳寶良, 『中國流氓史』,(中國社會科學出版社, 1993) pp.222－238, 참조.

208) 上田 信, 1981, p.24.

209) 吳金成, 「明·淸時代의 江南社會－都市의 發達과 關聯하여」, 조영록 외, 『中國의 江南社會와 韓·中交涉』, 집문당, 1997, p.119.

210) 陳寶良, 「明代無賴階層的社會活動及其影響」, 中國人民大學書報資料中心, 『明淸史』 1993－3, p.14.

無賴는 또한 宣課司를 장악하여 왕래하는 객상을 가로막고 재물을 탈취하기도 하였다. 예를 들면 張家灣宣課司에서는 몇몇 무뢰의 무리가 巡欄의 사무를 빌려 어떤 때에는 사적으로 객상을 놓아주기도 하고, 어떤 때에는 정에 입각해서 너그럽게 수를 헤아려 鈔를 납부토록 하기도 하고, 또 어떤 때에는 객상에게 명령하여 강제로 수레에서 짐을 내리게 하여 상자를 검사하기도 하며, 고의로 객상의 화물의 가치를 높게 책정하여 다액의 鈔를 징수하기도 하였다.[212)]

그런데 이들 無賴는 광세사로 宦官이 파견되어 오자 그들의 爪牙로써 가혹한 세금 징수에 일익을 담당하는 등 활동 영역이 이전보다 넓어지게 되었다. 사실 명대에는 황제의 총애를 받던 宦官의 상층부에 無賴 출신이 다수 포함되어 있었고,[213)] 宦官들이 거대한 조직을 만들어 지역사회에서 활동할 때에도 無賴들의 도움을 많이 받았다. 환관들은 황제의 위세를 빌려 無賴를 爪牙로 삼고[214)] "掘人塚·壞人廬·淫人室·蕩人產·劫人財"[215)]하기에 이르렀던 것이다.

즉 환관들은 지방에 도착하면 조직이 방대한 소위 '中使衙門'을 형성하였으니, 대개 "中使 1人, 管家司房豈下 10人, 在外直堂官吏書手 20~30人, 門廚·皂隸·更夫 등 役담당자 20~30人, 快手·巡欄 20~30人으로 그 수가 100명을 넘는다"[216)]고 하였다. 그 구성원을

---

211) 陳寶良, 1993－3, p.14.

212) 孫原貞,「軍民利病疏」,『皇明疏鈔』卷 30.

213) 杜婉言,「明代宦官與明代經濟」,(王春瑜, 杜婉言,『明代宦官與經濟史料初探』, 中國社會科學出版社, 1986) p.389.

214) 稅監이 거느린 爪牙가 많았던 사실에 대해서는 谷應泰,『明史紀事本末』卷 65,「鑛稅之弊」萬曆27年 2月條에 "大抵中使一員, 其從可百人, 分遣官不下十人, 此十人各須百人, 則千人矣, 此千人每家十口爲率, 則萬人矣, 萬人日給千金, 歲須四十餘萬, 及得纔數萬, 徒斂怨耳, 今分遣二十處, 歲糜八百萬, 聖思偶未之及也, 乞盡撤之."라고 한 首輔 沈一貫의 말에서도 잘 알 수 있다.

215) 何寶善 外,『萬曆皇帝朱翊鈞』,(北京 燕山出版社, 1990) p.175.

보면 指揮·千戶·百戶 등 武職을 제외하면 지방 무뢰들이 상당히 많았다.[217] 萬曆27年 給事中 楊天民은

> 지금 虎狼之使의 탄서가 끊이질 않고, 狗鼠之徒의 양탈이 매우 탐욕스럽다. 시장이 아닌데도 세금을 징수하고, 광이 없는데도 은을 징수한다. 더욱이 (이들은) 가정을 어지럽히고 남의 재산을 빼앗으며, 법이 아닌데도 형벌을 행한다.[218]

고 하였고, 謝肇淛 역시 稅監 馬堂이 臨淸에 파견되었을 때에 "수백 인이 출입하는데, 모두 군국의 무뢰소년으로 낮부터 사람들을 움켜쥐고 마을이 소란스러우니 상인들이 파시하였다"[219]고 하였다. 이들 '狗鼠之徒', '郡國無賴'는 지역사회에서 약탈행위를 일삼았는데, 일찍부터 조정에서 파견된 환관들의 권세에 투충해 있었다.[220] 이러한 사실은 萬曆『承天府志』의 다음 기사를 통해서도 확인할 수 있다.

> 수많은 불량배들이 이때를 이용하여 구원을 갚으려고 온갖 수단을 다하여 有司를 괴롭히고 生員을 고문하여 그 고초가 극에 달하였다. ……제생(=생원)들이 그 고초를 견디다 못하여 군중을 모아 도성(=승천부성)에서 항의시위를 벌였는데, 그 소동이 (현릉의)

---

216) 『敬事草』 卷 4.(劉志琴, 「試論萬曆民變」, 『明淸史國際學術討論會論文集』, 天津人民出版社, 1982, p.683; 林麗月, 「商稅與晚明的商業發展」, 『國立臺灣師範大學歷史學報』 16, 1988, p.49에서 재인용.)

217) 林麗月, 1988, p.49.

218) 『明史』 卷 233, 「楊天民傳」.

219) 謝肇淛, 『五雜俎』,(臺北, 偉文圖書公司, 1977) 卷 15, 「事部」 3, p.404.

220) 『定陵注略』 卷 5의 武昌民變에 관한 萬曆29年 5月條에 실려 있는 이부상서 李戴의 疏 중에 "大略以十分爲率, 入于絡內者一, 剋于中使者二, 瓜分于參隨者三, 指騙于土棍者四."라고 한 데에서도 알 수 있듯이 鑛稅의 弊害가 中使에게 종속되어 있었던 參隨나 土棍과 같은 부류에 의해 일어나고 있었다.

陵寢까지 진동시켰다. 이 소식이 상주되자 체포구금이 명령되고 그 루가 도·부·현 3관에게까지 미쳤다.[221)]

환관들은 이처럼 도시화가 진행되면서 그 부산물로 등장하기 시작한 각 지방의 無賴들과 결합하여 지방 기층에까지 침투하였는데, 결합의 폐해가 특히 심한 곳은 강남 지방이었다.[222)] 무뢰를 이용한 宦官들의 징세활동은 사사로이 鈔關을 설립하기도 하였으며,[223)] '세금을 부과하지 않는 물건이 없고, 세금을 부과하지 않는 곳이 없으며, 세금을 부과하지 않는 사람이 없을'[224)] 정도로 폐해가 컸다.

환관 陳增 역시 無賴 수천여 명을 조아로 삼고 활동하였는데, 그 중 대표적인 인물이 바로 程守訓이었다. 이와 관련하여 鳳陽 巡撫 李三才(1552~1623)는 자신의 관할 내에서 세금을 징수하고 있는 환관들을 거론하면서 이들이 많은 무뢰를 거느리고 있었다고 하면서,[225)] 이들이 특히 인신을 위조하여 인민을 협박하기도 하였는데,

221) 『萬曆承天府志』 卷 20, 「雜誌」.

222) 강남 지방은 명초부터 重賦 지역이었는데,(謝肇淛, 『五雜俎』 卷 3, 「地部」 一; "三吳賦稅之重甲于天下, 一縣可敵江北一大郡") 환관들이 세무기구를 장악한 이후 商稅의 징수가 격증하였다. 이 문제와 관련해서는 王春瑜, 「明代宦官與江南經濟」, 『明淸史散論』, 上海, 東方出版中心, 1996, 참조.

223) 예를 들면 長江상에 九江에서 揚州까지는 수로로 수백 리인데, 호구·안경·지구·획항·무호·채석·금릉·과부·의진 등에서 상세를 징수하였으며, 그중 다수는 세감들이 신설한 것이었다(林葳, 「明代鈔關稅收的變化與商品流通」, 『中國社會科學院硏究生院學報』 1990－3.(→ 復印報刊 『經濟史』, 中國人民大學書報資料中心, 1990－6) p.76 참조) 또한 張萱은 "鎭江에서 杭州에 이르는 500리 내에 京口·奔牛·吳江·北新·滸墅(2곳) 등 모두 6군데 초관이 설립되어 있다"(張萱, 『西園存稿』 卷 32, 「赤牘」 1, "上大司農南渚趙堂翁")고 하였다.

224) 葉永盛, 「玉城奏疏」, 『叢書集成初編本』.

225) 당시 李三才의 관내에는 徐州에 陳增, 儀眞에 暨祿, 염과를 주관하는 자로 揚州에 魯保, 蘆政을 담당하는 沿江의 邢隆이 있었는데, 그들에게는

그중에서 山東·江蘇 일대에서 인민들에게 가장 큰 피해를 준 인물로 陳增의 휘하에서 활동하였던 程守訓을 들고 있다.[226]

程守訓은 본래 安徽 歙縣의 市井無賴였으나, 유랑하여 강소 북부 일대에서 돼지를 도살하고 술을 팔아 생계를 꾸려나가고 있었다.[227] 그런데 다른 사람의 재물을 사취하였다가 궁지에 몰리자 수도인 북경으로 도망하여 陳增의 휘하로 들어갔다고 한다.[228] 그 후 陳增은 자신의 질녀를 程守訓의 처로 보냄으로써[229] 유대를 강화하였다. 그런데 陳增이 이처럼 程守訓과 밀접한 관계를 유지했던 것은 그가 휘주상인이 많은 산동과 회·양 지역에서 징세활동을 하기 위해서는 그 곳의 사정에 밝은 휘주상인 가문 출신이 필요했기 때문으로 생각된다.[230]

이후 陳增의 추천을 받은 程守訓은 만력제에게 銀 수만 냥을 헌납함으로써 武英殿中書舍人의 직함을 얻었는데, 이때부터 더욱 교만해지기 시작하였다.[231] 이어서 萬曆帝는 程守訓을 「欽差總理山東直隷鑛稅事務兼查工餉」[232]에 임명하는 외에 또 그에게 밀령을 내려 富商巨室의 집에 숨겨져 있는 진귀한 보물을 찾도록 하였다. 이를

또한 무뢰가 따르고 있었으니 含山의 潘元 等, 和州의 陳所蘊 等, 淮安의 馬如莊 等, 揚州의 蔣柔 等, 瓜州의 鄷奎 等, 儀眞의 吳大川·汪王 等, 泰州의 郭宴, 宿州의 顧其禮·戴環 等을 들고 있다. 『明神宗實錄』 萬曆28年 6月 丁丑條, 참조.

226) 『明神宗實錄』, 萬曆28年 6月 丁丑條.

227) 杜婉言·王春瑜, 『明朝宦官』,(紫禁城出版社, 1989) p.189.

228) 杜婉言·王春瑜, 1989, p.189.

229) 沈德符, 『萬曆野獲編』(中華書局, 1997) 卷 6, 「內監·陳增之死」(이하에서는 『萬曆野獲編』, 「陳增之死」로 약칭함).

230) 정수훈의 정씨는 휘주상인 가문 중에서도 상당한 대성에 속한다. 이에 관해서는 藤井 宏, 「新安商人の研究」 (1), (2), (3), 『東洋學報』 36－1·2·3, 1953, 참조.

231) 『萬曆野獲編』, 「陳增之死」.

232) 『萬曆野獲編』, 「陳增之死」.

위해 특별히 죄인의 재산을 조사하여 몰수할 수 있는 兩面御牌를 사여하였다. 이 御牌는 富商巨室이 법을 어긴 것으로 모함하여 재산을 몰수하고, 또 사람들이 어떤 집에 진귀한 보물이 숨겨져 있다는 것을 고발해 오면 이를 이용하여 조사할 수 있도록 한 것이다.[233)]

이리하여 陳增과 程守訓은 山東에 도착한 이후 民에 대한 착취뿐만 아니라 富商巨室에까지 그 탐욕의 손길을 향하였으니, 당시 산동에서 이들에게 피해를 입은 有名大戶는 200餘 家나 되었고, 萬曆31年(1603) 한 해 동안에만 白銀 12萬 9千餘 兩을 약탈당하기도 하였다.[234)] 이들은 山東의 은실대호를 약탈한 후 계속해서 揚州·儀眞·南京·蕪湖·徽州·蘇州 등지에서도 재물을 탈취하였다. 儀眞의 監生 李良材를 비롯하여 南京의 鹽商 王懋佶, 淮·揚의 鹽商 高·汪·方·全씨 등이 피해를 받았다.[235)] 그런데 이들 중 淮·揚의 염상인 高·汪·方·全씨는 휘주상인 가문 중에서도 대성에 속하는 집단이다.[236)] 따라서 회·양의 상인들은 언제 밀고가 들어갈지 알 수 없어 불안해하였으며, 심지어 다른 지방으로 피난하는 자까지 생겨났다고 한다.[237)] 불과 몇 년 사이에 程守訓이 약탈한 金銀은 수십만 냥에 이르고, 진귀한 보석은 그 수를 헤아릴 수 없을 정도였다고 한다.[238)] 그런데 이들 財寶는 萬曆帝에게 진헌한 소수를 제외하고는 모두 陳增·程守訓 등이 취하였다.[239)]

---

233) 어패의 한쪽 면에는 "凡告富商巨室違法致富者, 隨此牌進", 다른 한 면에는 "凡告官民人等懷藏珍寶者, 隨此牌進"이라고 쓰여 있었다.(『明神宗實錄』 萬曆28年 5月 癸卯朔條)

234) 何寶善 外, 1990, p.175.

235) 杜婉言·王春瑜, 1989, p.190.

236) 朴元熇, 「明清時代 徽州의 市鎭과 宗族」, 『明清史硏究』 12, 2000, 참조.

237) 小野和子, 1996, p.300.

238) 何寶善 外, 1990, p.177.

239) 이와 관련하여 『明史』 卷 305, 「陳增傳」에서는 당시 內庫에 올린 것은 그들이 실제로 징수한 액수의 1/10에도 미치지 못하였다고 하였으니,

4. 환관(진증)과 地域官僚 · 商人

1) 地域官僚 · 상인의 저항 -'臨淸民變'을 예로

일반적으로 환관들은 지방에 도착하면 황제의 칙사로서 극진한 대우를 요구했기 때문에 지방 아문으로서는 큰 재정적 부담이 되었다. 그들이 파견되면 역전의 비용이 10배, 아문의 비용이 10배, 접대비용이 10배로 되었다고 하며, 그 외에 환관 한 사람에 대해 수백 명이 무리를 지어 활동하거나 혹은 그들 수하에 있는 사람들이 각종 소란을 피우기 때문에 지방 아문은 그에 수백 배의 비용을 지출해야만 했다.[240]

환관들은 단순히 경제적 수탈을 행하는 데 그친 것이 아니었다. 각 지방에서는 宦官들 때문에 地方官員들이 法에 의한 정상적인 업무를 거의 수행할 수 없었다. 그것은 廠衛(東廠 · 西廠 및 錦衣衛)에서 환관들을 파견하여 지방관의 업무에 지장을 주었을 뿐만 아니라 개광의 방해를 最大罪名으로 하여 이들이 수시로 밀고하였기 때문이다.[241] 그들에게는 황제에게 친히 편지를 보내는 것이 허락되어 있었으므로 개광과 수세를 방해하는 자에 대해서는 가차 없이 처벌이 행해졌다. 지방 관료의 면직까지 생각할 정도였다. 관료와 인민의 생살 여부는 황제가 사적으로 파견한 이들 환관들의 손에 완전히 장악되었던 것이다. 그것은 황제의 사적 권력이 비대화되면서 역으로 공적인 관료기구는 거의 기능마비 상태에 빠지고 말았다.[242]

이들의 중간 농단이 얼마나 심했는가를 알 수 있다.

240) 小野和子, 1996, p.288.

241) 衛建林,『明代宦官政治』, 山西人民出版社, 1991, p.155.

242) 小野和子, 1996, p.290.

이처럼 광세를 위한다고 하는 것은 사실상 수탈을 위한 명목에 지나지 않았고, 그것이 지방 관료에게 준 피해는 상당한 것이었기 때문에 환관들의 부정적인 활동에 대해 각지의 지방관들은 계속해서 이들의 문제점을 지적하였다. 아울러 이들에 대한 일반 민중과 생원들까지 합세하는 민변이 자주 일어났다. 예를 들면 湖口稅監이 모함했던 南康知府 吳寶秀는 "환관들이 파견되어 올 때마다 모든 郡에서 구호를 외치면서 변란을 일으켰다"[243]고 하였다. 또 萬曆27年(1599) 雲南稅監 楊榮에게는 지역 生員들이 군중을 모아 모욕을 가하였으며,[244] 萬曆30年(1602)에는 楊榮의 爪牙 張安民이 살해되었다.[245] 또 沈一貫에 의하면 稅監 陳奉이 湖廣에 도착하였을 때에도 武昌民變을 시작으로 漢口·黃州·襄陽 등지에서 계속 민변이 일어났다.[246]

이러한 가운데 환관의 전횡에 대해 몇몇 관료들은 만력제에게 상소를 올려 광세사의 파견 정지를 요청하였으니, 葉永盛의 다음 기사는 그 한 예이다.

> 강남 지방은 府나 縣은 말할 것도 없고, 심산유곡이라 하더라도 물이 닿지 않는 곳이 없으며, 수로가 놓여 있지 않은 곳이 없습니다. 지금 내외를 막론하고 관병에게 숨겨진 세금(隱稅)을 수탈하도록 명령하고, 이 말을 한 번 수행하면 留都(남경)의 모든 府·縣과 각 府·縣의 河埠에서 細 및 米·鹽·鷄·豕·粗·柴炭·蔬果類 등을 한 번 사고 팔 때마다 세금을 부과하지 않는 물건이 없고, 세금을 부과하지 않는 곳이 없으며, 세금을 부과하지 않는 사람이 없으니, 이 때문에 현 중에 편안한 촌락이 없고, 촌락 중에는 편안한 집이 없으므로 내외가 소란하고, 가난한 자와 부유한

243) 『明史』 卷 237, 「吳寶秀傳」.
244) 『明神宗實錄』 萬曆27年 8月 丁酉條.
245) 『明史』 卷 305, 「楊榮傳」.
246) 『明神宗實錄』 萬曆28年 2月 庚寅條.

자 모두가 동요하니 해독이 널리 퍼져 편안함에 종말이 왔습니다. 이는 개벽 이래 없었던 일입니다. ……환관은 무뢰를 조아로 삼아 籍에 올리고, 이들 무리들은 또 土棍을 羽翼으로 올립니다. 十室之村, 三家之屋(아주 조그마한 마을)이라도 토착민이 있으면 土棍이 있고, 토곤이 있으면 (반드시) 토착상인의 이름으로 鄕曲을 呑噬하는 자가 있는데, 이들은 배은망덕한 자들로 손을 맞잡고 행동하면서 戎莽이 끊이질 않으니 백성들이 어찌 편히 잠자리에 들 수 있겠습니까?[247)]

그러나 萬曆帝는 오히려 宦官들을 비호하였으며,[248)] 반면 諫言하였던 관원들 중 상당수가 정도의 차이는 있지만 타격을 받았다. 이러한 사실은 『明史』의 다음과 같은 기사를 통해서도 잘 알 수 있다.

萬曆24年(1596)부터 37年(1609)까지 광감세사들 때문에 만력제에게 조금이라도 불경하여 削籍·貶官·獄死한 지방관원은 遼東·山東·江西·廣東·雲南·湖廣·陝西 및 鳳陽 등에서 모두 23명이었다.[249)]

더욱이 萬曆帝는 宦官들의 활동을 보호하기 위해 그들을 탄핵할 수 있는 기능을 지닌 관료, 특히 科道官[250)]을 견제하기 위한 조치를 취하였다. 즉 萬曆帝는 科道官의 缺員이 장기화되더라도 이들을 보

---

247) 葉永盛, 「玉城奏疏」, 『叢書集成初編本』.(王春瑜, 『明清史散論』, 上海, 東方出版中心, 1996, p.32, 재인용.)

248) 『明神宗實錄』 萬曆27年 5月 丁酉條 및 同 戊戌條 참조.

249) 『明史』 卷 237, 「華鈺傳」.

250) 明代 科道官의 설치 과정과 그들의 정치상의 역할 등에 관해서는 조영록, 「명말·청초의 동림·복사운동」, 오금성 외, 『명말·청초 사회의 조명』, 한울, 1990; 小野和子, 「東林黨と張居正 — 考成法を中心に —」, 『明清時代の政治と社會』, 京都大學人文科學研究所, 1983 등 참조.

충하는 필연적 전제가 되는 行取·考選을 지체시켰던 것이다.251) 결국 만력제의 이러한 정책은 환관지배를 통하여 관료의 행정기능을 철저히 방해하는 결과를 초래하였던 것이다.252)

한편 宦官들의 전횡이 계속되고 있는 동안 남경에서는 상인들이 鋪行銀의 징수에 반대하였는데, 이때 지방관이 상인을 지지하기도 하였다. 北京과 通州에서는 이미 嘉靖45年경부터 鋪行銀이 징수되기 시작하였다.253) 이러한 북경에서의 예에 비추어 萬曆27年 4월 金吾衛254)千戶 馬尙仁이 南京에서도 鋪行銀의 징수를 제안하였다.255) 이를 받은 萬曆帝는 南京守備에 명하여 關係官廳에서 심의토록 하였다.

그런데 다음해 윤4월에는 鋪戶 方汝立이 則例銀의 징수를 제안하였다. 이것은 매년 鋪戶로부터 戶則에 따라 則例銀을 징수하고, 이를 재원으로 관이 일체의 물료의 매판을 행하자는 것이었다. 이 제안은 馬尙仁의 제안과 유사하지만, 이 시기 전국적으로 전개되고 있던 '鑛稅의 禍'로 불리는 상공업자 수탈의 움직임에 편승했던 馬尙仁의 제안에 반대하는 입장에서 제출하였던 것으로 보인다.256) 方汝立이 제안했던 내용은 鋪戶의 役 그 자체를 폐지하는 것이 곤란하

---

251) 이처럼 만력제가 과도관의 활동을 제한한 이유에 대해 和田正廣 씨는 당시 이미 중요한 유통수단이 되었던 銀을 입수하고, 상품유통과정을 장악하기 위해 파견된 환관의 활동을 보장하기 위함이었다고 하였다. 和田正廣, 「萬曆政治における員缺の位置」, 『九州大學東洋史論集』 4, 1975, p.54.

252) 조영록, 1990, p.40.

253) 新宮(佐藤) 學, 「明代北京における鋪戶の役とその銀納化－都市商工業者の實態と把握をめぐって」, 『歷史』 62, 1984, 참조.

254) 南京에는 17指揮使司라는 親軍衛가 설치되어 있었는데, 그중에 金吾前衛·金吾後衛·金吾左衛·金吾右衛의 명칭이 보인다.(『明史』 卷76, 「職官志」 5, p.1865. 참조.)

255) 丁賓, 『丁淸惠公遺集』 卷 1, 「懇念留都樞要停止編審鋪行疏」.

256) 新宮(佐藤) 學, 「明代南京における鋪戶の役とその改革－行をめぐる諸問題」, 『國士館大學人文學會紀要』 17, 1985, p.74.

므로 차선책으로 力役 폐지라는 조건을 부가하여 銀納化를 제안했던 것이라고 생각된다.

그 후 11월에는 馬尙仁의 제안에 대한 南京戶部 등의 관계관청에 의한 심의의 결과가 보고되었다. 그 내용은 상인에 대해서는 이미 蕪湖縣에 있는 太平抽分廠 등과 근년 파견된 세감에 의한 상세징수가 행해져 이 중의 부담이 되고 있다는 점, 또 南京에서는 각지에서 유입된 자가 많은데, 審編을 실시할 경우 인심의 동요를 일으킬 수 있다는 등의 이유를 들어 馬尙仁의 제안에 반대하였다. 이로써 馬尙仁의 제안은 채택되지 않았다.

이어서 12월에는 南京吏部右侍郎署戶工部事 李廷機[257]에 의해 앞선 方汝立의 則例銀 징수 제안에 대한 남경 관계관청의 심의의 결과가 제출되었는데, 그 결과는 則例銀 징수에 반대한다는 것이었다. 이처럼 '鑛稅의 禍'가 전국적으로 만연하고 있던 상황에 편승해 제안했던 馬尙仁의 제안이나, 또 그의 제안에 대처하기 위해 제안했던 鋪戶 方汝立의 則例銀 징수의 제안이 모두 받아들여지지 않았다. 그 이유는 이들 제안이 새로운 상세의 창설을 의미하는 것이었기 때문에 '鑛稅의 禍'로 인해 이미 피해를 입은 상인들의 동요를 방지하기 위해 취해진 조치였다고 할 수 있다.[258]

한편 宦官의 가혹한 징세활동으로 실제적인 피해를 입은 상인들은 '罷市'운동[259]을 벌이거나 명말의 도시민변에도 참여하였으며, 어떤 때에는 민변을 주도하기도 하였다. 명대의 상인은 크게 대상인과 중소상인으로 구분할 수 있는데 민변에 참여한 것은 대부분이 중소

257) 『明史』 卷 217, 「李廷機傳」 참조.

258) 新宮(佐藤) 學, 1985, p.74.

259) 謝肇淛가 臨淸의 광세감 반대에 대해 '商賈가 罷市했다'(謝肇淛, 『五雜俎』, 卷 15, 「事部」 3, p.404.)고 하였는데, 명말 상민의 파시운동은 요동의 요양 등에서도 일어났다.(朱國禎, 『皇明大事記』 卷 44, 「礦稅」 참조.)

상인이었다. 명대의 大商人[260]은 관부와 결탁하여 상세를 내지 않고 중소상인에게 전가하여 폭리를 취하였으며, 정치적으로는 대지주층의 통치를 옹호하는 도시의 상층부에 속한다. 물론 광세감의 수탈이 일부 대상인의 이익에도 영향을 주었기 때문에 그들 중 일부는 민변에 공감하였지만, 이들이 실제 민변에 참여한 예는 거의 없다.[261]

반면 中等商人은 대상인과 같은 거대한 경제력이 없었으므로 명 후기의 세금과 召買가 그들에게 부과되자 경제적으로 파산하였다. 그들은 명조의 무거운 세금징수에 반대하였고, 광세감의 횡포한 행동에는 더욱 반대하였으므로 대부분이 民變에 동조하였으며, 그중 소수는 직접 가담하기도 하였다. 소주에서의 民變의 주도자 중 한 사람인 顏佩韋는 상인의 아들이며 그 부형의 자본은 천금정도였다고 한다.

小商人은 일반적으로 말하는 商販과 같은 부류로 그들의 처지는 아주 곤란하여 적은 자본으로 적은 이익을 얻었으므로 중소상인보다 피해를 받은 것이 훨씬 컸다고 할 수 있다.[262] 謝肇淛의 『五雜組』에서 '商賈가 罷市했다'고 하였는데, 여기에서의 商賈는 바로 소상인을 가리킨다. 또한 사료에 보이는 '商民'이란 용어의 '商' 역시 주로 소상인을 가리키며 그중에 소수의 중등상인이 포함되어 있다고 할 수 있다.[263]

萬曆20年代부터 40年代에 걸쳐 중국 전토에서 발생한 反稅·反宦官 시민폭동[264] 가운데 小商人이 중심이 되어 민변을 일으킨 대

---

260) 明 前期에는 大商人이 많지 않았으나, 中期 이후에는 현저하게 증가하였는데, 그들 중에는 "백만 꾸러미의 재산을 소유한 자도 있었다" (謝肇淛, 『五雜組』 卷 4, 「地理二」)고 한다.

261) 王天有, 「萬曆天啓時期的市民鬪爭和東林黨議」, 『明淸史』,(中國北京人民大學書報資料中心, 1984－4) p.29.

262) 沈榜, 『宛書雜記』 卷 13, 「鋪行」.

263) 王天有, 1984, p.29.

264) 개별적인 시민폭동의 대체적인 내용에 대해서는 王天有, 「萬曆天啓時期

표적인 예로서 萬曆27年(1599) 4月의 臨淸民變을 들 수 있다. 臨淸은 顧炎武가 소위 '南北의 咽喉'[265]에 위치하고 있다고 한 것처럼 山東에서도 가장 중요한 지점에 위치하고 있다.[266]

臨淸에는 운하를 경유하여 강남으로부터 운반되어 오는 곡물을 저장하는 창고가 있는데,[267] 명초에는 일반적인 재해를 대비하기 위한 저장 장소로서의 역할에 지나지 않았지만 嘉靖 中期 이후 점차 군사적 의의가 더해졌고, 특히 萬曆20年과 25年의 2번에 걸친 豊臣秀吉의 조선침략에 대한 명의 원군파견 때에는 북의 덕주창과 함께 큰 역할을 하였다.[268] 臨淸은 조운을 위한 선박이나 강남의 직물을 실었던 선박 등이 많았는데, 그들의 상품을 취급하는 것은 토지의 상인이 아니라 대부분이 객상으로 "산동의 림청, 열에 아홉은 휘상의 적을 가지고 있다"[269]고 한 것처럼 대부분 휘주상인이 점하고 있었다.[270]

이러한 臨淸에 파견되었던 宦官이 문제가 되기 시작한 것은 正德

的市民鬪爭和東林黨議」, 『明淸史』, 中國北京人民大學書報資料中心, 1984－4; 巫仁恕, 『明淸城市民變硏究 ― 傳統中國城市群聚集體行動之分析 ― 』, 臺灣大學博士學位論文, 1996; 酒井忠夫 著, 『中國善書の硏究』, 弘文堂, 1960 등 참조.

265) 顧炎武, 『天下君國利病書』 原編第15, 「山東」 上, "形勢".

266) 臨淸은 遼東의 직물상인이 강남으로부터 운반되어 온 면포를 이곳에서 구입한다는 것은 잘 알려져 있으며, 당시 10만 정도로 알려지고 있는 인구의 식량도 근교에서 뿐만 아니라 원거리에서 운반되었다고 한다. (岡野昌子, 1983, p.108. 참조.)

267) 星斌夫, 「明代における臨淸・德州二倉の役割」, 『歷史學硏究』 13－9, 1943, 『明代漕運の硏究』(日本學術振興會, 1963 所收); 吳緝華, 「明代臨淸德州的地位及漕倉的硏究」, 『大陸雜誌』 11－1・2, 1960; 同氏, 「明代海運及運河的硏究」, 『歷史語言硏究所集刊』 43, 1961 등 참조.

268) 星斌夫, 『明代漕運の硏究』,(日本學術振興會, 1963) p.292 참조.

269) 謝肇淛, 『五雜組』 卷 14, 「事部」 二.

270) 臨淸에서 徽州商人의 활약에 대해서는 傅衣凌 著, 『明淸時代商人及商業資本』;(谷風出版社, 1986) 藤井 宏, 「新安商人の硏究」 (1), (2), (3), 『東洋學報』 36－1・2・3, 1953 참조.

年間부터였다. 正德年間부터 宦官의 파견이 많아졌고 피해도 커졌는데, 당시에는 "臨淸·徐(서주)·淮(회안) 諸倉에는 (환관의) 파견을 일체 금한다."[271]고 하면서 "무릇 倉庫를 해치는 자 中官보다 더한 것은 없다"[272]고 하였다. 正德年間 이래의 이러한 풍조를 고려한다면 급박한 재정수요를 보충하기 위해 경제력이 있는 臨淸을 지배하는 것은 가장 절실한 요구였던 것은 충분히 생각할 수 있다. 그렇지만 당시의 지방민이 "商稅의 고통이 開鑛의 고통보다 더하다."[273]고 말한 것은 환관의 과도한 상세징수가 상인의 이익을 침해하는 데 그치지 않고 궁극적으로는 유통체제 파괴함으로써 일반민의 일상생활에까지 고통을 주었기 때문이다.

臨淸은 특히 嘉靖年間부터 급속한 도시화가 진행되었으나, 宦官들의 횡포로 인하여 상공업에 큰 타격을 받았다. 즉 당시 臨淸의 商業은 '32곳의 단점 중에서 21곳이 문을 닫고, 73곳이던 포점은 45곳이 문을 닫았으며, 요동의 포상은 모두 사라졌을'[274] 정도로 타격이 컸다. 이러한 상황에서 萬曆27年(1599) 4月 24日 民變이 발생하였는데, 당시 사람들이 요구한 것은 매우 겸허한 것이었으며, 결코 정규의 조세체계나 사회체제 자체를 문제 삼은 것은 아니었다. 즉 馬堂 수하의 長隨가 雜糧 10石 이하 및 소자본의 상인은 면세라는 조약을 마음대로 파기하고 영세한 米豆를 등에 지고 臨淸을 통과하는 '小民'에게도 세를 거두어들이자 「脚夫·小民」 등 3~4千 名이 세무관청에 항의하였다. 그러나 무기를 가진 宦官 馬堂의 조아에게 몇몇 사람이 살해당하자 민중의 분노가 폭발하였던 것이다.

---

271) 『明史』 卷 194, 「孫交傳」.

272) 『明史』 卷 79, 「食貨」 3, "倉庫".

273) 馮琦, 「諫止鑛稅」, 『明經世文編』 卷 440.

274) 『明神宗實錄』 萬曆30年 9月 丙子條; 趙世卿, 「關稅虧減疏」, 『明經世文編』 卷 411.

이렇게 발생한 臨淸民變의 내용을 요약하면 다음과 같다. ① 지도자인 王朝佐는 '負販으로 생업을 영위하는', 즉 화물을 짊어지고 상품을 판매하는 行商으로 의협심이 강한 인물이었다. ② 臨淸에서 馬堂 및 그 爪牙에게 희생되었던 사람은 위로는 부유한 유력자로부터 아래로는 '傭夫, 里婦의 斗粟·尺布를 지고 무역하는' 자에까지 미쳤다. ③ 이러한 상황에서 王朝佐가 만여 명의 민중을 이끌고 馬堂의 衙門에 침입하여 放火하고 37명을 살해하였다. ④ 王朝佐는 결국 처형되고, 死體를 市中에 드러냈지만 그의 영웅적인 행동은 이후 계속해서 臨淸 사람들에게 추모되었다.[275]

臨淸民變의 성격을 파악하기 위해 관계인물의 유형을 도식화하면 다음과 같다.

〈표 19〉 臨淸民變 關聯人物에 대한 分析[276]

宦官과 그의 추종자	馬堂, 長隨(邸), 參隨(實), 諸亡命(定), 無賴(湧), 無賴少年(五), 郡邑諸偸(定)
親宦官派 官僚	守備 王煬(湧), 山東巡撫 尹應元(邸), 巡按 張大謨(大), 巡按 陳大謨(實), 巡撫 劉易從(實), 東昌兵備 馬怡(定), 道臣 馬怡(五)
反宦官派 官僚	天津巡撫 汪應蛟(邸), 總河 劉東星(大), 鄕官工部郎中 傅光宅, (鄕紳 傅光宅(大)), 給事中 郭如星(大), (科臣 郭如星(實)), 知府 李士登(地), 州守 陳一經(地), 州守 胡繼銓(地)
피해를 받은 계층	傭夫里婦 負斗粟尺布, 往貿易者(湧), 負背米豆生理類(邸), 商人(邸), 商賈(五), 諸大賈(湧), 良家子富有者(湧), 中家以上(湧), 中人之家(明), 民(實)
지도자 王朝佐	負販(定), 傭者(湧), 織筐子(地)
民變의 참가자	脚夫·小民 3-4千 名(定), 隨者以萬數(湧), 市人數千(實), 州民萬餘(地)

275) 岡野昌子, 1983, p.118.

276) 괄호안 略稱의 원사료는 (邸): 『萬曆邸鈔』.(湧): 『湧幢小品』, (實): 『明

위의 표에서처럼 民變 당시 宦官의 추종세력에는 巡按, 巡撫와 같은 일부 지방관료와 無賴가 포함되어 있었다. 한편 임진왜란 이후 數萬에서 최고 10萬 명의 병사가 서서히 朝鮮에서 철수하였는데, 그들 중에는 고향으로 되돌아가지 않고 天津이나 臨淸 등의 도시에 머물러 있으면서 그 戰歷을 배경으로 宦官의 參隨나 유력자의 家丁이 되었을 것으로 생각된다. 따라서 '脚夫·小民'의 주위에는 이러한 '조선에서 돌아온' 병사가 존재해 있었을 것으로 생각된다.[277] 그리고 臨淸民變의 주체인 '脚夫'는 농촌과 도시 혹은 남과 북을 연결하는 유통기구를 담당하는 자로서 '負販', 즉 농촌의 상품작물을 운반하는 농민 혹은 행상인, 수공업과 상업의 미분화 상태에서 수공업자, 운수업자와 그 인부 및 원격지 무역에 종사하는 상인 등의 총칭이었다.[278]

萬曆27年의 臨淸民變은 결국 소상인을 포함한 '소민'에 대한 환관과 그 수하의 가혹한 착취에 반대해서 일으킨 것이다. 즉 萬曆24年 이래 상세징수의 강화 방침에 의해 영세한 곡물이나 직물 등을 지고 臨淸을 통과하는 근교 농민이나 行商人까지 통과세를 부과하고 현물을 약탈함자, 분노한 그들이 세무관청에 침입한 것을 계기로 그때까지 환관의 횡포에 불만을 품고 있던 상인과 일반 시민이 동조했던 것이다.

2) '吳宗堯 事件'과 徽州商人

陳增이 산동에 파견되어 稅監活動을 하는데, 자신에게 의탁한 無

實錄』, (定): 『定陵注略』, (五): 『五雜俎』, (明): 『明史』, (大): 『皇明大事記』, (地): 地方志이다.

277) 岡野昌子, 1983, p.129.

278) 橫山英은 「中國における商工業勞動者の發展と役割」,(『歷史學硏究』 160, 1962)에서 王朝佐를 운수노동자로 규정하고 있다.

賴들과 대부분의 지방관들은 원조 내지 묵인하였지만 일부 지방관료들은 그에게 강하게 저항하기도 하였는데, 그중에서 가장 유명한 것이 萬曆26年 9月의 소위 '吳宗堯 事件'이다.

稅監 陳增은 山東에 파견된 지 얼마 되지 않아 福山知縣 韋國賢과 대립하게 되자, 위국현이 開礦을 방해한다고 모함하여 체포·고문하고 관직을 박탈하였으며,279) 山東參政인 万象春이 위국현을 변호하자 그 역시 1년 동안의 봉록지급을 정지시켰다.280) 당시 益都縣(지금의 山東 青州市) 역승 金子登이 陳增의 비위를 맞추기 위해 孟丘山 鉛礦의 開采를 건의하였다가 徽州出身으로 萬曆23年 진사였던 知縣 吳宗堯의 질책을 받았다.281) 陳增은 吳宗堯282)의 반대에도 불구하고 民工 천여 명을 모집하여 광산을 개발하기 시작했는데, 많은 사람이 그중에 숨졌다.283) 또한 부민들이 도광을 한다고 모함하여 3일 동안 부가·대호 500여 명을 체포하기도 하였다.284) 이에 萬曆26年(1598) 吳宗堯는 다음과 같이 주청하였다.

> 陳增이 익도에서 (황제의) 유지를 배반하고 사사로이 경영하여 관을 착취하고 민을 학대하며, 鉛砂를 모두 팔고서는 (또다시) 장정을 징발하여 (광산으로) 다시 파견하니, 익도현의 1년 內支費가 은 2천 냥, 丁夫 2천 명을 넘는데, 거기에 장정을 징발하여 강제로 금은을 부과하니 모두 銀 3,600냥에 이릅니다. 이에 근거해 계

279) 『明史』 卷 305, 「陳增傳」.
280) 『萬曆邸鈔』, 萬曆25年 9月條 참조.
281) 『明史』 卷 237, 「吳宗堯傳」.
282) 字는 仁叔, 號는 謙菴으로 歙縣 사람이다. 萬曆23年 進士로 益都知縣을 제수 받았다. 『明史』 卷 237에 그의 傳이 실려 있고, 『明神宗實錄』, 萬曆26年 9月 辛亥 및 同 27年 1月 戊戌에도 기사가 보인다. 환관 陳增과의 대립에 대해서는 『萬曆野獲編』, 「陳增之死」에 자세히 나와 있다.
283) 『明史』 卷 237, 「吳宗堯傳」.
284) 『明史』 卷 237, 「吳宗堯傳」.

산하면 山東 1省 6州 29縣에서 매년 약 銀 10여 만 냥을 부과하는 것입니다.[285]

그 밖에 조정의 관원들 또한 계속해서 陳增의 액외 가파와 무단 수색 등의 행위를 탄핵하는 상주문을 올렸다.[286] 그러나 陳增은 처벌받지 않았으며, 오히려 吳宗堯가 광무를 방해한다는 죄목으로 체포되어 몇 년간의 옥살이 끝에 결국 감옥에서 죽고 말았다.[287]

그런데 『萬曆野獲編』에 의하면 "守訓乃訐宗堯多贓巨萬, 潛寄徽商吳朝俸家"[288]라 하여 程守訓이 오종요가 거액의 재부를 몰래 휘주상인인 吳朝俸[289]의 집에 숨겨 놓은 것을 적발하였다는 기사가 보인다. 이것은 程守訓이 '오종요 사건'을 의도적으로 확대하여 휘주상인의 재부를 약탈하기 위함이었다고 생각한다. 오종요가 어떻게 재부를 축적하였는지는 알 수 없지만, 당시는 관료자본과 휘주상인이 상호 결합되어 있는 경우가 많이 있었다.[290] 그런데 吳氏 집안은 당시 휘주 지역의 대성 가운데 하나였으며, 程守訓의 程氏 역시 휘주 지역의 대상인 가문이었다.[291] 따라서 程守訓 역시 무뢰이기는 하지만 휘주의 정씨 가문과 관련이 있다고 봐야 할 것이다.

---

285) 『御選明臣奏議』 卷 33, 「劾礦使陳增疏」.(杜婉言·王春瑜, 1989, p.189, 재인용.)

286) 杜婉言·王春瑜, 1989, p.189.

287) 『明史』 卷 305, 「陳增傳」.

288) 『萬曆野獲編』, 「陳增之死」.

289) 『萬曆野獲編』에서 거론하고 있는 吳朝俸이 실제 존재하였던 인명인지 아니면 오씨 성을 가진 유력자인지는 분명하지 않다. 왜냐하면 일반적으로 朝俸(혹은 朝奉이라고도 쓴다)은 휘주상인 가운데 유력자를 가리키는 것으로 많이 사용되고 있기 때문이다.

290) 휘주상인과 관료자본의 결합에 대해서는 藤井 宏, 「新安商人の硏究」 (三), 『東洋學報』 36-3, 1953, 참조.

291) 藤井 宏, 「新安商人の硏究」 (1), (2), (3), 『東洋學報』 36-1·2·3, 1953; 朴元熇, 2000, 참조.

이 사건을 계기로 程守訓은 휘주상인의 재부를 약탈하기 위하여 관련이 없는 지방관과 상인들을 사건에 연좌시켜서 가산을 초몰하는 등 공공연한 약탈을 일삼았던 것이다.[292] 이후 山東巡撫 尹應元이 陳增의 20大罪를 진언하였으나, 그 또한 감봉 처벌을 받았다.[293] 이처럼 지방에서 환관의 착취에 대해 지방관들이 이들의 비리를 황제에게 진언하더라도 오히려 지방관들에게 처벌을 내림으로써 宦官의 전횡을 더욱 부채질하는 결과를 가져왔다. 당시 萬曆帝는 戶部尙書 陳渠, 直隷巡撫 劉日梧 등이 계속해서 程守訓을 탄핵하는 상소를 올렸지만, 오히려 程守訓을 비호하였다.

이 사건을 통해서 산동에서 휘주 출신자가 상인뿐만 아니라 관료 중에도 들어가 있었다는 점과 또 환관 일파와의 결합을 둘러싼 휘주 출신자 내부에서의 대립·항쟁이 있었다는 점 등을 발견할 수 있다. 또한 이 사건은 지역의 양심적인 관료가 황제·환관 세력에 굴복함으로써 이후 환관이 지역사회에서 어떠한 제약도 받지 않고 활동할 수 있는 길이 열렸음을 말해주기도 한다.[294]

5. 東林黨人 李三才의 君主論과 礦稅使 批判

1) 李三才의 君主論

'광세의 화'가 전국적으로 큰 문제를 일으키자 과도관은 물론 반내각파 관료들로부터 비판의 목소리가 일게 되었다. 광세의 화에 반

292) 小野和子, p.299.
293) 『明史』 卷 305, 「陳增傳」.
294) 岡野昌子, 「明末臨淸民變考」, 小野和子編, 『明淸時代の政治と社會』,(京都大學人文學硏究所, 1983) p.112.

대한 것은 내각도 마찬가지였지만 결국 이를 저지하지 못하였다는 점에서 내각도 비판의 대상이 되었다.[295] 그러나 李三才는 이 문제와 관련하여 당시 황제인 萬曆帝는 물론이거니와 심지어는 군주권 자체에 대해 비판함으로써 東林黨[296] 형성의 사상적 기초를 마련한 것으로 평가받고 있다.

李三才는 萬曆28年부터 礦稅의 禍에 반대하였는데, 萬曆28年 5月의 「第一停罷礦稅疏」를 시작으로 同年 6月의 「第二停罷礦稅疏」, 同年 8月의 「第三停罷礦稅自陳疏」를 계속해서 올렸다. 萬曆30年 2月에도 「歷陳國勢病由疏」를 올려 재차 광세의 정지를 요청하였다.

그럼 이들 상주문에 나타난 그의 군주론과 광세사 파견 반대에 관한 내용을 살펴보도록 하겠다. 그는 萬曆28年의 「第二停罷礦稅疏」에서 천하가 '존망의 위기'에 처해 있다고 하면서 그 이유를 다음과 같

295) 광감세사가 처음 파견될 때의 내각의 업무를 주관한 보신은 張位였으나, 그때 그는 환관이 아닌 무안관으로 대치시켜 환난을 줄이자는 고식적 타협책을 제시할 정도였으며, 장위 다음으로 내각의 업무를 담당한 沈一貫도 광감세사를 철수시킬 좋은 기회를 놓치고 말았다. 萬曆30년 초 신종이 병으로 위독하였을 때 광감세사의 철수문제와 건언등사로 처벌된 자의 사면 및 복권 등에 관한 유명이 있어 沈이 이를 받아 상유를 기초하였다. 그러나 병이 쾌유되자 이를 후회한 신종이 앞서 내린 유명을 철회하였는데, 이때 沈이 수보로써 이를 만류하지 못하고 타협적인 태도를 취하였다는 신료들의 비판이 빗발쳤다.(조영록, 「明末・淸初의 東林・復社運動」, 『명말・청초사회의 조명』, 한울, 1989, p.38.)

296) 東林黨이란 용어는 天啓年間의 宦官 魏忠賢을 중심으로 한 엄당이 정치적 적대세력을 그렇게 부른 데서 시작되었다. 하지만 동림당의 형성은 張居正 정권에 대항하면서 이루어지기 시작하여 萬曆20년대에 이르러 神宗의 礦稅使의 파견에 반대하면서 그 세력이 집결되었다고 할 수 있다. 명말의 동림당에 대한 기존의 연구로는 김종박, 「明代東林黨爭과 그 사회배경」, 『동양사학연구』 16, 1981; 조영록, 「明末・淸初의 東林・復社運動」, 『명말・청초사회의 조명』, 한울, 1989; 劉志琴, 「論東林黨的興亡」, 『中國史研究』 1979-3; 溝口雄三, 「いわゆる東林派人士の思想-前近代における中國思想の展開」, 『東洋文化研究所紀要』 75, 1978; 小野和子, 『明季黨社考-東林黨と復社』, 同朋社, 1996 등 참조.

이 말하고 있다.

> 대저 천하의 患은 (신하가) 꺼려하여 감히 말하지 않는 것보다 큰 것이 없다. 또한 (군주가) 단단히 막아서 (신하의) 말을 받아들이지 않는 것보다 큰 것이 없다. 꺼려하여 감히 말하지 않는 죄가 아래(신하)에 있다면, 그것을 단단히 막아서 (신하의) 말을 받아들이지 않은 책임은 상(군주)에게 있다.[297)]

결국 신하에게는 언론을 주장할 책임이, 군주에게는 신하의 언론을 받아들여야 하는 책임이 있다고 주장하면서 특히 군주의 책임의 중대성을 강조하였다. 그리고 군주와 인민의 관계에 대해서도 '민은 또한 군의 주인이다'[298)]고 단언하고, 군주가 인민의 이익을 옹호하는 것은 당연한 의무라고 하였다. 그는 또한 "폐하가 천하의 주인이지만 백성이 있음으로써 군주가 되어 조정을 운영하는 것인데, 오히려 백성에게 수탈을 행한다면 천하에 난을 일으키지 않을 자가 어디에 있겠습니까?"[299)]라고 하였다.

그러면 군주의 책임을 분담해야 할 관료들에 대해서는 어떠한가? 이삼재는 "위로는 황상으로부터 아래로는 무안백사에 이르기까지 광세를 도모하지 않는 사람이 없다."[300)]고 하여 관료들이 군주의 사적 이익을 위해 광세의 길로 나아가고 있다고 비판하였다. 그는 관료들이 군주의 통치권을 부여받은 책임을 자각하지 못하고 있으며, 이러한 상황은 지방관을 설치했던 본래의 의도와 상반되는 것이라고 생각하였던 것이다.[301)]

297) 李三才, 『撫淮小草』 卷 3, 「第二停罷礦稅疏」.
298) 李三才, 『撫淮小草』 卷 3, 「第二停罷礦稅疏」.
299) 李三才, 『撫淮小草』 卷 3, 「第二停罷礦稅疏」.
300) 李三才, 『撫淮小草』 卷 3, 「第二停罷礦稅疏」.
301) 小野和子, 1996, p.297.

이삼재의 「군주론」은 이후 황제권력을 둘러싸고 논쟁을 유발하였으니, 동림당 인사인 顧憲成과 沈鯉 등은 이삼재를 옹호하였다. 고헌성은 萬曆8年(1580) 진사로 합격하여 관료 생활을 시작하였으나, 萬曆21年(1593) 王錫爵에 의해 정적으로 몰려 면직당하였다. 이후 고향인 절강 무석에 내려가 강학을 열고 시정을 논하다가 萬曆32年(1604) 동림서원을 중건하면서 동림당 활동을 본격화하게 된다.[302] 이후 고헌성은 회안으로 이삼재를 찾아가 몇 번에 걸쳐 담론한 후 동림당 제1차 대회를 개최하기도 하였는데, 당시 고헌성이 이삼재를 옹호하고 나선 것은 동림당의 이해관계가 이삼재의 주장과 일치한다는 점에서 찾아야 할 것이다.[303]

沈鯉는 字는 仲化, 歸德 사람으로 嘉靖44年의 진사이다. 그가 71세의 고령으로 이부의 추천을 받아 입각하였는데, 당시 沈一貫은 이에 반대 입장을 표명하였다.[304] 입각하자마자 바로 만력제에게 광세의 폐지를 상주하였던[305] 그는 沈一貫이 광세의 반대를 구호로 외치긴 했지만 결국은 만력제와 타협했던 것에 비해 내각에서 반대를 관철했던 인물이었다.

이러한 광세의 화를 둘러싼 논쟁 가운데 비판의 움직임은 이삼재와 몇몇 동림당 인사 외에도 100편 이상의 상주문이 있었다.[306] 그렇지만 이삼재의 상주문은 단순히 파견된 환관의 횡포를 언급하는데 그치지 않고, 신종 개인의 책임을 엄하게 추궁하고 있다는 데에 특징이 있다고 하겠다.[307]

302) 『明史』 卷 231, 「顧憲成傳」.
303) 김종박, 「明代東林黨爭과 그 社會背景」, 『동양사학연구』 16, 1981, p.21.
304) 『明史』 卷 217, 「沈鯉傳」.
305) 『明史』 卷 217, 「沈鯉傳」.
306) 『明史』 卷 305, 「高淮傳」.
307) 小野和子, 1996, p.298.

2) 李三才의 陳增·程守訓 彈劾

광세사의 부정적인 활동에 대해 몇몇 관료들이 비판을 제기하였지만 큰 효과를 보지 못했던 것은 만력제가 뒤에서 이들을 비호하고 있었기 때문이다. 이러한 상황은 陳增과 程守訓의 경우에도 예외는 아니었다. 하지만 이들 두 사람은 李三才의 탄핵으로 최후를 맞게 된다. 당시 이들을 제거하는 데 성공을 거둘 수 있었던 원인으로는 다음 두 가지를 지적할 수 있다. 첫째 李三才가 세금징수를 둘러싸고 환관들 사이에 갈등이 자주 일어나고 있었던 상황을 교묘히 이용하였다는 점이다. 둘째 程守訓이 지역에서 점차 오만해지면서 陳增과의 사이에 발생한 틈을 놓치지 않고 이들 두 사람의 사이를 이간하는 데 성공하였던 것이다.

환관들이 지방에서 징세활동을 하는 데 있어서 징수할 세금의 종류나 지역 등이 명확히 구분되지 않은 경우가 많았기 때문에 환관들끼리 갈등이 자주 일어나고 있었다. 陳增의 경우에도 萬曆26年 산동지역에서 세감 馬堂과의 사이에 갈등이 나타나고 있었다. 즉 萬曆26年 陳增은 馬堂이 산동에서 店稅를 징수하여 재부를 축적하는 것을 보고 만력제에게 山東 店稅를 함께 징수할 수 있도록 청하였고, 만력제는 이를 허락하였다.[308] 이에 陳增의 활동영역이 臨淸에까지 미치게 되자, 당시 臨淸稅監 馬堂과 다투게 하는 결과를 초래하고 말았다. 이에 만력제는 직접 화해·조정에 나서 馬堂은 臨淸에서, 陳增은 東昌(現 山東省 聊城)에서 세금을 징수하도록 하였다.[309]

그 후 陳增의 비호하에 약탈을 계속하던 程守訓은 세금 징수 문제를 둘러싸고 兩淮鹽務小監 魯保와 갈등을 야기하였다. 즉 萬曆28

308) 仝晰綱,『中國歷代宦官』, 濟南出版社, 1993, p.249.
309)『明史』卷 305,「陳增傳」.

年(1600) 3月 魯保는 程守訓이 鹽課의 징수를 방해한다면서 만력제에게 징벌할 것을 건의하였다.310) 그런데 이 문제와 간련하여 흥미를 끄는 것은 당시 환관 노보와 유대관계를 형성하고 있던 상인 세력 가운데 하나가 바로 吳時修라는 휘주상인이라는 점이다.311) 양주의 염상으로 활동하고 있던 오씨 세력은 바로 萬曆26년의 '오종요 사건' 당시 진증과 정수훈에 의해 큰 피해를 당했던 상인 가문으로 오종요와도 같은 가문 출신이었다. 따라서 표면적으로는 염과의 징수 문제로 인해 정수훈을 탄핵하고 있는 것처럼 보이지만 정수훈과 오씨 세력과의 대립 때문에 발생한 것으로도 해석할 수 있다.

이러한 노보의 상주에 대해 만력제는 陳增에게 명하여 상황을 살펴본 후 程守訓의 죄를 다스리도록 명하였다. 그러나 陳增은 황제의 지를 받은 후에도 程守訓을 징치하지 않을 뿐 아니라 오히려 상서를 통해 그 책임을 회피함으로써 결과는 흐지부지되었다.312)

하지만 이러한 두 사람의 관계는 程守訓의 세력이 확대되고, 그에 따라 陳增에 대한 공경함이 예전 같지 않게 되면서 점차 멀어지게 되었다. 李三才는 당시 이러한 두 사람의 심리를 잘 파악하였다. 그는 이때 都察院右僉都御史巡撫鳳陽으로 鳳陽 외에 淮安·揚州도 관할하고 있었는데, 염의 집산지로서 상품경제가 특히 발달했던 이 지역에서 광세의 화를 심각하게 생각하고 있었다.

李三才는 陳增에게 관심을 가장하여 "공(陳增)은 궁궐 내의 귀신으로 모두들 청렴결백하다고 알고 있지만, 지금 사람들이 당신에게 어떤 의론을 제기하는 것은 모두 程守訓 때문이다"313)고 말하였다. 李三才의 말을 들은 陳增이 程守訓에 대한 불편한 심경을 드러내자

310) 『明史』 卷 305, 「陳增傳」.
311) 조영헌, 2000, pp.59-60.
312) 仝晰綱, 1993, p.250.
313) 『萬曆野獲編』, 「陳增之死」.

李三才는 계속해서 "程守訓이 가렴주구하여 그 수입이 당신의 100배에 달한다. 만약 당신이 그 죄를 다스리고 재산을 몰수하여 반은 국가에 헌납하고 절반은 당신이 취한다면 이는 조정에 충성하는 것이고, 당신 또한 큰 재부를 축적할 수 있을 것이니 아마 京師(북경)에서 최고의 부자가 될 수 있을 것이다"[314]고 하였다.

陳增은 이러한 李三才의 말을 듣고 마음이 움직이기 시작하였다. 이에 李三才는 또한 程守訓에게 혹형을 당한 적이 있는 家奴 1명을 매수하여 그로 하여금 陳增에게 "程守訓이 금 40여 만 냥과 수많은 재보를 가지고 있으며, 용봉의를 몰래 숨겨 놓은 등 역모를 꾸미고 있다"[315]고 말하도록 하였다. 이와 더불어 李三才는 陳增에게 재촉하면서 "만약 공이 황상에게 상주한다면 사람들의 당신에 대한 오해를 불식시킬 수 있을 뿐 아니라 황상께서도 당신의 공로를 인정하여 사례감의 보좌를 제수할 것이다"[316]고 하였다.

陳增은 李三才의 말에 동의하면서 程守訓의 죄행을 상소하였고, 만력제는 이삼재에게 程守訓을 체포하여 북경으로 이송토록 하였으며, 결국 처형되었다.[317] 程守訓이 죽은 이후 陳增의 나머지 조아들이 거두어들인 재부는 이전에 비해 많이 줄어들었고 만력제에게 올리는 銀의 양 또한 감소하였다. 이에 만력제는 陳增이 재보를 몰래 감추고 있음을 의심하기 시작하였으며, 각신들의 密奏를 비준하여 조사토록 하였다. 이에 陳增 또한 萬曆33年 스스로 목매 자살하였다.

그런데 이때 李三才가 陳增의 막대한 재보 중 일부를 횡령했다고 하는 말이 세간에 있었는데, 심덕부는 이와 관련하여 다음과 같이 말하고 있다.

314) 『萬曆野獲編』, 「陳增之死」.
315) 『萬曆野獲編』, 「陳增之死」.
316) 『萬曆野獲編』, 「陳增之死」.
317) 『萬曆野獲編』, 「陳增之死」.

사람들이 淮撫(李三才)가 (진)증의 금전 거만을 은닉하고 진헌한 것이 열에 한둘에도 미치지 못한다고 말하고 있으나, 이는 믿을 만한 것이 못된다. 설령 있다고 하더라도 長鯨(陳增)을 제거한 공이 적지 않다. 이로써 공로를 보답함이 또한 어찌 불가하단 말인가?318)

이와 같이 심덕부는 오히려 李三才를 두둔하고 있다. 하지만 李三才는 萬曆33年 일단 사표를 제출하였다. 이유는 그의 임무였던 조운의 문제를 둘러싸고 조세경과 대립했기 때문인데, 이때 만력제가 사표를 수리하자 어사 史學遷 등이 강하게 반대하기도 하였다.319) 당시 만력제가 사표를 수리했던 것은 李三才의 광세 비판에 대한 반감도 강하게 작용했던 것으로 생각된다.320)

그런데 이 문제와 관련하여 沈鯉의 「李中丞生祀記」에는 당시 李三才가 단지 사표를 제출했을 뿐으로 실은 그가 후임의 발령을 재촉함과 동시에 직에 머물러 있으면서 단 하루라도 '朝廷 하루의 臣'으로서 인민을 위해 최선을 다한다고 말하였으며, 환관들의 활동을 적극적으로 단속하였기 때문에 이들의 활동을 정지시킬 수 있었다고 하였다.321) 그것은 만약 사임의 정보가 유통되면 환관에 대한 압력이 갑자기 약해져 환관의 수탈이 재개될 것이기 때문에 이렇게 한 것으로 생각된다.

이러한 李三才에 대해 회안의 의상들이 거금하여 그의 공적을 칭

318) 『萬曆野獲編』, 「陳增之死」.

319) 그간의 사정에 대해 『以俟錄』, 「上葉相國臺山先生生書」에서 "適司徒(李三才)與中璫左. 上疏自劾. 遂擬旨罷歸. 及請代又不許. 再請三請. 以數十請. 卒不許. 司徒悟曰. 不佞得罪貴人耳. 民則何罪. 起而視事如故. 嵩目焦心. 不少卽安. 中外聞而憂之. 聯翩乞留. 章滿公車. 越四年. 始奉旨復職."이라 하였다.

320) 小野和子, 1996, p.301.

321) 沈鯉, 『亦玉堂稿』 卷 7, 「李中丞生祠記」.

송하기 위해 생사를 만들어 주었으니 그의 환관에 대한 단호한 자세가 그 지역 상인들로부터 강력한 지지를 받을 수 있었던 것을 알려주는 것이다.[322] 또한 陳增과 程守訓이 제거된 후 『萬曆野獲編』에서 "江淮老幼, 歌舞相慶"[323]이라고 한 것을 통해서도 이 지역의 상인과 일반 민중들의 정서를 알 수 있다.

6. 소 결

장거정 사후 다시 찾아온 재정위기로부터 시작된 礦監稅使의 파견과 가혹한 징세는 각지에서의 민변과 저항운동을 유발하였다. 또한 불안한 정세에서 여러 정치 세력 간의 다툼과 혼란을 초래하여 결국 명조 멸망의 결정적 단서를 제공하였다. 明代 宦官의 국정개입은 洪武年間부터 시작되었으며, 永樂年間부터 참여의 폭이 넓어졌다. 이어서 正德年間부터는 宦官이 독자적으로 상세업무에 간여하기 시작하였는데, 당시 경사세무의 중요한 위치를 차지하고 있던 九門商稅의 관리를 환관이 담당하면서 많은 폐단을 낳기도 하였다. 또한 宦官 劉瑾의 專政時期에는 皇店이 설치되었는데, 皇室에서는 宦官에게 창고업을 경영하게 하고 그 이익을 황실의 부수입으로 삼았던 것이다. 宦官들은 황실에 납부하는 것을 제외한 나머지를 사취하는 경우도 있었다.

이러한 宦官의 상세업무 간여가 특히 큰 사회문제로 대두하기 시작한 것은 萬曆中葉부터이다. 즉 皇室에서는 萬曆20年代 初의 소위 '萬曆3大征'의 戰亂으로 거액이 투자되어 국가재정에 여유가 없던

322) 小野和子, 1996, p.302.
323) 『萬曆野獲編』, 「陳增之死」.

상황에서 萬曆24年과 25年의 宮殿의 대화재에 따른 황실의 재건을 위해 정부로부터의 특별지출을 기대할 수는 없었다. 따라서 皇室에서는 萬曆24年부터 宦官을 각지에 파견하여 광산의 개채와 상세의 증징을 통해 이 문제를 해결하고자 하였다. 宦官들은 지방에 파견되어 기존의 세수체계 외에 사설 세무기관을 설치하고, 약탈을 일삼는 등 많은 폐단을 낳았는데, 이들이 징수한 다량의 金·銀 등은 국가재정이 아닌 황실재정에 귀속되었다. 반면 이들의 가혹한 착취는 상업에 큰 타격을 주기도 하였으니 萬曆 中期까지 증가세를 보여 왔던 鈔關稅收의 감소를 초래하기도 하였다.

한편 광세사 파견과 그들 활동에 대한 일련의 저항운동을 통해 당시 제 정치세력의 역학관계를 파악할 수 있다. 광세사와 관계 있는 정치 세력으로는 우선 그들 휘하에서 활동하였던 無賴를 들 수 있겠다. 무뢰의 입장에서 볼 때 환관이 파견되어 와서 각종 세금의 징수 활동을 하는 것은 결국 그들의 활동 폭을 넓힐 수 있는 좋은 기회로 작용하였다. 환관의 입장에서도 지역 사정에 밝고 폭력을 수단으로 활동하고 있는 지역 무뢰를 이용하는 것이 그들의 목적을 달성하는 데 도움을 줄 수 있으리라 생각하였다. 서로의 이해관계가 맞아떨어지면서 이들이 결합할 수 있었고 더불어 많은 폐해를 야기하였다. 陳增 역시 山東과 淮安·揚州 등 교통의 요지이자 당시 최고의 상인집단인 徽州商人이 활동하던 무대에서 원활한 징세활동을 하기 위해 이곳 사정에 밝은 무뢰가 필요하였고, 결국 程守訓과 유대관계를 형성하였다.

다음으로 환관세력에 저항했던 세력으로 그들에게 직접적으로 피해를 당한 상인집단과 그들 상인의 배후에 있던 지역 관료를 들 수 있겠다. 陳增과 程守訓이 결합하여 징세를 핑계로 행한 가혹한 착취는 일반 민중들뿐만 아니라 상업을 통해 부를 축적한 대호들에까지 그 화가 미치게 되었다. 이에 상인 가문 출신의 지역 관료들이 대항하기도 하였으니, 그 대표적인 사건이 萬曆26年의 소위 '吳宗堯 事件'이었다. 당시 吳宗堯를 비롯한 몇몇 관원과 그에 연루되었던 휘주상인 출신의 대상인이 직접적으로 피해를 당하였다. 이 사건은 당시 지역의 대상인 집단과 이들의 후원을 받은 지역 관료들이 황제권력의 위세를 빌어 활동하였던 환관 세력에게 대적하기가 매우 힘들었던 상황을 반영한 것으로 풀이할 수 있다. 그것은 당시 만력제가 환관의 전횡을 비판하였던 관료들에게 불이익을 주면서 환관들을 비호하였기 때문이기도 하다.

그런데 당시에는 각지에서 환관들 사이에 세금을 징수할 종류와 지역을 둘러싸고 갈등이 자주 나타나고 있었으며, 이 경우 황제가 직접 나서서 조정을 하기도 하였다. 또한 환관과의 결탁을 둘러싸고 휘주상인 내부에서도 갈등이 존재하였던 것으로 보이며, 이는 앞의 '오종요 사건'과 萬曆28년 환관 魯保의 정수훈 탄핵과 무관하지 않은 것으로 보인다. 즉 '오종요 사건'으로 피해를 당한 오씨 세력이 환관 노보와 결탁하여 정수훈을 탄핵하게 했을 개연성은 충분하다고 생각된다. 물론 당시 노보의 탄핵으로 진증과 정수훈이 어떤 피해를 당한 것은 아니었다.

이러한 가운데 훗날 동림당 인사로 분류되는 봉양순무 李三才는 광세의 화가 전국적으로 큰 문제를 일으키자 이들 환관 세력뿐 아니라 군주권 자체에까지 비판하였다. 이삼재의 이러한 활동은 이후 관료들 중에도 많은 호응을 얻게 되었고, 결국 훗날 동림당 탄생의 사상적 기반을 마련하게 된다. 또한 이삼재는 진증과 정수훈 사이에 나타난 갈등관계를 교묘히 이용하여 이들을 제거하는 데 성공을 거두었다. 물론 그의 활동의 이면에는 지역민들의 보이지 않는 도움이 크게 작용한 것도 사실이다. 지역의 대상인들이 이삼재를 칭송하고,

또 이들이 제거된 후 '江淮老幼, 歌舞相慶'하게 되었다는 기사 등으로 미루어 지방 관료와 몇몇 상인 세력이 환관과 결탁되어 있긴 했지만 기본적으로는 환관 활동에 대해 반감을 가지고 있었던 것으로 생각된다.

그런데 이처럼 李三才의 활약으로 이들 두 사람이 제거된 것에 대해 만력제는 그다지 좋지 않은 감정을 가지고 있었다. 그것은 李三才가 조운의 문제로 조세경과 대립하다가 사표를 제출했을 때 만력제가 이를 전격적으로 수용한 데에서도 알 수 있다. 사실 李三才의 광세비판에 대한 반감이 크게 작용한 것으로 봐야 할 것이다. 결국 이 시기 광세사 파견을 둘러싸고 발생한 여러 가지 문제는 당시의 황제권력과 그 권력을 등에 업고 활동하였던 환관 세력, 그리고 지역 관료 및 상인들의 저항, 그리고 관료사회 내부의 갈등 등을 이해하는 데 하나의 단서를 제공해 주었다고 할 수 있다. 특히 陳增과 程守訓의 예를 통해 당시의 반환관운동이 직접 피해를 당한 일반 백성들뿐 아니라 대상인집단과 그의 후원을 입은 지역관료, 그리고 중앙정부의 일부 관료들 사이에서 일어나고 있음을 확인할 수 있다. 또한 환관과 휘주상인 내부에서도 상당한 정도로 갈등이 내재되어 있음을 파악할 수 있다.

第7章

清初 順治 親政期의 財政危機와 그 對策

1. 清初 軍事費 支出의 擴大와 財政危機

1) 反清勢力의 活動과 軍事費 支出의 深化

入關 이후 청조 정부에게 최대의 과제는 각지에서 계속되고 있는 반청활동을 진압하는 것이었다. 최초로 清軍에 대항했던 것은 李自成 군대이지만, 그 밖에도 抗清을 슬로건으로 내걸고 저항했던 농민군은 많았다. 또 明朝의 일족을 추대하여 南明政權[324]이 수립되어 있었고, 해상세력으로 鄭氏 일족 역시 항청운동을 펼치고 있었다.

李自成은 北京을 탈출하여 西安으로 도피하였지만, 清軍의 추격과 지방 무장자위집단의 공격, 정권 내부의 분열 등의 원인으로 괴멸되었다.[325] 그러나 그 잔존부대는 李錦의 통솔하에 湖北·湖南 지

---

324) 남명정권에 대해서는 謝國楨, 『南明史略』, 上海人民出版社, 1957 등 참조

325) 李自成의 죽음과 관련하여 현재 중국학계에서는 크게 두가지 설이 존재한다. 하나는 湖北 通山縣 九宮山 부근에서 민간의 자위집단에 의해 살해되었다는 설과 훗날 湖南의 石門縣 夾山에서 몰래 승려생활을 하면서 재기를 도모하다가 숨졌다는 설이 있는데, 이

방에서 활동을 계속하였고, 남명정권과도 연합하였다. 이 단계에서는 청군을 당면 적으로 생각하였기 때문에 지주층 출신자를 중심으로 한 南明과 일시적으로 타협했던 것이다.[326)]

한편 四川으로 들어가 大西國을 세웠던 張獻忠은 북방에서 사천을 공격하던 청군에 의해 1646년 사살되었다. 이리하여 四川은 청군에 의해 점령당하였지만, 孫可望, 李定國 등이 인솔한 잔여세력은 四川의 변경과 雲南, 貴州 등지에서 남명정권과 연합하여 오랫동안 항전을 계속하였다.

다음으로 南明政權의 추이를 보면 우선 1644년 남경에서 먼저 성립되었는데, 명조의 관리들이 福王을 추대하여 弘光帝를 옹립하였지만, 동림파와 비동림파 사이에 항쟁이 있었기 때문에 강한 결속력을 보여주지 못하였다. 결국 청군의 공격으로 궤멸당하였으며, 1645년 5월 南京이 함락당하였고 弘光帝는 체포되었다. 그 후 1645년 張煌言 등이 浙江 紹興에서 魯王을 추대하여 監國으로 칭하였고, 蘇觀生 등이 福州에서 唐王을 옹립하여 隆武帝로 추대하였으나, 1646년 청군에게 격파당하였다. 그 해 廣東에서 麗武耜 등이 桂王을 永曆帝로 추대하여 淸朝에 대항하였는데, 이들은 이후 15년 동안 항청전쟁을 지속하였다.

동남연해의 해상에서는 명대부터 밀무역업을 하면서 성장했던 鄭氏 일족을 중심으로 한 항청활동이 이어졌다. 특히 鄭成功(1624~1662)[327)]

문제는 1999年 중국 호남성 석문현에서 열린 第8屆 明史國際學術討論會에서 중요한 의제로 등장하기도 하였다.

326) 岩見 宏, 「淸朝の中國征服」, 『岩波講座 世界歷史』 12, 岩波書店, 1971, p.139.

327) 鄭成功에 대해서는 『淸史列傳』, 「鄭成功傳」 : 邵廷宋, 『東南紀事』, 卷 11, 鄭成功(上) : 溫睿臨, 『南疆逸史』, 列傳 第 50, 「鄭成功」 : 謝國禎, 『南明史略』, 上海人民出版社, 1957 등 참조

은 순치 3년 父 鄭芝龍이 淸에 항복하자 자립하여 복건 연해의 金門島 등을 근거지로 각지에 출격하였다. 다른 한편에서는 일시 복건으로 도망해 있던 張煌言[328] 등이 절강 연안의 주산열도에 근거지를 두고 양자강 하류지역을 침공하기도 하였다. 이어 1659년에는 양자가 연합하여 양자강을 거슬러 올라가 南京을 공격하기도 하였다.[329] 이들 해상세력은 청조의 정국 통일에 또 하나의 장애물로 등장하였던 것이다.

이처럼 각지에서 청조에 대항하는 세력이 존재하고 있는 상황에서 청조는 이들을 진압하기 위해 많은 전쟁을 했어야만 하였다. 『歷代戰爭年表』의 기재에 의하면 順治帝 在位 18년 동안 전쟁은 모두 92차례나 되었다고 한다.[330] 물론 이 시기의 전쟁, 전역, 전투 등을 규정하는 기준이 불분명하기 때문에 이 수치가 정확히 전쟁의 횟수를 나타낸다고 할 수는 없지만, 많은 싸움이 있었음은 분명하다.

順治 親政期 초기인 順治 8年부터 11년 까지 사이의 군사비는 매년 약 1,300만량 전후였다. 이는 張玉書, 魏源 등이 "方順治八九年間, ……諸路兵餉歲需千三百餘萬"이라고 말한 데에서도 알 수 있다.[331] 이러한 상황은 順治 11年 戶部尙書 車克의 제본을 통해 확인할 수 있는데 당시 撥餉額을 表로 작성하면 다음과 같다.

---

328) 張煌言에 대해서는 李振華, 『張蒼水傳』, 臺北, 1967 참조.
329) 岩見 宏, 1971, p.141.
330) 『中國軍事史』 編寫組, 『中國軍事史』 附卷 「歷代戰爭年表」 下, 解放軍出版社, 1986.
331) 陳鋒, 『淸代軍費研究』, 武漢大學出版社, 1992, p.240.

〈表 20〉 順治 11年 各地의 撥餉 狀況(단위 : 兩)[332]

撥餉地	撥餉額	撥餉地	撥餉額
通州鎭	61,107	廣西省	200,000
天津鎭	93,367	山東省	652,859
山永鎭	70,700	河南省	267,477
易州鎭	432,500	江南省	773,013
薊州鎭	102,079	湖廣省	1,180,000
密雲鎭	74,756	江西省	502,380
昌平鎭	125,580	福建省	695,600
宣府鎭	210,666	廣東省	1,766,300
大同鎭	170,394	太原駐防	29,985
山西省	508,084	保定駐防	63,910
陝西省	3,110,515	河間駐防	25,300
浙江省	659,085	滄州駐防	17,212
四川省	86,948	合計	11,879,835

이상 撥餉額 합계는 총 11,879,835兩이다. 하지만 廣西·江南·湖廣·福建 등 4개성의 兵餉額은 戶部尙書 車克의 題本 중에 '估撥'임을 명시하고 있는데, 후에 정확히 조사하여 통계를 낸 결과에 의하면 順治 11年의 실제 撥餉額은 13,318,400兩에 달하고 있다.[333)]

順治 11年 이후 매년 군비 지출은 계속적으로 증가하였는데, 戶部尙書 戴明說은 順治 12年의 상황을 "收入에 비해 支出이 256萬餘兩 이상 많다"[334)]고 하였다. 이어서 13年 이후 이러한 현상이 더욱 심화되어 갔으며,[335)] 특히 反淸 세력과의 전투가 격렬하게 진행

332) 檔案, 順治十一年正月二十四日車克題 : 「爲撥給十一年兵餉事」
333) 陳鋒, p.241.
334) 檔案, 順治 13年 2月 17日 戴明說題 : 「爲錢糧入不敷出事」.

되었던 順治 16年부터 18年까지는 每年 3,000만량 이상의 군사비가 지출되었다.[336)]

2) 淸初 各種 稅源의 減少

淸朝는 入關 초부터 각지의 反淸活動을 진압하기 위한 군사비로 많은 재정적 수요가 있었지만 정부의 세수는 원활하게 이루어지지 않았다. 더욱이 攝政王 도르곤은 北京을 점령한 직후인 順治 元年 7月 "順治 元年부터 定額 이외의 일체의 加派 예를 들면 遼餉·剿餉·練餉과 米·豆 등의 召買 등을 모두 蠲免한다"[337)]고 발표하였다. 같은 해 10月 順治帝의 卽位詔에서는 이를 재확인하였다.[338)] 또한 順治 2年(1645)에는 세금이 무겁기로 유명한 蘇州지역에 대해서도 "明末 불필요한 징수를 모두 영구히 없애겠다"[339)]고 하였다. 이러한 상황에서 청군은 실제로 入關初부터 각지의 전선에서 군향의 부족을 수시로 호소하였고, 이를 보전하기 위하여 청군 역시 流寇·土賊이나 다름없이 노략질을 예사로 하였다.[340)]

결국 順治帝는 만성적인 재정적자를 극복하기 위해 재정확보책을 다각도로 추진하였다. 먼저 농민의 復業과 墾田策을 시도하였다. 이

---

335) 이와 관련하여 張玉書, 魏源 등은 "十三年以後, 增餉至二千萬, 嗣又增至二千四百萬, 除存留款項外, 僅入額賦千九百六十萬, 缺餉額至四百萬, 而各項經費猶不入焉"(『皇朝經世文編』 卷 29, 「戶政·賦役」 : 『聖武記』 卷 11, 「武事餘記·兵制兵餉」)이라 하였다.

336) 이 시기의 軍事費 支出에 관한 자세한 내역은 陳鋒, 1992, pp.241-242, 참조.

337) 『淸世祖實錄』, 順治 元年 7月 壬寅

338) 『淸世祖實錄』, 順治 元年 10月 甲子

339) 『江南通志』 卷 68, 「食貨志·田賦」 : 洪煥椿 編, 『明淸蘇州農村經濟資料』, 江蘇古籍出版社, p.506.

340) 吳金成, 1989, p.80.

정책은 順治 元年 12月부터 시도되었는데, 당시에는 황무지는 원 주인이 없는 경우에 유민이나 官兵으로 하여금 둔종케 하고, 3년 후부터 세량을 부과한다는 내용이었다.[341] 이러한 간전책은 이후에도 몇 차례 더 내려졌다.[342] 그러나 청조의 이러한 유민복업 및 간전책은 기대한 만큼의 효과를 거두지는 못했다. 그 중요한 원인은 신사나 관리·서리·토호들의 隱田 때문이었다.[343]

이러한 가운데 청조가 재정확보책으로 추진한 또 하나의 정책은 土地丈量이었다. 청조는 입관초인 順治 元年부터 이미 지방관에 의해 부분적으로 토지장량의 필요성이 제기되었다. 즉 順治 元年 12月 眞定巡按 衛周允과 順治 4年 5月 江西巡按 吳贊元 등이 장량을 건의하였다.[344] 그런데 청조 개국 초기의 이러한 장량 요청에서 공통되는 사항은 荒地의 세금을 가볍게 하기 위한 목적에서 장량을 건의하였다는 점이다.[345] 이들 요청에 대해 당시 청조는 허가하지 않았는데, 여하튼 순치기의 장량에서는 황지의 문제가 관계되어 있음을 알 수 있다.

다음으로 順治 8年 8月에는 蘇松巡撫 秦世禎이 "강남지방은 부역이 무거워서 인민들이 견디기가 어렵다. 그 대책의 하나로서 業戶 스스로 장량하도록 함이 어떻한가"[346]라고 하였다. 이와 함께 同時期에 吏部左侍郎 熊文擧 역시 강남의 장량에 대해 장량을 어떤 관리에게 위임하더라도 말단에서는 결국 棍徒들이 담당하게 되는데, 이렇게 되면 부자들은 장량을 뇌물을 주어 회피할 것이며, 오히려

341) 『淸世祖實錄』, 順治元年 12月 丁丑
342) 吳金成, 1989, p.81, 참조.
343) 西村元照, 「淸初の土地丈量について-土地臺帳と隱田をめぐる國家と鄕紳の對抗關係を基軸として-」, 『東洋史硏究』 33-3, 1974, 참조.
344) 『淸世祖實錄』 順治 元年 12月 庚申 : 同 順治 4年 5月 丙辰
345) 西村元照, 1974, p.103.
346) 『淸世祖實錄』 順治 8年 8月 丙寅.

소민들에게 영향을 주게 되므로 장량을 대신해 開荒報荒之冊을 만들 것을 주장하고 있다.[347] 이들 강남에서의 장량을 둘러싼 논의의 결과 실제 장량이 행해졌던 사례는 발견할 수 없지만 그러나 여기에서도 여전히 荒地의 조사를 중시하고 있는 것으로 생각된다.

이처럼 지금까지의 장량논의가 현실문제 즉 과세불균등이나 황지의 해결 수단으로 제기되었던 것에 비해 順治 10年 부터는 거꾸로 청조 정부에서 오히려 적극적으로 장량을 시도하였다.[348] 즉 順治 10年과 12年 두차례에 걸쳐 전국 토지대장의 재점검을 실시하고, 州縣의 錢糧이 원액과 부합할 경우에는 장량을 실시하지 않지만 결액이 발생한 경우에는 농한기를 이용하여 주현관 중심으로 장량을 실시토록 하였다.[349] 이는 청조 정부가 적어도 원액 만큼은 국가의 재정 기반으로서 확보하고자 함이었다.

順治 10年 이래 토지대장의 점검과 원액 확보라는 방침이 내려졌음에도 불구하고 현실의 국가재정은 매우 어려웠기 때문에 정부에서는 順治 14年 부터는 전량의 증가를 가져온 지방관을 표창하기도 하였다. 예를 들면 전량 십만여량을 증수한 河南巡撫 賈漢復은 병부상서로 승진하기도 하였다.[350]

그러나 順治 15年에 이르러 전국의 토지는 萬曆의 賦役全書와 비교하여 수치가 부합하는 경우에는 청장할 필요가 없고, 기타 황무한 지방에 대해서는 청렴한 관리를 선발하여 장량을 실시토록 함으로써[351] 사실상 전국적인 규모에서의 장량이 시행되지는 못하였다.[352]

347) 熊文擧, 「爲微臣略述江省情形推廣紀綱法度士氣人心以甦殘黎以隆德化事」, 『皇淸奏議』 卷 4
348) 西村元照, 1974, p.104.
349) 『康熙大淸會典』 卷 12, 「丈量」
350) 『淸世祖實錄』 順治 15年 10月 辛丑
351) 『康熙大淸會典』 卷 12, 「丈量」
352) 淸朝 정부에 의해 전국적인 규모의 丈量을 시도한 것은 康熙 2년

이 때문에 順治年間 청조가 파악하고 있는 토지는 명말 만력년간에 비해 훨씬 부족하였고[353] 이는 재정수지를 악화시킨 중요한 요인 중의 하나로 작용하였던 것이다.

2. 順治 親政期 收取體制의 整備

1) 奏銷制度의 施行과 考成法의 强化

국가의 재정 상황을 정확히 파악하는 것이 정치의 가장 중요한 사항 가운데 하나라는 데에는 이견이 없을 것이다. 청조 역시 입관 전부터 연말에 공명한 관리에게 명하여 재정상태를 감사하도록 하였다.[354] 入關 후에는 도르곤 攝政 시기인 順治 3年부터 국가의 재정 상태를 정확히 파악하고자 하였다. 즉 順治 3年 4月 大學士 馮銓을 호부에 파견하여 尙書 英俄爾岱와 재정상태를 철저하게 조사시키고, 또 在京에는 해당 각 아문에 명하고, 外省은 巡撫·按察使에게 명하여 엄중하게 조사하여 부역전서를 작성하고 이를 천하에 반행토록 하였다.[355]

그러나 재정의 감사가 제도화했던 것은 順治 8年 경의 일이다. 이

에 이르러서였다. 물론 당시에도 지방 紳士層의 격렬한 저항이 있었다. 이에 대해서는 西村元照, 1974, pp.107-117, 참조.

353) 明末과 淸初의 田土 통계를 비교해보면 전국적으로 1600년의 7,735,740頃에서 1661년에는 5,492,580頃으로 淸初에는 明末에 비해 약 71% 수준에 그치고 있다. 지역별 자세한 전토 통계는 吳金成, 1989, p.82의 <표1>, 참조.

354) 佐伯富, 「淸代における奏銷制度」, 『東洋史硏究』 22-3, 1963, p.28.

355) 『淸世祖實錄』, 順治3年 4月 壬寅

때 청조는 명의 잔여세력과 유적을 토벌하면서 국가의 체제를 정비하던 과정이었다. 각종 제도가 제정되었던 시기로서 청조 국가의 기초가 다져지기 시작하였는데, 재정 문제와 관련해서도 『實錄』이나 『東華錄』 등에 順治 8年(1651)부터 人口數와 田地·地租·糧草 등의 통계가 보이고 있는 것은 이러한 사실을 뒷받침한다고 할 수 있다.[356]

재정의 정비에 수반하여 奏銷制度도 이 시기에 확립되었다.[357] 순치 8년 6월 刑科左給事中 魏象樞는 다음과 같이 상주하고 있다.

> 국가의 錢糧은 部臣이 지출을 담당하며, 藩臣(布政使)가 수입을 담당하고 있다. 수입 수가 명확하지 않기 때문에 지출 수 역시 명확하지 않다. 그러므로 (순치) 8년부터 각 성의 포정사는 매년 말에 通省의 전량을 회계하고, 항목별로 분류하여 책을 반들어 해당 督·撫·按에게 보내어 감사를 받도록 한다. 撫臣은 總數를 會題하여 本章에 따라 御覽에 進呈한다. 또 따로 淸冊을 작성하여 在京 각 아문에 보내 상호 검사토록 한다면 포정사의 기은의 폐해를 방지할 수 있을 것이다.[358]

奏銷制度는 각 성의 收支決算을 황제에게 上奏하는 것을 말한다. 州縣官이 布政使司에게 결산 보고하는 것은 '銷算'이라 하고, 布政司에서는 각 주현으로부터의 보고받은 것을 정리하여 督撫에게 제출하고, 독무의 이름으로 황제에게 상주하는(奏銷) 동시에 호부에게도 보냈다.(報銷) 호부에서는 각 淸吏司에게 각 성의 주소책을 검열토록 하였다.

이러한 청대 주소제도의 특징으로는 다음 몇가지 사항을 들 수

356) 佐伯富, 1963, p.28.

357) 佐伯富, 1963, p.29 : 陳鋒, 「淸代前期奏銷制度與政策演變」, 『歷史硏究』 2000-2, p.69.

358) 『淸世祖實錄』 順治 8年 6月 辛酉

있다.[359] 첫째, 결산 보고는 地丁錢糧 뿐만 아니라 鹽稅·關稅 등 모든 경우에 적용하였다. 둘째, 보고책의 형식은 舊管·新收·開除·實在의 4개 항목으로 분류하여 작성하고, 起運·存留 등의 각 관을 구분하여 그 實數를 명확하게 기입하도록 하였다. 셋째, 地丁錢糧의 주소에 대해서는 예년 일정한 기한이 있었는데, 이는 각 성과 경사와의 거리의 원근에 의해 규정되었다. 즉 直隷·山東·山西·河南 등의 華北 諸省은 다음해 4월까지, 華中諸省 및 盛京省은 5월, 華南諸省과 四川省은 6월까지로 정해져 있었다. 넷째, 주소책 중에 부정한 기술이 있거나 제출기한을 지키지 못한 경우에는 책임자는 처벌되고, 감독 입장에 있는 독무 이하에게도 책임을 물었다.

이와 같이 奏銷制度는 順治 시대에 성립하였지만, 順治·康熙 初에는 반청세력을 제압하기 위해 군대를 움직이는 경우가 많았기 때문에 실제 운영이 곤란한 경우도 있었다.[360]

奏銷制度와 관련하여 順治 親政期에 이루어진 관료와 지역 신사에게 큰 타격을 안겨주었던 사건으로는 順治 18年의 소위 '江南奏銷案'('경자주소안'이라고도 부른다)이 있었다. 당시 청정부는 正賦欠額을 추징하는데 있어서도 매우 엄격하게 진행하였다. 당시 '江南奏銷案'으로 인해 체포된 자가 3,000여명에 달하였으니, 이 사건은 강남의 신사층에게 큰 타격과 압박을 가하였다.[361]

'江南奏銷案' 사건의 정황은 다음과 같다. 江寧巡撫 朱國治가 5월에 보낸 17년분 강남 전량 징수의 회계보고(주소)는 18년 6월 3일에 북경에 도착하였다. 그 내용에는 蘇·松·常·鎭 4府와 溧陽縣(江寧府)에서 전량을 체납한 文武紳衿 13,517명과 衙役人 254명이 고발

359) 陳鋒, 2000-2, pp.67-69, 참조.
360) 佐伯富, 1963, p.29.
361) 袁一堂, 「清順治末年的財政危機及其緩解措施」, 『河北學刊』, 1992-4, p.95.

되었다. 이에 대해 황제의 旨에서는 紳衿抗糧은 특히 가증한 것이라면서 엄벌에 처하도록 하였다. 그 결과 現任官은 降2級 調用되고, 紳士(紳2,171, 士11,346)도 체납의 다과를 막론하고 모두 신분이 박탈되고, 3,000여명은 京師로 解送되었다.[362]

청조가 이러한 '江南奏銷案'을 통해 강남 신사층을 탄압한 것은 몇가지 측면에서 그 의미를 찾을 수 있을 것 같다. 우선 청조는 입관 이래 만성적인 재정적자를 해결하기 위하여 전량을 체납한 강남 신사를 탄압한 것이라고 할 수 있다. 하지만 보다 적극적인 의미에서는 청조가 의도적으로 강남 신사를 탄압함으로 이들의 정치활동을 봉쇄함과 동시에 재정을 확보하려고 했던 것이다.[363]

주소제도의 정비와 함께 순치제는 관리들에 대한 考成法을 강화하여 재정적자 문제를 해결하고자 하였다.[364] 역사적으로 보면 고성법은 만력초 10년간 내각 수보였던 張居正이 내각의 권한을 강화하는 한편 지방관들에 대한 관리 감독을 철저히 함으로써 세량징수를 원활하게 하기 위해 취한 조치였다.[365] 이후 고성법은 장거정 사후 만력 14년 폐지되었다가 천계(1620~1627)·숭정(1627~1644)년간 다시 부활하고자 하는 움직임이 나타났다.[366]

그리고 순치년간에 다시 고성법을 시행하여 관리에 대한 관리 감독을 강화하는 움직임을 보이고 있다. 관리에 대한 고성을 강화함으로써 순치제가 도모하고자 했던 것은 만성적인 전량 징수의 체납 현상을 타파하기 위함이었다. 그런데 당시 전량의 체납 현상이 가장

362) 吳金成, 1989, p.99.
363) 吳金成, 1989, 참조.
364) 宮崎一市,「清初における官僚の考成-清初財政史の一齣-」(1),『釧路論集』1, 1970, 참조.
365) 이민호,「장거정(1525~1582) 재정정책의 성격-재정의 중앙집권화와 강남지주층 견제-」,『동양사학연구』50, 1995, 참조.
366) 이민호, 1995, p.187.

두드러지게 나타났던 지역은 양자강 하류 유역의 소위 강남지방이었다. 경제·문화 중심지로서의 강남 지방의 체납은 명초 이래 만성적인 현상이었다. 그 때문에 청조는 전량의 정액 부분에 대해서는 강력한 징수의지를 연이어 천명하였고, 또 관리고성법도 점차 강화시켰던 것이다.

청조에서는 당시 전량 체납의 원인으로 네가지로 보고 있었다. ① 빈곤한 인민의 체납, ② 신사 등 호강의 항량, ③ 관리의 부정과 직무유기, ④ 서리의 부정 등이었다.[367] 이중 특히 문제가 되었던 것은 ②③④였다.[368]

청조는 이 세가지 문제를 통합하여 해결하는 방법으로서 지방관 고성법을 강화시켜 나갔다. 그런데 명중기 이후 관리고성은 錢糧을 7·8分 정도 징수하면 되었다. 그러나 순치 7년부터는 10分考成 즉 完徵을 원칙으로 정하기에 이르렀다. 그 후 10·12년에도 강조되었고, 13년에는 「復定直省錢糧考成則例」[369]를 반포하여 종래 포정사까지만 해당시키던 고성을 이제 사도·순무에게까지 10분 고성을 적용시키도록 하였다. 이러한 규정은 상당히 지켜진 듯하다.[370]

이러한 관리고성법을 시행한 결과 강남지방에서는 강희년간까지도 지방관이 免職되거나 降職되는 예가 많았으며 평균재임기간이 1년 3개월에서 2년 반정도 되는 것이 고작이었다.[371] 그런데 이렇게 엄격한 관리고성법 적용에도 불구하고 강남에서는 錢糧의 完徵, 즉 전량의 체납을 완전히 없애지는 못하였다. 이러한 사실은 '江南 奏銷

367) ①에 관해서는『淸世祖實錄』順治 17年 正月 辛巳, ②③④에 관해서는『淸世祖實錄』順治 15年 5月 戊申 참조.

368) 吳金成, 1989, p.84-86.

369)『淸世祖實錄』順治 13年 8月 丁酉.

370) 吳金成, 1989, p.86.

371) 吳金成, 1989, p.87.

案'의 발생이 이를 잘 설명해준다고 할 것이다. 그 때문에 청조는 관료고성을 강화시키면서 규정된 전량의 원액에 대해서는 엄격한 징수의욕을 보였다. 즉 순치 13年 7月의 詔, 14年 3月의 大赦詔, 17年 正月의 天下大赦詔 때에도 많은 사항을 면제 혹은 사면시키면서도 오직 十惡과 함께 紳·民의 원액전량에 대한 체납에 대해서는 不赦를 강조하고 있다.[372] 이처럼 청조가 재정확보를 위해 시도하였던 조치 중 가장 강력하고 일관되게 추진한 것은 관료고성법을 이용한 전량 수취의 강화였던 것이다.

2) 榷關의 管理制度 整備

순치 년간의 세무관리에 대한 관리 강화는 榷關에 대해서도 이루어졌다. 明淸時代의 榷關(鈔關)은 정부가 상업을 통제하고 관리하는 주요한 수단이었고, 왕조재정의 중요한 지주이기도 하였다.[373] 특히 明 中期 이후 국가 재정에서 차지하는 비중이 늘어가기 시작하였는데, 그 이유는 이 시기부터 상업이 활성화되고, 만성적인 재정적자에 시달리면서 정부가 관세수입의 증대를 통해 국가의 재정문제를 해결하고자 했기 때문이다.

淸代의 榷關은 후세에 말하는 소위 常關으로 戶部關과 工部關으로 나눌 수 있다. 이러한 청대의 각관제도는 명의 초관제도를 거의 계승한다. 그것은『淮關統志』에 "國朝 順治 2年 乙酉 前朝의 例에 따라 鈔關을 설립한다"[374]고 한 것처럼 청조는 기본적으로는 명의

372) 吳金成, 1989, p.87.
373) 명청대의 관세수입은 국가 재정 중에서 중요한 지위를 차지하였다고 할 수 있는데, 田賦·鹽課와 더불어 3대 재정수입을 이루었다. 寥聲豊, 「近年來明淸時期的榷關研究」,『中國史研究動態』, 1997-11, 참조.
374)『淮關統志』 卷 2, 「建置」, (『中國方志叢書·華中地方』 85, 成文出

초관제도를 기초로 각관을 설치했던 것이다. 청대의 호부관은 명대의 초관에서 기원했으며, 공부관 역시 명대의 工部抽分에 기원을 두고 있다. 각관의 課稅 역시 明末『萬曆會計錄』의 原額에 비추어 징수하도록 하였다.[375]

그런데 청초 順治 年間 각관의 관리는 단순히 세금을 징수하는 곳으로서의 중요성 뿐만 아니라 반청세력을 토벌하는 활동을 펼치는데 있어서도 매우 중요한 의미가 있었다. 왜냐하면 榷關이 설치되었던 지역은 크게 두 지역[376]으로 나눌 수 있는데, 이들 지역은 경제의 중심지이자 교통의 요충지였고, 군사상에 있어서도 상당히 중요한 지역들이었기 때문이다. 따라서 청조 정부에서도 이들 지역을 효과적으로 관리하는 것은 그들의 중국 내륙에 대한 지배강화와 세수의 확보라는 두 가지의 이익을 얻을 수 있다고 생각하였다.

그러나 입관 초기의 각관에서의 징세는 그다지 용이한 편은 아니었다. 그것은 입관 이후에도 청조의 지배가 미치지 않은 지역이 상당히 많이 있었기 때문이다. 예를 들면 湖廣巡撫 高士俊의 順治 3年(1646) 2月의 보고에 의하면 荊關의 세액은 본래 사천에서 죽목을 운반하는 선박과, 장강을 上航, 下航하는 선박들로부터 징수하였는데, 당시는 四川으로의 길이 통하지 않고, 湖南도 이미 막혀 있어서 상인들도 주저함으로써 운행하는 선박이 매우 적었다고 한다.[377] 이 점은 荊關을 통관하는 선박은 대개 四川이나, 湖南 혹은 長江 하류 지역에서 오는 선박들인데, 이들 지역은 아직 청조의 지배가 미치지

版社, 1970)

375) 『淮關統志』 卷 6, 「令甲」.

376) 明代 鈔關이 처음으로 설치되었던 곳은 杭州에서 北京에 이르는 大運河의 교통의 중심지였으며, 이후 長江上에도 중요한 지역에 초관(각관)이 설립되었다.

377) 「順治年間設關榷稅檔案選」(上), 『歷史檔案』 1982-4, p.25.

않기 때문에 항행하는 선박이 적고, 당연히 관세수입도 거의 없었던 것으로 생각된다.

이와 관련하여 荊州抽分工部員外 盧六藝 역시 "荊關의 課額은 모두 西南으로부터 수송에 의존하고 있지만, 현재는 강남에서 隆武의 년호가 사용되고 서로는 (張)獻忠이 있어서 세관을 설치할 수가 없다"[378]고 하였다. 이것은 강남에서는 唐王政權이 四川에는 張獻忠 등의 세력이 있어서 청조와 대치하고 있었던 것이고, 수운의 요지에 있는 荊關의 지배도 청조로서 뜻대로 되지 않았던 것이다.

형관 외에 杭關·潯關 역시 청조의 지배가 미치지 않기는 마찬가지였다.[379] 이러한 상황에서 순치제는 청조의 통제 하에 있는 초관에 대해서 만이라도 원활한 징수를 위하여 각종 조치를 마련하였다. 특히 징세 과정에서 나타날 수 있는 관리들의 부정을 단속하는데 역점을 두었다. 이는 順治 6年(1649) 正月 戶部에의 上諭에서

> 戶部는 権關의 滿人·漢人 관원에게 지시하여 이후에는 본래의 세칙에 비추어 과세하도록 하라. 만약 거짓으로 私情에 의하거나 혹은 권력을 가진 사람에게 아첨하여 船隻을 放免하거나, 또는 商船에 增稅하여 자신의 재력을 늘리는 등의 목적으로 규정 외에 징수하여 商民을 괴롭히는 것이 있다면, 바로 처벌하도록 하라.[380]

고 하여 각관에서 滿人·漢人 등이 세칙 외의 과세를 행하거나 이들 관원들이 뇌물을 요구하는 등의 상업활동의 악폐를 엄중하게 단속하고 제거하는 데에 중점을 둘 것을 지시하고 있다.

---

378) 『史料叢刊初編』, 「工曹章奏」 順治 3年 6月 初2日條(『羅雪堂先生全集四編』 第七冊, 臺灣大通書局, 1972)

379) 松浦 章, 「清初の権關について」, 小野 和子 編, 『明末清初の社會と文化』, 京都大學人文科學研究所, 1996, pp.322-323, 참조.

380) 『清世祖實錄』 順治 6年 正月 乙亥.

이와 같이 순치 년간의 각관에 대한 관리는 관원들에 대한 관리감독을 어떻게 할 것인가가 가장 큰 문제로 대두하였던 것이다. 이와 관련하여 順治 8年(1651) 潤2月 순치제는 각관의 문제점을 지적하면서 특히 관세는 본래 정액이 정해져 있기 때문에 각 관에는 관원을 1명만 보내도 되는 것을 2명, 3명씩 파견하는가를 추궁하고 있다. 다음은 順治帝가 吏部에 내린 上諭의 내용이다.

> 官員 1인이 부임하면 반드시 말 수십필을 필요로 하게 되고 胥吏 수십인을 모집하게 된다. 紹興의 棍徒는 서리가 되기 위해 아첨하기를 경쟁하여 門을 나서기 전부터 먼저 뇌물을 보낸다. 戶部는 또한 糧單을 교부하여 沿途에서 소동을 일으키고, 驛官을 鞭打하고, 村民을 노예처럼 부리는 등 그 악행을 일일이 열거할 수 없다. 또한 經紀 등은 멋대로 세금을 거두어 들이고, 선박을 계측하여 화물을 조사하고, 윗 사람의 이름을 빌려 私事를 행하니, 沿河 일대는 공공연한 약탈이 일어나고 있다. 그 결과 상인들은 두려워 나아가지 않고 물가는 등귀하니 천하 통행의 河道가 어찌하여 이와 같이 되었는가? 짐은 오늘날 상민의 고통을 헤아려 규정에 의거해 각 관에서는 관원을 1명으로 해서 규정 외의 사람은 모두 제거하고 이후 공연히 증원하지 말라. 裁缺된 관원은 상인들에게 장해가 되고 또 주현의 백성들에게도 아무런 이익이 되지 않는다. 호부는 삭감한 인원을 다시 새롭게 임명하지 말 것이며, 이부는 관원을 새롭게 보충할 필요가 없다. 이부는 朕의 諭를 잘 이해해서 반드시 진력을 다해 준수하고, 朕의 通商愛民의 의지에 거슬리지 않도록 하라.[381]

중앙에서 파견된 관원들뿐만 아니라 지방의 胥吏, 經紀 등이 항행하는 상인들에게 많은 장해를 주고 있고, 상업활동을 방해하였던 실

381) 『淸世祖實錄』 順治 8年 閏2月 乙卯

태가 순치제에게 파악되었던 것이다.

관료들 역시 各 關의 폐해에 대해 자주 지적하였다. 예를 들면 戶部多羅端重郡王波洛 등은 順治 8年(1651) 4月 20日의 題本에서 各關差를 1명으로 하여 이하의 폐해를 제거할 필요가 있다고 하였다. 당시 지적한 폐해로는 다음과 같은 것이 있다. ① '單書의 弊'. 이것은 세금을 보고할 때에 申告書에 難癖을 첨가하여 신고를 누락시킴으로써 여분으로 법외의 수수료를 징수하는 폐해이다. ② '盤貨의 弊'는 상선의 적재량을 위증 신고하는 것으로 규정 외의 세를 징수하는 문제이다. ③ '包攬의 弊'는 상선의 통관수속을 대행하는 經紀 등이 서리 등과 결탁하여 '私費'를 요구하고 사실이 발각되면 관에서 실은 짐을 몰수한다고 말하여 뇌물을 청구하여 상인을 곤혹스럽게 만드는 문제이다. ④ '關牙의 弊'는 관차가 관의 이름을 빌려서 소상인들에게까지 세를 징수하는 문제이다. ⑤ '量船의 弊'는 적재화물의 다소와 관계없이 징세액이 높은 船腹을 계측하는 방법을 사용함으로써 나타나는 폐해 등 5가지를 들고 있다.[382)]

이 외에도 몇몇 지역에서는 통관수속을 대행해주었던 保家의 폐해를 지적하기도 한다. 江寧巡按上官鉱의 順治 8年 12月 1日의 題本에서 蕪湖 兩關을 지나는 상인을 가장 괴롭히는 것이 保家라고 하였다. 船隻이 내항하면 우선 통관 수속을 保家에게 의뢰하게 되는데, 稅를 신고하는 單(신고서)이 1건에 正課가 1냥인데 비해 保家는 수수료로 銀 2~3냥을 요구하고 심한 경우에는 4~5냥을 요구하고 있는 상황을 지적하고 있다.[383)]

順治 親政期에는 榷關을 관리하는 관료의 부패 문제와 더불어 한인 관료와 만인 관료 사이의 대립과 갈등이 중요한 문제로 대두하고

382) 「順治年間設關榷稅檔案選」(上), 『歷史檔案』 1982-4, p.28.
383) 「順治年間設關榷稅檔案選」(上), 『歷史檔案』 1982-4, p.29.

있다. 즉 섭정체제에서 친정체제로 이행하는 과정에서 順治帝는 자신의 입지를 확보하려는 노력의 일환으로 漢人 官僚들에 대해 각별한 관심을 기울였으며, 그들로부터 역사·정치 등 모든 분야에 대해 자문을 구하였다.[384] 이에 따라 한인 관료들의 활동이 눈에 띄게 활발해지면서 각 아문에 한인관료들도 만인 관료와 동등하게 참여할 수 있게 되었고, 그 과정에서 문제점을 야기하였던 것이다. 특히 많은 滿人 관료들이 漢人 관료들의 문제를 지적하고 있다.[385]

이러한 상황에서 관료들은 各 關의 폐해를 제거하기 위한 방안들을 제시하고 있다. 順治 11年(1654) 4月에는 戶科給事中 杜篤祜가 관세의 폐해를 제거할 방법으로 ① 吏役을 削減할 것, ② 稅票를 조사할 것, ③ 官差를 임명할 때 본적지를 회피할 것, ④ 批文의 보고기한을 엄격하게 할 것 등 네 가지를 들고 있다.[386] 세관 관리의 인원 삭감, 통행증의 조사 확인, 관리의 임지는 본적지를 회피하고, 관리의 부정방지, 세관 엄정하게 행하는 것 등의 내용이다.

이어서 순체제 역시 같은 해 11월 각관의 폐해를 방지하기 위해 "관세는 본래 정액이 있는 것으로 정부에서 파견한 官差라고 하더라도 규정외의 징세를 행하여 상인들을 괴롭히는 것은 있을 수 없고, 官差는 직무의 권한을 초월하여 지방 행정에 관여해서는 안된다."[387]고 하였다.

---

384) 金斗鉉, 1989, p.163.

385) 이 문제와 관련하여 順治 10年부터 滿人 官僚들 중 일부는 "지금의 各 關은 다만 漢人 관료를 1명만 설치하는데 그치고 있지만, 세무의 납세에 관해서는 滿人 관리의 엄밀함에는 미치지 못한다." (中國第一歷史檔案館所藏 『戶科史書』 順治 10年 11月分, 全宗 2, 編號 15, 「工科他赤哈哈方臣土克善題」 順治 10年 11月 初3日題)고까지 하였다.

386) 『淸世祖實錄』 順治 11年 4月 庚申

387) 『淸世祖實錄』 順治 11年 6月 庚辰

3. 順治末의 財政確保 方案-附加稅의 加派와 田賦預徵-

順治 親政期에는 각종 재정제도의 정비와 재정을 담당하는 관리들에 대한 관리 감독의 철저, 그리고 고성법의 강화 등을 통해 재정수입의 원활한 확보를 위해 많은 노력을 기울였음에도 불구하고 오히려 재정수지는 더욱 악화되었다. 그 이유는 반청활동을 진압해야 하는 상황에서 국가재정 중에서 점하는 兵餉의 비중은 갈수록 높아졌기 때문이다.

이러한 상황에서 순치제는 지방 存留銀의 삭감과 병력을 감축함으로써 병향을 줄이고자 하였다. 그러나 전자는 임시방편에 불과한 조치였고, 후자도 이미 순치 7년부터 제기되기 시작하여 9·10·11·13년 연속하여 제기하였으나 전선의 확대와 더불어 오히려 병력은 증가되기만 하였다.[388)]

따라서 入關 초의 '輕徭薄賦'정책은 표면적인 조유에 불과한 것으로 각종 부가세의 가파와 전부의 예징을 통해 재정문제를 해결하고자 하였다. 그 실태를 보면 우선 순치 4년(1647)에 이미 명말의 三餉 중의 하나인 遼餉을 가파하기 시작하였다. 당시에는 九厘地畝銀[389)](遼餉)이라는 명목으로 33,600여량을 징수하기 시작하였으니,[390)] 몇몇 지역에서는 심지어 명말 보다 초과하기도 하였다.[391)]

이와 더불어 명말 勳戚과 藩王의 토지와 재산에 대한 조사 사업

---

388) 吳金成, 1989, p.83.

389) 청대에는 '遼餉'의 오명을 피하기 위해 '九厘銀', 혹은 '九厘餉', '九厘地畝'라고 칭하였다. 陳鋒, 「清初"輕徭薄賦"政策論考」, 『武漢大學學報(哲社版)』 1999-2, p.81 참조.

390) 『康熙蘇州府志』 卷 25, 「田賦 三」 : 洪煥椿 編, 『明清蘇州農村經濟資料』, 江蘇古籍出版社, p.507.

391) 袁一堂, 「清順治末年的財政危機及其緩解措施」, 『河北學刊』, 1992-4, p.93.

을 통해 재정 수입의 증대를 도모하였다.[392] 명말 藩王과 勳戚이 소유하고 있는 토지의 실제면적은 부역전서 중에 기재되어 있지 않기 때문에 그 수를 헤아리기가 매우 곤란하지만 대략 17~8만경으로 추정된다.[393] 明 宗室의 토지와 재산에 대한 조사사업은 이미 순치 원년부터 실시하였으며, 순치 13년부터 전국적인 규모로 진행되었다.[394] 그 목적은 병향의 부족을 보충하기 위한 것이었다.[395]

이어서 순치 18년에는 練餉 加派를 단행하였다. 청조가 이미 명말의 만력·숭정년간의 3향가파 사실을 알고 있는 상황에서 이처럼 가파를 단행한 것은 그 만큼 재정상황이 어려웠음을 반증하는 것이라 할 수 있다.

練餉 加派는 순치 18년 7월 제왕대신회의를 통해 결정되었다.[396] 각 성 토지의 肥瘠度, 혹은 內地·邊境을 불문하고 畝당 1分(1/100)을 징수하도록 하였다.[397] 당시 호부에서 파악하고 있는 토지의 수는 전국적으로 모두 577,184,000畝이므로 무당 1분(은 0.01량)을 가파할 경우 합계 은 577만여량에 이르러 어느 정도 재정의 궁핍을 해소할 수 있었을 것으로 생각된다.

이 시기 練餉 加派에는 몇가지 특징적인 점이 있다. 그것은 첫째 기한이 매우 짧아 2개월 내에 완수하도록 한 점이다. 당시 상황이 매우 급박했음을 알 수 있다. 둘째 일률적으로 가파하여 예외적인 면제 혜택을 전혀 주지 않았다는 점이다. 즉 자연재해를 당했거나,

---

392) 袁一堂, 「淸初財政問題初探」, 『中州學刊』, 1991-2, p.127.
393) 戴逸, 『簡明淸史』 第一冊, 人民出版社, p.268.
394) 袁一堂, 1992-4, pp.94.
395) 袁一堂, 1991-2, p.127.
396) 阿思哈題, 「各省加徵地畝數本」 : 袁一堂, 「淸順治末年的財政危機及其緩解措施」, 『河北學刊』, 1992-4, p.93. "以順治十八年爲始, 于文到之日, 一律作速派徵, 另爲收貯, 候撥兵餉"
397) 阿思哈題, 「各省加徵地畝數本」 : 袁一堂, 1992-4, p.93.

위소둔전, 명말에 징수하지 않았던 사람들에게서도 모두 예외 없이 징수하였다.[398] 셋째 練餉 加派의 완성 여부를 가지고서 당시 지방 관리들의 고과를 평가하는 기준으로 삼았다는 점이다.

다음으로 鹽課의 경우에도 加徵이 시작되었다. 順治 2年 "明末의 加增에는 新餉·練餉 및 雜項 加派 등의 銀이 있어서 상인들을 심히 괴롭혔다. 이제 모두 蠲免을 행할 것이며, 舊額에 비추어 징수하지 말 것이며, 올해 바로 사정을 참작하여 1/3을 면제해 주도록 하라"[399]는 상유를 내렸다. 그러나 順治 親政期 군사비 지출의 확대에 따른 군향 조달 때문에 鹽課 역시 加徵하였다.[400]

즉 청초의 鹽課 징수는 소위 '舊額[401]에 비추어 징수한다'고 하였지만 실제는 이보다 훨씬 많이 징수하였다. 예를 들면 兩淮·長蘆·山東·兩浙 등 염 생산지역의 引額은 萬曆 년간에 비해 오히려 많았으니, 그 중 長蘆의 引額은 萬曆 시기보다 3.8배, 山東은 1.6배나 많았다.[402] 청초 인구가 감소하는 상황에서 많은 鹽引의 반포는 곧 鹽課의 加增을 의미하는 것이다.

이어서 순치 10년부터는 군비의 증가에 따라 염과에 각종 부가세를 부과하였으니 소위 '寧餉'과 '滴珠'가 그것이다.[403] 이는 額外에 鹽引을 따로 발급하여 염과를 징수하는 것으로 '寧餉'은 명 만력년간 녕하에서 일어난 반란을 진압하기 위해 가파한데서 붙여진 것이고, '滴珠'는 火耗의 일종으로 만력 년간 '寧餉'과 같은 시기에 부과되었다. 이 두 항목은 청초에는 징수를 금지토록 하였으나 순치 10

398) 袁一堂, 1992-4, pp.94-95.
399) 『淸鹽法志』 卷 3, 「通例」, "征榷門"
400) 陳鋒, 「論淸順治朝的鹽稅政策」, 『社會科學輯刊』 1987-6, 참조.
401) 여기에서 '舊額'이라 함은 明代 萬曆 年間에 징수했던 액수를 말한다.
402) 陳鋒, 1992, p.304.
403) 陳鋒, 1987-6, pp.56-57, 참조.

년 11월부터 다시 징수하기 시작하였다.

다음으로 군사비의 긴급한 수요에 대응하기 위해 부세 징수의 정례를 타파하고 田賦의 預徵(미리 징수하는 것)을 진행하였다.[404] 본래 田賦의 豫徵은 명말 이래 하나의 폐정으로 취급되었는데, 청초에도 시정되지 않은 채 계속되었다. 예를 들면 順治 9年 戶部尙書 車克은 陝西 지방의 상황을 설명하면서 명숭정 년간 이래 秦中(섬서지방)에는 계속해서 군대가 많이 주둔하여 지방 정부에서 3分을 豫徵하였는데, 그 후 이 지역 민의 경제 사정이 나빠졌음에도 불구하고 옛 조례를 따라 아직 혁파되지 않았음을 지적하였다.[405]

예징은 명말에는 3分을 징수하는데 그쳤으나, 청초에는 5分을 징수하는 것으로 바뀌었고, 더욱이 당시 粮價가 오른 상황에서 '折色' 예징을 '本色' 예징으로 바꿈으로써 일반 민의 부담을 더욱 가중시켰다.[406] 순치 년간의 이러한 田賦 豫徵은 陝西 지방에서 가장 빈번하게 나타났으며,[407] 그밖에 湖南·湖北·廣西 등지에서도 진행되었다.

4. 소 결

滿洲族이 세운 이민족 국가인 清朝는 다른 왕조에 비해 상대적으

404) 陳鋒, 「順治朝的軍費支出與田賦預徵」, 『中國社會經濟史研究』 1992-1, 참조.

405) 檔案, 順治 9年 6月 16日 車克題 : 「爲預徵相沿爲例, 秦民苦累難堪, 請旨永禁, 以固邦本事」

406) 이러한 상황은 順治 3年 陝西 巡撫 雷興이 "因軍需不敷, 不得已而檄徵, (順治)三年本色五分, 接濟兵食. 然舊貯已空, 新苗未布, 見在市價升米四分, 升豆三分, 較徵折色四倍其值."(檔案, 順治 3年 2月 7日 雷興題 : 「爲大兵雲集, 糧餉不敷事」)라고 한 데에서도 잘 알 수 있다.

407) 陳鋒, 1992-1, p.49.

로 쉽게 前王朝의 수도를 장악할 수 있었다. 그러나 入關 이후 順治 年間부터 淸朝는 많은 어려움에 직면하게 되었다. 그것은 中國 전역에 대한 지배권이 확립되지 못한 상황에서 각지에서 反淸을 슬로건으로 내세우고 활동하는 세력의 저항이 컸기 때문이다. 따라서 順治 年間의 가장 중요한 과제는 이들 抗淸 勢力을 시급히 진압하는 것이었고, 그러기 위해서는 그 만큼의 재정적 수요가 있었다.

하지만 明末·淸初의 동란기에 많은 토지가 유실되고, 일반 민중이 피로한 상황에서 財政收入은 일정한 한계를 지닐 수밖에 없었다. 더욱이 청조는 경제 중심지라 할 수 있는 강남 지방의 紳士層을 완전히 장악하지 못한 실정이었다. 그러나 즉위 초기에 攝政王 도르곤이 정치를 담당하고 있던 시기에는 표면적으로는 다른 왕조와 마찬가지로 定額 이외의 모든 세액을 감면하는 등의 대민 안정책을 도모할 수밖에 없었다.

하지만 도르곤 섭정왕이 죽고 순치 친정기에 접어들면서부터 정치적인 측면에서 중앙집권화를 추진하면서 재정 방면에 있어서도 보다 적극적으로 실질적인 수입 확대를 도모하기 시작하였다. 특히 順治帝에게 중요했던 것은 軍餉 문제를 해결하는 것이었다. 적절한 군향의 조달 없이는 전중국에 대한 확실한 지배를 보장받을 수 없었기 때문이다. 이는 순치제가 군향 문제와 관련하여 임종시에 "제왕·대신회의에 명하여 만약 특별한 대책(奇策)을 마련하지 못할 경우 俸祿을 삭감하여 군향에 조달토록 하라"[408]는 유조를 남긴 것에서도 잘 알 수 있다.

따라서 순치제는 재정의 중앙집권화를 위해 많은 노력을 기울이기 시작하였다. 우선 그는 奏銷制度를 시행하여 재정의 수입과 지출 상황을 황제가 직접 확인하고, 또 이 제도를 이용하여 각지에서 세량

---

408) 『淸史稿』, 「世祖紀」

을 체납하는 지역 신사들에게 타격을 가하기도 하였다. 이는 청조가 이들 신사층이 반청세력과 연결하는 것을 방지하기 위한 조치이기도 하였다.

또한 고성법을 강화하고, 각관의 관리제도를 정비함으로써 재정 수입의 증대를 도모하였다. 그러나 順治 10年代 이후 反淸 활동이 거세어지면서 이들을 진압하기 위한 군사비의 충당을 위해 각종 재정 조치를 마련하였다. 그의 구체적인 방안으로 각종 부가세의 가파와 전부 예징이 실시되었다. 그런데 당시의 이러한 조치는 사실상 도르곤 섭정왕 시기인 에 제시했던 순치 3년(1646)의 상유 중에서 말한 '輕徭薄賦, 與民休息'[409]의 정책과는 상반되는 것이다. 이처럼 순치제가 그가 내린 조유와는 반대로 왕조 초기부터 인민에 대해 가혹한 징세를 할 수 밖에 없었던 것은 그만큼 당시 상황이 절박했음을 반증하는 것이라고 할 수 있겠다.

409) 『順治朝東華錄』 卷 2, 順治 3年 4月 壬寅

▶ 參考文獻

1. 史料

張廷玉 等 撰,『明史』, (北京, 中華書局, 1974).
(淸)谷應泰 等,『明史紀事本末』, (瀋陽, 遼瀋書社, 1994).
『明實錄』(太祖~毅宗), (臺北, 臺灣中央研究院影印本, 1976).
『明實錄類纂-北京史料卷·浙江上海卷·經濟史料卷』, (武漢出版社).
郭厚安 編,『明實錄經濟史料選編』, (北京, 中國社會科學出版社, 1989).
『大明律集解附例』(光緖 重刊本).
萬曆『明會典』, (北京, 中華書局, 1988).
(明)陳子龍 等,『明經世文編』, (北京, 中華書局, 1962).
『萬曆邸鈔』, (江蘇廣陵古籍刻印社, 1991).
瞿九思,『萬曆武功錄』, (臺北, 藝文印書館, 1980)
張居正,『張太岳集』, (上海, 古籍出版社, 1984).
張舜徽 主編,『張居正集』, (荊楚書社, 1987).
王圻,『續文獻通考』, (臺北, 新興書局, 1959).
顧炎武,『顧亭林詩文集』, (北京, 中華書局, 1983).
顧炎武,『天下郡國利病書』, (臺北, 臺灣商務印書館, 1981).
沈榜,『宛署雜記』, (北京, 古籍出版社, 1980).
王世貞 撰,『弇山堂別集』, (學生書局).
謝肇淛,『五雜組』(臺北, 偉文圖書公司, 1977).
陳夢雷 等編,『古今圖書集成』, (臺北, 鼎文書局, 1985).
朱國禎,『皇明史概』, (揚州, 江蘇廣陵古籍刻印社, 1991).
談遷,『國榷』, (臺北, 鼎文書局, 1964).
(淸)孫承澤,『春明夢餘錄』, (北京, 古籍出版社, 1992).

文秉,『定陵註略』, (北京大學圖書館藏善本叢書, 北京大學出版社).
(明)鄧士龍 輯, 許大齡, 王天有 主點校,『國朝典故』, (北京大學出版社, 1993).
(明)何良俊 撰,『四友齊叢說』, (北京, 中華書局, 1997).
(明)沈德符 撰,『萬曆野獲編』, (北京, 中華書局, 1997).
顧起元 撰,『客座贅語』, (北京, 中華書局, 1997).
(明)張瀚 撰,『松窓夢語』, (北京, 中華書局, 1997).
(明)余繼登 輯,『皇明典故紀聞』, (北京, 書目文獻出版社, 1995).
(淸)趙翼 著,『二十二史箚記』, (臺北, 洪氏出版社, 1978).
翦伯贊, 鄭天挺 主編,『中國通史參考資料-古代部分第七冊』, (北京, 中華書局, 1992).
謝國禎,『明代社會經濟史料選編』, (福建人民出版社, 1981).
王春瑜, 杜婉言 編著,『明代宦官與經濟史料初探』, (中國社會科學出版社, 1986).

弘治元年刊本『吳江志』, (『中國方志叢書』, 臺北, 成文出版社).
正德『姑蘇志』, (『天一閣藏明代方志選刊續編』 2, 上海書店 影印本).
正德『松江府志』, (『天一閣藏明代方志選刊續編』 5, 上海書店 影印本).
嘉靖28年刊本『嘉興府圖記』, (『中國方志叢書』, 臺北, 成文出版社).
嘉靖39年刊本『寧波府志』, (『中國方志叢書』, 臺北, 成文出版社)
嘉靖29年修, 光緒19年校刊本『嘉靖仁和縣志』, (『中國方志叢書』, 臺北, 成文出版社).
萬曆28年刊本『嘉興府志』, (『中國方志叢書』, 臺北, 成文出版社).
萬曆5年刊本『太平府志』, (『日本藏中國罕見地方志叢刊, 書目文獻出版社).
萬曆33年刊本『嘉定縣志』, (『中國方志叢書』, 臺北, 成文出版社).
萬曆6年刊本『金華府志』, (『中國方志叢書』, 臺北, 成文出版社).
萬曆7年刊本『杭州府志』, (『中國方志叢書』, 臺北, 成文出版社).
萬曆30年刊本『承天府志』, (『日本藏中國罕見地方志叢刊, 書目文獻出版社).
萬曆15年刊本『紹興府志』, (『中國方志叢書』, 臺北, 成文出版社).

萬曆34年刊本『上虞縣志』, (『中國方志叢書』, 臺北, 成文出版社).
崇禎3年刊本『松江府志』, (『日本藏中國罕見地方志叢刊, 書目文獻出版社).
康熙12年鈔本『德淸縣志』, (『中國方志叢書』, 臺北, 成文出版社).
康熙34年刊本『常州府志』, (『中國地方志集成』, 江蘇古籍出版社·上海書店·巴蜀書社).
乾隆13年修, 咸豊2年重刊本『淮安府志』, (『中國方志叢書』, 臺北, 成文出版社).
乾隆15年刊本『鎭江府志』, (『中國地方志集成』, 江蘇古籍出版社·上海書店·巴蜀書社).
道光7年刊本『滸墅關志』, (『中國地方志集成-鄕鎭志專輯 5』, 江蘇古籍出版社·上海書店·巴蜀書社).
光緖4年刊本『江陰縣志』, (『中國地方志集成』, 江蘇古籍出版社·上海書店·巴蜀書社).
同治11年刊本『上海縣志』, (『中國方志叢書』, 臺北, 成文出版社).
光緖8年刊本『歸安縣志』, (『中國地方志集成』, 江蘇古籍出版社·上海書店·巴蜀書社).
民國 石印本『吳江縣志』, (『中國方志叢書』, 臺北, 成文出版社).

2. 硏究書

吳金成 著, 『中國近世社會經濟史硏究』, (일조각, 1986).
吳金成 外 著, 『明末淸初社會의 照明』, (한울아카데미, 1990).
曺永祿 著, 『中國近世政治史硏究』, (지식산업사, 1989).
다니가와 미치오, 모리 마사오 펴냄, 송정수 역, 『중국민중반란사』, (혜안, 1996)
趙岡, 陳鐘毅 著, 尹貞粉 譯, 『中國土地制度史』, (대광문화사, 1985).
許滌新 外, 김세은 외 편역, 『중국자본주의 논쟁사』, (고려원, 1993).

姜守鵬 著, 『明淸社會經濟結構』, (長春, 東北師範大學出版社, 1992).

唐文基 著,『明代賦役制度史』, (中國社會科學出版社, 1991).
唐新 著,『張江陵新譜』, (臺灣, 中華書局, 1968).
陶希聖, 沈任遠 合著,『明淸政治制度』, (臺灣, 商務印書館, 1983).
仝晰綱 著,『中國歷代宦官』, (濟南出版社, 1993)
杜乃濟 著,『明代內閣制度』, (臺灣, 商務印書館, 1979).
滕顯間 著,『中國歷代經濟管理反思』, (北京, 海洋出版社, 1988)
馬起華 著,『中德宰相之比較』, (臺北, 中央文物供應社, 1982).
孟森 著,『明淸論著集刊』, (北京, 中華書局, 1984).
巫仁恕 撰,『明淸城市民變硏究-傳統中國城市群聚集體行動之分析-』, (臺灣大學博士學位論文, 1996).
樊樹志 著,『中國封建土地關係發展史』, (人民出版社, 1988).
樊樹志 著,『明淸江南市鎭探微』, (上海, 復旦大學出版社, 1990).
范金民, 夏維中 著,『蘇州地區社會經濟史』, (南京, 南京大學出版社, 1993).
傅衣凌 著,『明淸時代商人及商業資本』, (臺北, 谷風出版社, 1986).
傅衣凌 著,『明淸江南市民經濟試探』, (臺北, 谷風出版社, 1986).
徐新吾 著,『江南土布史』, (上海社會科學院出版社, 1992).
梁方仲 編著,『中國歷代戶口,田地,田賦統計』, (上海人民出版社, 1980)
揚鐸 著,『明張江陵先生居正年譜』, (臺灣商務印書館, 1979).
余華靑 著,『中國宦官制度史』, (上海人民出版社, 1993).
葉世昌 編著,『中國貨幣理論史』, (中國金融出版社, 1986).
吳兆華 著,『中國稅制史』, (商務印書館, 1965).
王春瑜 著,『明淸史散論』, (上海, 東方出版中心, 1996).
王天有 著,『明代國家機構硏究』, (北京大學出版社, 1992).
衛建林 著,『明代宦官政治』, (山西人民出版社, 1991).
劉石吉 著,『明淸時代江南市鎭硏究』, (北京, 中國社會科學出版社, 1987).
尹韻公 著,『中國明代新聞傳播史』, (重慶出版社, 1990).
韋慶遠 著,『明淸史辨析』, (中國社會科學出版社, 1989).
李劍農 著,『宋元明經濟史稿』, (臺北, 華世, 1991).

李龍潛 著,『明淸經濟史』, (廣東高等敎育出版社, 1988).
張海瀛 著,『張居正改革與山西萬曆淸丈硏究』, (山西人民出版社, 1993).
田居儉, 宋元强 編,『中國資本主義萌芽』(上·下), (成都, 巴蜀書社, 1987).
全漢昇 著,『明淸經濟史硏究』, (臺北, 聯經出版社, 1987).
丁易 著,『明代特務政治』, (北京, 中外出版社, 1950).
朱東潤 著,『張居正大傳』, (湖北人民出版社, 1957).
周伯棣 著,『中國財政思想史稿』, (福建人民出版社, 1984).
周伯棣 編著,『中國財政史』, (上海人民出版社, 1981).
陳秀夔 編著,『中國財政史』, (正中書局, 1970).
陳翊林 著,『張居正評傳』, (中華書局, 1956).
陳寶良 著,『中國流氓史』, (中國社會科學出版社, 1993).
陳鋒,『淸代軍費硏究』, 武漢大學出版社, 1992.
陳學文 著,『中國封建晩期的商品經濟』, (長沙, 湖南人民出版社, 1989).
陳學文 著,『明淸社會經濟史硏究』, (臺北, 稻禾出版社, 1991).
陳學文 著,『明淸時期杭嘉湖市鎭史硏究』, (郡言出版社, 1993).
蔡慧琴 撰,『明淸無賴的社會活動及其人際關係網之探討-兼論無賴集團 : 打行及窩訪』, (國立淸華大學歷史硏究所碩士論文, 1993).
彭信威 著,『中國貨幣史』, (上海人民出版社, 1958).
何寶善 外著,『萬曆皇帝朱翊鈞』, (北京, 燕山出版社, 1990).
何一民 著,『中國城市史綱』, (成都, 四川大學, 1994).
韓大成 著,『明代的城市』, (北京, 中國人民大學出版社, 1991).
項斌 外 編著,『中國古代財政思想史稿』, (中國財政經濟出版社, 1993).
洪煥椿 著,『明淸史偶存』, (南京, 南京大學出版社, 1992).

加藤 繁 著,『中國貨幣史硏究』, (東洋文庫, 1991).
檀上 寛 著,『明朝專制支配の史的構造』, (汲古書院, 1995).
大久保英子 著,『明淸時代書院の硏究』, (國書刊行會, 1976).
百瀨 弘 著,『明淸社會經濟史硏究』, (東京, 硏文出版社, 1980).
寺田隆信 著,『山西商人の硏究』, (同朋社, 1972).

山根幸夫 著,『明代徭役制度の展開』, (東京女子大學學會, 1966).

山根幸夫 著,『明代土地制度史研究』, 東京, (大安, 1968).

森 正夫 著,『明代江南土地制度の研究』, (同朋舍, 1988).

森 正夫 著,『江南デルタ市鎮研究-歷史學と地理學がらの接近』, (名古屋大學出版會, 1992).

西嶋定生 著,『中國經濟史研究』, (東京大學出版會, 1966).

星 斌夫 著,『明清時代社會經濟史の研究』, (國書刊行會, 1989).

小野和子 編,『明清時代の政治と社會』, (京都大學人文科學研究所, 1983).

岸本美緒 著,『清代中國の物價と經濟變動』, (研文出版社, 1997).

岩見 宏 著,『明代搖役制度の研究』, (同朋舍, 1986).

岩見 宏, 谷口規矩雄 編,『明末清初期の研究』, (京都大學人文科學研究所, 1989).

川勝 守,『中國封建國家の支配構造-明清賦役制度史の研究』, (東京大學出版會, 1980).

清水泰次 著,『明代土地制度史研究』, (東京, 大安, 1968).

和田 清 編,『明史食貨志譯註』, 東京, (東洋文庫, 1957).

濱島敦俊 著,『明代江南農村社會の研究』, (東京大出版會, 1987).

草野 靖 著,『中國近世の寄生地主制』, (汲古書院, 1989).

斯波義信,『宋代商業史研究』, (風間書房, 1968).

酒井忠夫 著,『中國善書の研究』, (弘文堂, 1960).

黒田明伸 著,『中華帝國の構造と世界經濟』, (名古屋大學出版會, 1994).

Ray, Huang(黃仁宇), Taxation and Governmental Fiance in Sixteenth-Century Ming China. Cambridge Univ. Press. 1974.

Hucker, Charles, O. The Censorial System of Ming China. Stanford Univ. Press. 1966.

Skinner, G.W., (ed), The City in Late Imperial China, Stanford University press, 1997.

3. 硏究論文

高昌錫, 「明代의 東廠·西廠에 대한 考察」, 『慶北史學』 5, 1982.

金斗鉉, 「淸朝權力의 成立과 發展」, 『講座中國史Ⅳ-帝國秩序의 完成-』, 지식산업사, 1989,

金鍾博, 「明代田賦의 銀納化 過程에 관한 考察」, 『史叢』 19, 1975.

金鍾博, 「明代 糧長制의 硏究」, 『史學志·朴武成博士華甲紀念論叢』, 단대사학회, 1982.

金鐘博, 「明代 賦役制度의 變遷過程」, 『明淸史硏究會會報』 1, 1992.

金鍾博, 「明淸時代蘇松地區市場開設과 商品流通網」, 『祥明史學』 5, 1997.

金弘吉, 「明代 北京의 買辦과 "短價"」, 『明淸史硏究』 5, 1996.

朴基水, 「明淸時代 生産力과 商品流通의 發展」, 『成大史林』 10, 1994.

吳金成, 「예친왕 섭정기의 청조의 신사정책」, 『한우근박사정년기념사학논총』, 1981

吳金成, 「順治親政期의 淸朝權力과 江南紳士」, 『역사학보』 122, 1989.

吳金成, 「明末·淸初의 社會變化」, 서울大學校東洋史學硏究室 編, 『講座中國史』 4, (지식산업사, 1989).

吳金成, 「明末·淸初 商品經濟의 發展과 '資本主義 萌芽'論」, 吳金成 外, 『明末淸初社會의 照明』, 한울, 1990.

吳金成, 「明末 湖廣의 社會變化와 承天府民變」, 『東洋史學硏究』 47, 1994.

吳金成, 「明·淸時代의 江南社會-都市의 發達과 關聯하여」, 조영록 외, 『中國의 江南社會와 韓·中交涉』, (집문당, 1997).

尹貞粉, 「明代軍屯制硏究」, 『東方學志』 39, 1983.

李敏鎬, 「張居正(1525-1582) 財政政策의 性格-財政의 中央執權化와 江南地主層 牽制-」, 『東洋史學硏究』 50, 1995.

李敏鎬, 「진증과 이삼재-명말 광세사 파견을 둘러싼 제정치세력의 역학관계-」, 『明淸史硏究』 15, 2001.

李敏鎬, 「명대 시전상인에 대한 상세 징수방법의 추이-세과사·국의 폐지·합병 문제와 관련하여-」, 『중국사연구』 15, 2001.
李敏鎬, 「명대 초관세의 징수추이와 성격 변화」, 『중국사연구』 21, 2002.
李敏鎬, [명대 북경의 상업·상세와 환관」, 『중국학보』 56, 2007.
李允碩, 「明淸時代 江南에서의 商品流通과 牙行」, 『서울대 동양사학과 논집』 19, 1995.
鄭哲雄, 「중국근대 경제발전에 대한 접근방법-Philip C. Huang의 연구성과를 중심으로-」, 『역사학보 151, 1996.
崔晶姸, 「明朝의 統治體制와 政治」, 『講座中國史』 Ⅳ, (지식산업사, 1989).
許賢姬, 「明代 中期 銀經濟 普及의 영향-福建省을 중심으로-」, 경희대학교 대학원 석사학위논문, 1993.

姜守鵬, 「15~16世紀中國封建社會小商品經濟的發展」, (→ 復印報刊『經濟史』, 中國人民大學書報資料中心, 1993-8).
姜曉萍, 「明中後期對市場貿易的法律管理」, 『明史研究』 3, (中國明史學會, 1993).
姜曉萍, 「明代商稅的征收與管理」, 『西南師範大學學報』 1994-4(→ 復印報刊『經濟史』, 中國人民大學書報資料中心, 1994-6).
姜曉萍, 「明中後期對商稅官的監察和管理」, 『中國史研究』 1996-3.
姜曉萍, 「明代的商稅及其特色」, 『明史論文集-第六屆中國明史國際學術討論會論文集』, (黃山書社, 1997).
顧誠, 「明代的宗室」, 『明淸史國際學術討論會論文集』, (天津人民出版社, 1981).
關文發, 「試論明代內閣制度的形成和發展」, 『明淸史國際學術討論會論文集』, (天津人民出版社, 1981).
魯子健, 「淸代四川的榷關」, 『中國社會經濟史研究』, 1987-3.
魯子健, 「淸代關榷與四川地區商貿興衰考察」, 『淸史研究通訊』, 1989-2.
覃延歡, 「明代皇商官商芻議」, 『學術論壇』 1989-4(→ 復印報刊『經濟史』, 中國人民大學書報資料中心, 1989-9).

唐文基, 「明朝對行商的管理和征稅」, 『中國史研究』 1982-3.
唐文基, 「明代的鋪戶及其買辦制度」, 『歷史研究』 1983-5.
杜婉言, 「明代宦官與明代經濟」, 『明代宦官與經濟史料初探』, (北京, 中國社會科學出版社, 1986).
杜婉言, 「明代宦官與浙江經濟述論」, 『浙江學刊』(杭州) 1988-6(→ 復印報刊『經濟史』, 中國人民大學書報資料中心, 1989-1).
馬永山, 「論淸初榷關定額報解制度的改革」, 『內蒙古民族學院學報』, 1993-3.
馬學强, 「試論明淸江南社會經濟"內變遷"與勞動力轉移」, 『史林』 1993-1(→ 復印報刊『經濟史』, 中國人民大學書報資料中心, 1993-5).
傅衣凌, 「明代蘇州織工·江西陶工反封建鬪爭史料類輯」, 『中國資本主義萌芽問題討論集』, 1957.
傅衣凌, 「明代後期江南城鎭下層士民的反封建運動」, 『明代江南市民經濟試探』, 1957.
徐健竹, 「試論張居正的財政改革」, 『明淸史硏究論叢』 1, 1982.
徐明德, 「張居正的經濟思想及其整理財政的措施」, 『明淸史國際學術討論會論文集』, (天津人民出版社, 1981).
徐泓, 「明代中期食鹽運銷制度的變遷」, 中國文化復興運動追行委員會主編, 『中國史學論文選集』 2, 1977.
蕭放, 「白銀貨幣的周流與明帝國的命運」, 『史學月刊』 1989-6(→ 復印報刊『經濟史』, 中國人民大學書報資料中心, 1990-3).
楊其民, 「賣買中間商"牙人", "牙行"的歷史演變-兼釋新發現的『嘉靖牙帖』」, 『史林』 1994-4.
楊濤, 「淸初順治朝的財政危機與斂賦措施」, 『雲南師大學報』, 1990-3.
倪來恩, 夏維中, 「外國白銀與明帝國的崩潰」, 『中國社會經濟史研究』(厦門大學)1990-3(→ 復印報刊『經濟史』, 中國人民大學書報資料中心, 1990-10).
黎民, 「淸代財政制度概觀」, 『荊門大學學報』, 1992-2.
吳建雍, 「淸前期榷關及其管理制度」, 『中國史硏究』, 1984-1.
吳量凱, 「明代的改革家張居正」, 『明淸史』, (中國北京人民大學書報資料中心, 1985-3).
吳量凱, 「明淸時期城市經濟的繁榮和商業貿易的發展」, 復印報刊『經濟史』, (中國人民大學書報資料中心, 1986-6).
吳緝華, 「明代臨淸德州的地位及漕倉的硏究」, 『大陸雜誌』 11-1·2, 1960.
吳緝華, 「明代海運及運河的硏究」, 『歷史語言硏究所集刊』 43, 1961.
袁一堂, 「淸初財政問題初探」, 『中州學刊』, 1991-2.
袁一堂, 「淸順治末年的財政危機及其緩解措施」, 『河北學刊』, 1992-4.
汪士信, 「試論牙行」, 『中國社會科學經濟硏究所集刊』 8, 1986.
王毓銓, 「明朝勳貴興販牟利, 怙勢豪奪」, 『萊蕪集』, (中華書局, 1983).
王天有, 「萬曆天啓時期的市民鬪爭和東林黨議」, 『明淸史』, (中國北京人民大學書報資料中心, 1984-4).
王春瑜, 「明代商業文化初探」, 『中國史硏究』 1992-4.
王春瑜, 「明代宦官與江南經濟」, 『明淸史散論』, (上海, 東方出版中心, 1996).
袁一堂, 「淸初財政問題初探」, 『中州學刊』, 1991-2.
魏林, 「明鈔關的設置與管理制度」, 『鄭州大學學報(哲社版)』 1986-1.
魏林, 「明鈔關制度對商人資本發展的阻礙作用」, 『鄭州大學學報(哲社版)』 1989-1.
劉石吉, 「明淸時代江南市鎭之數量分析」, 『忠與言』 16-2, 1979.
劉石吉, 「明淸時代江南地區的專業市鎭」(上·中·下), 『食貨月刊』 8-6·7·8, 1979(『明淸時代江南市鎭硏究』, (中國社會科學出版社, 1987)에 수록).
劉炎, 「明末城市經濟發展下的初期市民運動」, 『中國資本主義萌芽問題討論集』, 1957.
劉志琴, 「論張居正改革的成敗」, 『明史硏究論叢』 3, (江蘇古籍出版社, 1985).
劉志琴, 「試論萬曆民變」, 『明淸史國際學術討論會論文集』, (天津人民出版社, 1982).
劉和惠·張愛琴, 「明代徽州田契硏究」, 『歷史硏究』 1983-5.

李龍潛, 「明代鈔關制度述評 - 明代商稅研究之一」, 『明史研究』 4, 1994.
李龍潛, 「明代莊田的發展和特點-兼論皇店·塌房·店肆等工商業的經營性質」, 『中國社會經濟史論叢』2, 1982.
李龍潛, 「明初遷徙富戶考釋-兼論京師坊廂徭役制度」, 『明淸史』(復印報刊資料) 1988-12.
李伏明, 「義利之辯, 中農經商與明淸江南商品經濟的發展-兼評中國資本主義萌芽問題-」, 『學術月刊』 1993-4(→ 復印報刊『經濟史』, 中國人民大學書報資料中心, 1993-6).
李若愚, 「銅錢與中國歷代封建王朝的財政經濟」, 『中國經濟史研究』 1991-1(→ 復印報刊『經濟史』, 中國人民大學書報資料中心, 1991-8).
林金樹, 「明代中後期江南的土地兼倂」, 『明淸史』, (中國北京人民大學書報資料中心, 1987-9).
林麗月, 「商稅與晚明的商業發展」, 『國立臺灣師範大學歷史學報』16, 1988.
林麗月, 「晚明「崇奢」思想隅論」, 『國立臺灣師範大學歷史學報』19, 1991.
林仁川, 「明代漳州海上貿易的發展與海商反對稅監高宋的鬪爭」, 『廈門大學學報』 1982-3.
林仁川, 「明後期海禁的開放與商品經濟的發展」, 『安徽史學』 1992-3(→ 復印報刊『經濟史』, 中國人民大學書報資料中心, 1992-9).
林葳, 「明代鈔關稅收的變化與商品流通」, 『中國社會科學院研究生院學報』 1990-3(→ 復印報刊『經濟史』, 中國人民大學書報資料中心, 1990-6).
張海英, 「明淸時期江南地區商品市場功能與社會效果分析」, 『學術界』 1990-3(→ 復印報刊『經濟史』, 中國人民大學書報資料中心, 1990-7).
鄭克晟, 「明代的官店·權貴私店和皇店」, 『明史研究論叢』1, 1982.
齊功民, 「明末市民反封建鬪爭」, 『文史哲』 1957-2.
趙毅, 「明代宗室的商業活動及社會影響」, 『中國史研究』 1989-1.
左雲鵬·劉重日, 「明代東林黨爭的社會背景及其與市民運動的關係」, 『中國資本主義萌芽問題討論集』(續編), 1960.
左雲鵬·劉重日, 「對"牙人" "牙行"的初步探討」, 『文史哲』 1957-8.

朱子彦, 「論明代江南農業與商品經濟」, 『文史哲』 1994-5(→ 復印報刊『經濟史』, 中國人民大學書報資料中心, 1994-5).
周志斌, 「論晚明商潮中的儒士」, 『長白論叢』 1994-2(→ 復印報刊『經濟史』, 中國人民大學書報資料中心, 1994-3).
陳寶良, 「明代的社與會」, 『歷史研究』 1991-5.
陳寶良, 「明代無賴階層的社會活動及其影響」, 『齊魯學刊』 1992-2(→復印報刊『明清史』 1993-3).
陳鋒, 「論清順治朝的鹽稅政策」, 『社會科學輯刊』, 1987-6.
陳鋒, 「順治朝的軍費支出與田賦預徵」, 『中國社會經濟史研究』, 1992-1.
陳鋒, 「清初"輕徭薄賦"政策考論」, 『武漢大學學報(哲社版)』, 1999-2.
陳鋒, 「清代前期奏銷制度與政策演變」, 『歷史研究』 2000-2.
陳忠平, 「明清時期江南市鎮的牙人與牙行」, 『中國經濟史研究』 1987-2.
陳忠平, 「明清時期江南市鎮手工業的發展」, 復印報刊『經濟史』, (中國人民大學書報資料中心, 1988-2).
陳學文, 「明清時期湖州府市鎮經濟的發展」, 「浙江學刊」 1989-4(→ 復印報刊『經濟史』, 中國人民大學書報資料中心, 1989-11).
彭澤益, 「清初四榷關地点和貿易量的考察」, 『社會科學戰線』, 1984-3.
彭澤益, 「清代財政管理體制與收支結構」, 『明清史』, 1990-6.
何本方, 「清代戶部諸關初探」, 『南開學報』, 1984-3.
何本方, 「清代的榷關與內務部」, 『故宮博物院院刊』, 1985-2.
何本方, 「乾隆年間榷關的免稅措施」, 『歷史檔案』, 1987-4.
何本方, 「淮安榷關簡論」, 『明清史』, 1989-4.
何本方, 「明代鈔關與明代經濟」, 『第二屆明清史國際學術討論會論文集』, (天津 : 人民出版社, 1993).
何平, 「論清代前期的賦稅調整」, 『清史研究』, 1996-1.
何平, 「論清代賦役制度的定額化特點」, 『北京社會科學』, 1997-2.
何平, 「論清代賦稅征收工具及其變遷」, 『清史研究』, 1998-1.
韓大成, 「明代的官店與皇店」, 『古宮博物院院刊』 1985-4.
韓大成, 「明代牙行淺論」, 『社會科學戰線』 1986-2.

許大齡, 「明代北京的經濟生活」, 『北京大學學報』 1959-4.

許敏, 「明代嘉靖·萬曆年間召商買辦初探」, 『明史硏究論叢』 1, 1982.

黃彰健, 「論皇明祖訓錄所記明初宦官制度」, 『歷史語言硏究所集刊』 32, 1961.

黃國强, 「論張居正整頓吏治和改革財政的措施」, 『明淸史』, (中國北京人民大學書報資料中心, 1987-1).

加藤 繁, 「唐宋時代の倉庫に就いて」, 『支那經濟史考證』(上), (東洋文庫, 1952).

間野潛龍, 「明代の光祿寺とその監察について」, 『東洋史硏究』 29-2·3, 1970.

岡野昌子, 「明末臨淸民變考」, 小野和子編, 『明淸時代の政治と社會』, (京都大學人文學硏究所, 1983).1谷井俊仁, 「路程書の時代」, 小野和子編, 『明末淸初の社會と文化』, (京0都大學人文科學硏究所, 1996).

溝口雄三, 「いわゆる東林派人士の思想-前近代における中國思想の展開」, 『東洋文化硏究所紀要』75, 1978.

宮崎市定, 「明代蘇松地方の士大夫と民衆 - 明代史素描の試み」, 『史林』 37-3, 1954.(『アシア史硏究』 卷4, 1964에 收錄).

宮澤知之, 「宋代の牙人」, 『東洋史硏究』 39-1, 1980.

奈良修一, 「明末福建省の高寀に對する民變について」, 『山根幸夫敎授退休記念明代史論叢』, (東京, 汲古書院, 1990).

大木 康, 「山人陳繼儒とその出版活動」, 『山根幸夫敎授退休記念明代史論叢』下, (汲古書院, 1990).

大木 康, 「明末江南における出版文化の硏究」, 『廣島大學文學部紀要』 50卷 特輯號1, 1991.

大田由紀夫, 「元末明初期における徽州府下の貨幣動向」, 『史林』 76-4, 1993.

藤井 宏, 「明代の戶口食鹽法に就いて」, 『社會經濟史學』 13-3, 1943.

藤井 宏,「一條鞭法の一側面」,『和田博士還曆記念東洋史論叢』, 1951.
藤井 宏,「新安商人の研究」(1) (2) (3),『東洋學報』36-1·2·3, 1953.
鈴木 正,「明代山人考」,『清水博士追悼記念明代史論叢』, (大安, 1962).
鈴木 正,「張居正の研究」,『史觀』49, 1957.
夫馬 進,「明末の都市改革と杭州民變」,『東方學報』49, 1978.
夫馬 進,「明末反地方官士變」,『東方學報』52, 1980.
夫馬 進,「明末反地方官士變補論」,『富山大學人文學部紀要』4, 1981.
濱口福壽,「隆慶萬曆期の錢法の展開」,『東洋史研究』31-3, 1972.
寺田隆信,「蘇松地方に於ける都市綿業商人について」,『史林』41-8, 1958.
寺田隆信,「明清時代における商品生産の發達」,『世界歷史』12, (岩波書店, 1971).
寺田隆信,「新安商人と山西商人」,『中世史講座3-中世の都市』, (學生社, 1982).
山根幸夫,「中國中世の都市」,『中世史講座 3-中世の都市』, (學生社, 1982).
山根幸夫,「元末の反亂と明朝支配の確立」,『世界歷史』12, (岩波書店, 1971).
山根幸夫,「明·清初の華北の市集と紳士·豪民」, (『中山八郎教授頌壽記念明清史論叢』, 1977).
山根幸夫,「明代の路程書について」,『明代史研究』22, 1994.
山本 進,「淸代江南の牙行」,『東洋學報』74-1·2, 1993.
森 正夫,「明淸時代の土地制度」, 岩波講座『世界歷史』12, 1971.
森 正夫,「1645年太倉州沙溪鎮における烏龍會反亂について」,『中山八郎教授頌壽記念明淸史論叢』, (東京 : 燎原, 1977).
上田 信,「明末淸初江南都市の無賴をめぐる社會關係-打行と脚夫-」,『史學雜誌』90-11, 1981.
西野正次,「明代太湖周邊の糧長-特に蘇州府吳江縣を中心にして-」,『金澤大學法文學部論集哲學史學篇』7, 1959.
西村元照,「張居正の土地丈量-全體象と歷史的意義のために-」,『東洋史研究』30-1·2·3, 1971.

西村元照, 「明後期の丈量について」, 『史林』 54-5, 1971.
西村元照, 「清初の土地丈量について-土地臺帳と隱田をめぐる國家と鄕紳の對抗關係を基軸として-」, 『東洋史硏究』 33-3, 1974.
星 斌夫, 「明代における臨淸·德州二倉の役割」, 『歷史學硏究』13-9, 1943, 『明代漕運の硏究』(日本學術振興會, 1963 所收).
星 斌夫, 「明代糧長の漕運に於ける役割」, 『山形大學紀要人文科學』 1, 1950, 『明代漕運の硏究』(日本學術振興會, 1963 所收).
城井隆志, 「萬曆期の政治黨派と士大夫-萬曆20年代の吏部について-」, 『九州大學東洋史論集』 13, 1984.
小山正明, 「明代の糧長について-とくに前半期の江南」デルタ地帶を中心にして-」, 『東洋史硏究』 27-4, 1969.
小野和子, 「『萬曆邸鈔』と『萬曆疏鈔』」, 『東洋史硏究』 39-4, 1981.
小野和子, 「東林黨と張居正-考成法を中心に-」, 『明淸時代の政治と社會』, (京都大學人文科學硏究所, 1983).
小野和子, 「山西商人と張居正-隆慶和議を中心に-」, 『東方學報』 58, 1986.
松浦 章, 「淸初の榷關について」, 小野 和子 編, 『明末淸初の社會と文化』, 京都大學人文科學硏究所, 1996.
新宮(佐藤) 學, 「明末京師の商役優免問題について」, 『集刊東洋學』 44, 1980.
新宮(佐藤) 學, 「明初北京への富民層强制移住について-所謂『富戶』の軌跡を中心に-」, 『東洋學報』64-1·2, 1983.
新宮(佐藤) 學, 「明代北京における鋪戶の役とその銀納化-都市商工業者の實態と把握をめぐって-」, 『歷史』 62, 1984.
新宮(佐藤) 學, 「明代前期北京の官店塌房と商稅」, 『東洋史硏究』49-1, 1990.
新宮(佐藤) 學, 「明代の牙行について-商稅との關係を中心に-」, 『山根幸夫教授退休記念明代史論叢』, (東京, 汲古書院, 1990).
新宮(佐藤) 學, 「明代後半期江南諸都市の商稅改革と門攤銀」, 『東洋學』 60, (東北大學 中國文史哲硏究會, 1988).

新宮(佐藤) 學, 「明代南京における鋪戶の役とその改革-行をめぐる諸問題-」, 『國士館大學人文學會紀要』 17, 1985.

新宮(佐藤) 學, 「明末淸初一地方都市における同業組織と公權力-蘇州府常熟縣『當官』碑刻を素材に-」, 『史學雜誌』 96-9, 1987.

岸本美緖, 「明末淸初の地方社會と'世論'-松江府を中心とする素描-」, 『歷史學研究』 573,1987.

岸本美緖, 「明末淸初江南の地方民衆と權力者たち」, 『歷史學研究』 651, 1993.

岸本美緖, 「中國中世における民衆と學問」, 『中世史講座』 8, (學生社, 1993).

安野省三, 「中國の異端と無賴」, 『中世史講座』 7, (東京 : 學生社, 1985).

岩見 宏, 「淸朝の中國征服」, 『世界歷史』 12, (岩波書店, 1971).

岩見 宏, 「晩明財政の一考察」,『明末淸初期の研究』, (京都大學人文科學研究所, 1989).

岩井茂樹, 「張居正財政の課題と方法」, 『明末淸初期の研究』, (京都大學人文科學研究所, 1989).

岩井茂樹, 「中國專制國家と財政」, 『中世史講座』 6, (學生社, 1993).

永江信枝, 「明代鈔法の變遷-その崩壞の原因を中心として-」, 『史論』 9, 1961.

瀧野正二郎, 「淸代淮安關の構成とその功能について」, 『九州大學 東洋史論集』 14, 1985.

瀧野正二郎, 「淸代常關における包攬について」, 『山口大學文學會志』 39, 1988.

瀧野正二郎, 「淸代の鳳陽縣をめぐる物流流通について」, 『和田博德教授古稀記念明淸時代の法と社會』, 汲古書院, 1993

田中正俊, 「民變·抗租奴變」, 『世界の歷史 11-ゆらぐ中華帝國-』, (筑摩書房, 1961).

田中正俊, 「中國における地方都市の手工業-江南の製絲·絹織物業を中心に-」, 『中世史講座3-中世の都市』, (學生社, 1982).

田中正俊, 「明淸時代の問屋制前貸生産について-衣料生産を中心とする研究史的覺え書-」, 『西嶋定生博士還曆記念論叢-東アジア史における國家と農民-』, (東京, 山川出版社, 1984).
田中正俊·佐伯有一, 「15世紀における福建の農民叛亂」(1), 『歷史學硏究』167, 1954.
足立啓二, 「明代中期における京師の錢法」, 『熊本大學文學部論叢』 29, 1989.
足立啓二, 「初期銀財政の歲出入構造」, 『山根幸夫教授退休記念明代史論叢』, (東京, 汲古書院, 1990).
足立啓二, 「專制國家と財政·貨幣」, 中國史硏究會 編, 『中國思想の再構成Ⅱ-中國專制國家と社會統合-』, (文理閣, 1990).
足立啓二, 「明末の流通構造-『杜騙新書』の世界-」, 『熊本大學文學部論叢』 41, 1993.
佐久間重男, 「明代の商稅制度」, 『社會經濟史學』 13-3, 1943.
佐久間重男, 「明代の倉庫業に就いて」, 『東洋學報』31-4, 1948.
佐久間重男, 「明代における商稅と財政との關係」(一)·(二), 『史學雜誌』65-1·2, 1956.
佐久間重男, 「明代の門攤稅と都市商業との關係」, 『中山八郎教授頌壽記念 明淸史論叢』, (燎原, 1977).
佐伯富, 「淸代における奏銷制度」, 『東洋史硏究』 22-3, 1963.
佐伯有一, 「明末織工暴動史料類輯」, 『淸水博士追悼記念明代史論叢』, 1962.
佐伯有一, 「1601年織傭の變をめぐる諸問題-その一」, 『東京大學東洋文化硏究所紀要』 45, 1968.
佐佐木榮一, 「商役の成立について-明代兩京における買辦體制の進展-」, 『歷史』 15, 1957.
川瀨智壽子, 「明代の糧長」, 『文化』 17-6, 1953.
川勝 守, 「張居正丈量策の展開-特に明末江南における地主制の發展について-」, 『史學雜誌』 80-3.4, 1971.

川勝 守,「徐階と張居正」,『山根幸夫教授退休記念明代史論叢』上, (汲古書院, 1990).
川勝 守,「中國近世都市の社會構造-明末清初江南都市について-」,『史潮』新 6, 1979.
川勝 守,「明末清初の訟師について-舊中國社會における無賴知識人の一形態-」,『九州大學東洋史論集』9, 1981.
川勝 守,「明末清初における打行と訪行-舊中國社會における無賴の諸史料-」,『史淵』119, 1982.
川勝 守,「中國地方行政における縣と鎭」,『九州大學東洋史論集』 15, 1986.
川勝 守,「明代鎭市の水柵と巡檢司制度」,『東方學』74, 1987.
淸水泰次,「明代に於ける租稅銀納の發達」,『東洋學報』22-3, 1934.
香坂昌紀,「淸代滸墅關の硏究-滸墅關と物貨流通- Ⅰ, Ⅱ, Ⅲ, Ⅳ」,『東北學院大學論集(歷史學, 地理學)』3, 5, 13, 14號, 1972, 75, 83, 84.
香坂昌紀,「淸代における大運河の物資流通-乾隆年間淮安關を中心にして」,『東北學院大學論集(歷史學, 地理學)』15號, 1985.
香坂昌紀,「淸代の北新關と杭州」,『東北學院大學論集(歷史學, 地理學)』22, 1990.
香坂昌紀,「淸代中期の杭州と商品流通-北新關を中心として-」,『東洋史硏究』50-1, 1991.
(日)香坂昌紀,「論淸朝年間的國家財政與關稅收入」,『社會科學輯刊』, 1993-3.
和田正廣,「萬曆政治におけ員缺の位置」,『九州大學東洋史論集』4, 1975.
和田正廣,「徭役優免條例の展開と明末擧人の法的地位」,『東洋學報』60-1·2, 1978.
橫山 英,「中國における商工業勞動者の發展と役割」,『歷史學硏究』160, 1962.

Richard Von Glahn, "Municipal Reform and Urban Social Conflict in Late Ming Jiangnan", The Journal of Asian Studies, Vol.50, No2, May, 1991.

Skinner, G.W., “Marketing and social structure in Rural China”, The Journal of Asian Studies, Vol 24-1.2.3, 1964-1965.

이민호

저자 이민호는 1966년 전남 순천에서 태어났다. 경희대 사학과와 동 대학원 박사과정을 졸업하고(문학박사) 중국 북경대학 교환학자(1999－2000)를 거쳐 울산대 연구교수와 경희대 연구원으로 근무했고, 현재는 한국한의학연구원 선임연구원으로 재직 중이다. 저서로 『동양문명의 역사』, 『한중일 3국 가족의 의사소통 구조 비교』, 『한중일 기업문화를 말한다』, 『한중일 시민사회를 말한다』(이상 공저)가 있고, 논문으로 「장거정 재정정책의 성격」, 「명대 시전상인에 대한 상세 징수방법의 추이」, 「명대 초관세의 징수추이와 성격 변화」 등이 있다.

근세 중국의 국가경영과 재정

• 초판 인쇄　2008년 4월 20일
• 초판 발행　2008년 4월 20일

• 지 은 이　이민호
• 펴 낸 이　채종준
• 펴 낸 곳　한국학술정보(주)
경기도 파주시 교하읍 문발리 513-5
파주출판문화정보산업단지
전화　031) 908-3181(대표) · 팩스　031) 908-3189
홈페이지　http://www.kstudy.com
e-mail(출판사업부)　publish@kstudy.com
• 등　록　제일산-115호(2000. 6. 19)
• 가　격　30,000원

ISBN　978-89-534-8079-7 93330 (Paper Book)
978-89-534-8080-3 98330 (e-Book)